Klaus Schamberger • ICH BITTE UM MILDE • Band 17

SIGENA VERLAG

Wenn jemand was über mich wissen will
(wenn nicht, weiterblättern)

Hoffentlich ist es noch ein bisschen zu früh für eine Endabrechnung. Weil: Ein paar Tage hätt ich schon gern auf der Erde, Abteilung mittleres Mittelfranken, zugebracht. So blöd es hier manchmal ist. Manchmal ist es hier ja auch sehr schön und ziemlich erträglich. Wie das Wetter damals gewesen ist, weiß ich nicht mehr, aber es hat sich um den 14. März 1942 gehandelt, wie ich in Nürnberg das Licht des Städtischen Krankenhauses an der Flurstraße erblickt habe. Memoiren hinschreiben ist auch eine unangenehme Sache, wenn man sich an fast nix mehr erinnert. 1946, ahne ich, ist mein Vater aus der Kriegsgefangenschaft heimgekommen, der Großvater väterlicherseits hat damals das Konzentrationslager in Dachau schon 12 Jahre hinter sich gehabt, es aber nie vergessen. Die Nazis hatten ihm Dachau verordnet, weil er Stadtrat der SPD gewesen ist und vor 1933 einmal den Glatzendepp Streicher wegen einer seiner zahlreichen Sauereien (für den Vergleich muss ich mich bei jeder Sau persönlich entschuldigen) angezeigt hat. Solche Sachen prägen. Manchmal sogar noch die Enkel.

Ich bitte die Abschweifung zu entschuldigen, aber ich hab meinen Großvater, den Gregor, sehr gemocht. Ich bin teils in Ziegelstein, hauptsächlich aber in Mögeldorf aufgewachsen. Mein dunkelstes Kapitel im Leben bildet die Zeit ungefähr von 1948 bis 1968, also die Schulzeit, die mich infolge notorischer Faulheit und starken Interesses an allen außerschulischen Sachen (Fußball, 1. FC Nürnberg, altes Club-Bad mit dem schönsten Mädchen, das man sich denken kann, auf der Liegewiese, Kino, Streunen, Kellerfenstern, Höhlen aller Art entdecken) durch sehr viele hiesige Lehranstalten geführt hat.

Dass ich inzwischen trotzdem einigermaßen erwachsen bin, habe ich meinen Eltern zu verdanken, meinen Schwiegereltern, drei

Geschwistern, ungefähr zehn Freunden, meiner Frau, meinen beiden Söhnen, meinen zwei Schwiegertöchtern und nicht zuletzt einigen Enkelkindern. In diesem sehr engen Kreis befinde ich mich gottseidank heute noch immer.

Von insgesamt vielleicht fünfzig oder hundert Lehrern muss ich zwei erwähnen, den Latein- und Deutschlehrer Alois Bittner und den Mathe-Prof Schmitt, die leider nicht mehr leben und hoffentlich im Pädagogenhimmel ein schönes Weiterleben führen. Sie sind sehr gnädig mit mir umgegangen.

Unter anderem bestanden habe ich: Die Führerscheinprüfung, das Freischwimmerabzeichen, eine Industriekaufmannsgehilfenprüfung und nach längerem Hin und Her das Abitur. Dann wollte ich eigentlich Lehrer werden, aber am 1. April 1969 (auch ein sehr schönes Datum, aprilscherzmäßig gesehen) bin ich vom 8-Uhr-Blatt, gern auch Abendzeitung genannt, zu einem Volontariat berufen worden. Die Nürnberger AZ gibt es leider nicht mehr, dafür treibe ich mein Unwesen als Nebenerwerbs-Aufschreiber beim Frankenreport, im Sozialmagazin Straßenkreuzer und beim Bayerischen Rundfunk, Studio Nürnberg.

In den letzten vier bis fünf Jahrzehnten habe ich den örtlichen Druckmittelmarkt mit ungefähr 20 Büchern, 10 CD-Dingern sowie Tausenden von seltsamen Gemischtwaren-Geschichten überschwemmt. Warum ich mit dem Frankenwürfel und dem Literaturpreis des Landkreises Roth und der Nürnberger Bürgermedaille ausgezeichnet worden bin, weiß ich auch nicht, aber es hat mich sehr gefreut.

Freizeit habe ich keine, wenn doch, dann schaue ich meinen Enkelkindern beim Großwerden zu, züchte in meinem Gärtla biologisch einwandfreie Kräuter (Quecken, Vogelmiere, Giersch, Moos etc.), fahre mit meinem Klepperboot am Gardasee rum oder mit dem Rad am Alten Kanal entlang oder mit dem Auto nach Rührsdorf in der Wachau, oder nach Nasserein, am liebsten dorthin, wo dann die Welt fast aufhört. Nachts lese ich und schlaf dann immer dabei ein. Der schönste Dialekt, da bin ich überzeugt, ist Fränkisch. Dann kommt Sächsisch, weil meine Vorfahren mütterlicherseits aus dem Erzgebirge stammen. Wenn aber Fränkisch anfängt ins Völkische hinüber zu gleiten, dann entsteht in mir ein großes Grauen. Und jetzt langt's langsam.

Klaus Schamberger

KLAUS SCHAMBERGER

Ich bitte um Milde
Band 17
...und viele andere
ortsansässige Bedenklichkeiten

Geschichten aus dem Amtsgericht,
Betrachtungen aller Art,
Gedichte, Vorworte,
Nachworte und so weiter

Inhaltsverzeichnis

Kapitel 1:
Ich bitte um Milde — Seite 9

Kapitel 2:
Der Spezi unterwegs — Seite 215

Kapitel 3:
Mitten im fremden Land — Seite 265

Kapitel 4:
Des muss aber unter uns bleib'n — Seite 287

Kapitel 5:
Nach Fürth immer
der Strömung nach — Seite 331

Kapitel 6:
Nachträgliche Vorworte — Seite 367

1. Kapitel
Ich bitte um Milde

Der Waffelbeck	Seite	13
Der fliegende Matjeshering	Seite	17
Wir lagen vor Rednitzhembach …	Seite	21
Die nackte Fata Morgana	Seite	25
Ein Blick in den Spiralnebel	Seite	27
Signale aus der Regentonne	Seite	29
Können Goldhamster schwimmen?	Seite	31
Verstärke die Leichtigkeit!	Seite	33
Vorsicht, bissiger Rentner!	Seite	35
Der Volltreffer	Seite	37
Schaschlik mit Musik	Seite	39
Der Klugscheißer	Seite	41
Der Uhukrieg	Seite	43
Der Mann mit der Schweinelende	Seite	45
Klassentreffen	Seite	47
Das Geistermotorrad	Seite	49
Indische Laufenten	Seite	51
Gelände gibt es immer wieder	Seite	53
Der Schraubenfresser	Seite	55
Der Trompeter vom Steckerlaswald	Seite	57
Weltrekord im Hochstapeln	Seite	59
Wie ein Taschentelefon einmal einen Orgasmus gehabt hat	Seite	61
Der Mineralwasserbetrug	Seite	63
Ein uralter Traum der Menschheit wird wahr. Fast	Seite	65
Die Magenwindkraftanlage	Seite	67
Der Zigarettentaucher	Seite	71
Fahnenflucht	Seite	73
Rehbraten	Seite	75
Kanarische Sattelpalmen	Seite	77

Ein Scheiß Freitag	Seite 79
Der grüne Himmel über der Kaiserburg	Seite 83
Offene Wunden	Seite 85
Ob ein Wirtshaus ein Büro ist oder nicht	Seite 87
Alles fließt	Seite 89
Wie die Doris einmal einen Kunstschnalzerer vollführt hat	Seite 91
Der Schmetterball	Seite 93
Helmut, die Nebelkrähe	Seite 97
Der Brunskartler	Seite 99
Kriminalfall 66	Seite 103
Zwischen Himmel und Erde	Seite 105
Das Alpenveilchen-Drama	Seite 107
Das traurige Schicksal einer Stimmungskanone	Seite 109
Drei Apfelschorle zu 178 Euro	Seite 111
Der langsame Schnellbeton	Seite 113
Ein einfallsreicher Autograveur	Seite 115
Die lebende Badewanne	Seite 119
Der verschwundene Karpfenweiher	Seite 121
Bier schreibt man mit ie	Seite 123
Ein Navigationsproblem in der Meuschelstraße	Seite 125
Feuchte Küsse	Seite 127
Wie ein Toupet in den Himmel kommt	Seite 129
Fallwinde in der Südstadt	Seite 131
Das Brustbild	Seite 133
Zölibat und Gedächtnisschwund	Seite 135
Rent a Nervenkiller	Seite 137
Der Brauchtumspfleger	Seite 139
Sierra Madre	Seite 143
Eine heilige Stätte	Seite 145
Das kornblumenblaue Wunder	Seite 147
Bis zum letzten Tropfen	Seite 149
Der verzauberte Fußball	Seite 153
Wenn ein halbes Zebra Auto fährt	Seite 157
Einfahrt Tag und Nacht freihalten!	Seite 159

Heute an Bord, morgen schon fort...	Seite 161
Missbrauch eines Rentners	Seite 163
Der Kippenzieher	Seite 165
Der Friedensstifter	Seite 167
Der Bärlauchbrunser	Seite 169
Das Krötenrennen	Seite 171
Die gefüllte Baseballmütze	Seite 173
Panik am Kinderspielplatz	Seite 175
Der Seniorenspielplatz	Seite 177
Im Nagelstudio	Seite 179
Ein Haus ohne Eingang	Seite 181
Der Schnüffler	Seite 183
Der Bläbberla-Krieg	Seite 189
Gespräche mit dem Endiviensalat	Seite 191
Die Sale-Schlacht	Seite 193
Der Lichterschlauch	Seite 195
Die Weihnachtsgans im Schraubstock	Seite 199
Christmas-Shopping – je früher, desto Rabatter	Seite 201
Oh Pannen-Clown...	Seite 203
1,5 Millimeter Neuschnee	Seite 205
Körperverzierungen	Seite 207
Richard, die Weihnachtsscheuche	Seite 209
Wie der Volker einmal ein Christbaum war	Seite 213

Der Wafflbeck

Wer allein in ein Gasthaus geht, befindet sich dort meist im stillen Dialog mit seinem Bierglas, Schweinebraten, Kalbskotlett, je nachdem; auf sonstige Gespräche legt man, zumindest nicht vor dem fünften Bier, keinerlei Wert. Mithin hätte der Solo-Wirtshaushocker Otto W. auf der Hut sein müssen, wie sich ihm an einem Herbstabend der Kosmetikartikelvertreter Horst F. mit dem Wortschwall genähert hat: „Griss Godd, gelln'S, ein Scheißwetter haid widder. Und ich Depp ohne Reengschirm! Ich hobs meiner Frau den Fräih nu gsachd, stell mer in Schirm an die Gadrob, hobbi gsachd, dassin nedd vergess, in Fall, dass reengt, wall, hodder ja gmeld, Island-Tief, nä, gell. Und nerdirli hodds mer in Schirm nicht hiigschdelld. Is ba Ihner nu a Blädzla frei?"
Menschen mit Mund-Diarrhoe sind bei uns selten, aber sie kommen vor. Noch bevor der Otto auf die Frage, ob an seinem vollkommen freien Tisch noch ein Plätzchen frei ist, ein „Hnnnng", welches „Ja" bedeutet, knurren hat können, ist der Horst bereits auf Tuchfühlung neben ihm gesessen.
„Ein solchernes Sauwetter!", hat der neue Nachbar sogleich seine Fraternisierungsversuche wieder aufgenommen, „Und der Summer is ja aa Scheiße gween, odder? Mir sin weechern Wetter ja extra haier nach Madeira gfluung, gell. Und wissen'S, wos gween is - värzza Dooch lang Reeng! Woorn Sie scho amol in Madeira? Des g'herrd fei zu Portugal, lichd obber nicht in Portugal. In Portugal hädds nicht greengd g'habt. Obber in Madeira. Des hodd gschüdd, konn ich Ihner soong, des glaam Sie nedd. Und dou hob ich dann mei Nagelbettentzündung gräichd, gell. Hom Sie scho amol eine Nagelbettentzündung g'habt?"
Bei der Erwähnung der Nagelbettentzündung auf Madeira hat die Bedienung dem wie wahnsinnig an Schilderungen einer madeirischen Nagelbettentzündung interessierten Otto W. sein bestelltes Kassler mit Sauerkraut und Salzkartoffeln serviert. Dabei hat er mit einem scharfen Blick zum Horst hinüber beiläufig erwähnt, dass man beim Essen nach alter fränkischer Sitte seine Waffel hält.
„Einen goudn Abbedidd, gell. Edz hald i awengl mei Goschn, gell.", hat ihm der Horst beigepflichtet, aber leider seinen ihm angeborenen

Sprechduchfall doch nicht derhalten können. „Wall Sie edzer dou ein Kassler Ribbla gräichd hom – wissen Sie, wos in den sogenannten Sommer in Madeira, wos dou mei große Zeher mit der Nagelbettentzündung, wos däi fiir a Farb g'habt hodd? Wenn Sie scho amol eine Nagelbettentzündung g'habt hom, brauch i ja nix soong, gell. A Farb hodd mei große Zeher g'habt, genau asuu wäi Ihr Kassler. Und vorna an der Zeherspitz hodds scho aweng gschillert. Und wenn i draff driggd hob, is undern Nagel der Eiter rauskummer. Suu gelblich-grau. Wäi die Sooß vo Ihrn Sauerkraut. Und dann gräigsd ja aff den Madeira kann gscheidn Doggder, gell. Ledzds Jahr simmer in Florida gween. Dou hommer direggd in unsern Appartmenthaus, hommer einen Doggder g'habt. Ein feiner Mann, konn i Ihner soong, gell. Immer biggobello oozuung. Obber dou hommer kann Doggder braucht. Die Nagelbettentzündung hobbi ja erschd haier gräichd aff Madeira, gell. In Zehernagel homs mer erschd dahamm widder entfernt. In Martha Maria. Wos maaner'S, wos dou nu fiir ein Eiter rausgschbradzld is. Ich hob ja haid nu Schmerzen, gell. Obber der Eiter is herausn. Ka Deema!"

Jetzt am Amtsgericht schilderte der Angeklagte Otto W., dass er an jenem Abend eigentlich seine mittelfränkische Ruhe gesucht hat, unter keinen Umständen aber ein maschinengewehrartiges Gwaaf über Ärzte in Florida, über das Wetter, über vergessene Regenschirme, Madeira nauf und nunter und schon gleich gar nicht über eitrige Nagelbettentzündungen, welche frappierende Ähnlichkeiten mit seinem Kassler Rippchen aufweisen.

„Ich hob weecher den Wafflbeck", sagte der Otto aus, „mein Teller mit mein Kassler gnummer und hob mi am Nachbertisch hii g'hockd. Und nou hodd mich der Gnaller aus Madeira stolpern loun. Blouß wall i zu ihn gsachd hob, es wär gscheider gween, sie hädd nern in Martha Maria nedd sein Zehernagel raus operiert, sondern sei Zunger."

Der Aussage widersprach der Horst energisch. Nie und nimmer habe er Herrn Otto W. damals im Gasthaus stolpern lassen. Vielmehr sei ihm dieser unter wüsten Beschimpfungen mit beiden Füßen genau auf die frisch nageloperierte große Zehe mehrfach und rumpelstilzchenartig draufgehupft und habe ihm die Reste vom Kassler Rippchen, Sauerkraut und Salzkartoffeln über den Kopf geschüttet. Wegen Körperverletzung muss der Otto 800 Euro

Strafe zahlen. „Wall der Richter gsachd hodd: 800 Euro", hörte man noch im Sitzungssaal den Horst elegant an das Urteil anknüpfen, „däi värzza Dooch Madeira hom pro Person fei auch 800 Euro kost, gell. Obber dou is es ledzte Wort noch nicht gsprochn, wall . . .". „Wall", ergänzte der Otto, „wall ba manche Oorschlecher es letzte Wort nie gschbrochn werd."

Der fliegende Matjeshering

Der Mensch lebt nicht vom Brot allein, sondern laut Bibel auch von den Worten, die aus dem Mund des Herrn kommen. Im Zusammenhang mit drei Scheiben Brot sind aus dem Mund des Herrn Jürgen M. nach einem kleinen gastronomischen Zwischenfall furchterregende Worte gekommen. Unter anderem wegen ihnen ist er jetzt vor Gericht gestanden. Ein zusätzlicher Anklagepunkt war aber auch Matjesheringzielschießen.

Herr M. ist an einem milden Herbstabend im vergangenen Jahr in einem noch nicht ganz ausgewachsenem Biergarten gesessen, aus seinem Inneren hat es raubtierhausartig geknurrt. Vor Hunger. „Ich gräich", hat er der Bedienung Erika W. zugestöhnt, „Ich gräich . . ." „Ein Bier und Graudwiggerla", hätte er eigentlich sagen wollen. So weit ist er aber nicht gekommen, denn die bereits extrem transpirierende Erika hat erst den Sechser-Tisch abkassieren, ein ebenfalls fast verhungertes Ehepaar und deren kleinen Sohn mit sauren Bratwürsten, Tellersulze und einem Kinderschnitzel Winnetou versorgen, drei weitere Tische abräumen und dem klagenden Ruf aus der Küche „Den Schweinebraten friert's edzer scho langsam!! Der schdäihd scho halbe Stund dou!" nachkommen müssen.

Nach ungefähr zwanzig Minuten hat es der Jürgen noch einmal probiert: „Ich gräich . . . Hallo! Halloooo! Ich gräicherd, ich gräich . . ." „Sie gräing edzer amol a frische Tischdeckn", hat ihn die Erika belehrt. Statt einer frischen Tischdecke ist die noch nicht lange in der Gastronomie tätige Erika aber plötzlich vor ihm mit den Worten aufgetaucht: „Sooderla! Hommers scho! Ihr Kinderschnitzel ‚Winnetou' und a glanne Abflsaftschorle." Erstens ist es aber kein Kinderschnitzel „Winnetou" gewesen, sondern der frierende Schweinebraten von der Küchendurchreiche, zweitens hat der Jürgen weder das eine noch das andere bestellt, vielmehr drittens überhaupt nichts. „Und dann", sagte der Angeklagte jetzt, „dann hodd däi Katastrophe von anner Bedienung mir der Reiher nouch a Tellersulzn hiigschdelld, Blaue Zibfl, Fleischküchla mit Kardofflsalood, und wäis dann zufällich nach zwanzg Minuddn widder vorbeikummer is, brüllt die Frau mich oo ‚Sin Sie des Schweinsgnechla?!' Und nou hobbis zrigg gfrouchd, ob ich vielleichd ausschau wäi a Schweinsgnechla."

„Dann soong'S obber alles", fauchte die Erika in der Verhandlung dazwischn, „Wos Sie nu zu mir gsachd hom!" „Des wass i nimmer", zischte der Jürgen zurück. „Obber ich wass nu ganz genau. Der Moo hodd zu mir gsachd, dass er mich ja auch nedd frouchd, ob ich des wandelnde Kalbshirn bin. Obwohl, hodder nu gsachd, obwohl des a Beleidichung für jeeds Kalb wär."
Ganz daneben ist Herr Jürgen M. mit der Kalbshirnunterstellung möglicherweise doch nicht gelegen. Weil beim nächsten schemenhaften Erscheinen hat die Erika ihrem Gast die schon erwähnten drei Scheiben Brot im Körbchen auf den Tisch geknallt, mit der Erklärung: „Awalln es Brot für Ihre Bratwerschd." Kurz danach hat der Jürgen zu seiner großen Überraschung aber weder Bratwürste, noch die sehnlichst erhofften Krautwickerla erhalten – sondern Matjeshering mit Salzkartoffeln.
„Die Madscheshering häddi ja gessn", sagte er, „Obber erschdns hobbi ka Besteck g'habt, und zweitens hodd ganz hinten a Moo gschriea, dass des fei seine Madscheshering sin. Er wardd scho a halbe Stund draff. Zack! Woorns scho fort."
Noch einmal zwanzig Minuten hat Herr Jürgen M. ausgeharrt bei keinen Krautwickerla, keinem Matjeshering mit keinen Salzkartoffeln und hat darüber nachgedacht, ob er vor einer dreiviertel Stunde nicht doch auf das Kinderschnitzel „Winnetou" zurückgreifen hätte sollen. Vollends seinen inneren Siedepunkt aber hat er erreicht, wie die Erika mit einer weiteren Portion Matjeshering auf ihn zugesteuert ist und ausgerufen hat: „Sie wolln zoohln?! A Hefeweizn, a Tellersulzn und Brot – nix? Machd 11,80. Hom Sie's efendwell bassend?" Da soll der Jürgen der Erika die Marinade samt Hering, Apfelscheiben, Zwiebelringen und Kapern ins Dekolletée geschleudert haben. In etwa mit folgenden Worten: „Du bist doch fiir mich die Seierwally! Der Schieß vo Spieß! In Depp sei Oberdoldi! Wennsd a Hirn häsd, kennerd i dich froong, obs der aweng ins Hirn gschissn hom. Aufwiedersehn! Und an schäiner Oomd nu in der Gehirnamputiertn-Abteilung!"
Herr Jürgen M. bat jetzt das hohe Gericht um Verständnis und Freispruch. Drei Scheiben Brot zum Preis von 11,80 Euro nach einer Stunde Wartezeit seien für seine Nervenstränge einfach zuviel gewesen. Das Verfahren gegen ihn wurde eingestellt, lediglich die Reinigungskosten für das Dirndl der Erika und die drei Scheiben

dann sogar in Aussicht, dass er das Lokal, in dem die Erika bedient, durchaus wieder einmal besucht: „Obber bloß, wenn i amol kann Hunger und kann Dorschd hob."

Aus Liebe zum ehrlichen Brauhandwerk.

Bernhard Wagemann,
Dipl. Braumeister

Tucher
Da steckt viel Liebe drin.

Wir lagen vor Rednitzhembach ...

Wie jeder hauptamtliche Hinausposanist von Bratwurst-City weiß und es auch täglich kundtut, hat Nürnberg ein weltweit unverwechselbares Image. Jedoch sind die meisten berühmten Städte nachts manchmal finster, vor allem wenn die Laternen aus sind. Trotz dieser Einschränkung – dass jemand die Silhouette der Landkreismetropole Roth mit jener der Metropolregionmetropole Nürnberg verwechselt, kommt verhältnismäßig selten vor. Dem ebenfalls ziemlich seltenen Fahrradtandemgespann Roland G. und Horst F. ist diese Fehldeutung heuer im späten Frühjahr widerfahren.

Jetzt haben sie ihren tragischen Irrtum, der in eine Anklage wegen massiven Pendelverkehrs gemündet ist, vor dem Amtsgericht darstellen müssen, was den beiden Fahrradartisten sehr schwer gefallen ist. „Wall, Hohes Gericht", sagte der Horst in seiner beachtlichen Stellungnahme aus, „Mir woorn ja alle zwaa nimmer ganz nüchtern, gell. Also awng angeheitert simmer halt gween." Eine bescheidene Einlassung, wenn man berückischtigt, dass bei ihm damals ein Heiterkeitsgrad von 2,3 , beim Roland von 2,4 Promille ermittelt worden ist.

Ihr Belustigungsmittel haben die zwei Radler am späten Nachmittag damals an den lauschigen Gestaden des Main-Donaukanals zu sich genommen, in Form von Wodka im Kreise einiger gleichgesinnter Naturfreunde. Man hat ein kleines Lagerfeuer entzündet, besinnliche Lieder sind zum Vortrag gekommen wie vielleicht „Ein Schiff wird kommen" oder „Wir lagen vor Madagskar". Sie, der Roland und der Horst und ihre Clique, lagen allerdings vor Rednitzhembach und hatten nicht wie im Lied geschildert die Pest, sondern drei oder vier Flaschen Wodka an Bord. Längst war die Nacht an der Schleuse Leerstetten hereingebrochen, als man mit dem Lied „Nun Brüder eine gute Nacht, der Herr im hohen Himmel wacht" zum Aufbruch gemahnt hat.

Über den Roland und den Horst hat in dieser Nacht der Herr im hohen Himmel scheint's nicht sehr aufmerksam gewacht. „Der Roland", äußerte sich Herr Horst F. jetzt, „der woor suu angeheitert, dasser dauernd vom Fahrrad roogfluung is. Und nou hommer sei Räädla in Gebüsch versteckt und iich hob nern am Gebäggschdänder miidgnummer." Am Kanalradweg heimwärts in Richtung Neuses, Katzwang, Weiherhaus, Staatshafen, Nürnberg ist der Roland aber

auch vom Gepäckständer abgestürzt. „Und dou", sagte der Horst, dou is nou bassierd. Des woor der entscheidende Bungd, Hohes Gericht."
Der entscheidende Punkt ist gewesen, dass der Horst den Abgang seines Beifahrers erst nach etwa einem Kilometer gemerkt hat. „Nou binni widder zrigg gfoohrn, hob nern am Gebäggschdänder naaf g'huum, und gsachd, er soll si an mir fesdhaldn. Und nou hobbi widder neidreen, dass mer endlich hammkummer." Heim wären die zwei aber niemals gekommen, es sei denn, ihre Heimat wäre Wien, Bratislava, Budapest oder das Schwarze Meer gewesen. Denn nach dem Aufladen seines Kameraden hat der Horst den schon erwähnten entscheidenden Punkt ausversehen vergessen, nämlich das Wenden.
Und so ist er frohgemut, ohne Licht, hinten den singenden Roland an Bord in malerischen Schlangenlinien wieder an Katzwang, Neuses, Rednitzhembach, an der Schleuse Leerstetten vorbeigefahren. Die zwei haben Schaftnach, Mittelhembach, Haimpfarich, Meckenlohe passiert, und nach einigen Lagebesprechungen unter der Einnahme von ein paar Schluck Restwodka, etwa nachts gegen drei Uhr, ist der Roland vom Fahrradweg abgebogen. „Wall, dou hobbi in der Ferne a boor Lichter gseeng. Godzeidank, hobbi denkt, endlich kummd Närmberch." Er hat nach hinten zum Roland gefragt: „Is edzer des Eibach? Odder scho Giwidznhuuf?" Der Roland hat ge-antwortet, dass es ihm scheißegal ist, er will in sein Bett. „Ner ja, und nou is des Auto kummer. Dou hobbi dann gwinkt, dass oohäld, und hob den Fahrer gfrouchd, ob des dou Eibach is odder Giwidzn-huuf odder vielleicht goor scho Schweinau."
Es hat sich dabei um insgesamt vier Irrtümer gehandelt: Die Straßenlaternen haben weder zu Eibach, Gibitzenhof oder Schweinau gehört, sondern zu Roth im gleichnamigen Landkreis, und der Fahrer des angehaltenen Autos ist nicht maskiert gewesen, sondern es war ein echter Polizist.
Beim Roland hat das Hohe Gericht zwei Augen zugedrückt und das Verfahren gegen ihn eingestellt, der Horst als Rädels- und Radführer ist zu 1800 Euro Geldstrafe und Einzug seines Autoführerscheins für 14 Monate verurteilt worden. Das Strafmaß war vermutlich auch zur Einschüchterung gedacht, dass der Horst nie mehr die Silhouette von Nürnberg mit der von Roth verwechselt.

Wir lagen vor Rednitzhembach:
An den lauschigen Gestaden des Main-Donau-Kanals ereignen sich manchmal merkürdige Vorkommnisse

Die nackte Fata Morgana

Normalerweise kommt eine Fata Morgana nur in der Wüste vor. Jetzt soll aber auch in der Südstadt sogar mehrfach eine Fata Morgana aufgetaucht sein, und zwar im zweiten Stock von einem Miethaus, drittes Fenster von links. Der Tiernahrungshändler Karl-Heinz S., Zeuge, aber auch Tatverdächtiger in dem interessanten Trugbildverfahren, blieb jetzt aber dabei: Es ist damals keine Fata Morgana gewesen, sondern die ziemlich pure Wirklichkeit.

Der Karl-Heinz ist damals in dem kleinen Biergarten gegenüber des Miethauses gesessen, mit ihm am Tisch der wegen zahlreicher Ohr-, Nasen- und Maulfeigen angeklagte Möbelspediteur Harry R. „Der hodd mi vielleicht hergrichd", wimmerte der Zeuge Karl-Heinz S. vor Gericht, „Zwaa Wochn bin i krank gschriem gween. Und dabei hobbin ja extra nu aff däi nackerde Frau aufmerksam gmachd. Dou hädd i scho aweng a Dankbarkeit erwartet, fiir suu a Naturschauspiel."

Der der groben Undankbarkeit geziehene Harry R. hat damals gerade seine Zeche bezahlt und gehen wollen, wie der Karl-Heinz erregt geflüstert hat: „Uierlaaa, schau hii, a Nackerde! Dou droomer am Fenster! Dodaal nackerd!" Und dabei hat er seinen flackernden Blick auf den zweiten Stock des gegenüberliegenden Hauses gerichtet. Blitzschnell hat sich da der bereits im Gehen begriffene Harry wieder hingesetzt und mit seinen dabei herausgestoßenen Äußerungen an einen von Wiedersehensfreude schwer ergriffenen Hund erinnert: „Wou, wou, wou!!! Wou is a Nackerde?!" Der Karl-Heinz: „Dou, dou, dou droomer in zweidn Stock, drittes Fenster vo links! Edzer, edzer, edzer – edzer is wech." Vielleicht nur zwei Minuten später muss die nackerte Frau aber wieder am Fenster erschienen sein. „Edzer", hat der Karl-Heinz zum Harry hinüber gezischt, „edzer is widder dou! Mensch, hodd däi Drimmer Dinger droohänger!" In die bewundernden Ausrufe über die Drimmer Dinger hat sich wieder das Bellen vom Harry gemischt: „Wou! Wou! Wou!" Und dann erneut der Karl-Heinz: „Edzer! Edzer is widder wech."

Danach, sagte der Harry vor Gericht aus, sei die nackte Dame mit den Drimmer Dingern noch einmal am Fenster aufgetaucht, er habe wieder nichts gesehen und sei dann endgültig gegangen. Und während des Heimwegs, ungefähr nach fünf Minuten, habe er mit Entsetzen

festgestellt, dass auch sein Portemonnaie mit über 300 Euro Inhalt eine frappierende Ähnlichkeit mit einer Fata Morgana aufgewiesen habe: Im Biergarten, wie er gezahlt hat, ist es nämlich noch da gewesen, und jetzt aber verschwunden. „Nou binni widder zrigg grennd und siech den Moo grood nu, wäi er aus den Biergärddla abhaut. Vorna an der Eckn hobbin derwischd und hob nern sei Nackerde mid die Drimmer Dinger gscheid affs Maul naaf g'haud."
Der Geldbeutel mit den 300 Euro hat sich aber trotz gründlicher Untersuchung nicht beim Karl-Heinz gefunden. Auch nicht, wie kurze Zeit später die Polizei danach gesucht hat. Erst in dem Biergärtla ist der Suchtrupp fündig geworden: Der Geldbeutel vom Harry ist unterm Tisch gelegen, mit einer partiellen Fata Morgana behaftet, denn die 300 Euro sind nicht mehr da gewesen.
Für den Harry und seinen Rechtsanwalt war der Fall vollkommen klar: Während Herr Karl-Heinz S. die Aufmerksamkeit vom Harry auf die angebliche Nackte mit ihren Drümmer Dingern gelenkt hat, ist der Nachbar zur Durchsuchung des am Tisch liegenden Geldbeutels geschritten und hat die 300 Euro sichergestellt. Als Beweis für die Nichtanwesenheit einer nackten Frau im zweiten Stock am dritten Fenster von links hat der Anwalt vom Harry zu Protokoll gegeben, dass die zu jenem dritten Fenster von links gehörenden Zimmer von einem 82-jährigen Witwer bewohnt werden. Auch wenn dieser, was höchst zweifelhaft sei, sich an jenem Abend dreimal nackt am Fenster gezeigt habe – sogenannte Drümmer Dinger könne er keinesfalls an seinem 82-jährigen Körper hängen haben. Gute, aber nicht ganz stichhaltige Argumente, denn erstens war dem Karl-Heinz der Diebstahl von 300 Euro trotz erheblichen Verdachts beim besten Willen nicht nachzuweisen und drittens ist die Selbstjustiz vom Harry in Form von mindestens fünf bis sechs gewaltigen Schelln so oder so vom Gesetzgeber untersagt. Wegen Körperverletzung ist er zu einer Geldstrafe von 800 Euro verurteilt worden. „Des gschiechd nern gscheid rechd", kommentierte der Karl-Heinz das Urteil, „Der hädd ja blouß nedd zu dera nackerdn Frau naafschauer braung. Nu derzou, wenn däi Frau a alder Moo is . . ."

Ein Blick in den Spiralnebel

Angenommen, man blickt, wie zum Beispiel der Lüftungsbauer Wolfgang G., auf ein Leben von entbehrungsreichen 55 Jahren zurück, dann trägt man schon allein an der Vergangenheit verhältnismäßig schwer, die Gegenwart löst momentan sowieso keine Freudentaumel aus. Und da taucht natürlich die Frage auf, warum dieser Herr G. zu allem Überfluss auch noch ein bohrendes Verlangen nach seiner Zukunft befallen hat. Vor dem Amtsgericht hat er es jetzt erklärt. Und zwar mit den philosophischen Worten: „Ich hobs halt amol wissen wolln." Durch nichts erfährt man die Zukunft über eine eventuell lauernde Lebenskrise präziser und detailgetreuer als durch Bleigießen, Kaffeesatzlesen, Wolkenkonstellation, Pendel, mediales Tischrücken, Befragen von Sternen oder durch ein intensives Studium der kabbalistischen Numerologie. Das Betrachten der inneren Mitte, Reiki, Karma, Tarotkarten, Kristallkugel vervollständigen den umfassenden Blick in die Zukunft.
Durch eine telepathische Nachricht ist also der Lüftungsbauer Wolfgang G. im Bemühen der Erforschung seiner Lebenskrise an die Geheimadresse der Nebenerwerbs-Schamanin Frau Shamira, bürgerlicher Name Karin S., gelangt. Und seit seinem denkwürdigen Besuch bei der Hellseherin kann der Wolfgang inzwischen ebenfalls schon die Zukunft vorausahnen. „Däi Frau Shamira", weissagte er jetzt vor Gericht , „däi bläide Fuchzgerlas-Hex, däi sichd mich suu schnell nimmer!" Gekostet habe der Blick in die Spiralnebel der ersten und zweiten Zukunft zwar zunächst nichts, aber für das Abbrennen von Räucherkerzen, das Abspielen irgendeiner indischen Hackbrettmusik und den abgebrühten Kaffeesatz seien Bearbeitungsgebühren von 90 Euro angefallen. „Hobbi mer denkt", sagte der Wolfgang, „däi neunzg Euro sin goud oogleechd, wenns mer die richdichn Lottozahln sachd. Wall dou woor, glaab i, grood Jackpot – dreißg Millioner ungefähr. Obber richdiche Lottozahln, hodds gsachd, sin nicht es Wichtigste im Leb'n." „Is mer edzer scho klar", fuhr der angeklagte Lüftungsbauer Wolfgang S. nach einem kurzen verächtlichen Lachausbruch fest, „dass däi die Lottozahln nedd wass. Wall sunsd däät däi Hellseher-Henner ja jede Wochn im Lotto die Millionen ner suu abraimer! Dou braucherds kanne Räucherstäbla mehr. Und meine neunzg Euro aa nedd."

Mit den Lottozahlen sei es also nichts gewesen, dafür aber mit den höheren Werten. Das Zusammenleben mit seiner Ehefrau sei schon in naher Zukunft vom großen Glückstaumel überflutet, er werde mit seiner Gemahlin eine Reise an ferne Gestade machen, mitten hinein in einen neuerlichen siebten Himmel der Liebe. Eventuell sogar mit einem Kreuzfahrtschiff. „Hodds alles aus suu an rundn Aquarium ohne Fiisch rausgleesn. Und aus ihre Karten hodd sie's auch rausbracht, die große Reise in siebten Himml. Mit meiner Frau." Ob er, der Richter, wisse, wo die große Reise dann tatsächlich hingegangen sei? „Nedd? Nou soochis Ihner. A Wochn schbeeder is mei Frau vo dahamm auszuung, walls ein Verhältnis mid an Gschäftskolleeng g'habd hodd. Und unser große Reise is nou vo Gibidznhuuf in die Färdder Schdrass ganger, zum Scheidungsrichter. Mir sin obber mid der Schdrasserboo und U-Bahn gfoohrn. Wall des wär es erschde mal gween, dass in der Färdder Schdrass ein Kreuzfahrtschiff verkehrd!" Und aufgrund des ebenfalls von Frau Shamira prognostizierten Glücks im Spiel habe er drei Tage nach der Weissagung sage und schreibe 35 Euro beim Schafkopfen verloren. Am besten habe sie es aber mit dem 1. FC Nürnberg getroffen. „Sachd däi zu mir, dass i mi edzer fesdhaldn soll – der Club wird haier Daidscher Masder!!! Woohrscheins Daidscher Masder bam Gurgnhobeln. Zwaa Wochn schbeeder homs in Leverkusn vier null verluurn." „Ja, dou hauds der doch in Vuugl raus. Herr Richter. Und glei am Mondooch nach den Debakl vom Club hobbi mer hald nou meine neunzg Euro widder g'hulld vo der Frau Shamira." Dass er dabei der Frau Shamira durch einen gezielten Wurf mit dem runden Aquarium, beziehungsweise mit der Kristallkugel, drei Zehen gebrochen und den CD-Player mit der indischen Hackbrettmusik zum Treppenhaus hinuntergeschmissen hat, vergaß der Wolfgang zu erwähnen. Alles in allem ist er zu drei Monaten mit Bewährung und einer Geldbuße von 1200 Euro verurteilt worden. „Noch Fragen?", wollte der Vorsitzende wissen. „Ja", sagte der Wolfgang, „Wäi ich an den Mondooch ba der Frau Shamira glaid hob, hädds doch in ihrn Aquarium odder in die Stern rauslesen kenner, dass ich nedd aff a Kaffeesatzgränzla kumm. Warum hoddsn nou die Diir aafgmachd?"

Signale aus der Regentonne

Die sogenannte After-Work-Party gehört schon seit längerem der Vergangenheit an. Nicht nur wegen der eigentümlichen Bezeichnung für fünf Bier nach der Ärwerd, sondern vermutlich wegen der immer lästiger gewordenen After-Work-Warterei seitens der daheim lauernden Ehefrau. Viele Jahrzehnte überdauert hat bis heute jedoch die bei etwas älteren Männern sehr beliebte After-Breakfast-Party am Samstag Vormittag. Diese ebenfalls sehr reizvolle Einrichtung, bei der man offiziell nur gschwind in die Autowaschanlage fährt, dabei aber nicht nur das Auto, sondern auch den Hals im Kreise einiger alter Kameraden spült, werden Herr Werner T. und sein Freund Anton U. in nächster Zukunft meiden müssen. Es sei denn, sie erhalten außerhäuslichen Freigang für eine Fahrradwaschanlage.
Anton U., Künstlername Gin-Toni, und der in Fachkreisen auch als Weizen-Werni bekannte Werner R. sind zur Abschiedsfeier von ihren Führerscheinen vor dem Amtsgericht erschienen. Verhältnismäßig unschuldig, wie man sich denken kann. „Konn doch iich nix derfiir", verteidigte sich der Werner, „wenn der Toni hintn in mein Anhänger suu a Deooder auffführt!" „Und iich konn nix derfiir", wehrte sich der Anton, „wenn der suu schnell fährt dass mir hindn am Anhänger gscheid schlecht worn is!"
Ausgangspunkt des jetzigen Disputs ist damals die After-Breakfast-Party am Samstag Früh gewesen, während der der Weizen-Werni allerhöchstens drei Hefeweizen zu sich genommen hat, der Gin-Toni gemäß seinem Künstlernamen einige ziemlich longe Longdrinks Gin-Tonic, jeweils mit sehr viel Gin und extrem wenig Tonic. Bei der Bestellung des vierten Weizenbiers ist dem Werner in der kleinen Kneipe schlagartig eingefallen, dass er ja eigentlich nicht zum Biertrinken von daheim weggefahren ist, sondern zum Kaufen einer Regentonne.
Eine Plastikregentonne kann sich beim Transport auf einem Autoanhänger manchmal ganz leicht in die Lüfte erheben und davonfliegen, wie man von vielen Verkehrsfunkdurchsagen her weiß. „Ein Seil zum Festbindn hobbi nedd derbei g'habt", sagte der Werner vor Gericht aus, „Und nou hobbi in Toni miidgnummer." Und weil der Gin-Toni weder ein Seil, noch ein Sicherheitsgurtband ist, hat der Werner nach dem Verladen der Regentonne auf den Anhänger

angeordnet, dass sich sein After-Breakfast-Kamerad praktisch als Verankerung in die Regentonne hineinsetzt.

Lang ist der Toni allerdings nicht in der Tonne gesessen. „Mir hom ja", erinnerte er sich, „a Schdiggla iiber die Autobahn foohrn main. Und dou driggd der Gischbl suu arch affs Gaspedal, dass des Reengfass deroordich zon Wackeln oofgangd hodd, Herr Richter! Mir is dodaal schlecht worn. Ner ja, und nou hobbi hald in Kubf rausgschdreggd, dassi widder aweng a frische Luft gräich."

Hinter dem mit 140 km/h dahinbrausenden Gespann ist damals Frau Ella W. her gefahren. Sie wird es so schnell nicht vergessen. „Ich will grood überholn", berichtete die Zeugin, „Und in den Moment kummd aus dem Regenfass am Anhänger aff aamol ein Kubf zum Vorschein! Wos maaner'S, Herr Richter, wos iich fiir einen Schock gräichd hob! Ummer Hoor wär i an die Leitplankn hiibrummd!" Nach Überwindung ihres Schocks hat die Ella ständig aufgeblinkt, gehupt und mit Armwedeln versucht, den Fahrer vor ihr zum Anhalten zu bewegen. Der Weizen-Werni hat aber nicht reagiert. Dafür hinten im Regenfass der Gin-Toni.

„Erschd", sagte Frau Ella W. aus, „Erschd hodd mer der Moo dauernd ausn Fass raus gwinkt, nou hodder mer in Vogel zeichd und nou isser widder in sein Reengfass verschwundn." „Und nocherdla", fuhr sie fort, „hobbi numol g'hupt – und bums is widder den sei Kubf aus den Fass rauskummer. Und wos maaner'S, wos er nou gmacht hodd?! Nou hodder erschd sei Zunger rausgschdreckt, a boor mool glei. Wissen'S scho, mehra suu sexuell. Und des woor nou der Höhepunkt, Herr Richter – zeichd der mir sein Daumer! In Daumer, zwischer Zeichefinger und Ringfinger! Wissen'S scho, wäi, Herr Richter. Also auch suu sexuell." Kurze Zeit später sind der Weizen-Werni und der Gin-Toni mit seinem sexuellen Daumen von der Polizei aus dem Verkehr gezogen worden. Der Werner mit 1,4, der Toni mit 1,9 Promille. Die Beweislage hat nichts zu wünschen übrig gelassen, und so müssen im Namen des Volkes der Werner 18 und der Toni zwölf Monate auf ihre Führerscheine verzichten. Juristisch unerheblich, aber doch erwähnenswert: Herr Anton U. heißt, wie der Werner nach der Verhandlung noch preisgab, seit seiner rasanten Fahrt in der Tonne und der von seiner Frau anschließend verfügten strikten Alkoholabstinenz nicht mehr Gin-Toni, sondern Regen-Tonni.

Können Goldhamster schwimmen?

Die Liebe des Menschen zum Tier ist eine komplizierte Sache. Zum Beispiel die Liebe zum Schwein gipfelt in dessen Verwendbarkeit als Knöchelsulze oder Schäufala. Die Liebe zum Hund spiegelt sich in seinem treuen Blick, während etwa die Liebe zum Pferd ihren Höhepunkt ungefähr in zwei Meter Höhe hat – also in zwei Meter hohen Hindernissen, über die es zur Freude seines Reiters drüber hupfen muss. Jetzt hat vor dem Amtsgericht geklärt werden müssen, wie sich in dem Fernseherverkäufer Rudi B. die Liebe zu einem Goldhamster namens Bubi darstellt. Und ob ein Goldhamster fliegen und schwimmen kann. Fragen, die den Rudi noch nie interessiert haben.
Er ist an einem Freitag nachmittag in einem schönen Biergarten in der Südstadt gesessen, hat seinen Kopf teils schöne Gedanken, teils eine Maß Bier durchfluten lassen, und war nur von einer einzigen Frage durchdrungen: Ob er in sich eine zweite Maß einmünden lassen soll. „Und in den Moment", teilte er dem Amtsrichter mit, „is däi Frau dou mid ihrn Drimmer Strohhut kummer. Genau neber miich hodd ser si hii g'hockt." Nicht nur der wagenradgroße Strohhut habe ihm Unheil schwanen lassen, sondern auch ihre Bestellung: Ein Glas Pfefferminztee. Dann habe sie ihrer Einkaufstasche ein Wollknäuel entnommen. Und plötzlich sei das Wollknäuel über den Tisch gerannt.
Der Rudi damals: „Allmächd! Wos issn des!?" Unter dem Strohhut hat Frau Brigitte W. geantwortet: „Des is mei Bubi. Ein syrischer Goldhamster." Der Rudi: „So, so – aus Syrien. Des is obber a weider Weech." Dann hat die Frau Brigitte die Unterhaltung mit ihrem Goldhamster fortgesetzt: „Komm Bubi, auf's Hutilein!" Worauf der Bubi ein paar Runden rund um den Strohhut gedreht hat. Danach ist der Bubi kurz im Dekolletée der Brigitte verschwunden, anschließend hat er am Rudi seinem Bratwurstgehäckbrot geknabbert. „Sunsd is mit Ihrn Bubi obber alles in Ordnung, odder?" hat der Rudi geknurrt.
Die Anteilnahme am Rudi seinem G'häckbrot hat die Brigitte aber als Sympathiebeweis gewertet: „Mei Bubi mooch Ihner scheint's." Und weil der Bubi den Rudi scheint's mooch, hat die Brigitte mit den Worten „Der Bfefferminzdee dreibd zimmli, ich muss amol

gschwind wohii" dem Nachbar ihren syrischen Goldhamster anvertraut. „Edzer", sagte der Rudi in der Verhandlung, „Edzer binni dou g'hockt mid einen syrischn Goldhamster in der Händ und hob nedd gwissd, wos i mid den bläidn Viech oofanger soll."
Als erstes habe der Bubi gottserbärmlich gequietscht, als zweites ihn in den Daumen gezwickt. „Und nou hodd der Depp vo einen syrischn Goldhamster aff aamol einen Schnalzerer gmachd – und bfladsch! Isser scho in mein Moußgruuch neig'hubfd." Im Grund ein Dienst an der Wissenschaft, welche jetzt gesichert weiß, dass ein syrischer Goldhamster bis zu zwei Runden in einem Maßkrug schwimmen kann. Nach den zwei Runden haben die Kräfte vom Bubi aber nachgelassen. „Nou hobbin rauszuung. Und in den Aungblick is däi Frau widder vom Abordd kummer." „Ja, wos maaner'S", fuhr er zum Richter gewandt fort, „wäi däi miich zammgschissn hodd. Dass ich ein Tierquäler bin, eine Bestie in Menschengestalt! Ihrn Bubi ins Bier neischmeißn! Edzer gräichder erschdns a Lungenentzündung und zweitens isser gscheid bsuffn!" Daraufhin soll Herr Rudi B. die Frau Brigitte sehr lautstark als alte Krawallschachtel bezeichnet haben, als Pfefferminzhex und Goldhamsterschnalln, welche unter ihrem Strohhut auch nichts anderes als Stroh gelagert habe. „Und dann", erinnerte sich die Brigitte noch ganz genau, „dann hodder gschriea, dass mer edzer amol schauer, ob ein syrischer Goldhamster auch flieng kann. Und nou hoddern in die Luft nauf gschmissn."
Da ein syrischer Goldhamster aber wider Erwarten nicht fliegen kann, hat der Rudi den Bubi wieder aufgefangen. Fliegen habe er ihn nur lassen, damit sein Fell wieder trocken wird. Im Fall der angeklagten Tierquälerei ist Herr Rudi B. freigesprochen worden, wegen der Beleidigungen solle er sich entschuldigen, dann werde dieser Teil des Verfahrens eingestellt. „Endschuldichung!", brüllte der Rudi zur Brigitte hinüber, „Und an schäiner Gruß an Ihrn Goldhamster. Es nexde mal bring i für ihn ganz glanne Schwimmflüücherla miid."

Verstärke die Leichtigkeit

Sprachen gibt es sehr viele auf der Welt, die wissenschaftlichen Schätzungen belaufen sich auf 2000 oder 4000 oder 6000. Dazu noch einige Millionen Mundarten. Noch nicht erfasst sind auf dieser interessanten Liste die Sprachen aus der Grauzone von Bedienungsanleitungen.
Eine dieser Bedienungsanleitungssprachen hat eines Frühlingstages der Nebenerwerbstomatenzüchter Lorenz G. erforscht, indem er sich ein ganz leicht zusammenbaubares, kunststofffolienbespanntes Tomatenhaus gekauft hat. Die Aufbauanleitung, welche mutmaßlich in einem mittelhochmongolischen oder aber auch sehr frühen frühminoischen Dialekt verfasst gewesen ist, hat in eine strafbare Handlung gemündet. Wesentlich für den Kriminalfall war aber auch, dass an jenem Samstag mittag ein scharfer Westwind in der zukünftigen Tomatenplantage gewütet hat. Jetzt in der Verhandlung bat der Lorenz dringend um einen Freispruch. Er sei durch die Aufbauanleitung, durch die Komplexität des Tomatenhäuschens, durch den Westwind und vor allem durch die fachkundigen Anmerkungen seitens des damals zufällig am Garten vorbeikommenden Tomatenhäuschenaufbau-Assistenten Kurt S. in eine nicht mehr zu bezähmende Erregung versetzt worden.
Mit den Worten „Des wer mer glei hoom!" hat Herr Lorenz G. damals die etwa 150 Einzelteile des Gewächshauses ausgepackt. Bei der Lektüre der Aufbauanleitung hat er aber schon geahnt, dass er es nicht glei hoom werde. Aus der Montageanleitung ist ihm zum Beispiel geraten worden: „Binde du Stock 1 in Eröffnung a ganz versammelte Beine A, B, C. Auf gerader Gattung durch der Körper. Ahnenlich Stock 2 in Eröffnung b. " Oder so ahnenlich.
Während der Lorenz andächtig vor zahlreichen Stöcken, Eröffnungen, Körpern und versammelten Beinen ein bisschen ins Grübeln geraten ist, hat sich die ausladende Folie durch den erwähnten Westwind majestätisch in die Lüfte erhoben. „Ich hobs grood nu erwischd", sagte er jetzt aus, „bevuurs dervoo gfluung is." Dann hat er den Satz studiert: „Mit schmalen Hammeren verstärke die Leichtigkeit. Schön haben Tomatoekabine." Und in dem Moment hat der schon länger am Gartenzaun verharrende Kurt S. sich brennend dafür interessiert, was der Lorenz da geheimnisvoll zusammenfügt: „Werd des gwiss a Seglfliecher?"

Der Lorenz hat dem Zaunbeobachter keine Antwort zukommen lassen, sondern wegen der Verstärkung der Leichtigkeit in der Garage einen Hammeren geholt. Währenddessen ist die Tomatenhäuschenfolie erneut zu einem Rundflug im Garten gestartet und im Apfelbaum hängen geblieben. „Woohrscheins", hat der Kurt vom Gartenzaun her begeistert gejubelt, „Woohrscheins werds a Gleitschirm, odder?" Auch diese Vermutung hat der Lorenz nicht bestätigen wollen, vielmehr dem Zaungast dringend geraten, er möge sofort sein Maul halten. Die Drohung hat er aber nicht ganz zu Ende sprechen können, denn die Folie hat sich schon wieder durch eine Windböe erhoben und auf den Lorenz herniedergesenkt. „Edzer wassi, wos des wird", hat der Kurt gelacht, „des is ein Weltraumanzuuch zum Selberschneidern. Und däi Röhrla, wou dou rumlieng, sin fiir die Sauerstoffzufuhr. Fei subber! Auch als Ein-Mann-Zelt kommers nehmer." Sekunden später hat sich der Lorenz aus seiner im sehr rohen Rohbau befindlichen Tomatoekabine herausgeschält und sich ziemlich genau an die Aufbauanleitung gehalten: Stock 1 und Stock 2 auf gerader Gattung durch der Körper a vom Kurt und anschließend mit kleinem Hammeren die Leichtigkeit extrem verstärkt. Oder mit anderen Worten: Er hat den am Zaun frenetisch applaudierenden Kurt erst mit den Metallstäben seines Tomatenhäuschens bombardiert, ihn in die Kunststoffplane gehüllt und dann mehrfach mit dem Hammeren draufgehaut. Was wieder einmal die Vermutung vieler Inhaber von zusammenbaubaren Produkten bestätigt: Vom Handbuch einer Aufbauanleitung kriegt man oft Kopfweh.
Wegen schwerer Körperverletzung mit Hilfe eines Hammeren auf versammelte Beine und Eröffnungen verurteilte das Gericht den Tomatenhauserbauer Lorenz G. zu drei Monaten auf Bewährung und einer Geldbuße von 1400 Euro verurteilt. „Um 1400 Euro", gab der Kurt dem Lorenz zum Nachdenken mit auf den Weg, „dou gräigsd im Gschäfd fei vill Domaadn – allerdings masdns ohne Bedienungsanleitung."

Vorsicht, bissiger Rentner!

Nicht jeder weiß gleich auf Anhieb, was ein Fingerfood ist. Auch der Rentner Hans-Gregor S. hat keinen Schimmer gehabt, um was es sich bei Fingerfood handelt, obwohl er erst nach seinem Besuch heuer auf dem Frühlingsfest eine solche Speise angeblich zu sich genommen hat. Der Liebhaber von wichtigen Zusammenkünften weiß natürlich: Fingerfood wird vorzugsweise bei Stehempfängen dargereicht, wo man mit der Linken ein Fingerhütchen Prosecco wärmt, in der Rechten die kunstvoll ornamentierte Miniatur eines Wurschdweckla mit Tropfmayonnäse balanciert, in Stehempfangskreisen Fingerfood genannt.
Bei Herrn Hans-Gregor S., der solchen Kreisen nicht angehört, ist das Fingerfood eher auf einem Gehempfang serviert worden. Präziser: Gehsteigempfang.
Auf dem Heimweg vom Frühlingsfest ist ihm am Gehsteig der Facility-Manager, früher Hausmeister, Thomas R. in Begleitung seiner Freundin entgegengekommen. „Obber nicht, dass Sie maaner", teilte der Hans-Gregor jetzt in der Verhandlung dem Richter mit, „Nicht, dass Sie maaner, däi Zwaa häddn mi vorbei gloun. Bridscherbraad sins neeberanander gschdiefld und hom mi bragdisch aff die Schdrass noodriggd." Das habe es, erinnerte sich der Hans-Gregor, früher nicht gegeben, wo man noch einen Respekt vor dem Alter ausgeübt hätte.
Solche Gedanken behält der Hans-Gregor normalerweise für sich, aber an jenem späten Abend war er durch zwei Maß Festbier beflügelt. Und so soll er, nach der Verdrängung vom Gehsteig, irgendwas von „Junge Bubbl" und „Grouß Wohnzimmer dahamm, obber a glanne Kinderstube" gemurmelt haben. Daraufhin hat ihn der Thomas gefragt, ob er ein Problem hat. Und wenn ja, möchte er gerne Näheres über dieses Problem erfahren. Die Erkundigung nach einem Problem verheißt nichts Gutes. „Und nou hodder mi numol gfrouchd, ob ich ein Broblem hob. Und dann hob i glaab i gsachd, wos mer hald suu sachd. Dass er mi bei Bedarf aweng am Oorsch leckn soll." Vermutlich um diesem Wunsch besser nachkommen zu können, hat der Thomas den Hans-Georg am Hemdkragen hochgezogen. „Und nou hodder mi erschd middn Bollizeigriff baggd und dann in Schwidzkasdn gnummer."

Und in dieser liebevollen Umklammerung soll es dann passiert sein. Und zwar ist der Thomas bei der Ausübung des Schwitzkastens mit der rechten Hand in die Nähe des aufstöhnenden Mundes vom Hans-Gregor gekommen. „Aff aamol", sagte der Hausmeister Thomas R., „aff aamol hodd mich ein Schmerz durchzuggd in der Händ, und es Bloud is ner suu rausgschossn – hodd mir der alte Depp mein rechdn Zeichefinger abbissn." Und fast schluchzend fuhr er fort: „Und noogschluggd hoddern aa!" Also das volle Fingerfood-, beziehungsweise Zeigefingerfood-Menü. Was allerdings stark übertrieben war. Nach Besichtigung der rechten Hand stellte der Richter fest, dass sich dort noch ein fast kompletter Zeigefinger befindet. Lediglich die Fingerkuppe war ein bisschen angeknabbert. „Und des bissla Fingerkobbn", sagte der Hans-Gregor, „däi hobbi aa nedd gfressn! Wer wass, wos der mid sein Finger gmachd hodd!" Er, der Hans-Georg, räume ein, dass er infolge der Atemnot im Schwitzkasten nach Luft geschnappt und ausversehen den Zeigefinger erwischt habe „Obber abbeißn häddi den sei Fingerkobbn ja goornedd könnd. Wall, ich hob ja oomer in Oberkiefer eine Brodeese, Herr Richter. Und däi hob ich an den Oomd goornedd drinner g'habd. Ich hädd an den sein Zeichefinger häigsdns wenig schnulln könner."
Irgendwohin muss die Fingerkuppe vom Thomas aber verschwunden sein, denn sie war nachweislich nicht mehr da. „Vielleicht", sinnierte der Hans-Gregor, „Vielleicht woors scho a bissla locker. Dasser si mid den Bollizeigriff die Finger aweng verwerrdld hodd. Und dassis nocherdla ausverseeng noogschluggd hob. Kennd sei. Obber normool ess i fast ka Fleisch. Und roh scho glei goornedd." Er möge jetzt sofort mit dem Blödeln aufhören, befahl ihm der Richter. Andernfalls müsse er ihn mit einer Ordnungsstrafe belegen. Die war dann, in Höhe von 150 Euro, fällig, wie der Hans-Gregor den unvollständigen Zeigefinger vom Thomas besichtigt hat. „Is doch goornedd suu arch", tröstete er sein Opfer, „Zum Bubbln langt's allerwall nu."
Vom Vorwurf des Missbrauchs vom Thomas seiner Zeigefingerkuppe als Fingerfood wurde der Rentner Hans-Gregor S. aber freigesprochen. Lediglich eine weitere Ordnungsstrafe musste er noch entrichten, für die an den Thomas adressierte Bemerkung: „Wennis wergli noogschluggd hoom sollte – nou wär's damals nicht verkehrt gween, wenn i am andern Fräih innern Kaffeeseier neigschissn hädd. Vielleicht wär's dou hänger bliem und mir häddn's widder an Ihrn Zeichefinger hiinäher kenner."

Der Volltreffer

Den uralten Sinnspruch aus der Epoche des Feld-, Wald- und Wiesen-Fußballs wird heute kaum noch jemand kennen. Er lautet: Wer sohlt, der holt. Nicht nur, dass es ein sehr schöner Reim gewesen ist, sondern jener Sinnspruch hat, wie der Name schon andeutet, zusätzlich noch einen Sinn gehabt. Und zwar: Verursacherprinzip. Wer seinerzeit beim Kellerfenstern, Dschambeln, Schwarzweiß, Drei gegen Drei mit fliegendem Torwart, oder wie die noch nicht der FIFA untergeordneten Spiele geheißen haben, den Ball mit einem unerlaubtem Weitschuss seiner Sohle in einen hoch umzäunten Garten befördert, also gesohlt hat, der hat ihn auch wieder holen müssen. Oft natürlich unter größten Gefahren und berechtigten Hoffnungen auf Trümmer Schelln seitens des Gartenbesitzers. Ganz selten tritt der Zusammenhang von Sohlen und Holen aber auch heute noch auf. Wie im Fall des Sohlers Erich B. Er gehört einer insgesamt schon ziemlich betagten Hohlkörperertüchtigungsgemeinschaft an, welche immer am Mittwoch abend versucht, ihren kostbaren Hohlkörper, einen original adidas-Fußball, mit den Füßen zu treffen. In die selbergeschmiedeten Tore gelangt der Ball selten, oft jedoch in den an ihr maulwurfhügeliges Feierabend-Stadion angrenzenden Schrebergarten des Rentners Karlheinz S. Vor Gericht stellte jetzt der Karlheinz ausführlich dar, warum er von den artistischen Glanzleistungen der Ballverzauberer nicht nur die Schnauze, sondern neurdings auch den Hintern gestrichen voll hat. „Wenn däi Deppen Foußballn kenndn", machte er seinem Ärger Luft, „nou soocherdi ja nix. Obber denni homs doch die Fäiß verkehrd rum eig'hängt. Wenn der erschde endlich amol driffd, nou lichd der Balln aa scho in mein Gärddla hieriimer."

An einem Mittwoch hätten sie ihm irrtümlich die halbe Zwetschgenernte vom Baum geschossen, die Woche drauf wäre ein Apfelbäumchen umgeknickt gewesen, dann wieder habe ein Gartenhäuschenfenster dran glauben müssen. „Aamol kummd mei Frau middn Kaffee-Dabledd aff die Feranda – douds einen Drimmer Schlooch. Homsera es Dabledd middn haaßn Kaffee und fimbf Schdiggla Erdbeerkoung aus der Händ gschossn!"

Nach dem Schuss in den Erdbeerkuchen damals hatte der Karlheinz bereits angedeutet, dass seine Liebe zum Antifußball ihre Grenzen

hat. Keine fünf Minuten später hat es im Schrebergarten schon wieder eingeschlagen – mitten in ein volles Glas Hefeweizen, das sich der Karlheinz gerade mit großer Vorfreude an die Lippen setzen hat wollen. Es ist ihm aber kein Hefeweizen in den Mund geschossen, sondern die von Erich B. getretene Plastikkugel. „Vull ins Gfries", erläuterte der Gartenbesitzer den Treffer, „Und Noosnbluudn hobbi g'habt wäi a Sau."
Ob eine Sau Nasenbluten haben kann, ist wieder eine andere Frage. Die wichtigere Frage nach diesem Einschlag ist aber jetzt gewesen: Wer hat gesohlt, wer muss holen? Der Präzisionsschütze ist der Erich gewesen. Wie er also zur Ballrückholungsaktion im Garten aufgetaucht ist, hat es sich der Karlheinz auf dem adidas Europass schon bequem gemacht. Er hat ihn gewissermaßen ausgebrütet. Ob der Karlheinz sich eventuell von dem Ball erheben könne? „An aldn Oorsch!", hat der Kleingärtner geantwortet. Und auch auf die Entschuldigung vom Erich hin für den schmerzhaften Nasenschuss ist er auf dem Ball sitzen geblieben: „Es is gscheider, Ihr schbilld in Zukumbfd Flohhubf. Dou brachd mer kann Balln derzou." Auch nach vielleicht viertelstündigem Bitteln und Betteln um den Ball hat sich der Karlheinz nicht von ihm erhoben. „Ja und dann", sagte der Angeklagte, „dann hobbi halt in Balln under dem Moo sein Hintern wechschäißn wolln." „Wechschäißn wolln! Wechschäißn wolln!" fuhr da der Karlheinz dazwischen, „Der is doch zer bläid, dass er einen ruhenden Balln driffd! Suu an Oorschdridd hobbi in mein ganzn Leb'n nunni gräichd! Erschd gräich i in Balln ins Gfries und nou a Schbidz vull in Oorsch! Däi Haumdaucher, däi braung kann Balln, däi braung an Waffnschein!"
Rein juristisch ist es aber nicht um eine filigrane Schusstechnik gegangen, sondern um den Vorsatz – ob der Erich den Ball oder den Hintern treffen hat wollen. Das Gericht ist davon ausgegangen, dass dem Erich seine Bemühungen durchaus dem Ball gegolten haben könnten, und hat ihn vom Vorwurf der Körperverletzung freigesprochen. Mit der Auflage, die Mittwochsfußballer sollen ihren Spielort dringlich auf eine andere Wiese verlegen. „Vielleicht ins Stadion bam Club, "schlug der Karlheinz vor, „Dou gibt's nu mehr, wou aa nedd foußballn kenner."

Schaschlik mit Musik

Im Gegensatz zur Straßburger Gänsestopfleber wird der fränkische Menschenstopfmagen vom Mageninhaber persönlich und vor allem freiwillig hergestellt. Der oder das zu seiner Entstehung einst sehr hilfreiche Brunch gehört jedoch weitgehend der Vergangenheit an, kaum jemand bruncht gegen eine Stopfgebühr von 35 Euro Lebensmittel aller Art im Wert von 350 Euro in sich hinein. Heute nennt man das renditenträchtige, aus dem Kulturkreis der USA stammende Wettfressen All you can eat, auf deutsch etwa Mambfen bis der Zwölffingerdarm eine Faust macht. Oder aber auch, wie im Kriminalfall des Nebenerwerbs-Tubaspielers Christoph G., Schaschlik bis zum Abwinken.

Der Christoph gehört zu einer kleinen Volksmusikgruppe, die an einem Freitag abend in einem Gasthaus als musikalische Pausenfüller während der schubweise stattfindenden Schaschlikfütterung eingeteilt war. Seine sehr schöne Tuba, fast schon ein Susaphon mit beträchtlicher Trichterweite, hat die, allerdings weniger musikalische, Hauptrolle an jenem Abend gespielt. Als Zeuge, Opfer, aber eigentlich auch Verursacher der denkwürdigen Show-Einlage , war jetzt Herr Horst K. zur Verhandlung geladen. Er hat teilweise nur noch sehr schwache Erinnerungen an die Schaschlikvöllerei. Nur noch, dass in ihm nach dem schätzungsweise fünften oder sechsten Schaschlik ein leichtes Völlegefühl nach oben gestiegen ist, das er mit dem in solchen Fällen gern genommenen Magenbitter bekämpft hat. Nicht mit einem, zwei oder drei, sondern möglicherweise mit sechs oder sieben doppelten Ramazotti Forte.

Forte bedeutet in dem Fall: Begleitet von jeweils einem Seidlein Bier. „Nou is mer widder besser ganger, und nou hobbi, glaab i, numol zwaa Schaschligg neigschraubt. Und dou is mer dann aweng schwummrich worn."

In seiner Schwummrigkeit hat Herr Horst K. zur feierlichen Übergabe von vielleicht acht Schaschlik, sieben Ramazotti und sieben Bier sich eilenden Fußes auf die Toilette begeben wollen, jedoch sind die Füße zum Eilen nicht mehr in der Lage gewesen. „Mir sin die Schaschligg scho fast ausn Hals rausgwachsn. Und nou wassi blouß nu", sagte der Horst aus, „dass neber mir a grousser Aamer gschdandn is, aus Messing, und in den hobbi nou neigschbeid." Bei diesem Messingeimer hat es sich, wie man sich denken kann, um die dort

abgestellte Tuba des Blasmusikers Christoph B. gehandelt.
Es wäre trotz der Verwechslung von einer Kloschüssel mit einer Tuba nichts passiert, wäre dem Musiker das bekannte Sprichwort „Wie man in eine Tuba hineinreihert, so schallt es auch heraus" geläufig gewesen. Er hat aber nichts geahnt, und beim ersten volksmusikalischen Anblasen des schönen Liedes „Hans bleib dou, mer wass ja nedd wäis Wedder werd" sind oben aus dem Tubatrichter kaum Töne, dafür um so mehr einige halbverdaute Fleischreste, Speckscheiben, Zwiebelringe herausgeschnalzt. Unweit des Abstellplatzes der Tuba ist der um acht Schaschlik erleichterte Horst an der Wand gelehnt und hat geschlafen. „Dou woor mir dann vollkommen klar", äußerte sich der Angeklagte Christoph G., „wer däi Wildsau gween is, wou in mei Tuba neigschbeid hodd." Und wie er reagiert habe, wollte der Richter wissen. „Ganz normool", antwortete der Christoph, „Wäi mer hald in suu an Fall reagiert. Iich hob nern seine Schaschligg widder zrigg geem." Und zwar in der Form, dass der wutentbrannte Musikant dem an der Wand schlafenden Horst die Tuba samt Inhalt mit aller ihm zur Verfügung stehenden Wucht über den Kopf gestülpt hat. „Dou binni dann", sagte der Horst, „aafgwachd – vo den Schmerz, wou ich g'habd hob! Obber ich hob ja nedd gwissd, wos los is. Iich hob gmaand, mir hodd jemand middern Vuurschloochhammer am Kubf naafg'haud. Und des mouß vull aff mein Sehnerv ganger sei – wall iich woor aff aamol blind."
Die Blindheit ist natürlich dadurch entstanden, dass die Tuba durch die Wucht des Einschlags sich zunächst nicht mehr vom Kopf trennen hat lassen. Und den anderen Gästen des Schaschlikessens hat sich einige Minuten lang ein seltenes Schauspiel geboten: Eine Wandertuba, die unter furchtbarem Gebrüll und verzweifelten Hilferufen durchs Wirtshaus getaumelt ist. Bis man ihn endlich befreit hat. Zwei Wochen lang ist die Wandertuba Horst K. mit einer schweren Gehirnerschütterung und Platzwunden krank darniedergelegen. Unter der Voraussetzung, dass der Christoph für den Verdienstausfall und ein Schmerzensgeld in Höhe von 2000 Euro aufkommt, ist das Verfahren gegen den Tubaschläger eingestellt worden.
„Häsd Blockflöte glernd", vertraute der Horst dem Musiker nach der Verhandlung an, „Nou wär ibberhabbs nix bassiert. In däi glann Löchla von anner Blockflöte häddi mid meine Schaschligg nie im Leb'n neidroffn."

Der Klugscheißer

Ein Park ist eine komplizierte Erscheinung. Während zum Beispiel in einem Stadtpark, vor allem nachts, Ruhe, Frieden und Beschaulichkeit vorherrschen, treibt in einem Fuhrpark meistens der Lärm sein Unwesen. Oder wenn im Park ein Rock auftaucht wie bei Rock im Park, dann dominiert nur noch das ohrenbetäubende Dezibel in voller Dröhnung, von Beschaulichkeit keine Spur. Fast noch dröhnender und unbeschaulicher ist manchmal der sogenannte Parkplatz. Vor allem, wenn er eigentlich keiner ist, wie der Platz vor dem Geschäft von Herrn Josef R.
Dort hat der Josef an einem Montag vormittag sein Auto auf dem Gehsteig dergestalt geparkt, dass für einen Fußgänger so gut wie kein Durchkommen mehr war. „Ich hob mei Zeich ausloodn mäin", erklärte der Josef sein extrem unvorschriftsmäßiges Parken jetzt vor dem Amtsgericht. Um was für ein Zeich es sich dabei gehandelt habe, erkundigte sich der Vorsitzende. „Ner ja, mei Woor halt", beschied ihm der Angeklagte, um es dann noch zu präzisieren: „Zeich und Woor." Während des Entladens von allerlei Zeich und Woor hat sich mitten im größten Transport-Stress in Gestalt des Fußgängers Alfons G. bereits der Konflikt, der Unfriede genaht. Der Alfons ist nämlich ein Mensch, der andere Menschen gern belehrt, damit sie sich im Leben zurechtfinden. Als erstes hat er den schwer schwitzenden und gerade einige Pakete schleppenden Josef dahingehend belehrt, dass es sich bei diesem Parkplatz keineswegs um einen Parkplatz, sondern um einen Gehsteig handelt. „A Gehsdeich", hat er ziemlich laut erläutert, „is ein Schdeich zon Gehen! Für Fußgänger!" Als zweites hat er dem Josef erklärt, was ein Parkplatz ist: „A Bargbladz is a Bladz zon Bargen! Und des dou is obber ka Bargbladz, sondern a Gehsdeich." Punkt Nummer drei seiner interessanten Erklärungen: Das Auto. „Ein Auto is ein Fahrzeich. Ein Zeich, wo fährt. Und des g'herrd aff die Fahrbahn. Eine Fahrbahn is eine Bahn zon Fahren. Und des, wou Sie Ihr Auto schdäih hom, is obber ein Gehsdeich. Und dou mecherd iich edzer vorbeigehen." Worauf dann der Josef hinter einigen Paketen vorgebrüllt hat: „Und wassd du Bläidl, wos ein Maulaff is?! Ein Maulaff is ein Aff, wou edzer am besdn sei Maul häld."
Vermutlich wäre es von großem Vorteil gewesen, der Alfons hätte

den Vorschlag, sein Maul zu halten, stillschweigend akzeptiert. Da aber ein Klugscheißer eine Erscheinung ist, die vom unaufhörlichen Klugscheißen förmlich besessen ist, hat der Alfons noch einen draufgesetzt und dem Josef erklärt, was eine Strafanzeige ist: „Ich schreib edzer Ihner Ihr Nummer aaf, und nou gräing Sie eine Strafanzeiche. Des is eine Anzeiche, wou Sie nocherdla eine Strafe zoohln. Und zwar nicht zu gnabb!"

Daraufhin ist der mit seinem Auto auf einem ursprünglich zum Gehen eingerichteten Gehsteig parkende Josef R. zum Brausepulver geworden. Ein Pulver also, welches ziemlich braust. „Wassd du, wos du bist!?", hat er den Alfons angebrüllt, „Du bist es gräißde Arschloch, wos aff der Welt rumläffd!!" Und dann die Erklärungswut vom Alfons elegant weiterführend: „Und wennsd wissen willsd, du Zibfl, du bläider, wos ein Arschloch is – des is ein Arsch zum Lochen!" Und dann hat er zur Untermalung seiner Worte das Gesäß vom Alfons tatsächlich gelocht – in Form eines Fußtritts in den Hintern, dass der Alfons in hohem Bogen in den Kofferraum des auf dem Gehsteig parkenden Autos geflogen ist. „Und ein Gnalldepp", hat der Josef den Erklärungskrieg fortgesetzt, „is ein Depp, ba dem wous gnalld." Mittels zweier noch geschwind nachgereichter Schelln.

Eine Körperverletzung, belehrte ihn jetzt das hohe Gericht, sei eine Verletzung von Körperteilen, in dem Fall Gesicht und Gesäß von Herrn Alfons G. Beide Straftaten – also Taten, die bestraft werden – kosten zusammen 800 Euro. Und ob er das Urteil annehme. „Efendwell scho", sagte der Josef zum Alfons gewandt, „Obber warum mouß nern nou der Gaaferer dou nix zoohln? Der is mer nemli dernouch nu aff mei Schdoßschdanger draafdreedn, dass a Drimmer Delln g'habd hodd." Selbstverständlich kam die Erklärung, das Treten der Stoßstange betreffend, vom Alfons persönlich: „Kann Bfenning zoohl iich. Wall ich woor vo dera Körberverledzung suu benommen, dassi gmaand hob, den sei Scheiß Auto is ein Tretauto. Ein Tretauto is ein Auto zum Treten."

Der Uhukrieg

Eine Eskalation ist die allmähliche Verschärfung einer Auseinandersetzung mit immer besseren Mitteln, immer wirkungsvolleren Waffen. Bei den Wohnungsnachbarn Thomas R. und Manfred A. sind es zu Beginn ihrer Zwistigkeiten verhältnismäßig normale, herkömmliche Mittel gewesen. Drei Tage lang ist zum Beispiel der Briefkasten von Herrn Thomas R. mit einem gut dichtenden Klebstoff, vermutlich der Marke Uhu, hermetisch und vollkommen einwurfsicher abgedichtet gewesen. Kurz danach war bei Herrn Manfred A. das Schlüsselloch der Wohnungstür ebenfalls mit Klebstoff versiegelt. Der Konflikt ist kurze Zeit später als Uhukrieg in die Geschichte des Mietshauses eingegangen. Denn wieder waren es einige Tröpfchen dieses Markenklebers, mit denen bei Thomas R. ein neues Namensschild befestigt worden ist – mit der Aufschrift „Thomas Rhinozeros". Anderntags hat auch der Nachbar einen anderen Namen erhalten, auf dem Klingelschild ist „Manfred Affenarsch" gestanden.

Bis dahin war alles noch überschaubar, im normalen Rahmen nachbarschaftlicher Beziehungen. Aber dann ist die Eskalation eingetreten. „A ganze Wochn lang", äußerte sich jetzt der Angeklagte Thomas R. vor Gericht, „a ganze Wochn lang woor ibberhabbs nix. Ich hob scho befürchtet, dass der Nachber krank worn is – im Kubf vielleichd. Ka Tür zuklebt, ka Klingl rausgrissn, ka Beddong im Briefkasdn. Also wie im tiefstn Friedn, Herr Richter." Und an diesem Samstag vormittag, an dem der Thomas schon einen Frieden auf Erden, beziehungsweise im Erdgeschoß befürchtet hat, ist er, erfüllt von allergrößtem Argwohn, aus dem Haus geschritten, um vorn an der Vorgartentür aus der Blechbox die Zeitung zu entnehmen.

Der Tag hat noch ein bisschen geschlafen, also schlechte Sicht infolge Morgengrauen. Ein Morgengrauen mit tieferer Bedeutung, wie sich Sekunden später rausgestellt hat. „Ich lang nei in mei Zeitungsbox und schbür nix vo anner Zeitung. Lang i numol nei, mit Schwung – und in den Moment merk ich, dou is irchndwos Schmierigs, suu a Art Lebberi." Und dann das Grauen am Morgen: „Wäi ich mei Händ widder rauszuung hob – dou fängds aff aamol gottserbärmlich zon Schdinkn oo. Hob iich, wäi mer suu sachd Herr Richter, hob iich vull in die Scheiße glangd!! Die ganze Zeitungsbox vullgschissn gween!!"

An diesem beschissenen Samstag hat also der Thomas messerscharf geschlossen: Erst Uhukrieg, jetzt Hundescheißdreckkrieg. Denn der Nachbar Manfred A. ist Inhaber einer Dackeldame namens Flora. Mit der hoch erhobenen, immer noch ziemlich beschissenen rechten Hand ist der Thomas kurze Zeit später vor der Wohnungstür vom Manfred gestanden, hat mit der unbefleckten linken Hand an der glücklicherweise nicht verklebten Klingel Sturm geläutet. „Des woor fräih ummer Sechser", erinnerte sich der Manfred, „Ich raus ausn Bett, mach die Tür aaf – und dann kladschd der mir anne ins Gsicht, Herr Richter, dassi fast ohnmächdich worn bin! Und die ganze Scheiße hobbi aa nu im Gsichd g'habd!" Dabei habe er mit dem in die Zeitungsröhre gepressten Hundehaufen überhaupt nichts zu tun, er sei scheißdreckmäßig vollkommen unschuldig. Wer weiß, wie das Häuflein übelriechendes Elend in die Box gelangt sei?! „Ganz gloor", schrie der Thomas dazwischen , „Des wass doch a jeder, wäi die Scheiße dou neikummer is. Dei bläider Dackl is a Kunstscheißer! Der hodd si aff die Vorderbaaner gschdelld, bragdisch im Handschdand, und nou hodder annerhalb Meter houch genau in die Zeitungsbox neigschissn. Oorschgloor, andersch konns goornedd gween sei!"
Darum gehe es jetzt nicht, sagte der Richter, ob die Dackeldame Flora eine Schließmuskelakrobatin und Kunstschützin sei, wäre unerheblich. Sondern es gehe um die anschließende Ohrfeige mit Aufstrich. „Dou konn i aa nix derfiir", sagte der Thomas, „Ich hob nern ja bloß mei Händ vuller Scheiße zeing wolln. Und dou isser hald ausverseeng in die Händ neigrennd. Der woor ja an den Fräih nu richdich draamhabberd."
Das Wort „Draamhabberd" wurde dem Richter als schlaftrunken ins Deutsche übersetzt. Es nützte aber auch nichts. Da das Neirennen in eine erhobene Hand keine ganz neue Ausrede für eine vorsätzliche Drümmer Schelln ist, wurde Herr Thomas G. zu einer Geldstrafe von fast 2000 Euro verurteilt. „Des hädd ruhich aweng wenger sei kenner", merkte der Thomas zu der Höhe der Geldstrafe an, „wall suu arch wäih dou hodd däi Schelln nedd. Die Scheiße an meiner Händ hodd doch alles stark abgfedert."

Der Mann mit der Schweinelende

Die Statistikwissenschaft beruhigt den Menschen vielfach in hohem Maß. Zum Beispiel weiß man statistisch voll abgesichert, dass jeder jeder zweite Mann und jede zweite Frau in der Ehe dann und wann einmal ein Seitenhüpferla ausüben. Beunruhigend wirkt sich manchmal nur aus, dass man vermutlich in ca. 100 Prozent der zukünftigen Seitensprungfälle vorher nicht genau weiß, ob man jetzt mit seinem Partner einen der statistisch erwiesenen Ehebruchanwärter derwischt hat. Oft merkt man es gar nicht, oder erst viel später.
Der Einkaufssachbearbeiter Stefan E. hat es bei seiner Frau nach ungefähr drei Jahren Ehe erfahren und gehört seit dem vergangenen Jahr zu jenen 39,7 Prozent Ehemännern, die über den nicht sonderlich beliebten Kopfschmuck eines ausgewachsenen Riesenhirschgeweihs verfügen. Aufgesetzt hat es ihm im trauten Zusammenwirken einmal wöchentlich teils seine Frau, teils sein Chef, Herr Michael O. persönlich.
Dieser offenbar mit einer Art Schweinelende ausgestattete Michael O. handelt in der Horizontalen gern nach dem in Hobbyrammlerkreisen bekannten Grundsatz: Wer nicht schnell genug auf den Baum naufkommt, der, beziehungsweise die kann sich schon als frisch gestempelt betrachten. Sein vorläufig letztes Stempelkissen ist also Frau Christa E. gewesen.
Unabhängig von der bereits eingeleiteten Scheidung ist der monatelang betrogene Ehemann jetzt wegen seines Rachaktes am Ex-Vorgesetzten vor Gericht gestanden. „Des main'S Ihner amol vuurschdelln, Herr Richter", wimmerte der Stefan in der Verhandlung, „Däi Wildsau, däi verkommene..." Weitere Ausführungen auf dieser Ebene verbat sich das hohe Gericht unter Androhung einer höheren Ordnungsstrafe. Was der Stefan auch einsah: „Wall des wär ja a Beleidichung für jede normale Wildsau im Wald. Wall a Wildsau, däi schickerd mich ja nedd aamol in der Wochn aff einen dreischdündichn Computerkurs, blouß dass dann drei Schdund aff meiner Altn rumhubfn konn!" Vier Monate lang hat also der Stefan auf Geheiß von Herrn Michael O. nach Feierabend einen Computerkurs besuchen müssen, um die Geheimnisse des PC-Hackens zu erforschen. Und diese Zeitspanne hat Michael O. genutzt, um ebenfalls die Geheimisse des Hackens mit der Christa zu erforschen.

Ein Arbeitskollege, der hinter das nicht sonderlich geheime Geheimnis gekommen ist, hat es im Dezember schließlich dem Stefan anvertraut. „Häddn Sie dou vielleichd ba suu anner Sauerei in alle Ruhe zougschaud?", fragte der Stefan den Richter, „wenn Ihr Scheff Ihner in einen Computerkurs schickt, blouß dasser Ihner Ihr Frau als Tastatur verwendn konn?!"
Der Stefan hat jedenfalls nicht mehr lang zugeschaut. Gleich nach Neujahr hat er früh bei Dienstbeginn Herrn Michael O. in seinem Büro aufgesucht und ihn zunächst noch sehr höflich gefragt, ob er ihm einmal zeigen darf, was er in dem Computerkurs schon alles gelernt hat. „Ja, gern", hat der Chef sich gefreut. „Also gut", hat der Stefan dann schon etwas lauter gesagt, die PC-Tastatur vom Schreibtisch gerissen und weiter ausgeführt: „Seid Sebdember gäih iich Oorschluuch in dein Scheiß Computerkurs! Des sin dann edzer fast fünf Monat, macht zwanzg Wochn, wousd du jede Wochn mei Alde zammbaggd hosd!! Soong mer pro Computerkurs zwaamol hosders durchgnuudld. Sin värrzich Hubferla, rund mer aaf aff fuchzich!!!" „Und des dou", hat der Stefan dann beim Aufziehen mit der Tastatur gebrüllt, „Des dou is eine Dasdadur! Hobbi in Computerkurs glernd! Und däi Dasdadur hau i der edzer fuchzg mool aff dein bläidn Kubf, du Oorsch vo einen Zibflziecher!!!" Ob es stimmt, erkundigte sich jetzt der Richter, dass der Stefan dem Michael O. die Tastatur 50 mal über den Kopf gezogen hat. „Naa", antwortete der Angeklagte, „ba den Scheiß Maderial, wou mir in der Firma hom – dou is die Dasdadur scho bam zweidn mool zerbrochn. In Resd hobbin in nou in Waadschn zrigg geem. Und a boor Oorschdridd."
Ob einer der Tritte in den Hintern den Michael O. auch vorne getroffen haben könnte? „Ja, konn sei. Wall vorna hodder ja seit Tatwaffe, odder wäi mer dou sachd." Nach dem uralten Grundsatz, dass die Rache eine Sache des Herrn ist, und zwar des Herrn im Himmel, keinesfalls aber, bei allem Verständnis, des Herrn E. auf Erden, wurde der Stefan zu sechs Monaten auf Bewährung und 2700 Euro Geldbuße verurteilt. „Nexd Wochn", vertraute der Stefan seinem ehemaligen Chef noch an, „Nexd Wochn fang i widder middern Computerkurs an. Für Forddgeschriddene. Dou lernd mer, wäi mer mid Computer schmeißt. Nou is die Schonzeit für dich Wildsau obber endgildi vorbei!"

Klassentreffen

Ein Klassentreffen birgt oft große Schwierigkeiten in sich. Denn es besteht meistens aus ziemlich weit auseinanderklaffenden Erinnerungslücken, die sich im Verlauf eines Abends weder durch intensives Nachdenken, noch durch intensives Einnehmen geistiger Getränke füllen lassen. Auch bei dem von Karlheinz S. organisierten Jubiläumsklassentreffen zum Gedenken an den Schulabschluss vor 40 Jahren hat es mit einer gewaltigen Erinnerungslücke geendet: Zwei Schulbank-Kameraden, nämlich Karlheinz S. und der auch Pfiffer genannte Günther W., haben sich nicht mehr erinnert, wie sie nach dem Klassentreffen heimgekommen sind. Beziehungsweise sind sie zunächst einmal überhaupt nicht heimgekommen. Über die Details ihrer Irrungen und Wirrungen ist der Nebel von einem gewissen Nikolaschka gelegen.
Das altehrwürdige Getränk Nikolaschka besteht aus einem, möglichst doppelten Asbach, drüber eine Zitronenscheibe und auf dieser ein Kaffeelöffel Zucker sowie ein Häuflein frisch gemahlenes Kaffeepulver. Man zullt die Zitrone aus, presst Zucker und Kaffeepulver durch die Kiemen und gießt alles mit dem doppelten Asbach über den Knorpel.
Wer dieses Ritual aus den ganz alten Zeiten fünfzehn mal vollführt, befindet sich dann etwa in dem Zustand wie der Karlheinz gegen Ende des Klassentreffens. In dieser Verfassung ist er mitten in der Nacht von der Polizei angetroffen worden – und zwar tief schlafend und wildschweinartig schnarchend auf der Rückbank seines Autos, welches in der Gegend hinterm Moritzberg mitten auf einer einsamen Straße mit laufendem Motor gestanden ist. Auf die Frage eines Beamten, wer der Fahrer ist, soll der Karlheinz zunächst geantwortet haben: „Schrei nedd suu rum! Ruf läber im Gschäfd oo, dassi haid nedd kumm. Ich bin schderberdskrank." Dann hat er sich auf die andere Seite gedreht und weitergeschlafen. Er hat gedacht, er ist daheim.
Nach längerem Schütteln und Zureden seitens der Polizei ist der Karlheinz dann doch ein bisschen gesprächiger geworden und hat alle Fragen gewissenhaft beantwortet. Ob er was getrunken hat? „Nicht zu gnabb, Herr Bollizeibrässident! Fuchzeha Nikolaschka! "Ob das sein Auto ist? „Naa, mei Sofa!" Und wer der Fahrer ist?

„Der, der wo's fährt!" Und wo sich bitte, der, der wo's fährt, momentan befindet? „Der Bfiffer!? Der is aff Schiffn im Wald, der mouß glei widder dou sei."

Nach einer weiteren Schlafstörung hat der Karlheinz noch preisgegeben, dass es sich bei dem Herrn Pfiffer um seinen Klassenkameraden Günther W. handelt., dass dieser Herr Pfiffer so nüchtern ist wie eine Klosterzelle und dass er jetzt weiterschlafen möchte. Aber es hat sich weit und breit kein Pfiffer im Wald, beziehungsweise ein Herr Günther W. gefunden. Zunächst hat die Polizei, möglicherweise nicht ganz unberechtigt, vermutet, dass es sich bei dem Herrn Pfiffer um ein im Nikolaschka-Nebel entstandenes Fabelwesen handelt. Aber er hat tatsächlich existiert, man hat zunächst nur nicht ermitteln können, wo. Im Wirtshaus, wo das Klassentreffen stattgefunden hat, war er nicht mehr, nicht im Wald und auch nicht daheim bei seiner sehnsüchtig wartenden Ehefrau. Erst am andern Tag gegen 16 Uhr ist er wieder aufgetaucht. „Ob Sie's glaam odder nedd", erklärte er dem Richter, „Ich hob mi Wald dodaal verloffn." Und es habe schon alles seine Richtigkeit: Er habe den vom Nikolaschka schwer gezeichneten Karlheinz in dessen Auto heimfahren wollen, sei bei einer kurzen Pinkelpause zur Verrichtung seiner Notdurft ausgestiegen, danach in die verkehrte Richtung gelaufen und habe dann vollends die Orientierung verloren. „Erschd", sagte er, „hobbi mi nachn Mond richdn wolln. Obber der is dann underganger. Es woor wäi ba Hänsl und Gretl, Herr Richter. Blouß hobbi kanne Brotbräiserla gschdreud g'habd."

Es gab sogar einen weiteren Zeugen, der bestätigte, dass am Nachmittag ein ziemlich zerzauster Herr in Schwaig an der S-Bahn-Haltestelle einige Passanten gefragt hat: „Kennd mir bidde jemand soong, wo ich bin?" Es ist der Pfiffer nach seiner ungefähr zwölfstündigen Nachtwanderung durch den Steckerlaswald gewesen.

Infolgedessen ist der Karlheinz vom Vorwurf, den Pfiffer und seinen Irrlauf dreimal rund um den Moritzberg nur erfunden und selber mit 2,7 Promille sein Auto gesteuert zu haben, freigesprochen worden. „Kennd ich", fragte der Kronzeuge Günther W. nach dem Freispruch das hohe Gericht, „des Urteil biddschenn auch schriftlich hoom. Wall Sie hom edzer die Gschichd glaubd, Herr Richter. Obber mei Frau glabbds mer immer nunni."

Das Geistermotorrad

Im Frühling erwacht bekanntlich die Natur, sodass draußen wieder alles mögliche kreuchen und fleuchen kann. Unter anderem kreuchen und fleuchen Maikäfer, Bienen, frisch am Knie operierte Jogger und Nordic Walker, Birkenpollen oder in atmungsaktive Wursthäute eingenähte Hochgeschwindigkeitsradfahrer. Auch die Luftzugvögel auf ihren Hondas, Yamahas oder BMW sind wieder zurück, und so kann der Naturfreund im Frühjahr, wenn er Glück hat, manchmal auch das extrem scheue Freifliegende Motorrad beobachten.

So ein Glückspilz ist der Autofahrer Jochen D. Er hat in der sich auf die Fränkische Schweiz herniedersinkende Abenddämmerung erstmals in seinem Leben, und beinahe letztmals, gesehen, wie ein Motorrad ganz allein durch die Natur teils gekreucht, teils gefleucht ist. Während der Gerichtsverhandlung jetzt hat er erfahren dürfen, dass er das wunderbare Naturerlebnis nicht nur dem Glück, sondern vor allem einem sogenannten Wheely zu verdanken hat. Auf das Konto dieses Wheely gehen auch die Gehirnerschütterung vom Jochen, Prellungen des Brustkorbs sowie ein gebrochenes Nasenbein. Das Wheely gehört zur Grundausbildung eines jeden Motorradfahrers. Dabei dreht man verhältnismäßig ruckartig am Gaszug, betätigt kurz die Kupplung, zieht gleichzeitig den Lenker hoch, und schon dröhnt der Motorradkunstfahrer zur hellen Freude aller anderen Verkehrsteilnehmer nur auf dem Hinterrad majestätisch durch die Natureinsamkeit. Das Vorderrad schwebt in der Luft.

Jetzt muss man nur noch wissen, dass es zum Beispiel der Alt-Biker Wilfried E. trotz seiner 64 Jahre beim Wheely-Brettern noch nicht ganz zur perfekten Reifenreife gebracht hat. Bei ihm bilden während einer Wheely-Vorführung Mensch und Motorrad nicht immer die erwünschte Einheit. Was der Autofahrer Jochen D. bezeugen kann: „Ich bin an den Oomd vo Obertrubach hammgfoohrn, foohr aff des glanne Waldstückla zou, ganz gemüüdlich, und nou kummd vielleichd dreihunderd Meter vuur mir, kummd mir a Motorrad endgeeng. Direggd in der Middn vo der Schdrass."

Der Jochen hat noch bemerkt, dass der ihm entgegenkommende Motorradfahrer die Straßenmitte bereits verlässt und extrem weit links fährt. „Und nou sich ich aff aamol, dass aff den Motorrad goor ka Motorradfoohrer draff hockd! A Geister-Motorrad, Herr Richter!!!

Ich hob nu aff die Hubn driggd und dauernd aufblinkd – keine Reaktion vo den Motorrad. Und nou binni iiber des Bächla driiber in Wald neigrauschd." Dort ist der Jochen nicht ganz unsanft von einem Baum abgebremst worden. „Und wäi ich aus mein Auto schwerverledzd rausgrabbld bin", sagte er, „kummd der Moo dou in seiner Ritterrüstung derheer und frouchd mich, ob ich zufällich sei Motorrad gseeng hob! Des mäin'S Ihner amol vuurschdelln, Herr Richter – dou wersd von einen alleinfahrenden Motorrad in Schdrassngroom neidriggd, und nou kummd der Depp derheergschissn und frouchd, ob ich zufällich sei Motorrad gseeng hob. Wenn i nedd fasd ohnmächdich gween wär, häddin an Drimmer Oorschdridd geem! Suu hobbi blouß gsachd, des Motorrad werd inzwischn scho in Obertrubach sei, und wenners find, soller si's in Oorsch neischäim."

Jetzt erklärte der damals ohne Motorad fahrende Motorradfahrer Wilfried E., dass es sich um einen seiner zahlreichen erfolglosen Wheely-Versuche gehandelt hat. „Gas geem, draff aff die Kubblung, mei Maschiner houchzuung – und nou binni roogfluung. Ich hobbera nu nouchgschriea, dass serfordd anhaldn soll. Obber sie hodd nedd aff mich g'horchd. Um die Kurvn rum, und fordd woors."

Ein Wheely ist straßenverkehrsrechtlich nicht statthaft – erst recht, wenn man es nicht kann. Das Gericht verfügte, dass der Wilfried für ein Jahr auf seine Lizenz als Motoreinradfahrer verzichten und zusätzlich eine Geldstrafe von 1200 Euro zahlen muss. Die Krankenhauskosten vom Jochen, Schmerzensgeld, Flurschaden und Autoreparatur werden in einem gesonderten Verfahren geregelt. „Für dich", vertraute der Jochen dem Wheely-Artisten Wilfried E. noch an, „Für dich wäärs gscheider, du laafersd immer zu Fuß. Menschen kenner doch auch einen Wheely machen – eimbfach aff an Baa hubfn und dann dauernd ‚Ännnännännännänn' brülln. Und bam Gas geem lässd hald an Drimmer Schieß . . ."

Indische Laufenten

Seit Jahren befindet sich der in der Südstadt beheimatete Kleingärtner Karl Theodor G. im Krieg. Doch der Generalfeld-, salat- und wiesenmarschall steht in seinem verzweifelten Kampf gegen die spanische Nacktwegeschnecke auf verlorenem Posten. Wenn er am Abend ermattet vom Einsatz an der Front heimkehrt und wieder einmal zehn Nacktschnecken ertränkt, erstochen, geviertelt, verbrüht, mit dem Autoreifen gerädert, erwürgt, zerhäckselt, in der Bierfalle vergiftet oder gschwind zum Nachbar nüber geschmissen hat – schwupp! sind am andern Tag schon wieder mindestens zwanzig neue Nacktschnecken da und machen sich genüsslich schmatzend über seine Salatpflänzchen her.
Ob es sich bei diesem mysteriösen Nachwachsen von Nacktschnecken um Reinkarnation, Auferstehung, ewiges Leben oder um eine im Rahmen der Evolution weiterentwickelte Nachfolgeschaft der neunköpfigen Hydra aus dem antiken Griechenland handelt, weiß kein Mensch.
Jetzt hat sich um die Klärung der Schneckenplage sogar ein Zivilgericht bemühen müssen.
Kurz bevor Herr Karl Theodor G. schon fast soweit war, dass er sich seinen Legionen von nachwachsenden Nacktschnecken selber zum Fraß vorwirft, ist bei einem der zahlreichen Strategiekongressen in der Gartenkoloniekantine der Schneckenbekämpfer Horst S. mit einem biologisch unbedenklichen Vorschlag auf den Plan getreten: Die indische Laufente. Dass nämlich ganz Indien nachweislich vollkommen nacktschneckenfrei ist, hat der Horst dem Schneckenjäger Karl Theodor erklärt, läge ausschließlich an der dort weitverbreiteten indischen Laufente. „Däi indischn Laufenten", hat er dem Karl Theodor anvertraut, „däi budzn die Schneckn wech wäi nix. Dou homs ihrn ledzdn Schieß brunst." „Obber", hat er noch hinzugefügt, „däi Viecher sin nedd ganz billich."
Für 300 Euro hat der angebliche Züchter indischer Laufenten einige Tage später dem Karl Theodor ein Pärchen im Pappkarton vorbeigebracht. „Und derzou hodder nu gsachd", äußerte sich der Kleingärtner jetzt vor Gericht, „dassi des Geld schnell widder banander hob. Wall däi Laufenten leeng im Jahr mindestens 150 Eier, wou indische Laufenten ausschlubfn und dann jede widder 150 Eier leechd."

Binnen kürzester Zeit sei er Millionär – wenn nicht mit Euro, dann immerhin mit indischen Laufenten. Und ganz Franken sei dann, ähnlich wie Indien, frei von Nacktschnecken. Daraus wird es jetzt aber vermutlich nichts.

„Ich hob", schilderte der Karl Theodor den ersten Einsatz seiner zwei laufenden Schneckenvernichter, „den Karddong aafgmachd, nou hubfns raus, däi bläidn Hund, laafn zu meine Beete niiber und hom in ganzn Salood wechgfressn. Ärcher wäi die Nacktschneckn. Und vuur däi Nacktschneckn, wou ich ihner hiigschmissn hob, dou sins durchganger. Däi bläidn Viecher hom Angst vuur Nacktschneckn g'habt!"

Und dann? fragte das hohe Gericht. „Und dann, und dann und dann!", wurde der Karl Theodor laut, „dann sins aus lauter Schiss vuur die Nacktschneckn aff mei Gartenbank draff g'hubfd und homs vullgschissn. Und nou homs ganz aufgreechd mid die Flügl gfladderd und sin dervoo gfluung. Indische Laufenten, däi wou angeblich nicht fläing kenner, sin dervoo gfluung! Hobbi zouschauer kenner, wäi meine 300 Euro in Himml aufgschdieng sin!"

Aller Wahrscheinlichkeit nach hat es sich also nicht um indische Laufenten, sondern um ganz normale Lichtenhofer Dutzendteichenten gehandelt, die dringend wieder heimfliegen haben wollen. „Dou wenn i mer a aufblasbare Gummi-Enten kaffd hädd um zwaa Euro fuchzich", sagte der Karl Theodor, „des wär gscheider gween. Vur dera wär eine Nacktschneckn wenigsdns erschrockn. Und däi wär aa nedd dervoo gfluung."

Der Handel mit dem indischen Laufentenpärchen, entschuldigte sich der Horst, sei eigentlich als Spaß gedacht gewesen. Er habe den Karl Theodor nur auf den Arm nehmen und die 300 Euro selbstverständlich wieder zurückzahlen wollen. „Obber dou bin i ja nimmer derzou kummer, wall der glei zu sein Rechtsanwalt ganger is." Ob es wirklich ein Spaß war oder ein indischer Laufentenbetrug, wird jetzt von anderer Stelle noch ermittelt. Vorläufig muss der Entenhändler Horst S. die 300 Euro retournieren und den abgefressenen Salat und die verschissene Gartenbank ersetzen. Was inzwischen dem Karl Theodor seine Nacktschnecken machen, wollte der Richter noch wissen. „Denni gäihds subber", sagte der städtische Landwirt, „Ich dous edzer züchdn. Wenns ausgwachsn sin – aweng an Buderzucker draff, und nou verkaafis als indische Lauf-Nussschneckn."

Gelände gibt es immer wieder

Einige wenige Anhänger einer uralten, längst vergessenen Fortbewegungsart – sogenannte Fußgänger – wissen immer noch nicht, wofür ein Geländewagen mit Allradantrieb, 450 PS und Gipfeltauglichkeit bis 8000 Meter Höhe über dem Meeres- und Hormonspiegel eigentlich gut sein soll. Wo es doch bei uns in Kürze kaum mehr ein befahrbares Gelände geben wird.

Diese Geländewagen- und Crossover-Skeptiker hätten bei der Verhandlung gegen Herrn Friedrich N. dabei sein sollen. Dann wüssten sie, dass man mit einem der beliebten Feld-, Wald- und Wiesen-Hobel nicht nur Flussbetten bis zu einer Wattiefe von 90 Zentimeter zügig durchfahren kann oder die Anlaufspur einer Skiflugschanze, sondern zum Beispiel ohne weiteres auch ein Sofa im Wohnzimmer. Und zusätzlich der Reihe nach noch eine Ligusterhecke, einen hochalpinen Steingarten mit altbayerisch gewandeten Bergzwergen, ein Rosenbeet, einen Gartenteich und eine mit Marmor-Imitat frisch gepflasterte Edelterrasse. Alles zusammen, inklusive Sofa und Terrassentür, im Wert von ungefähr 15 000 Euro.

Das alles hat der passionierte Geländewagenfahrer Friedrich N. während seines vorläufig letzten Ausflugs ins Gelände binnen weniger Sekunden befahren. Also kann der Rest der Geländewagenfahrer aufatmen: Auch wenn es eines Tages kein herkömmliches Gelände mehr geben wird – ein Sofa, eine Terrasse, Ligusterhecke, Gartenzwerchla, Fischteiche, Rosenbeete zur intensiven Ausübung eines Moto-Cross-Sports finden sich immer wieder.

Wie der Friedrich seine mannigfaltigen Objekte damals gefunden hat, wusste er jetzt in der Verhandlung nicht mehr ganz genau. „Ich wass blouß nu", teilte er dem hohen Gericht mit, „dass mir an den Nammidooch a glanne Grill-Barddy ba einen Freind vo mir g'habd hom." Nach dem Grillen im Verbund mit der Einnahme diverser Getränke habe er, der Friedrich, dann mit seinem Querfeldein-Auto in der Straße, in der sein Freund wohnt, wenden wollen. Und da sei er im Rückwärtsgang nicht gleich über die viel zu hohe Gehsteigkante gekommen. Es ist aber keine Gehsteigkante gewesen, wie später die Polizei festgestellt hat, sondern die nicht ganz einen halben Meter hohe Mauer vom Grundstück des Erbauers des alpinen Steingartens, Herrn Werner H.

„Und dou hobbi dann mein Berchgang neig'haud", sagte der Friedrich, „und vull am Gasbedal draff. Und aff aamol hodds der vielleichd gschebberd und gschbrazzld, nocherdla awäng blädscherd. Dann hodds an Drimmer Schlooch dou. Und wäi ich nocherdla aus mein Autofensder nausschau, siech ich rechds vo mir an Fernseh – dou is grood die Sportschau gloffn. Und links, dou binni mid mein Vorderreifn affern Sofa droomer gschdandn. Und am Sofa is a Moo gleeng."
Bei dem Mann am Sofa hat es sich um den vor Schreck vollkommen erstarrten Werner H. gehandelt. „Wissen'S", sagte der Werner zum Richter, „Wissen'S, wos der nach seiner Amokfahrt gmachd hodd?! Der hodd sei Fensder rookurbld und nou hodder zu mir und meiner Frau, däi wo si hindern Sessl gschmissn hodd, dou hodd der in aller Ruhe gsachd ‚Gunoomd banander'! Ja, dou hauds der doch in Vuugl raus!! Der Chaot bredderd iiber mei Mäuerla driiber, durch die Heckn durch, nei ins Rosnbeet, dauchd durch mei Garddndeichla durch, aff die Derrassn naaf, nei durch die offne Derrassndiir und affs Sofa draff – und nou sachd der ‚Gunoomd banander'! Ba uns hodds ausgschaud, wäi nachern Bombnangriff!!" Was anderes als ein höfliches „Guten Abend beinander" sei ihm, sagte der Friedrich, in seinem Schock nach der Irrfahrt durch Ligusterhecke, Rosenbeet, Steingarten, Gartenteich und Terrassentür nicht eingefallen.
„Fraali, is nern nu wos eigfalln", schäumte da der Werner. „wäi iich mich vo mein Nervnzusammenbruch einichermaßen erholt g'habd hob, is er ausgschdieng aus sein Ambfibienfahrzeuch, hodd si neber mich affs Sofa g'hockd und hodd gsachd, dass er edzer aa aweng Sportschau schaud. Bis die Bollizei kummd. Und ob ich fiir ihn a Bier dou hob." Biere und vermutlich auch Schnäpse muss der Geländefahrer Friedrich N. aber schon vorher beim Grillfest eingenommen haben. Und zwar in Höhe von 2,2 Promille. Achtzehn Monate lang darf er jetzt mit seinem Nobeltraktor keine fremden Gärten mehr durchpflügen, keine Sofas erklimmen. Und zum Führerscheinentzug kommen noch 9000 Euro Geldstrafe und der Schadensersatz für die umfassenden Verwüstungen hinzu. „Aff der ann Seidn", sagte der Friedrich nach dem Urteil, „douds mer ja scho leid, wos dou alles bassierd is. Obber andererseits mouß i soong, hodd mei Auto amol zeing kenner, wos in ihn steckt. Allaans dasser durch des Garddndeichla durchkummer is! Und dann nu affs Sofa nauf – Reschbeggd, Reschbeggd!"

Der Schraubenfresser

Menschen werden von Mitmenschen gern eingeteilt, damit man sie wissenschaftlich besser unterscheiden kann. Die Einteilung erfolgt auf verschiedenen Ebenen, etwa die mittlere Ebene bildet die Magen- und Darmflora. Ihr zufolge gibt es den reinrassigen Vegetarier oder auch pflanzenessenden Homo Sapiens mit 2,5 Prozent Vertretern, sowie den Homo Rapiens (97,5 Prozent), welcher seinen Magen mit Pressack, Blut- und Leberwurst, Schäufele füllt. Wie man den Prozentzahlen entnehmen kann, ist für eine dritte Ernährungsart, nämlich dem Verzehr angerosteter Auspuffschrauben, kein Raum mehr. Aber es gibt einen Repäsentanten des menschlichen Schraubenfressers – nicht zu verwechseln mit dem Kolbenfresser – nämlich den Schlossermeister Gerhard H.

Herr Gerhard H. ist an seinem freien Samstag nachmittag zur Montage eines neuen Auspufftopfes unter seinem Auto gelegen, und zwar dergestalt, dass er mit seinen verhältnismäßig langen Beinen die durch parkende Wagen ohnehin nicht sehr breite Straße zusätzlich stark eingeengt hat. „Rechts is a Auto gschdandn", sagte der angeklagte Speditionskaufmann Rainer L., „links den Moo sei Auto bridscherbraad in der Schdrass drinner, und dass mer ja nimmer durchkummd, hodder seine Baaner aa nu exdra weid nausgschdreggd." „Ja, häddi mi under mein Audo", fuhr der Gerhard dazwischen, „häddi mi gwiss zammds meine Baaner drunderwedschn solln?! Ich bin doch ka Rollmobs!"

Er möge, bat ihn der Richter, die Ausführungen des Angeklagten bitte nicht unterbrechen. „Den Gnaller underbrech ich edzer obber scho!", begehrte der Gerhard auf, „Der erzilld der dou einen solchen Scheißdreeg! Ka Bladz mehr zum Vorbeifoohrn, dassi fei nedd lach! Dou häddn nu zwaa Saddlschlepper neberanander durchbassd! Und dou driggd der Gimbl aff sei Hupen draff, dassi gmaaand hob, die Feierwehr kummd." Auf das eindringliche Hupen hat der Gerhard damals unter dem Auto ein bisschen Geduld angemahnt, wie man sich denken kann, in angemessener Höflichkeit: „Oorschluuch, bläids, wersders derwarddn kenner!!"

Ganz genau hat man den zarten Aufruf zur Geduld aber nicht verstehen können, denn der Gerhard hat sich bei der Auspuff-Montage im entscheidenden Endstadium befunden: In der rechten

Hand den Schraubenzieher, in der linken Hand den noch nicht befestigten Auspuff und im Mund die Schraube für die Auspuffmuffe. Noch einmal habe da der Rainer auf seine Fanfare gedrückt, und dann sei er langsam und auf den Millimeter genau weitergefahren. „Ner fraali – langsam und millimetergenau!", wütete der Gerhard wieder dazwischen. „Millimetergenau aff meine Baaner draff. Also nedd direggd aff die Baaner. Obber mei rechds Huuserbaa hodder mid sein Vorderrad neizwiggd. Und wäi ich brülld hob vuur Schmerzn, dou is nou bassierd – hobbi die Ausbuffschraum noogschluggd!" Wieso Schmerzen, fragte der Vorsitzende. Wenn der Rainer ihm nur auf das Hosenbein drauf gefahren ist! „Nou woorns hald Phantomschmerzn. Des is doch edzer worschd. Jedenfalls hobbi die Schraum im Hals schdeckn g'habd! Und nou hobbi undern Auto rausgrabbln wolln, dassi die Schraum rausschbodz, obber ich hob mi ja nedd beweeng kenner. Wall der Blödmann mid sein gschissner Hobl aff mein Huuserbaa gschdandn is." Auf die völlig verschraubten Hilferufe vom Gerhard habe seine Frau Sanitäter und Notarzt alarmiert, die ihn praktisch vor dem drohenden Erstickungstod gerettet hätten.

Ganz so dramatisch, meinte der Notarzt, sei es nicht gewesen, der Gerhard habe die Auspuffschraube ja noch im Mund gehabt. „Dassin aweng am Huuserbaa derwischd hob", sagte der angeklagte Rainer, „des doud mer scho leid. Wenn i gwissd hädd, wos der dou undern Auto machd, hädd i nerdlri scho gwardd, bis er midden Veschbern vo seiner Ausbuffschraum ferddi gween is."

Wegen des Einzwickens vom Gerhard seinem Hosenbein, auf welchem er mit seinem Vorderreifen längere Zeit verweilt hatte, wurde der Rainer zu einer Geldstrafe von 750 Euro verurteilt. Aber auch der Gerhard kam nicht ganz ungerupft davon. Für den Blödmann, den Knaller, Gimbl, Scheißdreeg und den g'schissnen Hobel muss er demnächst 300 Euro Ordnungsstrafe zur Erhaltung der Würde der Justiz überweisen. Außergerichtlich und gebührenfrei teilte der Rainer nach Prozessende dem Gerhard noch mit: „Am besdn wäärs gween, du häsd däi Schraum wergli noogschluggd. Und wenns dann aff der andern Seidn midden Gwind vuroo rausgschaud hädd, nou häsder dein Ausbuffdobf aa an Oorsch hiischraum kenner."

Der Trompeter vom Steckerlaswald

Angehende Trompetenvirtuosen sind oft größten Anfeindungen und Nachstellungen ausgesetzt, wie man unter anderem von dem melancholischen Klagelied eines fränkischen Blasmusikers her weiß. Es lautet: „Scheißt die Katz vom Christbaum roo, direkt in mei Trompeten. Edz moußis zum Flaschner droong, der mouß wieder löten."
Auch die Trompete des seit drei Jahren unermüdlich probenden Haus- beziehungsweise Waldmusikers Horst K. hat nach einigen Dissonanzen während seiner vorläufig letzten Übungsstunde dringend zum Löten gemusst. Allerdings hat in seine Trompete keine Katze vom Christbaum aus hineingeschissen, sondern sie ist von dem der Volksmusik nicht sonderlich aufgeschlossenen Herrn Michael G. mittels eines bereits morschen Christbäumchens unbrauchbar gemacht worden. Zusätzlich haben bei dem Anschlag auf die Musik noch zwei Schneidezähne dran glauben müssen.
Zweimal binnen drei Jahren, klagte der Solotrompeter Horst jetzt vor Gericht, habe er schon seine Wohnung wechseln müssen wegen seiner Liebe zur ziemlich lauten Muse.
Aber wer sich einmal der Kunst verschrieben hat, lässt so schnell nicht locker. Und so hatte der Horst eine sehr gute Idee, er ist nach erneuten Anmahnungen seitens der unmusikalischen Nachbarschaft mit seinem Instrument in den Wald, weit hinter Buchenbühl, gefahren. Das Waldstück war aber ebenfalls sehr unglücklich gewählt.
„Weecher mir", sagte der Angeklagte Michael G., „bläst der in sei Scheiß Drombeedn am Sinwellturm droomer nei odder in einen Adombunker! Odder aff der Audobahn hinder an Lärmschudzwall! Obber doch nedd in unsern Wäldla! Wou mir, mei Frau und iich, die Samsdooch nammidooch immer awengla die Ruhe genießn mechdn!"
An jenem Samstag nachmittag haben der Michael und seine Frau wieder die Waldesruhe genießen wollen. Erst ein bisschen Holz sammeln für den Kachelofen daheim, Schwarzbeeren zupfen, Pfiffer aufspüren und sich sodann auf den im Auto mitgebrachten Campingliegen zum gemeinsamen Schnarchkonzert langsam einstimmen.
„Und an den Dooch", erinnerte sich Herr Michael G., „dröönds aff aamol durchn Wald, dassi scho gmaand hob, die Nammidooch-

Maschiner vom Airport Zieglschdaa hodd si verfluung. Obber ein Fliecher schbilld ja nedd ‚Der Mond is aufgegangen'! „Ich bin nou aufgrumbld", fuhr der Michael fort, „Und nou schdäihd dou der Behelfsmusigger mid seiner Alarmdrombeedn hinder an Baum und gwääld si an ab mid ‚Der Mond is aufgegangen'. Der Mond! Nammidooch ummer zwaa!" Es hat sich sodann ein trautes Zwiegespräch ergeben. „Serfordd aafheern mid dera Blaserei! Des klingt ja wäi ein Dauerschieß, der wou aff Lautschbrecher iiberdroong wird!" Der Horst: „Ihner wer i glei an Dauerschieß geem! Wos mach nern Sie dou ibberhabbs im Wald?!" Der Michael: „Des gäihd Ihner an Scheißdreeg oo! Außerdem hom mir vom Förster einen Leseschein!" „So, einen Leseschein hom Sie. Nou lesen'S amol die bayerische Verfassung. Der Wald is fiir alle dou! Auch fiir Drombeednschbieler!" Und wie dann wieder „Der Mond ist aufgegangen" erklungen ist, hat der Michael mit einem herumliegenden Fichtenstämmchen in der Hand gebrüllt „Edzer werd dei Mond glei undergäih!" und hat zugeschlagen. „Nerblouß aff die Drombeedn", sagte er jetzt in der Verhandlung, „Ich hobs ausschaldn wolln. Und wenn der nedd neiblousn hädd, wär ibberhabbs nix bassierd."
So aber hat der Schwung des Fichtenstämmchens die Trompete in den Mund vom Horst hineingerammt, unter schmerzhafter Mitnahme von zwei Schneidezähnen. „Ich hob nern ja", verteidigte sich der Michael, „die Drombeedn ja sugoor nu rauszuung." Aber angeblich nur, um auf ihr herumzutrampeln, sodass sie jetzt, wie in dem bekannten Trompetenlied schon erwähnt, zum Flaschner zum Löten muss.
Wegen schwerer Körperverletzung, Sachbeschädigung und Beleidigung wurde der Michael zu vier Monaten mit Bewährung, einer Geldbuße von 2100 Euro und Schadensersatz für zwei Zähne und eine Trompete verurteilt. „Die zwaa Zähn", meinte der Michael, „hädd der Moo doch goornimmer braucht. Hädder ‚Der Mond is aufgegangen" in Zukumbfd durch sei Zooluggn bfeifn kenner. Weecher mir aa im Wald."

Weltrekord im Hochstapeln

Es ist ein Jammer, dass die schöne Sportart Bierkasten-Freeclimbing immer noch nicht in den erlauchten Kreis olympischer Wettbewerbe aufgenommen ist. Denn dann würde die Welt endlich einmal auf die Südstadt blicken und auf den hier beheimateten Bierkasten-Freeclimber-Champion Erwin H., wie er gerade seine Goldmedaille entgegennimmt und auf die beliebteste Frage aller Olympia-Sportreporter, was ihm bei seinem Siegesklimmzug alles durch den Kopf geschossen ist, wahrheitsgemäß antwortet: „Insgesamt zwölf Bier." Der Bierkastenstapel-Weltverband führt in seinen Rekordlisten die derzeitige Jahresbestleistung mit 38 Kästen – aufgeschlichtet und erklettert von einem Feuerwehrmann in Gütersloh oder wo. Allerdings am Seil gesichert und vermutlich stocknüchtern. Der Weltrekord von Erwin H. aber: Sieben Bierkästen, freikletternd und amtsärztlich nachgewiesen mit 2,1 Promille. Jetzt ist der im vergangenen Herbst aufgestellte Weltrekord vor dem Amtsgericht gewürdigt worden. Herr Erwin H. hat damals am Volksfest vier Maß Bier zu sich genommen, zwei Sardinenweckla und einen gewedelten Hering. „Dou gräigsd nerdirli einen Sau-Dorschd, und nou binni nachn Volksfest nu gschwind ins Werzhaus ba mir glei um die Eckn rum. Aff a Seidla. Odder drei odder vier. Ner ja, und dou is dann des Deooder mid den Lufdballong gween." Außer einem zufriedenstellenden Preller hat der Erwin damals nämlich noch einen großen roten, mit Ferngas gefüllten Luftballon mit sich geführt, als Geschenk und Beruhigungsmittel für seine Ehefrau daheim. Im Wirtshaus hat er den nach oben strebenden Luftballon noch fest an der Schnur umklammert und dabei dem neben ihm sitzenden Ernst S. etwa 25 mal erklärt, dass dieser Luftballon ein Geschenk für seine Frau ist. „Und nou sachd der Moo neber mir, dass i edzer endlich amol mei Goschn haldn soll mit mein Scheiß Lufdballong. Und wäis nern ich ausverseeng numol ergläärd hob – des mid meiner Frau und middn Lufdballong – dou hodder aus den Bfefferschdreuer am Diisch einen Bfeffer aff sei Händ gschdreud, hodd neiblousn, ich hob niesn mäin, hald die Händ vuur die Noosn, lass die Schnur los – und bums! Is der Lufdballong aff der Deckn droomer g'hängt!" „Edzer", fuhr der Erwin fort, „Edzer kumm amol bsuffn und fimbf Schdund zer schbeed vom Volksfest hamm und hob kann Lufdballong

derbei! Ohne Gschenk! Dou is värzza Dooch Griech dahamm!" Also hat es der Erwin erst mit Hochhupfen probiert, den Ballon wieder einzufangen, dann vom Tisch aus. „Dou wär er mer ummer Haar in mei Gulaschsubbn neigwaadschd", erinnerte sich der Ernst. Und dann also der Weltrekordversuch. Erst hat sich der Erwin vier Bierkästen aufeinander gestapelt – zu niedrig. Dann noch einmal zwei – immer noch zu niedrig. „Nou isser", sagte der Ernst aus, „Nou isser middn siebdn Bierkasdn in der Händ aff des glanne Schränkla naafgrabbld, den Bierkasdn aff die andern draff gleechd, hodd si houchzuung, langd nach der Schnur vo den Scheiß Lufdballong – und nou is der Depp roogfluung. Genau aff miich draff, dass mer mein Kubf in die Gulaschsubbn neidriggd hodd!"
Wie nach dem anschließenden Tumult die Polizei erschienen ist, hat der Ernst immer noch ausgeschaut, als sei er im Gesicht schwer verwundet. Es war aber gottseidank kein Blut, sondern nur die Gulaschsuppe. Schwerer als die Gulaschsuppe wogen aber ein vom Arzt festgestelltes Schleudertrauma, eine Gehirnerschütterung und der Verdacht, dass sich der Bierkasten-Freeclimber Erwin H. absichtlich auf den Ernst in die Tiefe fallen hat lassen. Als Vergeltung für den Pfefferanschlag und die dadurch ausgelöste Flucht des Luftballons.
Wegen Körperverletzung wurde der Erwin zu einer Geldstrafe von 800 Euro verurteilt. Wo inzwischen der Luftballon weilt, bleibt ungeklärt. „Der Wirt", sagt der Erwin schon nach Verhandlungsschluss, „hodd vo undn mid anner Zeidung gwedelt und nou is der Ballong ganz langsam an die haaße Decknlambn hiigfluung und nou is er bladzd. Der schäine, grouße, roude Lufdballong is nerblouß nu als Schnerbfl vo der Deckn roogfluung." Und die größte Gemeinheit sei gewesen, merkte der Erwin noch an, wie das Gulaschsuppenopfer Ernst S. persönlich beleidigend geworden sei. „Sachd der zu mir, wäi ich gfrouchd hob, wos i edzer meiner Frau miidbringer soll, wou der Lufdballong zerbladzd is, sachd der ‚Nou bringsdera hald dein glann Schnerbfl miid – wäi immer'."

Wie ein Taschentelefon einmal einen Orgasmus gehabt hat

Eine der ganz großen Daseinsfragen dieses Jahrhunderts lautet: „Was für einen Klingelton könnte ich mir heute auf meinen Taschenvibrator daunlouden?" Eine ungeheuer schwer auf uns lastende Frage, denn nichts auf der sich ständig anrufenden Welt ist so zahlreich wie der Klingelton am Taschen-Fon. Ob der Ruf des Muezzins, der Balzruf der Waldameise, das Frohlocken eines Kastelruther Spatzen, Paris Hiltons Oorschgschmarri oder – regional – der gefürchtete Schweinauer Bierschieß in der C-Dur-Variante Forzissimo – jegliches auf Erden vorkommende Geräusch ist gegen eine kleine Gebühr auch als Klingelton am Handy daunloudbar. Wovon jetzt aber zum Beispiel der noch aus der Prä-T-mobeil-Epoche stammende Schreinermeister Roland G. nicht die leiseste Ahnung hat.
Er hat das Licht der Alten Welt seinerzeit, noch im Bakelit-Telefonapparat-Zeitalter, erblickt, wählt daheim am sogenannten Festnetz, wenn überhaupt, eine Nummer mittels jenes längst ausgestorbenen Zeigefingerkarussells, der Wählscheibe.
Jetzt ist er ein Opfer seiner hoffnungslosen Rückständigkeit geworden. Er sei damals, sagte er vor Gericht, in der ihm innewohnenden digitalen Unschuld auf der Bank an der Straßenbahnhaltestelle gesessen, neben ihm die Laborassistentin Denise F., gut sichtbar deutlich jünger, gut hörbar nicht, wie ihr Vorname, aus Frankreich stammend. Die geschickte Gesprächsanbahnung vom Roland „Haid Oomd hodder Gwidder gmeld" hat Frau Denise F. im Keim erstickt, mit der Bemerkung: „Mir doch worschd." Daraufhin hat Ruhe geherrscht an der Straßenbahn- und Mundhaltestelle. Die Ruhe vor einem gewaltigen Ansturm. So hat es jedenfalls der Roland gedeutet. „Ich hob aff den Gebiet", vertraute er jetzt in der Verhandlung dem hohen Gericht an, „hob ich auch scho einiches miidgmachd. Obber suwos nunni. Vill hädd dou zu einen Herzstillstand nimmer gfehlt." „Ner fraali", äußerte sich die Denise, „Herzschdillstand sachd mer dou neuerdings derzou! Mecherdi wissen, wou der Moo sei Herz hodd! Scheinds in der Huusn." " Der Roland hat sich damals, nachdem das Gespräch über den Wetterbericht und ein eventuell nahendes Gewitter voll ins Leere gegangen ist, in seine Zeitung vertieft. „Und

aff aamol is losganger, Herr Richter. Brülld des Frollein neber mir wäi am Schbieß. Also wäi ba einen Ding – wäi sollin mi dou edzer ausdrüggn – also, sie hodd ganz laut gschriea. Dass ich ihr es geben soll." „Wie, geben?", fragte der Richter nach. „Ner ja, gschdöhnd hodds hald. Aaaah, Aaaaah, ooooh, ooooh und suu weiter. Und dass ich es ihr geben soll. Und nou widder ‚Aaaaah, Aaaaaah, Oooooh, Ooooooh' und suu weiter." „Und dou hob ich mir denkt", fuhr der Roland fort, „dass däi Frau irchndwie nedd ganz dicht is, odder wos. Übers Wetter red's kein Wort mit mir, und a Minuddn schbeeder soll ich es ihr geben. ‚Nimm mich, mach's mir! Aaaaah, Aaaaah, Aaaaaah, Ooooh, Oooooooh, Oooooh.' An der Schdrassnbahnhaltestell! Ja, wou simmer denn, Herr Richter!" „Hob doch iich damals nedd gwissd, dass dera ihr Schdöhnerei aus ihrn gschissner Daschndelefon kummd!"

Und zwar hat es sich um den Klingelton „Orgasmus, weiblich" gehandelt. Nach kurzer Zeit hat der Klingelton „Orgasmus, weiblich" noch einmal geläutet. Wieder hätte es der schwer verstörte Roland seiner Banknachbarin Denise geben sollen. Und wie er sich ihr zugewandt hat, schon ein bisschen erregt, hat ihm die Denise erklärt, dass er sich wieder abregen soll, es ist nur ihr Handy. Allenfalls könne er, wenn er es nicht mehr aushalte, je einen Zeigefinger in die Ohren stopfen. „Vielleichd bringd Ihner des wos."

„Ner ja", sagte der Roland jetzt, „und nou hobbi mer denkt, wenns scho zwaamol schreit, dassis ihr geem soll – nou gib is ihr hald. Und nou hobbi ihr zwaa Schelln geem." Und das Handy mit dem Klingelton „Orgasmus, weiblich" hat der Roland der Denise aus der Tasche gerissen und es in hohem Bogen weggeschmissen. „Des Drecksglumb, des dreckerte!" Das Handy und Liebesglockenspiel ist in die Schiene gefallen, Sekunden später ist der „Orgasmus, weiblich" für immer verstummt; zwei Straßenbahnwaggons haben es überrollt, zu Händymus. Der Roland ist zu drei Monaten, gerade noch auf Bewährung, und einer Geldbuße von 2400 Euro verurteilt worden. „Hom Sie gwiss auch a Händy?", fragte der Roland den Richter, „Wall edzer hom Sie's mir auch ganz schön gegeben – Aaaaaah, Aaaaaaah, Aaaaaah, Ooooooh, Oooooh, Ohhhhhh..."

Der Mineralwasserbetrug

Nur noch ganz wenige, uralte Zeitzeugen können vielleicht davon berichten: Dass man früher in einem Wirtshaus gern einmal ein sogenanntes Bier getrunken hat. Die Variationen dieses Bieres sind oft ins Uferlose gestiegen: Hell, Dunkel, Bock, Doppelbock, Eisbock, Weizen, Kristallweizen, Hefeweizen, ungespundet, Märzen, und schließlich die Krönung aller Biere – das Freibier. Heute bieten sich einer durstigen Seele insgesamt nur noch zwei Möglichkeiten: Apfelschorle oder Mineralwasser. Allerdings differenziert vor allem auf dem Gebiet des Mineralwassers der Feintrinker auch schon in beachtlichem Umfang. Dahingehend, ob sein Lieblingsgetränk aus den Tiefen der Vogesen stammt, ob es durch Vulkangestein geperlt ist, Granit, Schiefer, Keuper oder gar von grönländischem Packeis im Lauf von Millionen Jahren abgeschmolzen einen Natrium- und Hydrogenkarbonatgehalt von gut und gern 0,005 Milligramm aufweist.

Ein intimer Flüssigkeitskenner von hohen Graden, praktisch Wasser-Sommelier, ist auch der in der Mikro-Chip-Herstellung tätige Manager Gerald B. Er hat den Kellner Stefan H. wegen Mineralwasserbetrug angezeigt. Eine kurze visuelle Überprüfung, ein winziger Schluck genügten ihm schon, äußerte er sich jetzt vor Gericht, und er wisse, was man ihm serviert habe: Überkinger, Gerolsteiner, Frankenbrunnen, Perrier, Apollinaris, Adelholzener, Kondrauer, Staatliches Fachinger, Pellegrino oder Thüringer Heidequelle. „Asuu ein saubläides Oorschgschmarri", sagte da der angeklagte Kellner Stefan H., „Wasser is Wasser und schmeckt nach ibberhabbs nix. Normool nimmt mers zum Blummergießn. Odder zum Wechschüddn. Der Mensch gräichd vom Wasser blaue Därm. Und wenner in Kubf länger wäi zwaa Minuddn in ein Wasser neihäld, dersauft er." Eine nicht ganz erschöpfende Definition von Wasser – denn an jenem Tag, in dem der König der Mineralwasser-Experten das Lokal zum ersten und auch zum letzten mal betreten hat, soll ihm Stefan H. ein solches Wasser auch als Getränk schwungvoll und mit der Bemerkung „Ihr Gsief, mein Herr!" serviert haben. Ein erster Blick, ein erster Schluck – und schon hat Herr Gerald B. sodann moniert: „Ich habe aber ein stilles Mineralwasser bestellt." „Ja und?", hat der Stefan sich erkundigt, „is nedd schdill? Hodds wos gsachd zu Ihner?"

Er möge, hat ihm darauf Herr H. beschieden, hier nicht herumblödeln. Dieses Wasser sei mitnichten ein stilles Mineralwasser aus den Tiefen der Vogesen oder anderer Mittelgebirge, sondern stamme eindeutig aus den Tiefen der Wasserleitung. Und auch die in ihm schwimmende Zitronenscheibe rechtfertige keinesfalls den Preis von 2,90 Euro pro Schluck. „Nou hobbi den Wasserkaschber", sagte der Stefan in der Verhandlung, „numol ein Mineralwasser brachd. Ohne Zitrone. Und nou fängd der widder mid sein Gegaafer oo: Des is ka Mineralwasser, des schmeggd er sofordd, des is widder aus der Wasserleitung, und frisch is aa nedd." „Fräihers, Herr Richter", fuhr der Stefan fort, „Wäi im Werzhaus nu a Bier gsuffn worn is, dou hosd du mid die Gäsd nedd assu a Deooder g'habd. Dou woorns nach zehn Seidla suu bsuffn, dass nimmer reedn hom kenner. Auch nicht bläid daher reedn. Des woorn nu Zeidn."

Ob jetzt das verhältnismäßig stille Mineralwasser tatsächlich ein Leitungswasser gewesen ist, konnte nicht mehr geklärt werden. Es ging nur noch um die Verabschiedungszeremonie des Gastes mit der hohen Wassersensibilität. „Ja, des schdimmd scho", räumte der Kellner Stefan ein ein, „Ich hob nern ausverseeng des Wasser übern Kubf gschüdd. Und wäi er dann die zwaa Euro neunzich nedd zahln hodd wolln, hobbin nausgschmissn." Dabei ist Herr Gerald H. infolge eines Arschtritts etwas unsanft am Randstein gelandet, und der Kellner hat ihm noch den Weg erklärt: „Dou kummd edzer gleich a Gully, den machsd aaf, grabblsd durch die Kanalisation durch, und wennsd dann an der Kläranlaach rauskummsd – dou gibt's a frisches Mineralwasser. Obber obachd, gell! Nedd dassd es ungeklärte Wasser derwischd – des schmeckt masdns echt Scheiße."

Für diesen freundlichen Hinweis und die Handgreiflichkeit wurde der Stefan zu einer Geldstrafe von knapp 1200 Euro verurteilt. Wen der Stefan mit seinem kurzen Schlusswort „Wasserpfeife!" gemeint hat, blieb im Dunkel.

Ein uralter Traum der Menschheit wird wahr. Fast

Eines der furchtbarsten Übel auf der Erde ist die sogenannte Zeiterscheinung. Also dass eine Zeit, so sehr wir sie uns auch vertreiben, immer wieder erscheint und niemals weniger wird. Seit geraumer Zeit versucht man, die Zeit mit Hilfe von Fun-Sportarten totzuschlagen. Also Geröllskifahren, Pfahlsitzen, Extrem-Bügeln, Rückwärts-Running, Slacklining, Maßkrug-Schlörfing. Täglich erblicken mindestens drei neue Fun-Sportarten das Licht der Welt, immer begleitet von dem jeweiligen, dringend notwendigen Fun-Sport-Equipment.
Im Rahmen einer Amtsgerichtsverhandlung hat jetzt das von Herrn Fritz S. ins arschlangweilige Leben gerufene Abschlepp-Sailing von sich reden gemacht. Im Prinzip Gleitschirmfliegen, zu deutsch Paragliding, in diesem Sonderfall aber eine Mischung aus Autofahring, Biertrinking und Drachenflieging.
Im vergangenen Spätherbst hat der hochtalentierte Sportgerätebastler Fritz S. einige Kameraden zum Jahresschlussgrillnachmittag geladen, wo anlässlich eines Fuchzger-Fässchens Landbier auch über das majestätische Dahingleiten an den Schnüren eines Drachenfliegers diskutiert worden ist. Vornehmlich der Schwachstromingenieur Manfred B. hat den menschlichen Vogelflug mit Hilfe eines Gleitschirms über alle Maßen, beiläufig zwischen vier und fünf Maßen Landbier, gelobt. „Ner ja", sagte der Fritz jetzt vor Gericht aus, „Ba uns gleich hintern Haus is a glanns Berchla. Und nou hommer gsachd, des wär edzer schäi, wemmer einen Gleitdrachn häddn. Nou kennd mer dou a bissala rumfläing."
Wer die Sage vom Ikarus kennt, weiß, dass der alte Menschheitstraum vom selbständigen Fliegen oft umgehend in die Tat umgesetzt werden möchte. Erst recht nach fünf Maß Landbier pro Mann. Und so ist der Fritz nach weiteren Lobpreisungen des Gleitschirmfliegens plötzlich mit einer Abdeckplane 10 x 6 Meter erschienen, drei große Rollen Elektrokabel waren ebenfalls schnell gefunden, und es ist in gemeinsamer Handarbeit eines der windschnittigsten Gleitschirmflugzeuge der Welt entstanden. Nur die notwendige Thermik, ein warmer Aufwind, hat an dem Nachmittag sehr zu wünschen übrig

gelassen. Recht viel weiter als 50 Zentimeter ist der erfahrene Paraglider Manfred B. bei den ersten Flugversuchen nicht gekommen. „Und nou hommer", sagte der Fritz, „einen Seilwindenstart gmachd. Bläid woor blouß, dass mer keine Seilwinde g'habd hom. Und drum hommer in Manfred mid den Drachn, hommern an die Anhängerkubblung vo mein Auto hiibundn. Hodd subber funkzioniert, Herr Richter."

Tatsächlich ist, wie eine damals schwer geschockte Joggerin berichtet hat, der an der Anhängerkupplung und an dem Gewirr von Stromkabeln befestigte Manfred mit der vom Fahrtwind aufgeblähten Abdeckplane mindestens fünf Meter hoch durch die Lüfte geschwebt. „Obber", erklärte der Fritz dem Richter, „er hodd mid den Gleitschirm nicht lenkn kenner. Und ich hob im Rückspiegl gseeng, dass däi grouße Eichn im Weech schdäihd. Hobbi serfordd scharf nach links niiber zuung." „Obber", fuhr er fort, „es hodd nix mehr gnidzd. Der Manfred hodd si in die Zweich vo dera Eichn verwerddld." Und warum er, der Fritz, wollte der Richter wissen, voll in den Gartenzaun des Nachbars gebrettert und dann erst auf der Terrasse zum Stehen gekommen sei? „Ja, des is doch logisch", antwortete die motorisierte Seilwinde Fritz S., „ich hob doch weechern Manfred dauernd in Rückspiegl schauer mäin. Dou siech ich doch vorna nix!"

Angesichts des seinen Gartenzaun durchbrechenden und die Blumenbeete durchpflügenden Fritz B. und eines in der nahen Eiche zappelnden Abdeckplanenfliegers hat der zutiefst erschrockene Nachbar die Polizei alarmiert. Die hat beim Fritz, dem Erfinder des Abschlepp-Sailings, knapp zwei Promille ermittelt.

Weil die Gleitschirmstart- und Landebahn eine öffentliche Straße ist, waren es ungefähr 1,5 Promille zuviel. Herr Fritz B. muss die Kosten für die Zaunreparatur zahlen sowie 3200 Euro Geldstrafe, und darf ein Jahr lang weder Autofahren, noch Gleitschirme abschleppen. Bis der Mannschafts-Triathlon bestehend aus Autofahring, Biersaufing, Abdeckplanenflieging olympische Fun-Sportart wird, ist nur eine Frage der Zeit.

Das Magenwindkraftwerk

Die Konversation an mittelfränkischen Gasthaustischen kann insgesamt nicht als überschäumend bezeichnet werden. Im Extremfall ringt man sich beim Eintreffen der Speisen ein dumpfes „Angoudn!" hinüber zum Nachbar ab, was er – wenn er sehr fröhlicher Stimmung ist – mit einem nicht minder herzlichen „Aa" oder gar „Eembfalls" retourniert. Herr Werner Z., pensionierter Frisörmeister aus der Südstadt, bildet auf dem mittelfränkischen Kommunikationssektor jedoch die große Ausnahme. Mit ihm kommt bereits während des ersten Weizenbiers eine derart angeregte Unterhaltung zustande, dass man sie ohne weiteres auch als Naturschauspiel ersten Ranges einordnen möchte. Noch dazu auf allerhöchstem Welt-Niveau. Dazu muss man wissen, dass in der wahrscheinlich blödsinnigsten Höchstleistungsliste aller Zeiten der Weltrekord im Laut- und Lang-Rülpsen bei knapp 120 Dezibel und 1 Min. 55 Sekunden liegt. Werte also, über die Herr Werner Z. nur mild lächeln kann. Schon oft haben Tischnachbarn mit dem Werner, nach einer ersten Probe seines Könnens, mit ihm erregt diskutiert. Meistens über die Frage, ob er, der Kunstaufstoßer Werner Z., eine Sau ist, eine Wildsau oder eventuell eine Drecksau.
Die letzte Nachbarin, die die Ehre und das Vergnügen hatte, neben dem Werner im Gasthaus zu sitzen, die Chefsekretärin Sylvia B., äußerte jetzt vor dem Amtsgericht sinngemäß, dass jede Sorte von Sau im Vergleich mit der Magenwindkraftanlage Werner Z. ein Waisenknabe ist. „Ich bin direkt gegenüber von den Herrn gsessn", untermauerte sie zu Beginn der Verhandlung ihre These, „will grad mei Subbn essn. In den Moment macht der einen Zug aus sein Weizenbier, schluckt's nunter, und dann, also und dann . . ." „Und dann und dann und dann", mischte sich der Werner ein, „Wos is ‚Und dann'? Dann woors hald wäi immer, wenn i a Weizn drink. Is mer a glanns Kobberla auskummer. Weecher der Kohlensäure, Herr Richter."
Als ein kleines Kobberla hat die Sylvia den Ausbruch der Naturgewalten beim besten Willen nicht in Erinnerung. Vielmehr als eine Symphonie aus Donner, Presslufthammer und dem Gebrüll im Raubtierhaus des Nürnberger Tiergartens Sekunden vor der Fütterung. „Um ein Haar hätt ich mei Suppn wieder rausg'speit",

ekelte sich die Nachbarin. Dann habe sie ihr lautmalerisches Gegenüber dringend gebeten, keine weiteren Entlüftungen mehr vorzunehmen, auf die Art von Konversation könne sie gern verzichten. „Und wissen'S, was er geantwortet hat? ,Der Rülpser is ein Magenwind, der nicht den Weg zum Arschloch find'." Und nach dem wunderbaren Gedicht aus dem Innenleben einer Speiseröhre, habe der Werner erneut am Weizenbierglas angezogen, den Sprengstoff geschluckt – und Sekunden später dröhnte es wieder aus dem Hals. „Ubbsala", hat der Werner dazu geschrien, und noch einmal „Ubbsala!!" Und wie das Ubbsala draußen war: „Ubbsala is eine schöne Stadt in Schweden." Dann hat er ein neues Weizenbier bestellt. Die Ankunft des Weizenbiers hat die Sylvia mit der Drohung begleitet: „Noch einmal Uppsala – und es scheppert. Aber nicht in Schweden, sondern hier am Tisch."
Jetzt in der Verhandlung äußerte sich der Werner dahingehend, dass er sich die Warnung durchaus zu Herzen genommen hat. „Obber geecher däi Kohlensäure is mei Moong machdlos, Herr Richter. Däi mouß raus. Und desdo mehr dassi derbei brüll, desdo leichter gäihds." Diesesmal habe er aber, eingedenk der Drohung seiner Nachbarin, nicht „Uppsala" geschrien. Vielmehr: „Brrrochchoohaaa – AAAbsalom war ein Königsohn!!!" Und mit dem Absalom, dem Sohn des König Davids (um 1000 v. Chr.), ist die Geduld von Frau Sylvia B. endgültig erschöpft gewesen. Mit den Worten „Ich hab Ihnen gewarnt!" und „Sie Sau, Sie!!!" ist sie aufgesprungen und hat dem inoffiziellen Aufstoßweltmeister mit ihrem Suppenteller eine, beziehungsweise zwei, gescheppert, dass der noch im Rülpsen begriffene Werner fast erstickt wäre. Aber bereits vor dem Eintreffen des Notarztes hat er schon wieder Kraft tanken und danach ziemlich laut atmen können: Ein frisches Weizen, dann der kohlensäurebedingte Magenorkan, diesesmal mit dem Sinnspruch „Ooooooo – ooobst du mich liebst . . ."
Nach einer internen, rülpsfreien Zwiesprache mit dem hohen Gericht zog der Werner seine Anzeige wegen der Suppentellerschelln zurück, und das Verfahren gegen Frau Sylvia B. wurde eingestellt. „Vielleichd", merkte der Werner noch an, „kummd des mid meine Kobserla aa goornedd vo der Kohlensäure, sondern vom langer Sidzn im Werzhaus. Wall- hassds doch in unserer fränkischn Nationalhymne „Wohlauf die Luft geht frisch und rein, wer lange sitzt muss kotzen . . ."

Die Utensilien des Kunstaufstoßers: 1 Bier, 1 Bierglas, 1 Bierdeckel.
Öl auf Leinwand, aus der Kunstsammlung C. Wagner Nürnberg

Der Zigarettentaucher

Sehr befremdlich, dass es von dem Wort Qualm keine Mehrzahl gibt, denn der Fachmann unterscheidet mindestens drei verschiedene Qualm. Alle drei Qualm sind gefährlich. 1. der Qualm aus dem Schlot, welcher Polkappen und Gletscher gefährdet, 2. der Qualm aus der in Bayreuth gedrehten Freiland-HB; er gefährdet die CSU. 3. der nach ca. fünf bis acht Bier zwischen Kopf und Fuß entstehende Qualm. Dieses, auch Vollpreller, Zünderer, Wurf, Aff, Russ, Dambers, Granatenrausch genannte Qualm-Phänomen gefährdet unter anderem den Führerschein.
Jetzt im Fall des Wirtschaftsprüfers Roland F. sind insgesamt zwei Qualm unglücklich zusammengetroffen, jener aus dem Zapfhahn und der aus der Zigarette entströmende Qualm. Nach Prüfung einer Wirtschaft ist er damals in der Tatnacht mit einem nicht von schlechten Eltern stammenden Qualm, herrührend von vermutlich sieben Bier und zwei Schoppen feuchten Silvaner, in sein Auto eingestiegen. „Meiner Ansicht nach woor ich obber nicht bsuffn", begründete er vor Gericht seine relative Nüchternheit, „wall sunsd wäär i ja nedd middn Audo gfoohrn, nä." Völlig klar. Und wahrscheinlich hätte er auch unbehelligt von polizeilichen Überprüfungen sein Heim in Schoppershof erreicht. Aber dann ist der zweite Qualm in Kraft getreten.
Herr Roland F. ist während der Heimfahrt zusätzlich von einem starken Glusterer nach einer Zigarette befallen worden. Schon während des Anzündvorgangs ist er in der Sulzbacher Straße ein bisschen aus der Bahn geraten, das heißt, er hat infolge eines Schlenkerers die linke Straßenseite benützt. Und beim scharfen Einschlagen wieder nach rechts ist ihm von der Zentrifugalkraft die bereits brennende Zigarette aus dem Mund geschleudert worden. Vermutlich unter den Beifahrersitz hinunter, denn von dort hat es herausgequalmt. „Wäis genau bassierd is", erinnerte sich der Roland vor Gericht nur noch bruchstückhaft, „wassi edzer aa nimmer. Jeednfalls woors an der Ambl Rot, hobbi g'haldn, bin erschd vo vorn undern Sidz nunderdauchd – dou woor ka Zigareddn – und nochercla binni zwischer die zwaa Sidz nach hindn durchgrabbld, widder noodauchd, hob undern Beifahrersidz mid der an Händ die Zigareddn gsouchd, und mid der andern Händ hobbi gschaud, dassi den Feststellhebel

Roland dann, „Des mid den Hebel vom Beifahrersidz, des häddi nicht machen solln. Wall dou hobbi mer dann mei rechde Händ neigwedschd."

Was der Zigarettentaucher Roland F. in den Katakomben seines Autos naturgemäß nicht sehen hat können: Während seiner akrobatischen Tiefparterrenummer hat die Verkehrsampel mehrfach von Rot auf Grün und wieder zurück geschaltet. Der direkt hinter ihm stehende Autofahrer, der Zeuge Heinz F., sagte aus, er habe überschlägig fünf Grün-Phasen abgewartet, immer wieder einmal ein bisschen gehupt und erst dann gemerkt, dass sich in dem Wagen vor ihm gar kein Fahrer befindet. „Ich bin nou ausgschdieng, hob den sei Tür aufgrissn – und nou siech ich zwaa Fäiß am Lenkrad, und hindn undern Sidz hodd jemand raufgschriea, dass am Buudn brennd und dass die Fußmaddn scho gwalmd. Und dasser sei Händ nimmer rausbringd." Also Qualm-Alarmstufe 1, da ist volle Geisesgegenwart gefragt. Die hat der Heinz sogleich unter Beweis gestellt. „Erschd die Bollizei middn Händy oogruufn, nou in Feuerlöscher aus mein Audo g'hulld und under den sein Beifahrersidz noogschbridzd." „Und als Dank derfiir, dassin geredded hob", fuhr der Heinz fort, „brülld der Moo vo dou undn rauf, ob iich mid meiner Scheiß Löscherei vielleichd aweng in Oorschoffn hob. Hob doch iich nedd wissn kenner, dass dou blouß a Zigareddn brennd!"

Erst die Polizei hat die eingequetschte Hand vom Roland befreit. Zweifarbig ist er danach endlich wieder aus dem Auto aufgetaucht: Von oben bis unten vom Feuerlöscher weiß eingeschäumt und infolge der Wirtschaftsprüfung ein bisschen blau. Die bei der anschließenden Qualmprobe ermittelten 1,7 Promille hat das hohe Gericht jetzt in 18 Monate Führerscheinentzug und 2000 Euro Geldstrafe umgerechnet. „Der Gnalldepp mid sein Feierlöscher!", bfobferte der Roland noch nach, „Am andern Fräih – dou häddin zon Löschn brauchd – ba den Brand, wo ich g'habt hob . . ."

Fahnenflucht

Neuerdings weiß jeder, auch wenn er seinerzeit in Geographie nicht aufgepasst hat, dass die Metropolregionhauptgroßstadt Nürnberg unter anderem zu Franken gehört, weil auf der über ihr thronenden Burg die Frankenfahne flattert. Vorausgesetzt dass ein Wind weht. Fahnen bilden schon immer eine extrem wichtige Orientierungshilfe, welche man nicht durch den Schmutz ziehen darf. Schon gleich gar nicht durch den Kakao – so wie jetzt der Gleichstromingenieur Simon S. die im Vorgarten seines Vermieters Udo M. ansässige fränkische Flagge. Was aber leider nicht das einzige Verbrechen war. Vor einigen Jahren hat Herr Udo M. beschlossen, dass sein Hoheitsgebiet in der Gemarkung Himpfelshof niemals nicht zu Bayern gehört, sondern dass es sich dabei mindestens seit Karl dem Großen um original fränkisches Territorium handelt. Unter Absingen der fränkischen Sezessions-Hymne „Bfahlerii, Bfahleraa – ins Land der Bfranken bfahren" hat er damals mittels eines sechs Meter hohen Masts und einbetonierter Bodenhülse die in aller Welt berühmte Bfranken-Bfahne gehisst.

Vor Gericht sagte er jetzt aus, dass einige Jahre ein sehr schöner Fahnenfrieden vor seinem Anwesen geherrscht hat. Freitag spätnachmittag haben er und seine Freunde vom Schutzbund fränkisches Krautwickerla die Fahne feierlich hochgezogen, am Samstag früh ist sie dann wieder eingeholt worden. Alles in bester und straffster Ordnung. Bis zu jenem Tag, an dem bei ihm der Herr Simon S. als Untermieter im zweiten Stock eingezogen ist. „Der Moo", sagte der Udo, „der hodd mich scho am erschdn odder zweidn Dooch, hodder mi gfrouchd, ob ich nimmer alle under der Müdzn hob mid meiner Frankenfahne. Und nou hob ich zu ihn in aller Höflichkeit gsachd, dass nern des einen Scheißdreeg oogäihd. Nou woorn die Fronten scho amol gklärt, nä."

Und ein paar Tage später war die Fahnenfrage ebenfalls geklärt. Sie war nämlich samt dem sechs Meter langen Mast spurlos verschwunden. Herr Udo M. hat natürlich sogleich seinen neuen Untermieter gefragt. Aber der hat über den Verbleib des fränkischen Hoheitszeichens auch nichts Näheres gewusst. „Nou hobbi an neier Mast und a neie Fahner kaffd. Hunderdfuchzg Euro. Und am Samsdooch fräih nach unsern glann Stammtisch woorns scho widder alle zwaa

fordd – der Mast und die Fahner!" Nach dem insgesamt dritten Diebstahl haben der Udo und seine Kameraden vom Schutzbund Freiheit für das fränkische Krautwickerla nachts Posten bezogen. Einer in der Nähe des Flaggenmastes, einer an der Gartentür, der Rest um das ganze Haus verteilt. Und wie durch ein himmlisches Wunder waren trotz schärfster Beobachtung seitens der Ortsgruppe Krautwickerla Mast und Fahne wieder verschwunden.
Am schlimmsten sei der Fahnenkrieg aber am andern Tag ausgeartet. „Ich gäih vuur die Tür naus", erinnerte sich der Udo, „Und aff aamol is der Fahnermast widder in der Hülsn drinner gween. Und ganz oomer droomer hodd a Fahner im Wind gfladdert." Leider aber nicht die wunderbare rotweiße Frankenfahne. „Wissn'S wos dou an den Mast droog'hängd is!?", wurde der Udo im Gerichtssaal ziemlich laut, „A lange weiße Underhuusn is dou droomer rumbambld!! Als Frankenfahne a Underhuusn!! Und am Oorsch aa nu mid braune Fleckn!! A verschissne lange Underhuusn als Frankenfahne! Ja den Moo is doch ibberhabbs nix heilich!!!"
Beim Anblick der tatsächlich nicht ganz unbefleckten langen Unterhose hat Herr Udo M. damals die Polizei alarmiert. Und nach einer Wohnungsdurchsuchung haben die Beamten beim Untermieter Simon S. im Gang unterm Teppich zwei Fahnenmasten und drei Frankenfahnen gefunden. „Ja", räumte der Fahnenfrevler jetzt bei der Verhandlung ein, „ich woors." Und wie er zweimal trotz schärfster Bewachung den Mast entwendet habe? „Des woor ganz eimbfach", erklärte es der Simon, „Ich hob oomer vo mein Schlafzimmerfenster aus den Masdn aus der Hülsn rauszuung." Wegen Diebstahls eines fränkischen Sakramentes wurde der Fahnenfluchthelfer Simon S. zu einer Geldstrafe von 800 Euro verurteilt. „Mehr nedd!?", entrüstete sich der fränkische Freiheitskämpfer Udo M., „Wemmer a verschissne Underhuusn hii hängd als Frankenfahne!" „Denner'S Ihner nedd oo", beschwichtigte der Simon den Udo, „die Underhuusn woor nedd verschissn. Ich hobs mid an aldn Schoglood-Osterhoosn eigriem. Extra weecher Ihner sugoor ein fränkischer Schoglood. Vom Riegelein."

Der Plastikrehbraten

Was Natur ist, bestimmt schon seit einiger Zeit der Mensch. Und dadurch verwandelt sich Natur in Kultur, vielfach dann auch in Kunst. Jedoch Kunst wieder in Natur zurück zu verwandeln, ist oft ein schwieriges Unterfangen, was höchstens beim Kunstdünger einigermaßen von Erfolg gekrönt ist. Dem Naturfreund Dieter S., Drucker von Beruf, ist es jetzt im Fall einer der größten und wertvollsten Kunstsammlungen der östlichen Vorstadt gelungen.
Die Kunstsammlung gehört dem Ehepaar Reinhard und Juliane R. und kann von jedermann rund um die Uhr im Vorgarten besichtigt werden. Über die Kunstrichtung, die Epoche, welcher die Exponate angehören könnten, sind sich die zahlreichen Betrachter meist nicht ganz im Klaren. Die mündlich geäußerten Zertifikationen reichen von „Fei schäi!" bis „Ner däi hom doch an Schlooch!". Und der Nachbar Dieter S. hat die Kunstsammlung, bestehend aus etwa 150 Rehlein, Bambilein, Hirschlein, Rentierlein, teilweise in allen Regenbogenfarben beleuchtet, schon mehrfach und lautstark dem sogenannten Exkrementismus zugeordnet, indem er über den Jägerzaun hinübergebrüllt hat: „In ganzn Dooch derf mer ich den Scheißdreeg ooschauer!" Worauf entweder der Reinhard oder die Juliane zurückgeschrien haben: „Nou schauer'S hald wou andersch hii!"
Und jetzt also die Verwandlung der Plastikkunst zurück in Natur, im Detail vor dem Amtsgericht dargelegt. „Ich hädd nix gmachd", bekundete der Angeklagte Dieter S., „Obber an den Dooch hom däi ein neues Prunkstück in ihrer Sammlung gräichd. Widder a suu a gschissns Bambilein. Obber desmool anns als Beweechungsmelder. Wennsd vorbeigloffn bisd, hodds aus die Ohrn und ausn Maul raus blinkt. Rot und Grün. Und middn Kubf gwaggld."
Die Ankunft des Bewegungsmelder-Bambileins hat die Familie mit ebenfalls sehr kunstsinnigen Freunden gefeiert. Grill-Party auf der Terrasse hinter dem Haus. „Erschd sins alle middernander vuurm Haus gschdandn und hom ihr Bambilein ungefähr zwaa Stund lang blinkn loun und middn Kubf waggln, und hom si halmi kabudd glachd derbei. Nou homs hindn aff der Derrassn grilld und gscheid gsuffn, und nocherdla widder vuur zu ihrn Blink-Bambi." Beim Höhepunkt der Kunststoff-Vernissage ist im Dieter dann die volle Panik aufgekommen. „Dou woorns scho bsuffn. Und nou sins

widder vuur zu den bläidn Bambilein daumld. Und nou homs ‚Sierra Madre' gsunger. Feierzeich in der Händ g'haldn, es Bambilein hodd blinkd, und ‚Sierra Madre' gsunger!! Schau hinauf zu den sonnigen Höhen odder wos! Schau hinauf, wo der weiße Kondor kreist und rooscheißt odder suu ähnlich. Sierra Madre, Sierra Madre, Sierra Madre!! Ja, dou wersd du doch ganz bläid im Kubf, Herr Richter!!! Wennsders nedd scho bisd."

Also praktisch im Voll-Affekt hat der Dieter dann, wie die das Blink-Bambilein anbläkenden Hirten wieder hinten auf der Terrasse weiter den scheißenden Kondor der Sierra Madre besungen haben, einige vom letzten Silvester einbehaltenen Wander-Kanonenschläge, die bewährten 20-Schuss-Böller, unter den Bambilein plaziert und nacheinander gezündet. Also die volle Metamorphose von Kunst zu Natur: Die erste fliegende Rehherde der Welt. „Zeersch hobbi gmaand, ich bin bsuffn", äußerte sich der Hausherr und Kunststoffsammler Reinhard R., „wäi dou aff aamol a Reh iibers Dach gfluung kummer is! Odder es is Treibjagd! Wall gschossn is ja aa worn." Wie aber das gerade erst feierlich eingeweihte Blink-Bambi in den Grill geflogen ist und sein kurzes Leben ausgezischt hat, hat ihm Furchtbares geschwant. Massenmord im Vorgärtlein! Die sofort alarmierte Polizei hat sieben teils verstümmelte, teils angekohlte Plastik-Rehe nur noch als Beweismaterial bergen können. „Suu grausam is der Mensch", sagte der Reinhard am Ende seiner Ausführungen, „Ner ja, wos willsdn vo ann erwarddn, den wou ‚Sierra Madre' nedd gfälld?"

Wegen Hausfriedensbruch, Silvesterfeuerwerk im Frühherbst, Sachbeschädigung und Plastikwilderei wurde der Kunststoffkritiker Dieter S. zu einer Geldstrafe von 900 Euro und mehreren Wochenenddiensten bei der Stadtmissionierung verurteilt. „Und meine kabuddn Rehlein?", fragte der Reinhard, „Wos machin mid denni?" „Am besdn a Rehragout", schlug ihm der Dieter zum Abschied vor.

Kanarische Sattelpalmen

Was der Liebhaber schöner Zierpflanzen oft nicht ahnt oder aber nicht wahrhaben will: Gewächse haben, wie der Name schon verrät, die Eigenschaft zu wachsen. Nicht ganz so extrem wie unser Wirtschaftswachstum, aber manchmal auch ziemlich hoch und breit. Zum Beispiel die Kanarische Dattelpalme, die vermutlich durch Kanarienvögel bei uns eingeschleppt worden ist und seitdem hier als Kübelpflanze ihr Dasein fristet. Auch Herr Heinz F. hat vor Jahrzehnten anlässlich eines Urlaubs auf Teneriffa zwei Kanarische Dattelpalmen in sein Vorgärtchen eingeschleppt, wo sie inzwischen die stattliche Höhe von zweieinhalb Metern Höhe erreicht haben. Jetzt ist er wegen ihnen vor Gericht gestanden.
Kanarische Dattelpalmen sind, wie viele Kübelpflanzen, nicht winterhart. Und deswegen hat sie der Heinz bisher bei Herbstbeginn in die Wohnung gewuchtet. „Dou homs obber edzer nimmer neibassd, in mei Wohnung", belehrte er den Richter, „Hexdns, wennis quer neigleechd hädd." Und heuer haben die zwei Kanarischen Dattelpalmen, zusammen mit einem Oleanderbäumchen, zu einem Freund vom Heinz in die Südstadt transportiert werden müssen – in eine stillgelegte Werkstatthalle. „Mir hom uns", schilderte der Heinz den Ablauf des Dattelpalmentransports, „als erschdes einen Anhänger ausgleihd. Obber dou hodd mei Anhängerkubblung nedd bassd. Und nocherdla hommer hii und her überleechd, wäi mers machen kenndn."
Bei solchen Überlegungen muss man bekanntlich intensiv in sich gehen, und so haben die zwei einige Biere in sich gehen lassen. Etwa nach dem dritten Bier ist dem Heinz eine sehr gute Idee eingefallen. „Wall ich hob ja nu mein aldn Modorroller g'habd." Nach vielen weiteren Bieren ist man zur Tat geschritten: Die eine Kanarische Kübelpalme ist mit kunstvoll verknoteten Stricken am Gepäckständer befestigt worden, die andere vorn am Trittbrett der alten Vespa. Beide Palmen noch einmal gesondert am Sattel verzurrt, also praktisch Sattelpalmen. Und das Oleanderbäumchen hat mit seinen Zweigen aus dem Rucksack gegrüßt, den sich der Heinz umgehängt hat.
„Und so", fragte der Richter den Angeklagten, „So haben Sie durch die halbe Stadt fahren wollen?!" „Fraali", sagte der Heinz, „Woor doch ka Broblem! Sugoor durchs Dunnell binni einwambfrei

durchkummer. Bis vuur mir aff aamol der Gnaller vonnern Radfahrer einen Schlenkerer gmachd hodd. Wall nou hob ich aa einen Schlenkerer machen mäin. Und edzer machen Sie amol mid anner aldn Vespa – vorna a Drimmer Balme, hind a Drimmer Balme, im Rucksack an Oleander – machen Sie dou amol einen Schlenkerer! Des mecherd i seeng! Dou fläing'S aa gscheid aff die Waffl." Außerdem sei ihm durch die am Trittbrett befindliche Kanarische Dattelpalme und deren gewaltige Palmwedel die Sicht erheblich versperrt gewesen. Der Radfahrer könne noch von Glück reden, dass er ihn überhaupt bemerkt habe. „Und wäi iich nocherdla", erinnerte sich der Heinz, „am Buudn hiibrelld bin und meine Balmen widder zammsammln hob wolln und die Erdn in die Kübl widder neidou – dou kummd der Radfahrer her und schreid mich oo, obs mir vielleichd awng ins Hirn gschissn hom, dass ich dou an ganzn Urwald aff mein rosdichn Mobbedd ummernander foohr." Die Frage seitens des Radfahrers, meinte der Richter, sei durchaus berechtigt gewesen. Und ob er, der Heinz, dem zu Recht aufgebrachten Radler dann den Pflanzkübel mit etwas Resterde über den Kopf gestülpt habe? „Hobb ich nicht", antwortete der Heinz, „Ich hob den Kübl houchg'huum g'habd. Und nou isser woohrscheins irchndwie mid sein Kubf drunder kummer. Andersch konn ich mir des nicht erglään."

Das hohe Gericht konnte es sich schon anders erklären – es stellte zwischen dem zirkusnummerartigen Kübelpalmentransport und den polizeilich ermittelten 1,6 Promille einen kausalen Zusammenhang her. Und verurteilte den Inhaber von zwei Kanarischen Dattelpalmen zu sechs Monaten mit Bewährung, 3600 Euro Geldstrafe und 18 Monaten Führerscheinentzug. „Und wenn ich des froong derf"; wollte der Heinz am Schluss noch wissen, „Wou sinnern eingli meine zwaa Balmen hiikummer?" „Däi hob ich", antwortete ihm der als Zeuge geladene Radfahrer, „middern Langholzfuhrwerk abdransbordiern loun."

Ein Scheiß Freitag

Ursprünglich hätte die Welt zuletzt im Mai 2003 untergehen sollen, aber man hat es noch ein bisschen hinauszögern können. Und zwar bis zum 21. Dezember 2012. Doch auch dieser Termin für das Ende der Welt ist völlig verkehrt. Der Hobby-Mystiker Heinz S. könnte bezeugen, dass das jüngste Gericht bereits veraltet ist – es hat in seiner persönlichen Wahrnehmung nämlich heuer am ersten Freitag im Juli stattgefunden. Dass danach die Welt gottseidank wieder einigermaßen zu sich gekommen ist, steht auf einem anderen Blatt. An jenem Freitag jedenfalls: Sintflut, Finsternis, Donnergrollen, dumpfe, dröhnende Einschläge, Ohrensausen, Abschiedsschmerz. Wegen dieser und anderer apokalyptischer Begleiterscheinungen ist jetzt Frau Bianca A. nicht vor dem jüngsten, sondern vor dem Amtsgericht gestanden. „Es doud mer ja wergli leid, wos dou mid den Moo bassierd is", fasste die Bianca die Ereignisse an jenem Freitag noch einmal zusammen, „Obber mir is eimfach der Gaul durchganger." Es seien damals Ereignisse über sie hereingebrochen – da wäre ein ganz normaler Weltuntergang ein kalter Kaffee dagegen. Die Hausfrau und Mutter von zwei Kindern ist an diesem Freitag gerade vom Einkaufen gekommen, hat sodann für die schulpflichtige Tochter das Mittagessen in Form von Schweineschnitzeln vorbereitet, zwischendurch gschwind die Fenster geputzt, ihren knapp dreijährigen Sohn frisch gewickelt, eine Milch auf die Herdplatte gestellt, mit dem Ehemann telefoniert, die Betten gemacht, die Spülmaschine ausgeräumt. „Und dou hodds dann an der Diir glaid. Des woor der Eleggdriger, wall immer, wenn i die Kaffeemaschiner eigschald hob, hodds die Sicherunger nausg'haud, und nou is der Herd nimmer ganger. Und a Minuddn schbeeder hodds widder glaid – dou hädd i irchnd a Sonntagsblädddla abonniern solln."
Der Herr mit dem Sonntagsblättla und der Elektriker haben sich noch in der Wohnung befunden, wie es wieder geläutet hat, und dann noch mehrere Male. Der Reihe nach: Ein Fenstervertreter, der Schlotfeger, die Post mit zwei Paketen für den Nachbarn, ein Preißelbeer- und Waldhonigverkäufer aus dem Bayerischen Wald, ein Feuerlöschgerätekontrolleur, noch einmal die Post mit einem Paket für den anderen Nachbar. Dann hat es infolge der Tätigkeit des Elektrikers zweimal die Sicherung rausgehaut, und wie der Herd plötzlich wäh-

rend des Flachklopfens der Schweineschnitzel und mitten im Gebrüll des dreijährigen Sohnes doch wieder funktioniert hat, ist die Milch übergelaufen.

Die Bianca also in der rechten Hand den Putzeimer, in der linken Hand den Fleischklopfer – und in dem Moment ist nach langem Läuten neben zwei Paketpostzustellern, einem Elektriker, einem Preißelbeer- und Waldhonigverkäufer, einem Fenstervertreter, einem Feuerlöschgerätrekontrolleur, einem Sonntagsblatt-Akquisiteur, einem Schlotfeger und einem dreijährigen, dringend nach einer warmen Milch verlangendem dreijährigen Sohn auf einmal noch der private Wanderprediger Heinz S. im Flur aufgetaucht.

„Und wissen'S, wos der Moo gsachd hodd!!?", fragte die Bianca jetzt in der Verhandlung den Richter. „Der sachd zu mir, ich soll mein ganz irdischn Grembl und suu weiter, soll ich fahren lassen odder suu ähnlich – wall in vier Wochn, glaab i, hodder gsachd, in vier Wochn gäihd die Welt under. Und in den Momend hodds widder Bädsch gmachd – Sicherung nausg'haud!" Sowohl die elektrische Sicherung als auch die der Hausfrau Bianca A.

„Dei Scheiß Weld", hat sie den Heinz angebrüllt, „die gäihd nedd in vier Wochn under, sondern edzer!!!" Und dann also Sintflut, Finsternis, dröhnende Einschläge: Die Bianca hat dem Heinz den Putzeimer mit einer Sintflut, einem Gemisch aus kochender Milch und heißem Wasser, über den Kopf gestülpt, und dann mit dem Fleischklopfer drauf rumgetrommelt, dass der Endzeitforscher vom Erduntergang tatsächlich überzeugt war. Jedenfalls solange, bis er aus der Finsternis des Putzeimers dann doch wieder das Licht der Welt erblickt hat.

Das weltliche Gericht hatte jetzt für beide Verständnis. Freispruch für die Hausfrau Bianca A. unter der Bedingung der Entrichtung eines kleinen Schmerzensgeldes für den Heinz. „Is in Ordnung", sagte die Bianca, und zu Herrn Heinz S. gewandt: „Und wenn es nächste mal die Weld untergeht – kummer'S ruhich widder affern Sprung vorbei, gell. Obber nedd widder annern suu an Scheiß Freidooch."

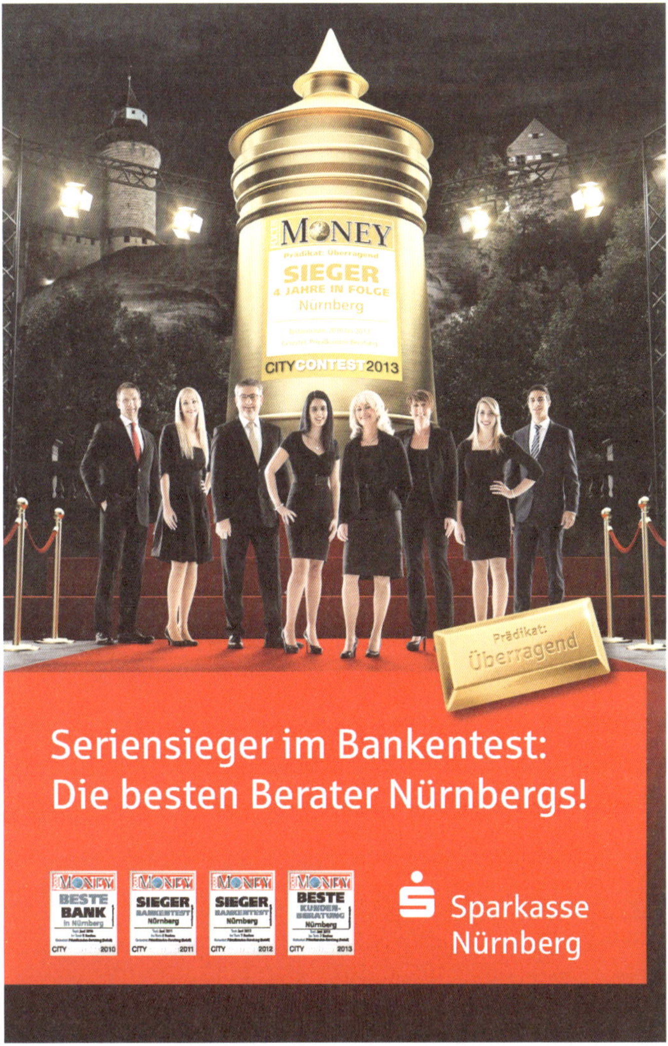

Seriensieger im Bankentest:
Die besten Berater Nürnbergs!

   Sparkasse
Nürnberg

Der grüne Himmel über der Kaiserburg

Unsere anmutige fränkische Sprachlandschaft ist weltweit, bis hinaus nach Herschbrugg oder Laff, nicht nur für ihre budderweichen Konsonanten bekannt, sondern zum Beispiel auch für den reichen Schatz an sogenannten rhetorischen Fragen. Die rhetorische Frage ist seinerzeit hier bei uns erfunden worden, und zwar zu dem Zweck, dass man völlig unbekannten Menschen ein fruchtbares, inhaltreiches und in der Regel dringend notwendiges Gespräch naufhängt. Manchmal endet so ein Gespräch auch tragisch und vor dem Amtsgericht, wie im Fall des stets sehr unterhaltungsbegierigen Frührentners Herbert W., der bereits im zehnten Semester das innerstädtische Leben und seine Darsteller studiert. Jetzt im Spätsommer hat er den Hobbymaler Udo B. auf der Fleischbrücke mehrfach und zunächst in respektvoller Distanz umrundet, ist schließlich knapp hinter ihm stehengeblieben, hat ihm zehn Minuten lang beim Malen zugeschaut, um ihn dann zu fragen: „Demmer gwiss aweng die Burch mal'n?"
Nachdem der Herbert auf die Frage, ob der gerade die Burg malende Maler Udo B. gerade die Burg malt, keine Antwort erhalten hat, ist er noch einmal um seinen zukünftigen Gesprächspartner herumgelaufen und hat es dann mit einer völlig anderen Fragestellung probiert: „Die Burch, gell? Mal mers gwiss aweng ab?" Wieder keine Antwort. Dann um eine Spur deutlicher, jetzt auch schon künstlerische Defizite anmahnend: „Soll des gwiss die Burch sei???" Diese dritte, schon nicht mehr so ganz rhetorische Frage hat sich der Herbert infolge weiteren, hartnäckigen Schweigens seitens des Kunstmalers Udo B. selber beantwortet: „Nie in Leb'n is des die Närmbercher Burch! Der Sinwelldurm is doch vill zer dick! Des kennd häigsdns der Neudordurm sei. Obber der g'herrd doch nedd zur Burch, der schdäihd am Neudor. Und außerdem sichd mern vo dou aus ibberhabbs nedd!"
Dann soll der Herbert im Verlauf des eher als Monolog zu bezeichnenden Gesprächs moniert haben, dass der Himmel über der Nürnberger Burg momentan grau und bewölkt ist und keinesfalls grün, wie auf dem Ölbild leider zu sehen. Dass er, der Herbert im Lauf

seines Lebens schon viele Himmel über der Burg gesehen hat, blaue, blauweiße, weißblaue, dunkle, fast schwarze bei einem nahenden Gewitter, gänzlich schwarze in der Nacht, aber noch niemals einen grünen Himmel. Und dann wieder eine rhetorische Frage: „Simmer gwiss awng farb'nblind?"
Von da an sind die Schilderungen des Tathergangs ein bisschen auseinandergegangen. Er sei an diesem Vormittag, sagte der Wochentagsmaler Udo B., ungefähr zwanzig mal von kunstsachverständigen Passanten gefragt worden, ob er gwiss gerade male. Und ebenfalls mehrfach sei er darauf hingewiesen worden, dass der Sinnwellturm auf seinem Bild zu dick und der Himmel über der Burg irrtümlich grün ist. „Und der Kaschber dou mid sein ‚Ob ich vielleichd farb'nblind bin' – der hodd mer an den Dooch grood nu gfehld." „Und dann hodd der ja nu", fuhr er fort, „dann hodd mir der ja nu mein Binsl aus der Händ grissn und in die Bengerz noogschmissn." Stimmt nicht, sagte der Herbert: „In Binsl hobbi scho gnummer. Obber ich hob ja nerblouß den bläidn gräiner Himml ausbessern wolln. Und dou hodd mer der sogenannte Maler sei Breddla mid die ganzn Farb'n draff ins Gsichd neidriggd. Mei ganz Gsichd woor grün, Herr Richter!" „Und dann erschd hobbi sein Binsl in die Bengerz gschmissn. Und die Schdaffelei und seine Scheiß gräiner Ölfarb'n aa. Und dann wolld mich der Herr Maler in die Bengerz neischmeißn, dassin sein Grembl widder raufdauch woohrscheins. Und nou hobbin anne gschebberd. Odder zwaa." Und dann wurde der Kunstkritiker Herbert W. zu einer Geldstrafe von knapp 2000 Euro verurteilt. Ob er das Urteil annehme. „Erschd mecherd i numol a Frooch hoom." Und an den Burgblickmaler Udo B. gewandt: „Mooln Sie eingli gern?" „Ner fraali", antwortete Herr Udo B. „Nou", sagte der Herbert, „Nou däädis an Ihrer Schdell amol lerner."

Offene Wunden

Den Beruf des Diplom-Ausredenerfinders gibt es noch nicht. Aber wenn er eines Tages im Branchenverzeichnis auftauchen sollte, dann mit Herrn Horst E. als unehrenamtlichem Präsidenten des mittelfränkischen Ausredenerfinderverbandes. Im Rahmen seiner wie durch ein blaues Wunder bereits 27 Jahre andauernden Ehe hat er daheim schon Erklärungen über viele rätselhafte nächtliche Aufenthalte abgeliefert, die auf keiner Kuhhaut der Welt mehr Platz haben. Von A wie Alkoholvergiftung bis Z wie zwölfstündige Zugverspätung. Dass seine Ehefrau Barbara den meist in den sehr frühen Morgenstunden dargebrachten Märchen aus 1001 Nacht immer noch andächtig lauscht, liegt vielleicht daran: Sie möchte wissen, ob dem Horst eines Nachts der Stoff für seine Fabeln aus der Bierwelt ausgeht. Wobei auch die Gier nach dem Bier meistens erfunden ist. Dass ihr Horst in den vergangenen Jahren einmal mit ungefähr fünf Promille irrtümlich in einem Waldstück bei Tennenlohe geschlafen hat statt daheim im Bett, dass er einmal ausversehen unterm Tisch liegend ins Wirtshaus eingesperrt worden ist, dann wieder nach einer kleinen After-Work-Party vom Hausmeister ins Büro – das hängt in Wahrheit nicht mit der Leber zusammen, sondern die Gründe liegen einige Zentimeter tiefer. „Am längsdn", sagte Frau Barabra E. jetzt vor Gericht aus, „am längsdn hodders mid der dou driem." Mit „der dou" war die Zeugin Dagmar B. gemeint. „Und wäi mei Horsti edzer widder amol fräih ummer Halbersiemer hammkummer is – wos er dou gsachd hodd, wass i goornimmer suu genau, ich glaab, dou isser vo die Taliban entführt worn – dou hob ich dann in sein Boddmonee des Foddo gfundn vo dera dou." Ein Foto also von der etwas knapp bekleideten Dagmar mit Telefonnummer.

Einige Tage lang hat die Barbara gegrübelt, wie sie die Dagmar am besten zu einem Zusammentreffen mit anschließendem Zwiegespräch überreden kann. Kurz danach hat bei Frau Dagmar B. das Telefon geläutet. Eine ihr unbekannte Frau, Notariatssekretärin, hat ihr da telefonisch mitgeteilt, sie, die Dagmar, habe einen Großonkel in Wien und es ginge um ein Testament. Mehr könne die Anruferin nicht preisgeben. Und sie möge andertags pünktlich um zwölf Uhr dringend zum Notar kommen, Name der Kanzlei, Straße, Haus-

nummer. „Und dann", erinnerte sich die Dagmar, „hat's noch was von 150 000 Euro g'murmlt." Bei dem Wort Testament und der Zahl 150 000 geht man natürlich vorsichtshalber schon einmal zu einem Notar. Auch wenn man keinen Großonkel in Wien hat.
Wie man sich denken kann, hat am andern Tag um zwölf im Notariat aber kein Testamentsvollstrecker auf die Dagmar gewartet, sondern unten am Eingang die Barbara. „Däi dou", deutete die Barbara jetzt auf die Dagmar, „däi dou hodd zeerschd hii g'haud! Ich hob ganz normool mid ihr reedn wolln." „Ja, freilich, ganz normal!", entrüstete sich die Dagmar, „Ich will gerade die Tür vom Notariat aufmachen – da steht eine wildfremde Frau vor mir mit einem Foto in der Hand und brüllt mich an ‚Da is ja die Schnalln von meinem Horsti!' und zieht mit der Hand auf. Den ersten Schlag hab ich noch abwehrn können." Und dann soll es aber auf die Dagmar eingeprasselt haben. Jede Schelln mit einem kleinen Kommentar versehen. „Däi is für die Nacht im Wald in Dennenlohe! Du Schlambn, du dreggerde!" Badsch! „Däi is fiirs Eischberrn ins Werzhaus, du verkommene Wilzau!" Badsch! „Und däi is fiir däi Nacht, wou mein Horsti es Benzin ausganger is! Du Rumzuuch!" Badsch!
Gut, dass nach ungefähr sieben bis acht Watschn Passanten eingegriffen haben. Denn Anlässe für weitere Ohrfeigen hätte es noch so viele gegeben, wie es kein Kopf der Welt aushält. Bei der Wucht der Backpfeifen hat die Barbara dann auch noch den angeblichen Großonkel in Wien und die 150 000 Euro vergessen. Statt zum Notar ist sie zum Arzt gegangen. Der hat Schwellungen und eine offene Wunde im Gesicht diagnostiziert, für welche Frau Barbara E. zu drei Monaten mit Bewährung und einer Geldbuße von 4500 Euro verurteilt worden ist. „A offne Wundn im Gsicht hodd der Doggder festgschdelld.", schimpfte die Barbara nach dem Urteil, „Dassi fei nedd lach! Im Gsichd hodd däi ihr offne Wundn ganz beschdimmd nedd."

Ob ein Wirtshaus ein Büro ist oder nicht

Den vom Sprachgenie Edmund Stoiber anlässlich einer Sternstunde erfundenen Slogan Laptop & Leberzirrhose oder so ähnlich nennt man eine Alliteration, weil die Anfangsbuchstaben so schön gleich sind und gut zusammenpassen. Das Schlagwort Laptop & Leberknödelsuppe hat ebenfalls dieselben wohlklingenden Anfangsbuchstaben. Aber weder passt es zusammen, noch hat es der Stoiber erfunden, sondern vielmehr der Rentner Robert S. Angeblich hat er in seinem 72-jährigen Leben noch nie ein Laptop in freier Wildbahn gesehen. Leberknödelsuppen hingegen schon sehr viele. Jetzt ist der Robert vor Gericht gestanden, er soll ein Laptop unter Zuhilfenahme einer Leberknödelsuppe vorsätzlich ertränkt haben.

Der Robert ist damals an einem späten Nachmittag im Wirtshaus vor seinem Hefeweizen gesessen, ihm gegenüber der selbständige Vermögensberater Otto R. vor seinem aufgeklappten Laptop, in den er dauernd schwerwiegende Sachen hineingetippt hat. „Ob ich amol a Frooch hoom derferd?", hat der Friedrich den wissenschaftlichen Disput eröffnet, „Und zwar – wou Sie dou draff rumglabbern, is des gwiss ein Daschn-Klavier odder wos?" Der Otto hat daraufhin mild gelächelt und seinem Gegenüber erklärt, dass es sich um ein Laptop, um einen tragbaren PC handelt, und er im Arbeiten begriffen ist.

Inzwischen hat der Friedrich bei der Bedienung eine Leberknödelsuppe bestellt und anschließend dem Otto mitgeteilt, er hätte sich das eigentlich gleich denken können, dass es sich bei dem flachen Kistchen ganz klar um ein tragbares WC und nicht um ein Taschenklavier handelt. „Wall wenn des a Klavier wär", hat er gesagt, „nou mäißerd mer ja eine Musigg hören." Und dann hat er nur noch gschwind wissen wollen, wie so eine Arbeit auf einem tragbaren WC funktioniert. „PC", hat ihn der Otto verbessert, „nedd WC." Und es funktioniere mit Mikrochips, mit Festplatte, mit Modulen und Strömen auf einer Datenautobahn, mit einer hochkomplexen Technologie. „Wos Sie nedd soong!" hat der Robert bewundernd ausgerufen. Und dann hat ihm der Otto noch herablassend verraten, dass er mittels der Datenautobahn mit seinem Laptop überall auf der Welt

arbeiten könne, zum Beispiel auch im Zug oder im Stadtpark. „Ach goor!", hat der Robert gesagt und hinzugefügt „Und warum hockn Sie sich nou nedd in Schdaddbark mid Ihrn WC? Odder im Zuuch? Odder nu besser – im Büro? Mir hom fräihers immer in einen Büro gärwerd. Und nedd im Werzhaus affern Daschnklavier ummernanderglabberd, dass die Laid, däi wou im Werzhaus amol fimbf Minuddn ihr Rouh hoom mecherdn, dass däi mid die Nervn gräing!" Und wie der Robert mit seinen Ausführungen immer lauter geworden ist – in dem Augenblick hat hinter ihm die Bedienung ebenfalls in den Diskurs um Taschenklaviere, Mikrochips, Module und tragbare WC eingegriffen. Und zwar mit den Worten: „Obacht! Die Lebergniedlasubbn!"
Vielleicht für den Bruchteil einer Sekunde ist die Leberknödelsuppe nicht mehr tragbar gewesen. „Ich hob obber nix derfiir kennd", sagte der Robert jetzt in der Verhandlung aus, „Ich hob den Deller mid der Lebergniedlasubbn nehmer wolln, und der Deller woor suwos vo haaß – hobbin falln loun. Und alles is in den Scheiß WC neigloffn! Die schäine Lebergniedlasubbn!" Wenn Herr Otto R. seine Arbeit am tragbaren WC im Zug, im Stadtpark oder gar im Büro verrichtet hätte, wäre überhaupt nichts passiert. „Wenn däi bläidn Mogule odder wäi die Viecher haaßn nedd amol an Deller vull Lebergniedlasubbn aushaldn, nou homs innern Werzhaus aa nix verluurn." Dieser sehr schlüssigen Folgerung wollte sich das Gericht aber nicht anschließen. Zumal der Robert nach dem Abebben der Leberknödelsuppenflut den Laptop, angeblich zum Trocknen, vor die Wirtshaustür geschleudert hatte. Und zwar mit den Worten: „Am besdn schausd edzer, dassd ganz schnell in Schdaddbarg kummsd. Dei WC und seine Mogule sin scho awalln vorausgfluung!" Die Ausschüttung der Leberknödelsuppe, die dem Otto zugefügten Brandblasen und die Zerstörung eines neuerdings auch schwimm- und flugfähigen Taschenklaviers, beziehungsweise Laptops, machten zusammen 1200 Euro Geldstrafe und Erstattung der Reparaturkosten. „Eine Welt hom mir!", sinnierte der Robert nach dem Urteil, „Der benüdzd mei Werzhaus als Büro, und iich derf aa nu die Miete zoohln . . ."

Alles fließt

Die Erkenntnis, dass bei uns auf Erden und auch oben im Himmel alles fließt, ist ungefähr zweieinhalbtausend Jahre alt. Gilt aber heute noch. Die höchste Fließgeschwindigkeit hat momentan Geld. Mit einer Geschwindigkeit, dass man es mit bloßem Auge fast nicht mehr erkennen kann, fließt ein Geld in alle möglichen Schlupfwinkel, taucht unter, wird da und dort kurz gesichtet und ist schon wieder fort. Wie verästelt und verzweigt ein Geldfluss verlaufen kann, ehe er wie alles Flüssige naturgemäß verdunstet, hat der Prozess um den selbständigen Visionär Heinz S. aufgezeigt. Er handelt mit Visionen aller Art.
Zum Beispiel hat er in Hinblick auf ein Handelsabkommen mit China, beziehungsweise mit einem China-Restaurant, die Vision einer 30-prozentigen Rendite gehabt und infolgedessen dringend ein sogenanntes frisches Geld benötigt. Richtig schön frisch waren da unter anderem jene 1000 Euro, die er von seinem Bekannten Roland F. als kurzfristigen Kredit erhalten hat. „In drei Dooch gräigsders widder", soll der Heinz hoch und eilig versprochen haben. Und zwar zusätzlich mit mindestens 300 Euro Zinsgewinn.
An dem Punkt muss man sich wieder an die Weisheit des Philosophen Heraklit erinnern, dass alles fließt. Neben dem Geld auch die Zeit. Es sind die drei Tage Rückzahlungsfrist verflossen, sodann drei Wochen, drei Monate, ohne dass die 1000 Euro oder gar die 300 Euro Rendite wieder an den Roland zurückgeflossen wären. Auch vom Visionär Heinz hatten sich jegliche Spuren verflüchtigt.
Aber im vierten Monat nach dem Geldabfluss hat der Roland den begnadeten Pumpschwengel Heinz S. erstmals wieder gesichtet: Hinterm Fenster eines Lokals, in dem die örtliche Hoch- und Tieffinanz gern bei erlesenen Speisen und Getränken über weitere Visionen und frisch fließende Geldquellen nachsinnt.
„Bin i nerdirli glei nei", sagte der Roland jetzt vor Gericht aus, „und hob nern gfrouchd, ob ihn vielleichd awng der Kiddl brennd. Seidern Värddljahr ward ich edzer aff mei Fett. Und dass ich aff der Schdell meine 1000 Euro mecherd." Da hat der Heinz als erstes den ihn umwieselnden Ober gebeten, ihm aus dem Fläschlein Jahrgangs-Champagner im Kühlkübel ein Schlücklein nachzuschenken, dann hat er wie in weite Ferne blickend das Schlücklein zu sich

genommen, in den Hals abperlen lassen und sich schließlich dem Roland in erlesenem Hochdeutsch zugewandt: „Was kann ich für Ihnen dun, mein Herr? Wie is ter werde Namen? Von welchen Fedd is piddeschön die Rete? Leiter kenne ich Ihnen nicht." Der Roland darauf nicht ganz so erlesen: „Hald dei Maul, du Aff! Mei Geld her!"

Dann der Heinz wieder: Dass es sich hier um eine tragische Verwechslung handeln muss, dass er in seinem ganzen schönen Leben noch niemals die Ehre hatte, den Roland kennengelernt zu haben und dass er jetzt wünsche, sich in aller Ruhe wieder seinem Jahrgangs-Champagner und dem soeben servierten Dessert zu widmen. „Wos du Verbrecher dou saufsd und frissd", hat der Roland daraufhin gebrüllt, „des g'herrd mir! Alles vo meine dausend Euro!" Wenn er, ließ sich der Heinz gnädig auf die Forderung ein, sich tatsächlich irgendwann von einem ihm völlig unbekannten und offenbar sehr niveaulosen Herrn 1000 Euro ausgeliehen habe – wo befinde sich dann bitte die Quittung?

Die Quittung hat nicht lang auf sich warten lassen: Erst hat ihm der Heinz als Quittung den Dessertteller mit Mousse au Chocolat über das Gesicht verteilt, den Rest Jahrgangs-Champagner drüber träufeln lassen und zum Schluss den Sektkübel als Chromstahlhelm aufs Haupt gedrückt. „Und nou", vertraute der Roland jetzt dem hohen Gericht an, „nou hobbi nu a Taschnbfändung durchgführt. Hundertzwanzg Euro hodder eischdeggn g'habd. Und als Zinsn hobbi mer nu sei seidne Grawaddn miidgnummer."

Zwar konnte man dem Heinz nachweisen, dass er den Roland sehr wohl kennt – aber ob die 1000 Euro geflossen sind, weiß nicht einmal der Geldsicherheitsrat. Beziehungsweise will es gar nicht so genau wissen. Mousse au Chocolat im Gesicht, Sektkübelanprobe und Taschenpfändung jedoch sind gesetzlich verankert und machten jetzt im Fall vom Roland sieben Monate auf Bewährung und 4500 Euro Geldbuße. Ob er das Urteil annehme? „Jawoll, ich nehme an", antwortete der Roland, „Und zwar nehme ich an, dass ich nedd der erschde bin, der wou ba anner Finanzkrise awegg veroorschd worn is."

Wie die Doris einmal einen Kunstschnalzerer vollführt hat

Fußballspieler, die im Strafraum über ein Grashälmlein stolpern, sich danach dreimal in der Luft überschlagen und dann vor lauter Phantomschmerzen solang bitterlich weinen, bis es einen Elfmeter gibt, nennt man respektvoll Kunstflieger oder Staatsschauspieler. Ihre einmalige, im Training hart erarbeitete Artistik wird von Fachleuten oft mit jener der Schwalbe verglichen. Jetzt ist es erstmalig auch einer 50-jährigen Frau gelungen, die oft sehr hohe Schule des Schwalbenflugs öffentlich darzubringen. Allerdings nicht im Strafraum, sondern im Parkraum.
Doris P. hat praktisch Außenverteidigerin gespielt, indem sie an einem späten Nachmittag in der Vorderen Ledergasse außen, hart am Fahrbahnrand, für ihren Ehemann einen Parkplatz verteidigt hat. Angeklagt war jetzt Herr Harald S., damals ein weiterer Anwärter auf den von der Doris mit heftigem Handtaschenwedeln verteidigten Parkplatz. Eventuell, sagte die als Zeugin geladene Besetzungsmacht Doris, hätte sie damals ja das Feld geräumt, wie der Harald mit heftigem Hupen in den für ihren Mann reservierten Parkplatz einscheren habe wollen. Wenn der Harald nicht so unverschämt gewesen wäre. Es hat sich nämlich ein Zwiegespräch folgenschweren Inhalts ergeben. Harald S. aus dem heruntergelassenen Seitenfenster: „Hau ab dou! Siggsd doch dass i bargn will!" Doris P. :"Des is mein Moo sei Bargbladz. Der doud dou hindn blouß gschwind wendn. Wall mir wolln nemli ins Kino." Der Harald: „Des is mir doch worschd, wo Ihr hii wolld. Gäihder hald inner Kino, wous Bargblädz gibt. Affd Seidn edzer! Sunsd sichd mer vo dir nerblouß nu an Fettfleck am Gehschdeich!" Eine feine Anspielung auf die nicht gerade an Magersucht leidende Doris. Inzwischen hatte sich hinter dem Harald bereits eine ansehnliche Autokolonne gebildet. In das symphonische Hupkonzert hinein hat die Doris gebrüllt: „Nehmer'S serfordd den Fettfleck zurück!" Der Harald darauf: „Suu lang, dasser nunni dou is, der Fettfleck, konnin nedd zriggnehmer. Hau ab edzer, bläide Sulln!" Und dann ist er, nach eigenem Bekunden, mit äußerster Vorsicht, praktisch Millimeter für Millimeter in den Parkplatz eingebogen. Und die Doris ist in beispielhafter Pflichterfüllung stehen geblieben.

Sekunden später ist es zu jener akrobatischen Einlage gekommen, die vielleicht schon bald in einem Standardwerk für Bundesliga-Stürmer ihren schriftlichen Niederschlag finden wird: Wie wenn die Schwerkraft plötzlich ihre Gesetzmäßigkeit verloren hätte, hat die Doris einen Schnalzerer vollführt, ist nach ihrem etwa eineinhalbfach geschraubten Auerbach am Pflaster gelandet, hat einigen interessiert stehengebliebenen Passanten noch gschwind zugerufen, dass sie jetzt dann gleich das Zeitliche segnet – letzte Grüße an ihren Mann, der Parkplatz sei frei – und ist dann in eine insgesamt halbstündige Ohnmacht gefallen. Mit allem Drum und Dran: Polizei, Sanitäter, Notarzt.
„Wenn ich damals nedd glei gsachd hädd, däi machd nerblouß ann aff Markus", sagte der Harald, „i glaab, die Feierwehr und der Reddungshubschrauber wäärn aa nu kummer." Der Arzt hatte aber Schürfwunden an den Knien, Händen um Kinn von der Doris festgestellt. Die erklärte sich der Harald so: „Wenn iich einen Bargbladz in der Vordern Ledergass mid anner Hübfburch verwechsl, nou hob i aa Schürfwundn." Und er schwor weiterhin Stein und Bein, dass er die Parkplatzwächterin nie und nimmer mit seinem Auto berührt hat.
Wie die Doris zum Beschwören des Gegenteils aufgefordert wurde, war es nicht ganz so einfach. Es könne auch, räumte sie schließlich ein, eine Berührung im Unterbewusstsein gewesen sein und ihr Kunstsprung eine reflexartige Vorsichtsmaßnahme. Und die halbstündige Bewusstlosigkeit? „Wass i nedd", sagte die Doris, „Vielleichd, dassi eigschloufn bin. Im Kino schlouf i aa immer ei." Herr Harald S. wurde vom Vorwurf des vorsätzlichen Abräumens einer Parkplatzreservierungskraft freigesprochen, lediglich wegen des angedrohten Verwandelns der Doris in einen Fettfleck muss er 200 Euro Bußgeld einzahlen. Beiläufig und außergerichtlich wollte der Richter nur noch wissen, wo während des langen Parkraumschwalben-Dramas damals eigentlich der Ehemann von der Doris geblieben war. „Mid mein Moo", sagte sie, „reed i seid an Värddljahr nimmer. Der hodd damals an andern Bargbladz gfundn. Und nou hodder vuurn Kino aff mich gwardd."

Der Schmetterball

In einer Reihenhaussiedlung, in der in kleinem Umfang auch Ackerbau- und Rasenzucht betrieben wird, ist vollkommene Stille ein extrem seltenes Naturereignis. Vor allem an Samstagen bietet so ein Trainingslager für Schwarzarbeiter einen reichhaltigen Ohrenschmaus. Ein wahres Eldorado für den Hobby-Tierstimmenerkenner: Da trällert der Hochdruck-Kärcher, dort tirilliert die Motorsäge, röhrt der Rasenmäher, mischt sich mit dem Krächzen von Winkelschleifer und Akku-Heckenschere und fällt ein in die hubschrauberartigen Balzrufe des Laubsaugers. Vielstimmiger Lobgesang auf den Schöpfer aller nützlichen Dinge, den Baumarkt.
Im diesjährigen Sommer ist ein weiteres schönes Geräusch seiner Bestimmung, die Justiz einigermaßen auszulasten, übergeben worden, nämlich der sogenannte Rundlauf. Als Instrument kann man eine ganz normale Tischtennisplatte verwenden, welche Herr Hansjörg T. als Sonderangebot ebenfalls im Baumarkt erworben hat.
Einweihung des neuen Sportgerätes war an einem Samstagspätnachmittag, wie in jener Siedlung alle anderen Gartenmaschinen schon weitgehend Feierabend gehabt haben. Der Rentner Roland F., selber ein begeisterter Häcksler und Hochdruckreiniger, hat sich auf seiner Terrasse gerade einem Hefeweizen hingeben wollen, wie jenseits der frisch motorgeschorenen Hecke ein erstes „Dagg, Dagg, Dagg" zu vernehmen war. Dazu laute Rufe, Geschepper, Jauchzen, Getrappel. Bei einem Blick durch das Beobachtungsloch in der Hecke hat der Roland festgestellt: Drüben wird Tischtennis gespielt. Und zwar Rundlauf, zu sechst. Sechs Mann sind um die Tischtennisplatte gerannt und haben versucht den Ball zu treffen. Dagg, Dagg, Dagg..
„Nou hobbi amol durch die Hecken durch gfrouchd, wann der Lärm aafheerd. Hodd der Nachber rieber brülld ‚Wemmer ferddich sin'. Und dann widder Dagg, Dagg, Dagg. Nocherdla hobbi mid mein Garddnschlauch a bissala niibergschbridzd."
Mit dem Gartenschlauch kann man aber das Feuer sportlicher Begeisterung offenbar nicht löschen. Nach kurzer Pause wieder: Dagg, Dagg, Dagg. Und dazwischen hat der Roland noch ganz genau gehört, dass er, der Nachbar, ein Riesenarschloch ist. „Nou binni niiber ganger! Alles mou mer si ja aa nedd gfalln loun!" Bei dem persönlichen Einschreiten des Nachbarn wäre überhaupt nichts

passiert, äußerte sich der wegen gefährlicher Körperverletzung angeklagte Hansjörg T. „Obber mir hom ja einen Rundlauf gschbilld. Und ich hob den Moo ja nedd gseeng. Der is hindn durch die Garaasch kummer. Und hindn an der Garaasch, dou hob ich leider kanne Aung." Der Tischtennisball sei gerade ganz hoch auf der Platte aufgesprungen, er, der Hansjörg habe zu einem fulminanten Schmetterball angesetzt. „Und nou is mer der Nachber vull in mein Dischdennisschlääcer neigrennd."

Nach der ersten Tischtennisschlägerschelln hat sich der Nachbar aufgerappelt – und schon ist er aufgrund des permanenten Kreisverkehrs beim Rundlauf in den nächsten Schmetterball hineingelaufen. Wer in dem Fall der Verursacher der Schmetterballwatschen gewesen sei, wollte der Richter wissen. „Des wass doch iich nedd!", antwortete der Roland, „Dou woor i ja scho fast bewussdlos. Und wenn i innern Bienenschwarm neikumm, nou wass i doch aa aa nedd, welche Biener dass mi gschdochn hodd!" Seinen dumpfen Erinnerungen zufolge habe das gesamte Tischtennisrundlauf-Team mindestens zweimal seinen Kopf als Schmetterball missbraucht. Demzufolge habe er insgesamt zwölf Schelln gefasst. Was der Hansjörg entschieden zurückwies. „Der Moo hodd doch keine Ahnung von einen Rundlauf! Mir hom ja goornedd weiderschbilln kenner, wall iich ba mein Schmetterball nedd in Balln droffn hob, sondern ausverseeng in Nachber sein Kubf." Auf weitere Ermittlungen, eventuell das Einholen eines Gutachtens der Welt-Tischtennis- und-Rundlauf-Association, hat das hohe Gericht verzichtet und Herrn Hansjörg T. freigesprochen. Beim Verlassen des Sitzungssaals stellte der Roland seinem Nachbar dann eine weitere Strafanzeige in Aussicht, wegen der Beleidigung als Riesenarschloch. Wovor der Hansjörg überhaupt keine Angst hat: „Wenn anner juristisch nachweisbar ein Riesenarschloch is, nou derf mers zu ihn aa soong."

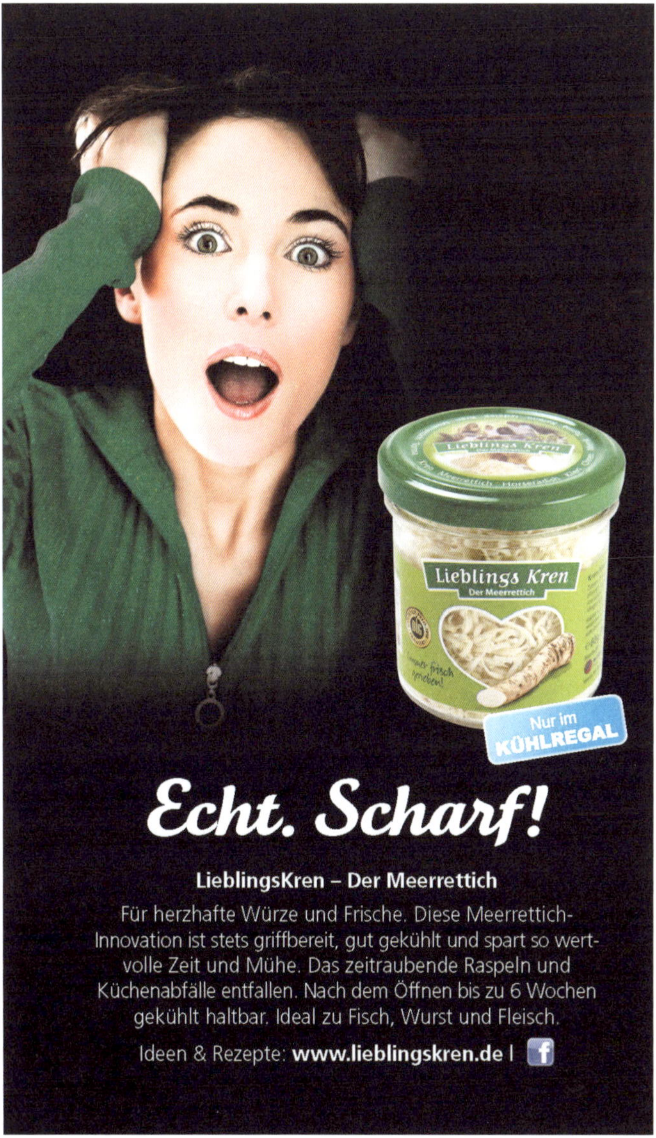
Lieblings Kren
Der Meerrettich
Nur im KÜHLREGAL
Echt. Scharf!
LieblingsKren – Der Meerrettich
Für herzhafte Würze und Frische. Diese Meerrettich-Innovation ist stets griffbereit, gut gekühlt und spart so wertvolle Zeit und Mühe. Das zeitraubende Raspeln und Küchenabfälle entfallen. Nach dem Öffnen bis zu 6 Wochen gekühlt haltbar. Ideal zu Fisch, Wurst und Fleisch.
Ideen & Rezepte: www.lieblingskren.de

Helmut, die Nebelkrähe

Das wahrscheinlich allerschärfste Rauchverbot des Universums, ursprünglich hier in Bayern beheimatet, erzeugt in vielfältiger Weise Schärfefälle. Jetzt soll es auch eine schmerzhafte Schärfe in den Augen des Gewohnheitsrauchers Helmut R. erzeugt haben. Allerdings nicht Verbesserung der Sehschärfe, sondern eher im Gegenteil. Angeblich hätte ihm sogar eine Erblindung gedroht.
Statt wie früher sechsmal in der Woche sucht Herr Helmut R. seit Inkrafttreten des öffentlich-rechtlichen Glimmzugverbots sein eigentliches Wohnzimmer, sein Stammwirtshaus, nur noch dreimal in der Woche auf. Weil es ihm, wie er sich jetzt vor Gericht auszudrücken beliebte, „voll auf den Sack geht", wenn er ungefähr alle zwanzig Minuten zwecks Einnahme einiger Lungenzüge vor die Tür muss. Wobei er draußen vor der Wirtshaustür auch nicht immer große Freude erregt. Im Stockwerk über dem Outdoor-Raucherstehplatz wohnt nämlich der Sticklufallergiker Alfons W., seit seiner Geburt 55 Jahre am Stück fundamentaler Nichtraucher. „Ich glaub", vermutete der Helmut vor Gericht, „der riecht a Zigareddn scho, wenns nu goornedd brennt. Und mid die Ohrn hodders aa. Für miich hodd der Moo einen hochembfindlichn Rauchmelder in der Noosn. Und in jeden Ohr einen Seismograph." Ob der Alfons tatsächlich über diese zusätzlichen Körperorgane verfügt, ist nicht verbrieft. Tatsache aber ist, dass er bei dem meist immer zur halben Stunde stattfindenden Räuchermännleinlaufen unten vor der Wirtshaustür oben am Fenster erschienen ist und hinunter auf den Gehsteig gefleht hat, die Arschlöcher von Glühwürmchen möchten bitte schleunigst verduften. „Wos maaner'Sn", wurde er auch jetzt in der Verhandlung wieder ziemlich laut, „Wos dou in meiner Wohnung immer los war mid däi Drecksraucher dou drundn!? Däi hom ja oft fünf Zigareddn am Stück neizuung! In meine Zimmer war ein Nebel – dou hosd die Händ vuur die Aung nimmer gseeng! Und dann des Gschrei vo denni! Masdns woorns ja aa nu zimmli bsuffn!"
Seine wochenlang geäußerten Bitten an die Freilandraucher seien jedesmal dahingehend beantwortet worden, dass er dort oben verschiedene Ausweichmöglichkeiten habe: 1. das Fenster zumachen, 2. im Verteidigungsministerium eine Gasmaske beantragen und 3. das Maul halten.

An einem lauen Abend im Juni hat der Zwangsrauchverzehrer Alfons W., buchstäblich in aller Schärfe, zurückgeschlagen. Wie immer ist damals, neben zwei weiteren Mitrauchern, die Nebelkrähe Helmut R. vor der Tür gestanden, in der einen Hand die Nebelkerze, beziehungsweise Zigarette, in der anderen einen Krug Bier, und hat hinauf in den ersten Stock nach der Melodie des schönen Volkslieds „Koung, Koung und an Kaffee derzou" gekrächzt „Raung, Raung und a Maß Bier derzou". Laut Erinnerung vom Alfons mindestens zwanzig mal „Raung, Raung und a Maß Bier derzou".
Und plötzlich, mitten in ihr Abendlied hinein, haben die Raucher gedacht, sie haben eine schwere Alkohol- und Nikotin-Halluzination: Steht über ihnen im Fensterrahmen, vom zuckenden Licht eines Fernsehers leicht illuminiert, ein Geist! Am Oberkörper mit einer Schlafanzugjacke bekleidet, unten voll entblößt, eine Hand am Bedarfsröhrchen. Die drei unten sind vor Schreck erstarrt, wie sie die donnernde Stimme des Fensterbrettgeistes vernommen haben: „Ihr Oorschlecher dou drundn, edzer gräichder obber eier Fett!!" Von einem Fett hat jedoch keine Rede sein können.
„Aff aamol", erinnerte sich der Helmut mit Grausen, „Aff aamol hodd diese Wilzau aff uns roogschiffd! Und mir – ich hob ja naufgschaut g'habt zu ihn – mir vull in die Aung nei!" „Zeerschd", fuhr er fort, „Zeerschd hobbi ja nu gmaand, es reengd. Obber dann hobbis scho gseeng, dass des ka Reeng is. Des woor mehr ein saurer Reeng. Mir hodds deroordich in die Aung brennd – ich hob gmaand, ich wer blind. Der mouß vuur sein Addndaad aff uns mindesdns zwaa Liter Salzsäure gsuffn hoom! Normool mäißerd der zu zwanzg Jahr Zwangsarbeit in anner Zigareddnfabrigg verurteilt wern! "
Entgegen dem Antrag vom Helmut wurde der Urinator überhaupt nicht verurteilt. Mit dem Hinweis, er möge zukünftige Streitfälle in Trockenbauweise schlichten, wurde das Verfahren gegen den Alfons eingestellt. „Bravo!", quittierte der Helmut das Urteil, „Und ich blas halt in Zukumbfd mein Zigareddnrauch nimmer ausn Mund naus. Ich dou nern in mir bündeln – und nou lass'in im Ganzn ausn Oorsch naus. Falls den Fensterbrettbrunser des Geräusch derbei nicht stört."

Der Brunskartler

Öffentliches Kartenspielen im Wirtshaus, in heutigen Zeiten höchstens noch als Public Schafkopfing bekannt, steht auf der Roten Liste. Der sogenannte Brunskartler etwa kann höchstens noch als ein bei den häufigen archäologischen Ausgrabungen im Stadtgebiet freigelegtes Fresko besichtigt werden.
Ein allerletztes, einigermaßen lebendes Exemplar ist aber jetzt zur Freude vieler hochbetagter Schafkopf-Forscher am Amtsgericht in Erscheinung getreten: Die Lichtenhofer Schafkopf-Legende Friedrich H., welche seinerzeit im „Petzenschloss" früh um vier Uhr im undurchdringlichen Zigarrennebel einen Herz-Sie an die Wand genagelt hat. Jetzt nagelt er nicht mehr. Vielmehr hat er jetzt infolge eines angeblich erzwungenen Intermezzos als Brunskartler als Zeuge gegen seine eigene Ehefrau Anna H. auftreten sollen.
Das Brunskartler-Drama hat in der Wohnung von Herrn Wolfgang A., Nachbar der Familie H., an einem verhältnismäßig sehr späten Freitag Abend in Gestalt eines ursprünglichen Kartelnachmittags seinen furchtbaren Lauf genommen. „Nachmidooch dahamm Karten schbilln", sagte die Angeklagte Anna H. aus, „des lassi mer ja nu eigäih. Obber wenn aus den Nachmidooch Oomds wird und aus Oomds dann Nachts und wenns fräih ummer halberzwaa immer nu rumbrülln und die Karddln am Diisch hiihauer, dassd maansd, dou zünd jemand an Kanonerschlooch nachn andern oo – des gäihd zer weid, Herr Richter!"
Gegen zwei Uhr schließlich habe die Anna ihren tiefschlafenden Friedrich neben sich geweckt und ihm befohlen, wegen der dröhnenden Kartelrunde in der Nachbarwohnung jetzt endlich die Polizei zu alarmieren. Der Friedrich hat aber zur Besonnenheit gemahnt: Nicht gleich zur Polizei – erst selber einmal zu Güteverhandlungen schreiten.
Also ist er im Schlafanzug voller Güte und schöner Vorahnungen hinüber an die Tür der Nachbarwohnung geschritten und hat geläutet. Dort ist die Freude ebenfalls sehr groß gewesen. So erinnerte sich jedenfalls der Nachbar Wolfgang A. „Mir woorn ja die ganze Zeit nerblouß zu viert bam Schafkopfn", sagte Herr Wolfgang A. jetzt in der Verhandlung aus, „Bragdisch ohne Brunskarddler. Und wenn anner vo uns vier am Abordd gmäißd hodd, hommer jeedsmool

middn Karddln aussedzn máin." Ja und dann, fuhr er fort, sei auf einmal wie durch eine göttliche Fügung der berühmte Südstadt-Schafkopfgroßmeister Friedrich H. persönlich vor der Tür gestanden. Es sei schon richtig, er habe irgendwas von „Ein bisschen leiser Karteln" gemurmelt. „Obber nou hobbin als erschdes amol a Bier geem und dann numol a Bier. Und dann hodder miidkarddld." Der Friedrich hat praktisch aus dem Stand einen Lauf sondersgleichen gehabt. Erst ein Rot-Solo gewonnen, dann in der anschließenden Kreuzrunde satt abkassiert, einen Du mit sechs Laufenden siegreich beendet. „Und wäi er groad, scho widder bei einen Solo, rausschbilln hodd wolln", erinnerte sich der Wolfgang, „dou douds einen Schlooch draußn, die Tür hauds aaf, und in Friedrich sei Frau rumbld rei. Middn Nachthemmerd oo. Wortlos hodds ihrn Moo die Karddln aus der Händ g'haut, in Tisch umgschmissn, dass unsere Geldschüssala ummernandergfluung sin. Ich hob groad vo mein Bier drunkn – hodds mer in Gruuch in die Goschn nei g'haut, dass mei Brückn im Oberkiefer in zwei Teile zersprunger is!" Alle Untergrundkartler bestätigten den furienartigen Auftritt der Rachegöttin aus der Nachbarwohnung. Und was der Friedrich dazu sagt, wollte der Richter noch wissen. „Ich soll soong", antwortete der Brunskartler, "dass ich ja goornedd miidkarddln hob wolln. Däi hom miich ja erschd bsuffn gmachd und dann bragdisch als Geisl gnummer." Der Richter riet ihm, er möge hier nicht zum Besten geben, was er sagen soll, sondern das, was er weiß. „Dann sooch i läiber nix."
Wegen Störung der Schafkopfruhe und wegen Hausfriedens- und Zahnprothesenbruchs wurde Frau Anna H. zu einer Geldstrafe von 800 Euro verurteilt. „Bilanzmäßich gseeng", merkte der Kartenspielveranstalter Wolfgang A. nach dem Urteil noch an, „konn dir eine Ehefrau teuerer kummer wäi Schafkobfn."

Völlig ungeordnete Schafkopfkarten: Der Herz Unter (von links nach rechts), der Eichel König, der Alte, der Eichel Neuner, der Herz Zehner, die Grün Sau. Für den Fall , dass der Inhaber des Daumens (Bildmitte unten) Sechsundsechzig spielt, konfigurieren sich die oben erwähnten Eichel König und Eichel Ober zu einem sogenannten Värzger (Vierziger).

Kriminalfall 66

Früher, wie an der legendären Kartelakademie noch gelehrt und geleert worden ist, hat man es unter jeder zweiten Schulbank gespielt, zu zweit, zu dritt, zu viert, mit und ohne Brunskartler, im Bauwagen, in Wirtshäusern, Tankstellen, Gassenschänken, Schrebergartenkantinen, in der Straßen- und Eisenbahn, in Stadtratssitzungen, im Sitzen, im Stehen, im Gehen und im Liegen. Der Rudi Weickmann selig hat sogar ein umfassendes Standardwerk drüber geschrieben, und man hat eigentlich davon ausgehen können, dass es ein Gesellschaftsspiel für die Ewigkeit ist, dass eventuell sogar Gott kartelt. Aber jetzt ist es endgültig auf der Roten Liste, zum Aussterben verurteilt: Sechsersechzg, unter Fachgreisen auch „an Dreeg naaf und noo" genannt. Die wahrscheinlich allerletzten Sechsundsechzig-Dauerdrescher Frankens, die verehelichten Ernst und Maria S., sind jetzt wegen ihrer meist am Sofatisch ausgeübten Leidenschaft vor Gericht gestanden.

Seit fast einem halben Jahrhundert hat ein Samstag beim Ehepaar S. aus folgenden Schwerpunkten bestanden: Einkaufen, Autowaschen, Kartoffelsuppe, Bettenlüften, verschärfte Straßenbeobachtung am Fensterbrettla-Posten, Clubspiel am Radio horng und – Sechsundsechzig-Karteln die ganze Bandbreite, Deutsch, Rot-Assn, Rufen, Kamerun. „Ja nerdirli", äußerte sich der Ernst, „hom si mir dou derbei manchmal underhaldn. Wall, wissen'S Herr Richter, grood ban Kamerun, dou bscheißt mei Frau immer gern aweng. Dou schmierd mer däi meinerdweeng die Roud Sau nei, wenn iich mein blauer Zehner schbill, und derbei mäißerds mid ihrer Grün Sau schdechn. Odder sie..." Oder was die Maria sich noch für Betrügereien beim Kamerun zu zweit leistet, durfte der Ernst nicht mehr schildern, weil der des Sechsundsechzig-Spiels weitgehend unkundige Richter keine weiteren Details wissen wollte. Ihn interessierten vor allem die sogenannten Unterhaltungen.

Über sie konnte der unter dem Ehepaar S. wohnende Malermeister Markus G. Näheres mitteilen. Mitnichten seien es Unterhaltungen im herkömmlichen Sinn gewesen. Vielmehr habe es an jedem Samstag nachmittag in seinen Sofaschlaf mit zirka 100 Dezibel zum Beispiel hineingedröhnt: „Du bläide Nuss, du bläide! Maansd, iich merk dei Bscheißerei nedd, ohne Könich an Värzzger meldn,

wou gibdsn suwos!!?" Oder „Bschieß kummd affn Diisch!! Du Maulaff, du dummgsuffner, bscheißd ja selber, dass ann die Aung drobfn! Vuuring hosd ka Farb zougeem, und edzer mechersd mid deiner Scheiß Drumbf Luschn gschwind schdechn!!" Oder aber auch „Nu aamol wennsd du saggsd, du hosd die Roud Sau, und hosders goornedd, nou gräigsd obber anne, dassdi dreesd wäi a Danzbär!!"
„Ein Jahr lang", sagte Herr Markus M., „hobbi denni ihr Gschrei ausg'haldn. Jeedn und jeedn Samsdooch hom däi Zwaa dou droomer ummernanderbrüllt, dassd gmaand hosd, sie bringer si geengseidich um. Aamool sin sugoor Biergläser ausn Fensder gfluung kummer."
Fast auf den Samstag genau nach einem Jahr hat der Untermieter die Sechsundsechzig-Kampfhandlungen nicht mehr ausgehalten. Mitten im schönsten Gebrüll über sich um irgendeine irrtümlich geschmierte Schellnsau ist der Markus auf seinem Sofa in die Höhe geschnalzt, hat im Stockwerk drüber geläutet und sich nach dem Öffnen der Tür dahingehend geäußert, dass der Ernst und die Maria um Gottes- und der Samstagsruhe willen endlich einmal ihre Waffel halten sollen. Möglicherweise könne er auch Goschn oder Maul gesagt haben. „Obber des is ja worschd. Erschdns is ‚Maul' fiir däi zwaa Streithamml vornehm gnouch. Und zweidens brelld mer desweeng nedd jemand glei die Drebbn noo, dass mer si in Arm bricht. Ich hädd mer ja aa es Gnagg brechn kenner, suu hom mi däi noogschlaiderd. Nou wär i hii gween."
Wer von den beiden hauptsächlich am Markus seinem Treppensturz beteiligt gewesen sei, wollte der Richter wissen. „Kanner", sagte der Ernst, „Ich hob nern nerblouß gfrouchd, obber nedd mid uns Sechsersechzg Karddln mecherd, zu dritt is vill schenner. Und nou isser die Drebbn noogfluung. Bragdisch aff der Flucht." Wohingegen der Markus aussagte: „Der Moo hodd mi am Groong baggd und die Frau an die Arm und nou homs mi zu zweid noogschubsd. Und wäi i undn am Drebbnabsadz schwerverledzd gleeng bin, hodd die Frau zu ihrn Moo gsachd ‚Karddl mer weiter, du hosd in Gnobbern bam Rufen g'habd, kummsd edzer bam Kamerun raus'. Und nou sins alle zwaa ganger und hom mi lieng loun." Wegen Körperverletzung und unterlassener Hilfeleistung wurden der Ernst und die Maria zu einer Geldstrafe von jeweils 2500 Euro verurteilt. Und Sechsundsechzig kartln dürfen sie auf Befehl des Richters in Zukunft nicht mehr, höchstens mit Maulkorb.

Zwischen Himmel und Erde

Gemäß einer Vermutung von Willy Shakespeare gibt es mehr Dinge zwischen Himmel und Erde, als sich unsere Schulweisheit träumen lässt. Der Rentner Helmut R. ist womöglich ein Experte für geheimnisvolle Dinger zwischen Himmel und Erde. An einem Montag vormittag im Spätsommer scheint er wieder einmal welche erspäht zu haben. Und zwar die damals zwischen Himmel und Erde schwebenden Dinger von der Ladeninhaberin Elke R. Davon ist die Elke, die in ihrem kleinen Geschäft weitgehend zweckfreie Gegenstände aller Art verkauft, nahezu tausendprozentig überzeugt.

Jetzt ist die Sache vor Gericht geschwebt, und aus den Akten war ersichtlich, dass der Helmut schon öfter nach Dingern geforscht hat. Bei dem jetzigen Forschungsauftrag war aber die Elke angeklagt. An dem fraglichen Montag ist sie vor ihrem Laden auf einer zweieinhalb Meter hohen Leiter zwischen Himmel und Erde geschwebt und hat ihr Schaufenster vom Feinstaub der Vorstadt befreit. „Ich bin grood aff die Zeherschbidzn gschdandn, ganz oomer aff der Leiter, wisch middn Budzlabbn in die Eckn nei, wou der masde Dreeg woor – und nou froochd mich der Moo vo uudn raaf, ob ich gwiss aweng es Schaufenster budzn dou. Nou hobbi noogschriea ‚Naa, ich trainier Fassadnklettern!' und nou hobbi weider budzd." Da sei der Elke am Helmut noch nichts Besonderes aufgefallen, außer dass er anscheinend wildfremden Menschen gern blöde Fragen stellt.

Aber etwa drei Minuten später sei er schon wieder an ihrem Geschäft vorbeigeschlurcht, extrem langsam. Vorn an der Kreuzung habe er kehrt gemacht und die zwischen Himmel und Erde schwebende Fensterputzerin erneut mit seinem Besuch beehrt. „Und dou hob iich des Gfühl g'habd, der Moo glodzd mir dauernd under mein Rock noo."

Das Wort Rock, fuhr da der Helmut dazwischen, sei in diesem Fall wohl nicht angebracht, eher hätte es sich vielleicht um einen Art Ersatzputzlappen gehandelt. „Häigsdns zwanzg Zendimeder lang! Und drunder hodds suu gut wäi nix oog'habd. Und under der Bluusn sin ihre zwaa Dinger roobambld. Dou werd mer ja wohl nu amol korzz hiischauer derfn."

Von kurz Hinschauen könne keine Rede sein, erwähnte die Elke.

„Insgesamd isser fünf mool hii und hergloffn. Und jeedsmool hodder raaf glinsd zu mir." Beim sechsten Pirschgang vom Helmut soll die Elke oben vom Markisenhimmel hinunter auf die Erde gebrüllt haben: „Simmer aweng a Schbanner, hä!? Wenn dei Brilln nedd scharf gnouch is, nou hulli der ausn Gschäfd a Fernglas!" Spätestens da hätte sich der Helmut aus dem Staub machen sollen. Aber er hat noch einige Sekunden verweilt, einen letzten Blick nach oben riskiert, und plötzlich ist über ihn eine große Flutwelle in Verbindung mit vorübergehender Wonnenfinsternis hereingebrochen.

Mit einem angeblich genau gezielten Wurf und den Worten „A alder Dadderer und nu suu a Drecks Wildsau!" soll die Elke dem Helmut ihren blechernen Putzeimer samt ungefähr zehn Liter Schmutzwasser aufgesetzt haben. Die ersten Meter seiner Flucht hat der begossene Helmut praktisch im Blindflug zurückgelegt, weil sich der Putzeimer nicht gleich vom Kopf lösen hat können.

Jetzt vor Gericht bestätigte der Helmut, dass es manchmal tatsächlich Dinger zwischen Himmel und Erde gibt, von denen sich seine Schulweisheit niemals was träumen hat lassen: Erstens die zwei bis drei weitgehenden freiliegenden Dinger von der Elke, strafbar als freischwebende, pornografische Darstellung in der Öffentlichkeit. zweitens Sachbeschädigung in Form einer zerbrochenen Brille, drittens eine mittelschwere Gehirnerschütterung als Körperverletzung. Die Elke plädierte auf Freispruch. Der Eimer sei ihr in der Erregung ausversehen entglitten. Das hohe, aber insgesamt doch mehr auf Erden ansässige Gericht folgte weitgehend den Schilderungen der Elke und sprach die Wasserwerferin von allen Vorwürfen frei.

Allerdings mit der Empfehlung, sie möge bei zukünftigen Klettereien zwischen Himmel und Erde ihre Dinger besser verhüllen. „Des wär obber schad", sagte hinten auf den Zuhörerbänken ein möglicher neuer Kunde der Elke ihrer Auslagen, „Edzer hobbi mer grood desweeng die Adress vo den Gschäfd aafgschriem."

Das Alpenveilen-Drama

Aufgrund völlig glaubhafter Erinnerungen verschiedener Kunstmaler hat die Kleidervorschrift für den Adam seinerzeit, bei der Abschiedsparty aus dem Paradies, aus einem Feigenblatt bestanden. In einigen wenigen Fällen hat aus dem meist sehr kleinen Körperteil auch Efeu gespießt oder Eichenlaub. Jetzt muss die Geschichte vom Urknall völlig neu umgeschrieben werden, denn erstmals hat ein aus dem Paradies vertriebener Adam namens Harald K. seine im Ruhezustand 15 Zentimeter messende Herrlichkeit mit einem Alpenveilchen bedeckt.

Im Gegensatz zu den Kunstmalern aller Epochen konnte sich der Bankfilialleiter Harald K. an Einzelheiten seines verhältnismäßig kurzen Paradiesaufenthaltes nicht mehr erinnern. Alles was er noch einigermaßen genau wusste, war: „Mir hom Wodka mit Abfslsafd drunkn." Wobei sich der Konsum von Apfelsaft damals in der Disco stark in Grenzen gehalten hat. Beim vielleicht zwölften oder auch zweiundzwanzigsten Wodka hat der Harald neben sich an der Theke drei einwandfrei geformte Evas erblickt, welche aber aus der nur einmal vorhandenen Bettina L. bestanden haben. „Ner ja", erinnerte sich die Zeugin des Alpenveilchen-Dramas, „der hodd suu romantisch gschaut mid seine blauer Aung, und nou hobbin mid hammgnummer."

Außer in den Augen ist der Harald aber auch im gesamten Körper, speziell innerhalb der Lendenregionen extrem blau gewesen. Es hat sich dort nicht der leiseste Hauch gerührt, und aus dem erhofften Quickie ist im Paradies der Bettina ein mühseliges Longie, um nicht zu sagen ein Nullie geworden. Was die Wodka-Bekanntschaft kurz so beschrieb: „Ich glaab, a Stund hobbi an den Laschi ummernander dou, nou is nern gscheid schlecht worn. Nedd amol bam Schbeier is wos kummer. Und nou hobbin nausgschmissn." Allerdings ist auch die Bettina nicht mehr ganz nüchtern gewesen und sie hat vergessen, dass der Harald ursprünglich komplett eingekleidet war. Was man dann nach dem Hinauswurf nicht mehr sagen hat können. Beim Erwachen etwa gegen vier Uhr früh ist der missglückte Lendenwirbler nur noch mit seinen zwei Socken bekleidet gewesen. „Ich wass blouß nu, dass finsder woor, dass mi gscheid gfruurn hodd und dassi nach a boor Schridd aff aamol die Drebbn noogfluung bin."

Der Harald hat sich also früh um vier irgendwo in einem insgesamt fünfstöckigen Treppenhaus befunden, behaftet mit einem Paar Socken, einem im Abklingen befindlichen Wodkavollpreller und einem starken Heimweh nach Körperwärme, Licht und Ende der Umnachtung. Die Haustür war zugesperrt. „Ich wass ja aa nimmer, wos eingli bassierd is", seufzte der Harald vor Gericht, „Blouß nu ganz dunkl, dass ich wos gsouchd hob, wou ich mich bedeckn konn."

Im ersten Morgengrauen hat er im ersten Stock am Treppenfenster einen Blumentopf erblickt mit einem Alpenveilchen. Sekunden später hat es im ersten Stock an der Tür der Buchhalterin Monika R. Alarm geläutet. Auch sie konnte sich im Gegensatz zum Harald sehr genau erinnern: „Fräih ummer halberfimbfer schellds, dassi gmaand hob, die Feierwehr! Binni zur Diir grennd, mach aaf – und nou hobbi gmaand, ich bin affern andern Stern! Schdäihd a Moo vuur mir mid nerblouß Sockn oo, und vuur sein Dings hodder si a Schdeggla Albnveilchen hiig'haldn!"

Er habe dann höflich ‚Guten Abend' gelallt, früh um 4.30 Uhr, sich im Wohnzimmer übergeben, auf's Sofa gelegt, sich wieder mit dem Alpenveilchenstöckchen bedeckt und sei laut schnarchend eingeschlafen. „Ich hob scho vill miidgmachd in mein Leb'n", beendete Frau Monika R. ihre Aussage, „Obber middn in der Nacht an nackerdn Kardofflgeist mit Wollsockn, der wou Albnveilchen miidbringd und vull ins Wohnzimmer neischbeid – suwos nunni!" Und fügte dann noch hinzu: „Des glaubt an ja ka Mensch, dass suwos gibt! Wäi mei Moo aafgwachd is und im Wohnzimmer den bsuffner Bläidl am Sofa gseeng hodd mid die Albnveilchen underhalb vom Bauch – der hodds aa lang nedd glaub'n wolln."

Selbst der Harald hat es auch immer noch nicht fassen können und war heilfroh, dass er mit einer Geldstrafe von 1200 Euro davongekommen ist. Wegen Hausfriedensbruch im Rahmen eines Generalstabsdeliriums. Und die Bettina tröstete nach der Verhandlung ihre Treppenhausnachbarin Monika: „Ihner hodder wenigsdns Albnveilchen miidbrachd – mir nerblouß an Bonsai-Gummibaum, wenn'S wissen, wos i maan."

Das traurige Schicksal einer Stimmungskanone

Gerade jetzt in trostlosen, trüben, finanzkrisenhaften Zeiten müssten Scherzartikel wie zum Beispiel Knallerbsen, Stinkbomben, Lachsäcke, Bundeskanzlerinnen, Bfurzkissen, nicht ziehende Korkenzieher, plastifizierte Hundehäuflein und so weiter Hochkonjunktur haben. Doch die berüchtigte Stimmungskanone Erich L., welche seit Jahrzehnten bei Festen und Feiern aller Art mit derartigen Scherzen mitunter große Bestürzung hervorgerufen hat, ist bei einer vermeintlichen Silberhochzeit aufgrund einiger humorvoller Einlagen voll danebengestanden.

Im Freundeskreis vom Erich hatte man sich nämlich schon seit langem überlegt, wie man ihm endlich sein lachhaftes Hand- und Mundwerk legen könnte. Nach einigen Nachforschungen in der örtlichen gehobenen Gastronomie ist die Planung abgeschlossen gewesen: Dem Erich sein ungefähr zehntbester Freund, Herr Sigi K., hat den unermüdlichen Hobby-Humorist Erich L. schriftlich und feierlich zu seinem 25-jährigen Hochzeitsjubiläum eingeladen. Candellight-Dinner im Barockzimmer eines für seine hochdotierten Puppenküchenportionen berühmten Nobelissimo-Restaurants. Die Silberhochzeitsfeier hatte lediglich einen einzigen kleinen Fehler – sie hat überhaupt nicht stattgefunden. Stattdessen waren zum angegeben Zeitpunkt in jenem Barockzimmer vornehm gewandete Herrschaften eines Versicherungskonzerns zu einer erweiterten Vorstandssitzung versammelt.

„Und in däi Versammlung", äußerte sich der Alleinunterhalter Erich immer noch deutlich bedrückt vor Gericht, „rumbl iich nei mid meiner Frau. Aff der Schulter hobbi mein Blasdiggbabbagei hockn g'habt, wäi immer. Der schreit, wemmer affn Gnobf driggd, ‚Zum Feste wünsche ich das Beste'. Und wäi der Babbagei ferddich gween is, hobbi a glanne Tisch-Racheedn lousgloun. Wall dann hodd mei Frau a selbergmachds Gedichdla aufsoong wolln. Obber es hodd kein Mensch zoug'horchd." Also hat der Erich zunächst auf das bewährte Arsenal seines Feuerwerks der mehr oder weniger guten Laune zurückgegriffen: Ein paar Spritzer Spaßtinte auf das blütenweiße Hemd eines irritiert blickenden Smokingträgers, Lachsackeinlage, breitgestreuter Knallerbsenweitwurf, dreifacher Tusch aus einer Pappdeckeltröte, Konfettiregen und der humoristische Hinweis:

„Hald edzer alle amol Eier Goschn, Ihr Doldi ! Mei Frau hodd a selbergmachds Gedichdla aff der Bfanner!!"
Wie aber immer noch niemand seine Goschn gehalten hat, hat sich der Erich eine Altkanzler-Schröder-Gummimaske über den Kopf gezogen und ist mit einem Fuß auf das stets mitgeführte Furzkissen getreten. Mit der erwünschten Wirkung, dass die erlauchte Vorstandsversammlung durch einen markerschütternden, sich wie echt anhörenden Sauerkrautschieß in große Panik versetzt worden ist. Die Echtheit ist anschließend von einem an faule Eier gemahnenden Stinkbombenwurf unterstrichen worden.
„Dou is mer dann scho aweng komisch vuurkummer", sagte der Erich, „dass immer nu kanns glachd hodd. Obber ich hobs ja nedd gmerkt, dass mir nicht am Sigi seiner Silberhochzeit sin. Wall si mei Gummimaskn verschuum g'habd hob. Und dou hobbi nix gseeng. Blouß mei Frau hodd aff aamol middn in ihrn Gedichdla zu mir gsachd ,Erich, ich glaab, mir sin aff der verkeerdn Silberhochzeit'. Obber dou woors scho zerschbeed."
Zwei der wenig erheiterten Herren haben damals den Erich samt Gummimaske und sprechendem Plastikpapagei ergriffen und hinaus geleitet. „Ner ja", teilte der Erich jetzt dem Richter mit, „dou hobbi dann glaab i aweng überreagiert." Was nach alter Humoristenart ziemlich vornehm formuliert war. Die Bilanzsumme der kleinen Überreaktion hat überschlägig aus zwei blauen Augen bestanden, einem Nasenbeinbruch und einem halb abgebissenen Ohrläppchen. Erst wie der Erich von zwei Polizeibeamten überwältigt worden ist und nach den automatischen Worten seines Papageis „Zum Feste wünsche ich das Beste" noch gebrüllt hat, dass er nie mehr im Leben auf den Sigi seine Silberhochzeit geht – da hat ihm schon sowas geschwant, dass er soeben gar nicht auf dem Sigi seiner Silberhochzeit war.
Wegen irrtümlicher Verletzung eines Vorstandskörpers in zwei Fällen ist der Erich zu sechs Wochenenden Zwangsdienst in einer gemeinnützigen Institution wie vielleicht einem Tierheim für verwaiste Plastikpapageien und einer Geldstrafe von 6000 Euro verurteilt worden. Und über seine ehemaligen Freunde machte der Angeklagte im Schlusswort noch die Bemerkung: „Ich wass scho – däi hom damals in den Restaurant vom Fenster aus zougschaud. Und suvill i g'heerd hob, homs dou es erschde mal in dreißg Jahr iiber meine Schbässla lachn mäin . . ."

Drei Apfelschorle zu 178 Euro

Kündigungen aller Art, von fristgerecht bis ungerecht, von betriebsbedingt, bis hirnverbrannt, gehören heutztutage zum kleinkarierten Einmaleins jedes halbwegs verantwortungsbewusstlosen sogenannten Arbeitgebers. Bei diesem schönen Mensch-Ärgere-Dich-Spiel ist in der Spielregel festgelegt, dass der Arbeitnehmer die Rolle des Depp übernimmt. Aber natürlich keine Spielregel ohne Ausnahme. Wie zum Beispiel im Fall des von einer Sekunde auf die andere nicht nur frist-, sondern auch grundlos gekündigten Kellners Toni L., der eines Sonntag Mittags mitten im größten Schweinebraten-Trubel, wie ihm an der Theke ausversehen ein Teller klare Ochsenschwanzbrühe entglitten ist, seitens des in der Küche tätigen Wirts Heinz K. seinen Rausschmiss entgegennehmen hat dürfen. Das Mittagsgeschäft solle er noch klaglos abwickeln, hat es hinter dem Kloßtopf aus dem Kloßkopf des Chefs herausgebrüllt, danach feierliche Entgegennahme seiner Papiere. Und da ist dem standesbewussten Untertan Toni L. der Kampfspruch aus längst vergangenen Zeiten eingefallen, speziell für die Sklaverei in der Gastronomie umgedichtet: Alle Bräter stehen still, wenn dein starker Arm es will. Auf der Durchreiche zwischen Küche und Gastraum haben sich weitere klare Ochsenschwanzbrühen, Schweinebraten, Schäuferla, Gnöchla, Schnitzel, Krautwickerla, Nachspeisen in Form von Apfelküchla mit Eis und Vanillesoß aufgetürmt, einige Gäste sind bereits vom berüchtigten Hungerast heimgesucht worden, aber der Kellner Toni hat sich selber den Generalstreik proklamiert und versonnen in der Nase gebohrt. „Wenn kündichd is", stellte er jetzt vor Gericht noch einmal fest, „nou is kündichd. Ich bin ja blouß nu dou bliem, walls draußn suu arch greengd hodd."
Nach den etwa eine halbe Stunde währenden Hilferufen seitens der Gäste hat sich der Toni dann aber doch noch einmal erweichen lassen, seinem Beruf nachzukommen. Allerdings mit kleinen Veränderungen im Produktionsablauf. „Den an Ehepaar", erinnerte sich der Wirt, „denni wous nou schlecht worn is, denni hodder einen Schweinebraten mit Abflkichla und Fanillsoß am Diisch hiignalld. Und der Moo neemdroo hodd a Bozzion Schokoladeneis mit Kloß gräichd, und an glann Boum hodder a Mouß Bier und an dobbldn Himbeergeist hiigschdelld. Und zu den Boum hodder gsachd ‚Des

saufsd edzer aff der Schdell aus, sunsd gräigsd Drimmer Schelln!'." Womit der Spartakusaufstand im Wirtshaus aber noch lange nicht beendet war. Neuen Gästen, die an durchaus freien Tischen Platz nehmen haben wollen, hat der Toni erläutert, dass sie schleunigst abhauen sollen, weil es sich hier um eine geschlossene Gesellschaft handelt. Einer dreiköpfigen Familie hat er frei aus dem Kopf vorgerechnet, dass drei Schnitzel mit Pommes und drei Apfelschorle nach Adam Riese 178 Euro kosten. Trinkgeld noch nicht dabei. „Und wissen'S, wos er zu dera Familie nou gsachd hodd", fragte der Wirt Heinz K. das hohe Gericht, „wäi däi i zu ihn gsachd hom, ob nern dou nicht ein kleiner Rechnfehler underlaufn is?" Das Gericht wusste es nicht. „Nou hodder zu ihner gsachd, dass haid Gema-Gebührn drauff is! Musikzuschlooch! Wall der Radio eigschaldn woor."
Auf einen gebackenen Karpfen, Beilage Käskuchen und Schlagrahm, hat der Toni ebenfalls Gema-Gebühren und Musikzuschlag erhoben – auf dem im Karpfen steckenden weißblauen Fähnchen hat man es ablesen können: 127,90 Euro. Und wie der Wirt damals eingeschritten ist und nach seinem Sturmlauf aus der Küche, dem Wahnsinn nahe, gebrüllt hat, wem das Krautwickerla mit Vanillesoß auf der Ablage gehört, hat der Toni zurückgeschrien: „Immer dem, der wou suu sauhläid frouchd!" Und hat seinem Ex-Chef erst die verhältnismäßig warme Vanillesoß über das Haupt geschüttet und dann das Krautwickerla als Hut aufgesetzt. Das war dann das Ende einer zwölfjährigen Tätigkeit.
„Wennsd du", erklärte der Kellner Toni L. dem Richter seinen halbstündigen Wutausbruch an jenem Sonntag, „Wennsd du zwölf Jahr lang jeedn Sunndoch Middooch ungefähr um halberzwölfer rum fristlos kündichd werrsd und um zwölfer fristlos widder eigschdelld – irchndwann haudsder ba suu an Haumdaucher vo Scheff haudsder amol die Sicherunger naus." Dafür hat irgendwann einmal vielleicht das Jüngste Gericht Verständnis, aber nicht das Amtsgericht.
Immerhin ließ es aber Sanftmut walten und verurteilte den Toni wegen Aufruhr mit Vanillesoß zu lediglich 300 Euro Geldstrafe. „Ich nimm oo", mutmaßte der Toni, „dou sin die Gema-Gebührn scho derbei, odder?"

Der langsame Schnellbeton

Wie sich der Verzehr von linksdrehendem Kefir auf die Hirn-Synapsen auswirkt, ob die Dinosaurier infolge einer Beeinträchtigung durch Flugasche ausgestorben sind, eine etwaige Vorkommnis von Hefeweizen auf dem Jupiter in abbaubaren Mengen oder: was war vor dem Urknall – solche interessanten Forschungen, die keine alte Sau interessieren, gibt es wie Sand am Meer. Die Enthüllungen wesentlicher Welträtsel harren aber immer noch ihrer wissenschaftlichen Lösung. Zum Beispiel jene die Menschheit quälende Frage, warum das Anstehen vor einer Super- oder Baumarktkasse immer da am längsten dauert, wo man sich selber gerade befindet.
Diesem Phänomen ist an einem Samstag Mittag der verhinderte Schnellbetonierer Herbert S. auf der Spur gewesen. Er hat daheim in seinem Garten einen sogenannten Carport errichtet und beim Setzen des dritten von insgesamt acht Carport-Pfosten ist ihm erwartungsgemäß der Schnellbeton ausgegangen. Also: In den Baumarkt düsen, zunächst keinerlei Schnellbeton erspähen, dann die verzweifelte Suche nach einem Verkäufer, welcher erstens kein Verkäufer ist und zweitens auch nicht weiß, wo hier der streng geheime Schnellbeton gut getarnt versteckt ist, endlich doch einen entdecken und mit fünf Sack vor zur Kasse. Von vier Kassen war eine mehr oder weniger in Betrieb. Im Fall vom Herbert eher weniger.
„Dou hodd si", sagte Herr Herbert S. vor Gericht, „Dou hodd si grood der Kassierer mid an Kundn driiber underhaldn, warum dass er edzer mid einen Zweihundert-Euro-Schein zoohln mecherd, wenn er nedd rausgeem konn und des Bäggla mid däi fünf Schraum nerblouß 1,25 Euro kost." Unter größten Anstrengungen hat der Herbert seine fünf Sack Schnellbeton unter großen Beifallkundgebungen der wartenden Menge an die Spitze der Warteschlange geschoben. „Kennd ich gschwind drookummer? Wall ich hob blouß einen Schnellbeddong. Ich schdell nemlich dahamm einen Carport aaf. Und bam driddn Bfosdn is mer der Schnellbeddong ausganger. Und der zäichd edzer bereits oo, ich mouß mi schickn. Derf i vuur?" „Naa", hat ihm der Kunde mit dem 200-Euro-Schein geantwortet und sich wieder seiner Diskussion mit dem Kassierer übers Wechselgeld zugewandt. Auch die anderen Wartenden haben mit dem Schnellbeton-Problem vom Herbert wenig Mitgefühl aufgebracht.

„Und wäi ich mein Schnellbeddong widder hinder gschuum hob, woor die Schlanger an der Kasse scho widder länger. Homs mi nou obber nimmer neigloun. Und in den Moment hodd eine zweite Kasse aafgmachd. Obber bis ich mein Schnellbeddong in Beweechung brachd hob am Wäächala, woorn scho widder fünf Mann vuur mir. Und an dera zweidn Kasse hodds aa an Stau geem. Wall der wou grood droo woor – der hodd a Rolln Dachbabbe vergessn g'habd. Er kummd glei widder, hodder gsachd, und sei Wäächala schdäi loun. Bin i widder an die andere Kasse niiber." Wo die 200-Euro-Frage inzwischen geklärt war, aber sich beim Auftauchen vom Schnellbeton-Herbert erneut eine Verzögerung ergeben hat. Und zwar in Gestalt eines Auffahrunfalls.

„Der Moo mid däi angschbidzdn Baumpfähle hodd si vuurdränger wolln, und dou derbei hodder mid seine angschbidzdn Baumpfähle vull mein Schnellbeddong grammd. Und nou is der Schnellbeddong rausgriesld." Und zwar genau zu dem Zeitpunkt, wie eine dritte Kasse geöffnet worden ist, und dort die Kassiererin Ilse R. den Herbert angeherrscht hat: „Ja wos issn? Foohrn'S hald her mid Ihrn Schnellbedoong! Ich hob mei Zeit aa nedd gschdulln!"

Diese Bemerkung hätte sie besser unterdrückt. „Ja Scheißdunnerkeil nu amol nei!", hat der Herbert gekeift, „Seid anner halm Schdund schäib iich edzer dou mein Schnellbedoong ummernander! Von anner Kasse zur andern! Der aa zoohld mid an Zwaahunderder, der ander hodd sei Dachbabbn vergessn, anner schlidzd mer mid seine gschissner Baumbfähl mein Sack aaf, dahamm wackln die Bfosdn vo mein Carport, wou ich hiigäih, kumm i nedd droo – du Kassierer-Schlumbl kummsder mer edzer grood rechd!"

Und mit diesen Worten, die an Deutlichkeit wenig zu wünschen übrig ließen, hat der Herbert den Rest des von den Baumpfählen leck geschlitzten Schnellbetonsack über dem Haupt der Kassiererin Ilse R. ausgeschüttet. Und dazu hat er gegeifert: „Edzer nu an Aamer Wasser driiber, in fimbf Minuddn zäicher oo – nou is ferddich beddoniert, es Denkmal vo anner Kassiererin, däi wou ihr Zeit nedd gschdulln hodd! Bläide Henner, bläide!" Der Schnellbetonier-versuch einer Baumarkt-Kassendame, die Beleidigung und die Beschädigung der Kasse kostete dem Herbert 3500 Euro. „Wenn'S widder amol einen Carport aafbauer", erteilte die Ilse dem Angeklagten nach dem Urteil noch einen fachlichen Ratschlag, „nou is gscheider, Sie nehmer einen Langsam-Beddong."

Ein einfallsreicher Autograveur

Immer wieder einmal, vorzugsweise nach vier bis fünf Bieren, kommt in Diskussionsrunden die Debatte auf, wer bei uns blöder ist: Schulkinder oder Schulminister. Ein ziemlich junges, mutmaßlich knäbliches, namentlich leider nicht bekanntes Schulkind hat jetzt mittels eines genialen Einfalls nachgewiesen, dass Kinder ihren zuständigen Ministern geistig wahrscheinlich doch überlegen sind. Geniale Einfälle herrschen bei Schulministern und Ministerinnen bekanntlich nicht vor.
Für die Gerichtsverhandlung, die sich aus jenem genialen Kindereinfall ergeben hat, muss man jetzt nur noch wissen, dass der schlimmste Schmerz im Dasein eines Autofahrers ein durchschnittlich 20 Zentimeter langer Kratzer im handpolierten Lack seines heiß und innig geliebten Vier- bis Achtzylinders darstellt. Ein solcher Kratzer schadet einem Auto in keiner Weise, ist aber für den Autobesitzer sinngemäß meist nach § 211, schwerstes Kapitalverbrechen, zu bestrafen. Bei dieser unfassbaren Schandtat hat der Edelpensionist Fritz M. vor einem Vierteljahr das bereits erwähnte Kind in flagranti erwischt.
„Iich schau ba uns Oomds aweng zon Fensder noo", schilderte er mit tränenfeuchten Augen das Verbrechen, „Hob mei frisch gwaschns Auto numol iiberbrüfd – und nou kummd der glanne Fandale odder wäi mer dou sachd, kummd der am Gehschdeich dahergloffn, buckd si, hebd an Schdaa auf, läffd an mein Mazeedes vobbei – und nou hobbi gmaand, mir bleibd es Herz schdäih! Zäichd der mid den Schdaa einen Gradzer in mei Kühlerhaum nei! Also beschdimmd zwanzg Zendimeder lang! Des Geräusch is mer durch Mark und Bein ganger, Herr Richter!"
Sekunden später ist Herr Fritz M., nur mit Badeschlappen und Jogginghose bekleidet, Oberkörper nackt, die Treppe förmlich hintergeflogen, hat sofort die Verfolgung des Verbrechers aufgenommen und ihn dann nach einem mörderischen Sprint, bei dem er die Schlappen verloren hat, an der nächsten Straßenecke erwischt. Von dem ursprünglich vorgesehenen Sofort-Vollzug einer gotterbärmlichen Prügelstrafe hat er zunächst abgesehen. „Ich hob ja", erklärte er seine lobenswerte Besonnenheit, „vo den Saukerl seine Eltern einen Schadensersatz verlanger main. Drimmer Fodzn hädder

dann scho nu gräichd. Also hobbin erschd amol gfrouchd, wäi dass sei Vadder hassd und wo dasser wohnt."
Und da hat dann der geniale Einfall von dem schätzungsweise sechsjährigen Autogravierer gegriffen. Unter Schluchzen hat der Knirps dem Kinderjäger Vornamen, Nachnamen des Vaters, Postleitzahl, Straße, Hausnummer preisgegeben. „Und wäi ich die Adress a boormool vur mich hiigsachd hob, dassis auswendich konn – wall ich hob ja in meiner Dschogginghuusn nix zum Schreim eischdeckn g'habd – in den Momend reißd si der Hundsgribbl los und rennd dervoo!" Die angegebene Adresse war nicht weit entfernt. „Bin i glei weidergrennd, hob dorddn ba der Adress an der Diir glaid, naafgrennd und hob den Moo, der wou aafgmachd hodd, gfrouchd, ob sei Verbrecher inzwischn scho dahamm is. Des woor eingli alles."
Das war aber noch lang nicht alles.
Auf die Frage des sehr erstaunten Türoffners Werner B., von welchem Verbrecher denn die Rede ist, hat der Fritz gebrüllt, er möge nicht so saudumm fragen. Wenn er seinem Sohn, diesem voll verblödeten Vandalen, nichts anderes beibringt im Leben, als wunderschöne Autos anderer Menschen zu zerstören, dann kann er jetzt dann gleich die seinem Sprössling zugedachten Schelln persönlich entgegennehmen. Einige weitere Fragen seitens des Werner hat der Fritz dahingehend beantwortet, dass er jetzt sofort das Maul halten, tausend Euro für einen völlig demolierten Mercedes zahlen und seinen hochkriminellen Sohn und Terroristen zur standrechtlichen Abfotzung freigeben soll. „Und wäi ich zu ihn gsachd hob", sagte jetzt bei der Verhandlung der Werner aus, „dass ich erschdns nedd verheirad bin und zweidens kanne Kinder hob, auch kann Sohn, und dasser si edzer serfordd schleing soll – dou rennd der Moo, halmi nackerd wäi er gween is, ins Wohnzimmer nei, baggd a Messer, des wou dordd zum Essn gleeng is, und zäichd mer an zwaa Meter langer Gradzer in mei neie Schrankwänd nei. Und dann hodder mein Kubf ins Essn, wou am Disch dorddn gschdandn is, neidriggd. In die haaße Soß vom Gulasch."
Erst zwei, kurz nach dem Eintunken des Kopfs vom Werner ins Gulasch, erschienene Streifenbeamten haben dann die gute Idee des jungen Autokratzers vollends aufklären können. Der Bub hatte eine verkehrte, aber tatsächlich existierende Adresse angegeben. Wegen Hausfriedensbruch, Sachbeschädigung und Zwangseintauchen eines Kopfs in Gulaschsoße hat Herr Fritz M. eine Geldstrafe von 3000 Euro gefasst.

„Den Saubou, den elendichn Fregger", sagte der Fritz nach dem Urteil, „den derwisch i scho nu. Irchdnwann läffd mer der in die Finger. Und wenn i zwanzg Jahr lang wardd. Ich wass genau, wäi der Verbrecher ausschaud." Die Frage ist nur, ob der Bub nach 20 Jahren noch so ausschaut wie heute. Meistens werden Kinder im Lauf der Zeit älter, im Gesicht und leider auch im Hirn.

Die lebende Badewanne

Ob bei uns behördlich inzwischen mehr Flohmärkte als die in ihnen beheimateten Flöhe gemeldet sind, ist statistisch nicht exakt erforscht. Jedenfalls gibt es sehr viele Flohmärkte. Immer wieder gerät man in sie am Samstag hinein, ob man will oder nicht. Und ob man will oder nicht, kehrt man nach einem Flohmarktbesuch mit den Schätzen der Antike beladen heim – mit einem Sortiment Armbanduhren ohne Armband, mit einer kopflosen Barbiepuppe,
Meerschaumpfeifen, singenden Bierkrügen, nicht ganz staubmilbenfreien Teppichen, handgeklöppelten Ohrenschützern und anderen wertvollen Gegenständen, welche man dann am darauffolgenden Samstag auf Geheiß seiner Ehefrau wieder auf einem Flohmarkt feilbietet. Es ist ein ewiger Kreislauf.
Ebenfalls zu einem Kreislauf ist es bei dem Flohmarktbesucher Heiko L. an einem Samstag im vergangenen Sommer gekommen. Er hat von seinem Beutezug damals zwei interessante Gegenstände mit heimgebracht: Eine antiquarische Zinkbadewanne mit 120 Liter Fassungsvermögen und einen derartigen Atomkanonenvollpreller, dass sich noch Stunden nach seinem Höchststand bei der polizeilichen Feinmessung 2,8 Promille ergeben haben. Herr Heiko L. weiß infolgedessen heute noch nicht, warum er sich damals am Flohmarkt eine Zinkbadewanne mit 120 Liter zum Sonderpreis von 75 Euro gekauft hat. Ebenfalls entfallen ist ihm, wie er diese sehr voluminöse Wanne heimtransportiert hat. Es ist jetzt vor Gericht mühselig rekonstruiert worden.
Die 2,8 Promille waren hingegen schnell erklärt. Der Heiko hat am Flohmarkt mit dem Zinkbadewannenverkäufer Markus G. anlässlich eines Verkaufsgespräches die Einladung auf eine sogenannte Bumbermaß freudig begrüßt. Vorschriftsgemäß besteht eine Bumbermaß aus 0,5 Liter Cola, 0,5 Liter Hefeweizen und einem Stamperla Kirschlikör. Etwa nach der fünften Bumbermaß sollen sich die Maßeinheiten etwas verschoben haben. Beobachter des Gelages vermuten: 0,5 Liter Hefeweizen, 0,5 Liter Kirschlikör und 0,0 Liter Cola. Beim Heiko muss auch die letzte Aterie mit Kirschlikör voll verklebt gewesen sein, wie er mit seiner riesigen Zinkbadewanne auf den Schultern den Heimweg angetreten hat. Von Laufen hat schon nach einigen hundert Metern sodann nicht mehr die Rede

sein können. „Ich wass blouß nu", sagte der Heiko jetzt vor Gericht, „dass ich einen Schwächeanfall gräichd hob und zammbrochn bin." Und noch eines wusste er: „Es mouß scho zimmli schbeed gween sei, wall es woor schduugfinsdere Nachd um mich rum."
Polizeilich festgehalten war für den Heimweg allerdings ein Zeitpunkt von 16.30 Uhr, und da ist es im Sommer nicht stockfinster, sondern taghell – jedoch nicht im Inneren einer Zinkbadewanne. Für den Zeugen Jürgen K., der damals mit dem Auto über eine Kreuzung fahren hat wollen, hat sich folgendes Bild ergeben: „Dou is middn aff der Schdrass eine Blechboodwanner gleeng, mid der Öffnung nach undn. Und wäi ich mir denkd hob, wos denn dou fiir ein Depp a Drimmer Boodwanner middn aff die Schdrass hiischdlelld – in den Momend beweechd si däi Boodwanner aff aamol! Also braggdisch is däi Boodwanner grabbld."
Verhältnismäßig langsam ist die lebende Zinkbadewanne über die Straße gekrochen, die Böschung hinunter, und hat sich dann entlang der Leitplanke bewegt. „Mir is ball es Herz schdäih bliem! In erschdn Momend", sagte der damals zu Tod erschrockene Zeuge aus, „hob ich denkd, dou läffd a Geist!" In dem Fall: Kirschlikörgeist. Denn das Lauf-, beziehungsweise Kriechwerk der lebenden Zinkbadewanne hat der Heiko gebildet. „Ich wass blouß nu, wäi scho gsachd", erinnerte sich der Heiko, „dass um mich rum schduugfinsdere Nachd gween is. Und immer wenn i aafschdäih hob wolln, hobbi mer in Kubf oog'haud. Und bam Grabbln binni aa dauernd middn Kubf wou oogschdooßn."
Herr Heiko L. hat sich also wie eine menschliche Schildkröte fortbewegt, als Panzer praktisch die über sich gestülpte Zinkbadewanne. Nur mit dem Unterschied, dass eine Schildkröte erstens vorn aus dem Panzer ihren Kopf rausstrecken kann und die Übersicht behält und zweitens niemals mit 2,8 Promille Kirschlikör eine Straße überquert. Im Tierreich wäre es nicht strafbar gewesen, im Menschenreich kostete es jetzt drei Monate mit Bewährung, eine Geldbuße in Höhe von 2800 Euro und zwölf Monate Führerscheinentzug. Er, der Heiko, sagte der Richter, habe jetzt das letzte Wort. „Schdimmd nedd", antwortete der Angeklagte, „Es ledzde Word hodd immer mei Frau. Und däi hodd gsachd, dass wenn i nu aamol in mein Leb'n als Schildgrööðn bsuffn iiber die Schdrass grabbl, nou kumm i ins Dierheim."

Der verschwundene Karpfenweiher

Alles bildet sich momentan zurück – das Grönlandeis, die Polkappen, Gletscher, absolute CSU-Mehrheiten. Ob ein weiteres, wissenschaftlich auch noch nicht gänzlich erforschtes Naturereignis ebenfalls auf das Konto der Erderwärmung geht, hat jetzt vor Gericht ans Tageslicht dringen sollen. Dem Großgrundinhaber Konrad S. ist im vergangenen Frühsommer ein vollständiger Karpfenweiher abhanden gekommen. Vor zwei Jahren hatte der Konrad den ungefähr zwanzig mal zwanzig Meter großen Teich mit einem Bestand von angeblich einem Zentner prächtiger Karpfen an Herrn Jürgen Z. verpachtet. „Ner fraali", eröffnete jetzt der Jürgen die juristische Klärung eines Weihers, „a Zendner brächdiche Karbfn! Dassi fei nedd grood nauslach! A Zendner brächdiche Kaulquabbn woorn in den Dreegweiher vielleichd drinner." Die Herabsetzung seines vorbildlichen Gewässers als Dreegweiher verwies wiederum der Konrad in den Bereich gröbster Beleidigungen. Das Wasser sei klar wie ein lupenreiner Diamant gewesen, Libellen hätten sich in ihm gespiegelt, und die Fischlein seien in ihm nach Herzenslust gesprungen, dass es nur so geplatscht habe. „Es aanziche, wos dou bladschd hodd", sagte der Jürgen, „des woor, wenni middn Muggnbadscher aff Moskiddojachd ganger bin. Des woor eine schdinkerde Oodlbrüh, ein Seuchnsumbf – und fiir däi Drecksbfüdzn, däi dreckerde hädd ich dausnd Euro im Jahr zoohln solln! Des Geld häddi innern Gully aa neischmeißn kenner!"
Hingegen blieb der Konrad dabei, dass sich sein Weiher mit jedem stillen Bergsee messen hätte können, was die Reinheit betrifft. Und mit seinem Pächter Jürgen Z. habe er voll ins Trübe gegriffen. Der sei nämlich einer jener berüchtigten Fischteichnomaden: „Däi kummer, führn si auf wäi die Sau am Sofa, zoohln die Pacht nedd und nou zäings widder weider!" „Ich hobs doch selber beobachded", fuhr er fort, „wäi däi an mein wunderboorn Karbfndeich eine Orgie gfeierd hom. Sodom und Gonorrhöe, odder wäi des hasdd! Bsuffn bis iibern Oorsch noo, und nackerd rumg'hubfd! Und deilweise homs in mein Weiher sugoor neibrunsd!"
Nach diesem Bacchchanal habe der Konrad damals seinem Pächter fristlos und unverzüglich den Vertrag aufgekündigt. „Ja, des schdimmd", räumte der Jürgen ein, „weecher den bissla Sonnwendfeier hodd si der Moo aafgreechd, dass nern ball der Herzkaschber g'hulld

hädd. Und nou hodder ummernanderbrülld, dass mir serfordd es Gelände verlassn solln. Und in zwaa Wochn, hodder nu gschriea, is alles widder im ursprünglichn Zustand. Er will in sein Weiher kann Dreeg mehr seeng, kanne Algn und ka schdinkerds Wasser." Und was dann passiert sei, wollte der Richter wissen. „Goornix is bassierd", antwortete der Jürgen, „Ich hob mei Garddnhaisla, wou ich mir hiibaud g'habd hob, widder abgrissn. Und nou woor es Pachtverhäldnis beendet." Es muss aber noch mehr passiert sein. Denn zwei Wochen später ist der Karpfenteichbesitzer Konrad S. zur Inspektion erschienen – und hat seinen Weiher nicht mehr gefunden. „Ich foohr des glanne Weechla naaf mid mein Auto", wimmerte er jetzt vor Gericht, „hald nach der erschdn Kurvn an den Weidenbaum – und genau dou hädd mei Weiher sei mäin. Obber dou woor ka Weiher mehr! Renn i es Berchla nunder, wou der Wasserablass sei hädd mäin – woor ka Wasserablass mehr! Dann gäih i naaf, wou es Bächla in mein Weiher neigloffn is – woor es Bächla verschwundn! Des mäin'S Ihner amol vuurschdelln, Herr Richter, hodd mir der Verbrecher braggdisch mein Karbfndeich gschdulln! Zammds die Karbfn!"

„Des woor doch in der Zeit", merkte da der Jürgen an, „wous suu arch haaß woor. Vielleichd is des alles verdunstet." Um ein Haar wäre da der Konrad auf den Jürgen losgegangen. „Ner fraali", brüllte er, „des hobbi scho ofd g'heerd, dass im Summer die Karbfn immer verdunsdn, du Maulaff, du bläider! Ich will mein Karbfnweiher widder!" „Ich hob kann Karbfnweiher eischdeckn!", schrie der Jürgen zurück, „Bruns der hald ann!"

Wegen Verunglimpfung der Würde des Gerichts mussten beide, der Karpfenteichbesitzer und der Karpfenteichnomade, je 200 Euro Bußgeld entrichten. Und dann räumte der Ex-Pächter Jürgen Z. auf Grund erdrückender, wissenschaftlicher Beweise ein, dass der Karpfenteich wahrscheinlich doch nicht verdunstet ist. „Obber ich hob blouß des gmachd, wos der Moo gsachd hodd – ka schdinkerds Wasser mehr, kann Dreeg mehr, kanne Algn mehr, in urschbrünglichn Zustand widder herschdelln. Also hommer sein Karbfndeich middern glann Bagger widder zoubaggerd." Jetzt muss er ihn auf dringenden Befehl des Gerichts binnen zwei Wochen wieder ausbaggern, voll Wasser laufen lassen und Karpfen einsetzen. „Wou der Weiher gween is", schloss der Jürgen die Verhandlung, „dou wächsd edzer scho a Gras – konn i dann Graskarbfn aa nehmer?"

Bier schreibt man mit ie

Wer braucht in diesen Tagen, wo jeden Früh, noch im undurchdringlichen Parkettnebel, schon zur Daxjagd geblasen wird, kein frisches Geld? Ob 500 Milliarden oder 500 Euro – in einer Jahreszeit, in der die Blätter der Vorzugsakazien schneller absterben als Eintagsfliegen, ist anscheinend jede Summe herzlich willkommen. Auch der Nebenerwerbsdrucker Josef A. wartet jetzt auf einen warmen Regen seitens der Regierung, aber wahrscheinlich vergeblich. Sein kleines Geschäft mit buchstäblich mündelsicheren Papieren ist infolge verschiedener Unachtsamkeiten aufgeflogen. Vor Gericht machte er für seinen schwarzen Kirchweih-Montag den häufig bei solchen Transaktionen tätigen „großen Unbekannten" verantwortlich.
Zweimal sei dieser schon an ihn herangetreten und habe ihm unter der Hand vollkommen mündelsichere Papiere, beziehungsweise Pappdeckel angeboten. Einmal für ein Feuerwehrfest, einmal für die Kärwa im Nachbardorf. Und zwar jeweils 50 Freibiermarken, also praktisch ein Fest-Geld mit wahrhaft schwindelerregend hoher Rendite. Zum Beispiel im Fall des Feuerwehrfestes mit einer Verzinsung von geschätzten zwei Promille. „Des woor suu", erklärte der Josef jetzt dem Richter, „dass der Moo, wäi ich damals vom Werzhaus hammganger bin, dass der mich gfrouchd hodd, ob ich ihn an Zwanzger wechsln konn fiirn Zigareddnaudomaden. Und dou derbei simmer hald aweng ins Gschbrääch kummer, und nou hodder gsachd, er hädd a schäins Angebot fiir mich. Dou kennerd ich braggdisch mid nix a boor Hunderder verdiener."
Wer möchte in diesen unsicheren Zeiten nicht einmal mit nix ein paar Hunderter verdienen? Er sei also an dem Geschäft interessiert gewesen. Und zwar habe ihm der Unbekannte 250 Biermarken für die Kirchweih und 250 Biermarken für das Feuerwehrfest angeboten. Die zwei Pakete Vollrausch-Obligationen zum Vorzugspreis von nur 500 Euro. „Des mäins Ihner amol vuurschdelln, Herr Richter – die Maß Bier braggdisch fiir einen Euro! Und wennis weiderverkaaf, soong mer amol fiir zwei Euro, dann hob iich ja aa 500 Euro verdäind. Und der, wous mir abkafft – der hodd auch a schäins Gschäfd gmachd, wall die Maß Bier ja 5 Euro 50 kost."
Also eindeutig ein Geschäft nach den Richtlinien der im Spielgeld-Mekka USA erfundenen Win-Win-Strategie, in Wüstenregionen

auch Fata Morgana genannt. Diese Fata Morgana, so argwöhnte jetzt der Richter, muss auch beim Josef eine entscheidende Rolle gespielt haben, und zwar in Gestalt des ursprünglichen Biermarken-Anbieters, des großen Unbekannten. Ob er, der Josef, diesen Herrn näher beschreiben könne? „Gloor", sagte der Angeklagte, „konn ich. Und zwar is der zimmli groß gween. Ungefähr ann Meter neunzich. Und mir völlich unbekannt."
Und dann wollte der Richter noch wissen, ob sich der Josef damals nicht gefragt habe, wie der 1,90 Meter große Unbekannte in den Besitz von 500 Freibiermarken kommt. „Auch ganz gloor", antwortete der Josef, „hob ich mich nerdirli gfrouchd. Und den Moo hobbi aa gfrouchd. Und dann hodder zu mir gsachd, dass er ein häicherer Angschdelder in der Brauerei is und dou gräichd er immer eine Diffidende, und die Diffidende sin Biermarkn."
Und zum Schluss bat der Richter den Josef noch, er möge einmal auf einen Zettel die Worte niederschreiben „Gut für 1 Liter Bier" – also den Text der Biermarke. „Ka Broblem", sagte der Josef und kritzelte es mit einem amtlichen Bleistift hin: „Gut für 1 Liter Bir". Womit dann die Beweisaufnahme beendet war.
„Erschdns", teilte ihm der Richter mit, „schreibt man Bier mit ie und nicht mit i. Zweitens hammer bei Ihnen daheim einen PC-Drucker gfunden, mit dem die Biermarkn mit i gfälscht worn sind."
Und wenn er, der Josef, jetzt drittens nicht sofort zugibt, dass er die Birmarken selber gefälscht, die Hopfen-Blüten zum Nominalwert von zwei Euro in Umlauf gebracht und den großen Unbekannten erfunden hat, dann wird er so lange sitzen, bis ihm der Hintern pelzig wird. Und zwar nicht auf einer Bierzeltbank mit ie, sondern im Knast mit a wie Arsch. Daraufhin bedankte sich der Josef erst für den Rechtschreibkurs und legte dann ein volles Geständnis ab. Wegen Urkundenfälschung wurde er zu einer Geldstrafe von 2600 Euro verurteilt. Ob er die Strafe annehme? „Im Brinzieb, mid ie, scho", sagte der Josef, „Wennis mid Birmarkn mid i zoohln konn.

Ein Navigationsproblem in der Meuschelstraße

Uralte Krauterer haben noch eine vage Ahnung, dass sogenannte Gegenstände früher ein mal, wie der Name sagt, in der Gegend gestanden sind, körperlich anwesend und greifbar waren. Heute aber sind greifbare Gegenstände weitgehend abwesend. Sie sind nur noch virtuell da. Zum Beispiel, wenn dieser Tage 50 Milliarden Euro wohin fließen, oder 700 Milliarden, oder 1000 Billionen, dann fließen sie einerseits, andererseits kann sie kein Mensch jemals beim Fließen beobachten. Sie fließen von einer Datenbank zur anderen. Ähnlich verhält es sich mit der Meuschelstraße, die für Herrn Friedbert H. an einem belebten Freitag nachmittag vorübergehend, beziehungsweise -fahrend, nicht mehr greifbar war. Und zwar infolge seines damals gerade ins Auto eingebauten Navigationsgerätes, auf dem Straßen wie die Meuschelstraße virtuell existieren und von einer körperlich nicht anwesenden Dame feierlich vorgetragen werden.
Wohin die Meuschelstraße an diesem Freitag damals plötzlich virtuell geflossen ist, weiß man nicht. Letztlich ist sie jetzt in eine Gerichtsverhandlung wegen Beleidigung, Körperverletzung und Autofahren unter Alkoholeinfluss gemündet.
Nach Aussagen vom Friedbert hat die Navigationsgerätansagerin – ein Beruf, den in den alten Zeiten der Greifbarkeit die meistens die Ehefrau mit einem Stadtplan in der Hand ausgeübt hat – ständig gflötet „Nach 300 Metern rechts abbiegen, die nächste Straße links, im Kreisverkehr die zweite Ausfahrt" und so weiter, bis er zweimal wieder am Maxfeld gelandet ist. Dort habe er in einem gut sortierten Zeitschriftenladen wegen seiner Nervenanspannung eine Schachtel Zigaretten gekauft und einige Probierfläschchen Magenbitter zu sich genommen. Beim dritten Anfahren des Maxfelds noch einmal. „Und bam viertn mal", sagte der Friedbert jetzt am Amtsgericht aus, „dou hodd däi Frau vom Naffigazionsgerät dauernd gsachd ‚Bitte bei der nächsten Möglichkeit wenden, bitte bei der nächsten Möglichkeit wenden'. Nou hobbi in den Naffigazionsgerät neigschrieä zu der Frau, sie soll mi edzer graizweis am Oorsch leckn und bin weitergfoohrn. Und dann woor die Schdrass gschberrd! U-Bahn-Bauschdell!"

Der Friedbert ist also mit seinem Auto bei laufendem Motor vor der U-Bahnbaustelle mitten in der Straße gestanden, jenseits der Baustelle hat er gerade noch das Straßenschild „Meuschelstraße" wie eine ferne Verheißung erblicken können, aus dem Navigationsgerät hat es gesäuselt „Bei der nächsten Möglichkeit bitte wenden, bei der nächsten Möglichkeit bitte wenden . . ." Und in diesem Moment, in dem im Friedbert sich alles aufgehäuft hat, Baustellenwut, Navigationsgerätfrust, Zeitnot, einige Fläschchen Magenbitter – in diesem Moment ist an sein offenes Seitenfenster Frau Gerda R. getreten. Mit der dringenden Bitte, er möge sofort ein paar Meter weiterfahren oder aber wenden, weil sie sonst nicht aus ihrem Parkplatz rauskommt.

„Herr Richter", schluchzte die Gerda jetzt in der Verhandlung, „des kenner Sie Ihnen nicht vuurschdelln, wos dou dann abglaufn is. Ich hob nern ganz höflich gfrouchd g'habd, ob er dou edzer nedd ball wechfoohrn kennd – und nou brülld der mich oo: Oorschluuch! Bläide Sau! Brunsdumme Henner! Schlumbl! Zuchdl! Und wenn i nedd serfordd mei Dreegschlebbern hald, nou bolierd er mer mei Waffl! Und dann hodder nu gschriea , Schäib der edzer dei Meuschlschdrass, dei gschissne, in Oorsch nei!' Und dann hodder die Diir vo sein Auto aafgmachd, dassi vull aff die Schdrass hiigfluung bin."
Den von Anwohnern alarmierten Polizeibeamten hatte der Friedbert ebenfalls geraten, sie mögen sich die Meuschelstraße in den Hintern schieben. Dem Richter erklärte der Friedbert jetzt, dass aber alles ein furchtbarer Irrtum ist. Weder habe er die Meuschelstraße, noch die Gerda und schon gleich gar nicht die Polizisten beleidigen wollen. „Iich hob doch mid dera bläidn Wachdl vo den Scheiß Naffigazionsgerät gredd!" Also virtuelles Missverständnis.
Nur die 1,4 Promille und der Schlag gegen die Gerda mit der Autotür waren nicht virtueller, sondern real existierender Natur. Vorgänge, die – wenn auch selten – heutzutage noch passieren. Sie summierten sich zu drei Monaten auf Bewährung, einer Geldbuße von 4500 Euro und neun Monaten Führerscheinentzug. „Gscheider wär's gween", sagte der Friedbert, „Lebenslänglich Naffigazionsgerätendzuuch . . ."

Feuchte Küsse

Wie es namhafte Berufsraucher ganz richtig prophezeit haben – das neue Gesetz für die Luftreinheit in Gaststätten zieht schlimme Folgen hinter sich her. Teilweise weigern sich jetzt sogar Nichtraucher, ein Wirtshaus zu betreten, weil sie in der dort sich immer mehr breit machenden klaren Sicht furchterregende Dinge erblicken, die ihnen früher im Qualm der anwesenden Gast-Schlöte nicht gewahr wurden. Der notorische Nichtraucher Anton W. etwa hätte im früher obligatorischen Bodennebel höchstwahrscheinlich gar nicht gemerkt, dass – als er vor zwei Monaten in jenem Wirtshaus einen Herrn Andreas K. gefragt hatte, ob neben ihm der Platz noch frei ist – dass da neben dem Andreas, unterm Tisch, ein nicht ganz deutscher Schäferhund namens Michl lauert, und er wäre für die Dauer seines Abendessens und -trinkens vielleicht vollkommen angstschweißfrei geblieben. Jetzt hat er es zunächst zwar auch nicht gemerkt, aber es sind ihm infolge des Nichtrauchergesetzes noch weitere Unannehmlichkeiten leider nicht erspart geblieben.
Vor dem Amtsgericht hat der Anton ausgeführt, dass er das erste mal an diesem Abend leichenblass geworden ist, wie ihm unterm Tisch jemand das Hosenbein hochgeschoben hat, und es auf seiner Haut dort plötzlich feucht geworden ist. Nach einem entsprechenden Aufschrei hat ihn sein Nachbar, der Anton, besänftigt: „Des is blouß mei Micherla. Der schnulld die Laid immer ab zur Begrüßung."
Wie die Abschnullungen sich schon bis zum Knie fortgesetzt haben, hat der Anton das Herrchen vom Michl gebeten, er möge seinem Tier bitte bescheid sagen, dass er an einer Art Hundezungenkussallergie leidet, vor allem oberhalb vom Knie. Darauf hat ihm der Andreas geantwortet: „Dou di nedd oo, des druggnd scho widder." So ist man langsam ins Gespräch gekommen.
Kurz bevor dann dem an einer Hundezungenkussallergie laborierenden Anton sein schon vor geraumer Zeit bestelltes Krautwickerla mit Kartoffelbrei zu 6,50 Euro endlich gekommen ist, hat der Andreas gschwind einmal naus vor die Wirtshaustür gemusst. „A Zigareddla raung, gell. Ich bin glei widder dou." Darauf der Anton ängstlich: „Dou nehmer'S obber Ihrn Hund scho miid, odder?" Der Andreas: „Wos solln der draußn vuur der Diir? Mei Micherla is Nichtraucher." Und zu seinem Micherla gewandt: „Des is a Debberla,

Micherla, hä? Maand der, du raugsd. Konnsd doch mid deine Bfoodn ka Zigareddn in der Händ haldn." Und dann ist er lauthals hinauslachend zum Gehsteig-Qualmen geschritten, ohne seinen Nichtraucherhund. Der Anton hat weniger laut, beziehungsweise überhaupt nicht lachen müssen.
„Und in den Moment", sagte er jetzt vor Gericht aus, „In den Moment, wou der Moo naus is, dou sin meine Graudwiggerla kummer." Erst habe er vom Michl unterm Tisch erneut einen Zungenkuss empfangen, dann sei ein raubtierartiges Knurren an sein Ohr gedrungen. „Und suu schnell hob ich goornedd gschaud, is des Viech aff den Stuhl vo sein Herrla naaf g'hubfd – und Schlubbbb hodds gmachd und mei Graudwiggerla woor fordd. In Schdobfer hodder blouß aweng oozulld. Den hodder nichd gfressn. Obber ich hob nern aa nimmer gmechd. Wass mer ja nedd, wou der mid seiner Zunger außer an mein Baa scho iiberool rumgschnulld hodd, nä!"
Wie dann der Andreas vom Outdoor-Smoking wieder zurückgekehrt ist, war der Anton schon auf der Flucht: „Blouß dass bescheid wissen – ich gäih edzer! Und wenn Sie zoohln, vergessn'S nedd, dass Ihr bläider Hund Graudwiggerla mid Schdobfer g'habd hodd. Zu sechs Euro fuchzich." Darüber, wer jetzt die Krautwickerla mit Stopfer zahlt – der Anton, der Andreas oder das Micherla – ist dann eine größere Diskussion entstanden, in dem unter anderem Worte wie Drecksköter, Oorschluuch, Wildsau von einem Hund und ähnliche Diskriminierungen gefallen sein sollen. „Und dann", sagte der Anton jetzt bei der Verhandlung, „dann hodder zu sein Raubhund gsachd – ich hobs ganz genau g'heerd – hodder gsachd, Bagg nern, Micherla!'. Und nou hodd mi es Micherla ins Baa nei bissn. Die Huusn woor hii, und iiber die Fleischwundn hobb i ein ärztliches Attest."
Der Anton beschwor zwar, er habe keinesfalls „Bagg nern, Micherla!" gesagt, sondern vielmehr im Sinn von Heimgehen „Edz bagg mers, Micherla", aber es nützte ihm wenig. Wegen Anstiftung zum Hundezungenkuss, Krautwickerla-Raub und Beinbeißen wurde Herr Andreas K. zu einer Geldstrafe von 1200 Euro verurteilt. „Und ibberhabbs", merkte der Anton zu den schwerwiegenden Folgen des Nichtrauchergesetzes noch an, „Ibberhabbs wärs mer läiber, a bläider Hund raucht im Werzhaus, wäi dasser andere Laid ihr Graudwiggerla wechfrissd."

Wie ein Toupet in den Himmel kommt

Extrem sinnvolle wissenschaftliche Untersuchungen häufen sich momentan. Etwa die Untersuchungen von hoch- bis höchstgebildeten Forschern mit ihren Fragen: Was war vor dem Urknall? Kann hierzulande ein Mensch von 132 Euro im Monat leben? Nach wieviel Maß Bier soll man noch autofahren?
Ebenfalls auf diesem hohen Niveau hat sich heuer im Frühsommer ein Problem bewegt, auf dessen Lösung die Menschheit auch schon lang und und mit großer Ungeduld wartet. Auf die Lösung der uns alle quälenden Frage nämlich: Wieviele mit Helium gefüllte Luftballons benötigt ein 50-jähriger Jubilar nach dem Genuss von circa drei Litern Prosecco, verschiedenen Schnäpsen und dem einen oder anderen Bier, um das Toupet von Herrn Horst B. in die Lüfte zu tragen? Man kann aufatmen, diese vielleicht noch vor dem Urknall-Problem rangierende Frage ist gelöst! Vor dem Amtsgericht, auf welches der ehemalige Toupet-Träger Horst B. als Zeuge, der 50-jährige Jubilar Volker S. als Angeklagter geladen war, ist es jetzt vollkommen offen dargelegt worden.
Horst B. räumte in seiner Zeugenaussage ein, dass er damals bei dem schönen Gartenfest zum 50. Geburtstag vom Volker eventuell noch eine Spur abgefüllter war als der Gastgeber. Er ist damals bereits in den frühen Nachmittagsstunden in einem Liegestuhl eingeschlafen. Durch häufiges Abrutschen hat sich sein Toupet dergestalt verrutscht, dass es ungefähr in Höhe der Nase gehängt ist. „Und nou hodd si", sagte der angeklagte Jubilar Horst B. aus, „nou hodd si – der Kümmerer, glaab i, woors, der hassd Kümmerer, wall er si immer um alles kümmert – der hodd si um des Dubee vom Horsdla kümmert." Wie gekümmert? Fragte der Richter nach. „Ner ja, der Ding, der Karbfn – der hassd Karbfn, waller a Goschn wäi a Karbfn hodd – also der Karbfn hodd gsachd, dass der Horsdla mid sein Dubee über der Noosn goor ka Lufd mehr gräichd. Und mei Frau hodd ja zur Ausschmückung fuchzg Lufdballong in Garddn aafg'hängd g'habd. Däi woorn mid Helium aafblousn. Und dann hodd also der Kümmerer ann vo däi Lufdballong an Horsdla sein Dubee middern suu an glann Wäschezwigger hiizwiggd."

Und tatsächlich habe sich dann durch den Heliumballon das Toupet ein bisschen nach oben bewegt. Durch diese physikalische Sensation seien dann drei weitere Kameraden – die Herren Gobl, Zwidscherer und Bfiffer alarmiert worden, und in ihrem Kreis ist sogleich die Frage aufgetaucht: Wieviele Luftballons könne das Toupet vom Horstla in den Sommerhimmel entschweben lassen. Der Reihe nach haben alle anwesenden Wissenschaftler, der Kümmerer, der Karbfn, der Gobl, der Zwidscherer und der Bfiffer einen Heliumballon nach dem andern an das Toupet des schlafenden Horsdla gezwickt. „Und ba zehn Ballong is es Dubee vom Horsdla dervoo gfluung." Wie es über dem Dach eine kleine Ehrenrunde gedreht hat, ist der inzwischen weitgehend kahlköpfige Horst aufgewacht, mit dem Schreckensschrei: „Mir hodds grood draimd, meine Haar sin fordd!" Dann hat er aber schon die Kühle auf seiner Plattn verspürt, und der Karbfn hat ihn aufgeklärt, dass es kein Traum ist: „Schau naaf – dou droomer fläing deine Hoor." Und der Kümmerer hat hinzugefügt: „Soll i ba der Lufdwaffe ooruufn? Vielleichd schickns an Abfangjääcer naaf!"
„Luftwaffe" war dann das Stichwort für den Volker. „Der Horsdla hodd ja durchdreed. Erschd hodder si die Saloodschissl am Disch iibern Kubf gschdülbd, dass mer sei Bladdn nedd seeng. Dann hodder griener und brülld, dass mir alle Verbrecher sin und dasser uns oozeichd. Und dann bin i in Keller noo und hob mei Lufdgwehr g'hulld."
Nach Schätzung eines Nachbarn soll der Volker mindestens 20 Schuss abgegeben haben. „Obber die Lufdballong hobbi leider nichd droffn. Däi woorn scho zu houch und hom zu arch gwackld." Ein bisschen hat vielleicht auch der Volker gewackelt, denn drei Querschläger haben bei dem Nachbar in der Dachrinne und im Wohnzimmer eingeschlagen. Die zur leider fehlgeschlagenen Rettung des fliegenden Toupets eingesetzte Luftballonabwehrkanone wurde jetzt eingezogen, und der Volker zu einer Geldstrafe von 3500 Euro verurteilt. „Und wou issn nou mei Dubee?", fragte der Horst. „Ba der Windbeweechung, wou mir an mein Gebozzdooch g'habd hom", vermutete der Volker, „endweder in Afrika, odder wenns nu underwegs is, nou kenners die Zuuchvögl edzer im Herbst immer aweng als Nest verwendn."

Fallwinde in der Südstadt

Wie vielfältig die Wirkung von Tabak ist, schreiben die Zigarettenhersteller mit unverhohlenem Stolz auf ihre Packungen drauf: Rauchen verursacht Blasenkatarrh, Diphterie, Mumps, Schlaganfälle, Verkalkung, Bodennebel, Fehlgeburten, Gefäßverengung, Weltuntergang und so weiter. Der Vorrat an diesen Werbetexten ist fast unerschöpflich, aber ein Hinweis fehlt im Tabakwarenpackungswarninschriftenwesen. Nämlich: Rauchen verursacht Bombenabwürfe und schwere Gehirnerschütterungen. Diesen Text wird der Berufsinhalierer Ernst K. wahrscheinlich demnächst bei der Tabakindustrie einreichen, denn er ist das erste Opfer dieser bisher noch nicht erforschten Nebenwirkungen.
Seit vielen Jahren bläst er den Dampf seiner heiß geliebten Virginia in die Atmosphäre. Früher zur großen Begeisterung seiner Ehefrau in die Atmosphäre von Küche, Wohnzimmer, Bad, Gang und Klo, seit Inkrafttreten der Einschränkung von notorischen blauen Dunstgreisen begibt sich der Ernst zur Ausübung seiner letzten verbliebenen Leidenschaft auf die Terrasse. Und seitdem hat sich die Begeisterung über die vom Ernst erzeugten blauen Wölkchen von der Ehefrau auf die im ersten Stock ansässige Nichtraucherin Ingeborg A. verlagert. Sie schilderte jetzt auf der Anklagebank des Amtsgerichts, wie infolge ungünstiger Naturgesetze die Virginaschwaden ständig ihren Balkon verfinstern und verstinken, wie sie es beim Ernst schon mit gütigen Worten versucht hat, dann mit weniger gütigen Beschimpfungen und schließlich mit einigen Löschversuchen der leidenschaftlichen Zigarrnglut vom Ernst mittels einer kleinen Gießkanne.
„Obber edzer in den Fall mid den Kürbis", sagte sie, „dou bin ich unschuldich. Allenfalls kennd des der Wind gween sei. Iich jedenfalls nedd!" Und zwar muss es sich für den in der Südstadt so typischen wie tückischen Fallwind gehandelt haben. Worauf der Ernst in seiner Eigenschaft als Opfer dieses Fallwindes zu einem längeren Vortrag über verschiedene Windarten, Naturphänomene und die Nöte eines Freilandrauchers ausholte.
Er sei jetzt mit seinem bissla Virginarauchen von der CSU schon aus dem Wirtshaus vertrieben worden, dann von seiner Frau aus der Wohnung, und jetzt solle er wegen der Nachbarin vermutlich auch aus Gottes freier Luft verscheucht werden. Ob er vielleicht,

klagte der Ernst, in Zukunft seinen Rauch in einen Luftballon hineinhauchen und sich dann ein virginasicheres Endlager suchen muss. „Ich konn doch nix derfiir", schloss er sein Referat, „dass mei Zigarrnrauch nach oomer schdeichd. Ich hob des Nadurgesedz nichd gmachd. Dou müssn'S Ihner scho an jemand andersch wendn!"
„Ja und iich", wetterte da die Ingeborg dazwischen, „Iich hob des Nadurgesedz vo der Erdanziehung aa nedd gmachd! Konn i doch nix derfiir, wenn der glanne Zierkürbis vo mein Balkongländer vom Wind aff Ihr Derrassn noo gwehd wird!"
„Ner fraali, Zierkürbis!!!", brüllte da der Ernst auf, „Ein Zierkürbis mid an halb'n Zendner Gwichd! Des is ka Zierkürbis, des is a Bombn! Waffnscheinbflichdich! Dass der vo allaans roofläichd – dou hädd scho ein Hurrikaan kummer mäin!" „Ich soogs Ihner edzer ganz genau, wäis gween is", fuhr er fort, „Iich hob grood an glann Zuuch aus meiner Zigarrn gmachd, nou belferd däi vo oomer scho widder roo, dasser si edzer gleich a Gasmaskn aufsedzd – und dann heer iich nu ein Rauschn in der Lufd, aff mein Kubf schläächds ei, und dann bin i bewusstlos worn. Däi hodd si den zendnerschwern Kürbis doch vuursädzlich kaffd! Und geziemld aff miich abgschmissn. Normool a Mordversuch."
Infolge der nachweislich an diesem Tag herrschenden Windstille und des an Hand der Trümmer nachträglich ermittelten Gewichts von knapp 15 Kilo des sogenannten Zierkürbis ging auch der Richter von einem Vorsatz aus. Wegen Löschens einer Virginaglut mittels eines Geschoßkürbis und Herbeiführung einer Gehirnerschütterung wurde die Luftreinmachefrau Ingeborg A. zu einer Geldstrafe von 1500 Euro verurteilt. Für das weitere Zusammenleben der beiden Nachbarn mit unterschiedlichen Auffassungen über die Lufthohheit im Freien empfahl das Gericht der Ingeborg die weitere Benutzung der von ihr bereits ins Gespräch gebrachten Gasmaske und dem Ernst dringend die Anschaffung eines Sturzhelms.

Das Brustbild

Nebenerwerbs-Downloader, zwölfjähriger Profi-Simser oder Berufs-Foner wissen ja gar nicht mehr, was das ist – ein sogenanntes Festnetztelefon. Sie haben zum Beispiel keine Ahnung, dass man dieses antike Gerät neben vielen anderen Nachteilen nicht zum Fenster nausschmeißen hat können, weil es daheim, meistens im Flur, mit einem Kabel an der Wand befestigt war. Der Nachfolger des Festnetztelefons, das Händy, ist infolge seiner faustkeilartigen, aerodynamischen Form zum Ganzweitwegschmeißen sehr gut geeignet, aber leider wird diese Verwendungsmöglichkeit nur sehr selten genutzt. Der passionierte Bierzeltler Gottfried K. bildet da eine lobenswerte Ausnahme – er ist jetzt wegen seines Vernichtungsfeldzugs gegen ein benachbartes Händy vor Gericht gestanden.
Der Gottfried hat zusammen mit seiner oberweitenmäßig extrem barock ausgestatteten Ehefrau namens Marlies während der örtlichen Kärwa wie immer das Bierzelt besucht und damals trotz seiner Abneigung gegen das Taschentelefon schon eine Ahnung gehabt, dass man mit einem Händy außer fonen, downloaden, simsen, fernsehen, jeden Krampf speichern zusätzlich auch geheimdienstartig fotografieren kann. Dass es ihn aber im Bierzelt erwischt, hätte er nicht gedacht.
Herr und Frau K. haben also im Bierzelt Platz genommen, und nach der zweiten Maß Bier und einigen wunderbaren Volksliedern seitens der beschaulich dröhnenden Trachtenkapelle sind die wegen ihrer Prallheit bereits erwähnten Lebend-Fußbälle der Ehefrau vom Gottfried aus dem Dirndl heraus praktisch im Freien gebambelt. Ähnlich wie mit der Marlies ihren zwei Herzen hat es sich daraufhin mit den zwei Augen ihres Gegenübers, einem Herrn Heinz S., verhalten: Sie sind plötzlich fast tellergroß geworden und haben sich aus ihren Augenhöhlen förmlich herausgewälzt. Gut, dass Stielaugen, wie der Name schon sagt, einen Stiel haben, an dem sie wahrscheinlich befestigt sind. Sonst wären sie zu Boden gefallen.
„Ja, soong'S doch amol selber, Herr Richter", äußerte sich jetzt vor Gericht der als Zeuge geladene Heinz S., „Wenn aff aamol vuur dir zwaa suu Drimmer Dinger rumhubfn, dassd maansd, dei Nachbari hodd zu ihrer Haxn schdadds ann gleich drei Gniedla aff ihrn Teller lieng – no, dou moußd doch unwillkürlich hiischauer! Odder nedd?"

Für's Hinschauen hätte der angeklagte Ehemann von der Marlies eventuell noch Verständnis aufgebracht. „Obber", sagte er jetzt zu seiner Verteidigung, „der Moo is ja ganz figgrich worn. Vill hädd nimmer gfehld, nou wär er mid der Noosn im Ausschnidd vo meiner Frau drinner gschdeggd. Und aff aamol zäichd der sei Händy aus der Huuserdaschn und driggd dauernd aff sein Dellefon ummernander. Und nou hob ich mir dengd, wenn der edzer dou in den Gwerch dellefoniern will, nou mouß er sei Händy doch ans Ohr hii haldn und nedd an die Ohrn vo meiner Frau!" Im übrigen kenne er sich mit der Vielfalt im Kommunikationswesen schon aus. „Der hodd nemli nedd dellefonierd – der hodd mid sein Händy die Brust vo meiner Frau abfoddografierd. Sugoor mid Blidzlichd!"
Blitzschnell hat der Gottfried den Spezialist für Brustbilder damals der Tat überführt, ihm das Händy entrissen und es zunächst im Bier des Maßkrugs ertränkt. Und wie der Heinz gewimmert hat, dass jetzt wahrscheinlich sein Händy kaputt ist, weil es sich nicht um ein Unterwassertelefon handelt, hat der Gottfried ihm das Bier samt Maßkrug ein bisschen auf den Kopf fallen lassen, das kostbare Mehrbereichs-Kommunikationsgerät gefischt und in den Grillrost der nahen Haxnbraterei geschmissen. Mit den tröstenden Worten: „Dou werds edzer glei widder druggn."
Wegen Körperverletzung und Sachbeschädigung wurde der Gottfried, unter Anrechnung mildernder Umstände wegen des fotografischen Angriffs auf den Dirndlinhalt seiner Marlies, zu einer Geldstrafe von 2600 Euro verurteilt. „Dou gäih iich bis vuurs Bundesverfassungsgericht!", wütete der Gottfried in seinem Schlusswort, „nou wer mer scho seeng, wer dou Recht gräichd! Wenn i geecher däi Wilzau nedd rechdzeidich eigschriddn wär, wass i scho, wos bassierd wär. Erschd abfoddografiern, nou gäihd der Gaaferer, der Händygriffler mid die Bildla hamm zu sein Kombuder, und nou sin die Diddla vo meiner Frau in Indernedd drinner! Wörldweid, woohrscheins!"
Zusätzlich zu den 2600 Euro muss Herr Gottfried K. für die drei weniger wörldweiten Fachbegriffe „Wilzau", „Gaaferer" und „Händygriffler" noch eine Ordnungstrafe von 150 Euro entrichten. Mit einem Festnetztelefon wär das nicht passiert. Mit einem Festnetz-BH der Marlies auch nicht.

Zölibat und Gedächtnisschwund

Der Mensch kommt ja nur zu dem Zweck auf die Welt, dass er sofort, eine Sekunde nach der Geburt oder sogar noch eher, praktisch dahinwelkt, dem Ende entgegen geht. Am schlimmsten trifft es meistens das Gedächtnis. Es schwindet schon in jungen Jahren. Nur einmal angenommen eine Mutter belehrt ihr eineinhalbjähriges Kind, dass es bitte nie mehr eine von den kostbaren chinesischen Vasen nunterschmeißen soll. Fünf Minuten später – broch! – prellt der Kleine unter fröhlichem Jauchzen schon wieder eine Vase aus der Peng-Dynastie voll auf die luftgetrockneten Toskanafliesen. Gedächtnisschwund.
Noch folgenschwerer wird es später im Herbst des Lebens, zum Beispiel im Alter von 55 Jahren, wie es der tragische Fall des Kellners Johannes B. beweist. Er hat an einem Tag die schöne Summe von knapp 900 Euro eingenommen, und es ist irgendwie aus seinem Gedächtnis entschwunden, dass er es nach Feierabend mit seinem Chef abrechnet. Wie der letzte Gast damals bezahlt hat, war der Johannes spurlos verschwunden, plus die 900 Euro.
Aber am andern Tag, da hätte er es doch auch abrechnen können, grübelte jetzt bei der Verhandlung der Vorsitzende. „Erschdns amol", kramte der Kellner Johannes B. in seinen spärlichen Erinnerungen, „hob ich dou frei g'habd, am andern Dooch. Zweidens wass ich ja ibberhabbs nix vo 900 Euro. Und driddens kummd des vo den Zölibaad, mei Gedächtnisschwund. Ich wass ibberhabbs nix mehr. Wäi ich damals aufgwachd bin, hobbi ja erschd draußn vuur der Diir affs Klinglschild schauer mäin, wäi dass ich ibberhabbs hass!"

Der Amtsgerichtsrat bat den Angeklagten dringend, mit dem Blödeln aufzuhören. Und was bitte der Diebstahl von 900 Euro mit einem Zölibat, also der Zwangskeuschheit in der katholischen Kirche zu tun habe? „Mid die 900 Euro hodd des Zölibaad nix zon dou, obber mid mein Gedächdnisschwund!" „Folgendes", legte der Johannes weiter dar, „Nehmer'S amol an suu an kaddolischn Hochwürdn, der wou jahrzehntelang nicht derfn derf. Ja, dou kummd doch in den sein Körber ein Zeich zamm, des häldsd du doch normool ibberhabbs nedd aus, den Druck! Obber irchndwou moußer doch hie..."

Er solle, unterbrach ihn da der Richter, mit seinem Schmarrn jetzt sofort aufhören und sich endlich zu dem spurlosen Verschwinden der 900 Euro äußern. „Kummd scho nu", beschied ihn der Johannes, „Obber erschd, wenn i mid mein Gudachdn iibern Gedächdnisschwund ferddi bin. Also numol – der Druck durch des Zölibaad gäihd ba suu einen Hochwürdn nerdirli nach oomer, in Kubf. Und dou gräichder dann einen Gedächdnisschwund." „Des sichd mer dou droo", fuhr er nach einer kurzen Verschnaufpause fort, „dass wenn amol ein Minisdrand ausverseeng vo suu an Hochwürdn aweng missbrauchd worn is, dass si der Minisdrand schbeeder nu ganz genau erinnern kann. Obber der Hochwürdn nicht ums Verreckn – wall von den Zölibaad sei Gedächdnis braggdisch derdriggd worn is. Andersch kommer si doch däi ganzn Gedächtnisschwünde in der Kirch ibberhabbs nedd ergläärn, odder!?"
„Jetzt is Schluss mit dem Krampf", beendete der Richter die interessanten Theorien vom Johannes zur katholischen Gedächtnis- und Kirchenleere, „Oder wolln Sie mir jetzt vielleicht noch erzählen, dass Sie nicht Kellner sind, sondern ein Kardinal mit zölibatärem Gedächtnisschwund!!" Das nicht, brachte der Johannes sein weitschweifiges Gutachten doch noch zu Ende, „Obber damals, wäi des mid dera Abrechnung gween is, dou woor mei Frau vier Wochn aff Kur! Verschdenger'S mi, Herr Richter, wos des hassd?! Vier Wochn Zölibaad!! Und drum wass i nix mehr."
Jetzt war die Geduld vom Vorsitzenden endgültig erschöpft: „Ich mach jetzt zehn Minuten Pause. Entweder ist danach Ihr Gedächtnis wieder erwacht, oder ich lass Sie festnehmen!" Nach den zehn Minuten fragte der Richter den Johannes, ob sich die Nebel des Zölibats in seinem Hirn eventuell gelichtet hätten. „Ein Wunder!", frohlockte der Angeklagte, „Ein Wunder is geschehen! Es is widder dou, mei Gedächdnis!" Und die 900 Euro? „Sin fordd. Hobbi dringend brauchd damals. Wall mei Frau woor doch aff Kur, und dou hodds unser Kreditkarddn derbei g'habd."
Das Urteil lautete auf sofortige Zurückzahlung der 900 Euro, drei Monate auf Bewährung und eine Geldbuße von 2700 Euro. „Des is mir worschd", freute sich der Johannes, „Habbdsach, mei Gedächdnis is widder dou. Und es gäihd mer nedd suu wäi die Hochwürdn – ba denni kummds ja masdns nie mehr..."

Rent a Nervenkiller

Für Herrn Albert B. wäre es von großem Vorteil gewesen, wenn er damals vor knapp 60 Jahren ohne Ohren das Licht der Welt erblickt hätte. Oder zumindest mit bereits angeborenen, implantierten Ohrenpropfen. Denn der Albert schätzt nichts so sehr in seinem Dasein wie eine vollkommene Lautlosigkeit, eine mindestens hundertprozentige Stille, die jedoch auf der Welt sehr selten vorkommt. Selbst in irgendeiner Wüste, Tausende von Kilometern von einer menschlichen Ansiedlung entfernt, bewegt sich manchmal ein Sandkorn und erzeugt infolge der Reibung mit einem anderen Sandkorn ein Geräusch.
Die Reibung von Sandkörnchen würde Herr Albert B. eventuell einige Sekunden am Tag ertragen. Zu seinem Ohrenleidwesen lebt er aber nicht in der Wüste, sondern in einer ganz normalen Reihenhaussiedlung, und zwar direkt neben dem scheint's fast tauben Buchhalter Rolf F. , welcher Geräusche aller Art für vollkommen natürliche Erscheinungen hält. Vor allem auf der Erde.
Es versteht sich von selbst, dass das Zusammenleben eines Geräuscherzeugers und eines erbitterten Geräuschfeindes Hauswand an Hauswand unter einem ungünstigen Stern steht. Bei Überschreiten der amtlich genehmigten Rasenmäherfrist um vielleicht 30 Sekunden hat beim Rolf das Telefon bereits Alaram geläutet: Er könne sein Gras gern händisch rausrupfen oder mit dem Mund abbeißen, aber das Herumfahren mit dem Panzermähwagen sei sofort einzustellen. Ähnliche Mahnungen seien auch beim Einklopfen eines Bildernagels , beim abendlichen Zuprosten auf der Terrasse mit klingenden Gläsern oder beim Einschalten des Fernsehers eingegangen. „Ja soong'S amol", fragte der wegen eines dann in der Tat ungewöhnlichen Einfalls angeklagte Lautmaler Rolf F. rein rhetorisch das hohe Gericht, „soll iich mir vielleichd jeden Ooomd in Fernseh an Stummfilm ooschauer?! Odder mich mid meiner Frau im Morse-Alphabet underhaldn?!! Baran Länderschbill hobbi amol ausverseeng awneg laud ‚Doooor' gschriea – und nou is fimbf Minuddn schbeeder die Bollizei kummer weecher Ruhestörung." Er sei überzeugt, sein Nachbar habe ein Gehör wie eine Fledermaus.
Er räumte aber auch ein, dass sein dann in der Not geborener Einfall zur Gegenwehr nicht der allerglücklichste war. Eines Abends jedenfalls

hat es beim Geräuschgegner Albert B. Sturm geläutet. Es habe ihn infolge des Glockengebrülls zwei Meter vom Sofa hochgehoben, es sei aber niemand vor der Tür gewesen. Ungefähr zehn mal habe es an diesem Abend noch Alarm geläutet. Am darauffolgenden Feierabend ist vor seiner Haustür die Welt untergegangen, das dazugehörige Jüngste Gericht hat aus einer 15-schüssigen Kanonenschlagbatterie mit finaler, fünfsalviger Mega-Detonation bestanden, also großes Silvesterfeuerwerk Mitte Mai. Dann erneut Glockensturm mit einem abgebrochenen Streichhölzla in der Klingel, kurzes Konzert einer Gasdruckfanfare, wie man sie auch von der Nordkurve im Frankenstadion her kennt, peitschende MG-Garben, hervorgerufen durch das Platzen von Luftballons. „Und dann", erinnerte sich der Geräuschallergiker Albert B., „dann hobbi gmaand, die Feierwehr fährd ba uns durchs Wohnzimmer durch!"

Trotz eines Nervenzusammenbruchs ist der Albert mit dröhnenden Ohren hinaus gerannt – und hat die an seiner Ruhe-Oase vorbeibrausende Feuerwehr gerade noch am Gepäckständer erwischt. Bei dieser Feuerwehr hat es sich um den siebenjährigen Mick gehandelt, ein Bub aus der etwas entfernteren Nachbarschaft, mit einer chinesischen Radlaufklingel am Bike. Nach Androhung von Trümmer Schelln hat der Mick gestanden, dass er alles in sich vereinigt: Die Feuerwehr, den Glockensturm, das Silvesterfeuerwerk, die Gasdruckfanfare, das Luftballonplatzen. Und am nächsten Abend wäre noch ein Knallfroschkonzert am Programm gestanden. Unter Tränen hat er noch zugegeben: „Hobbi alles fei vom Onkl Rolf gräichd!" Und pro Einsatz hat der Onkel Rolf dem Undercover-Geräuscherzeuger Mick jedesmal zwei Euro Lärmprämie gezahlt.

Der Plan von Herrn Rolf F. „Rent a Nervenkiller" wäre fast aufgegangen, nur durch den kühnen Zugriff seitens des wandelnden Seismographen Albert B. ist er vereitelt worden. Zur Vorbereitung eines Waffelstillstandes im Ohrwaschlkrieg ordnete das Gericht an, dass Herr Rolf F. wegen Anwerbung eines minderjährigen Knirpses als Krawall-Partisan 1500 Euro an eine gemeinnützige Organisation zahlen und Albert B. sich eine etwas dickere Haut als Trommelfell zulegen soll. Oder aber dann doch ein Reihenhaus in der Wüste. Falls er dort mit den Reibungsgeräuschen der Sandkörnchen zurechtkommt.

Der Brauchtumspfleger

Woher der uralte Brauch stammt, weiß man nicht mehr genau. Aber er soll über Jahrhunderte lang regelmäßig zur Freude vieler Menschen ausgeübt worden sein. Und mit dem betagten Schreinermeister Rudi K. gibt es sogar noch einen Zeitzeugen, der sich an diese Tradition unserer Altvorderen erinnern kann. Und zwar soll das schöne Brauchtum daraus bestanden haben, dass jemand irgendeine Sache zum Beispiel im Wert von 100 Euro erwirbt und diese dann nach einer gewissen Schamfrist von vielleicht einem halben Jährla bezahlt.
Eingedenk dieser schönen Gepflogenheit hat also der Schreinermeister K. in der Wohnung von seinem Kunden Martin B. neue Fenster eingebaut, hat sodann eine Rechnung in Höhe von 9000 Euro verfasst und diese in den Briefkasten geschmissen. Vermutlich ein toter Briefkasten, denn das alles soll sich vor ungefähr drei Jahren ereignet haben. Und seitdem wartet der Schreinermeister Rudi K. sehnsüchtig darauf, dass der alte Brauch vom Nehmen und Geben, vom Bestellen und Zahlen, vom Arbeiten und Entlohnen endlich wiedererweckt wird.
Aber irgendwie scheint er bei der Menschheit in Vergessenheit geraten zu sein. Vor allem bei dem Kunden Martin B. Bei ihm sind drei Mahnungen eingegangen, dann noch einmal zwei verschärfte Erinnerungen, dass die Geduld in der Schreinerei K. jetzt langsam ihrem Ende zugeht. „Des woorn dann ungefähr suwos annerhalb Jährla", erinnerte sich der Schreinermeister, „wou ich nu kann Huusergnobf gräichd hob fiir meine Fenster. Und nou hobbi den Moo oogruufn, wäis auschaud mid meiner Rechnung. Und nou frouchd mich der, um wos fiir eine Rechnung dassis dou handld. Er wass nix vo anner Rechnung. Des main'S Ihner amol vuurschdelln, Herr Richter – iich schreib mir die Finger wund mid Rechnunger und Mahnunger und numol Rechnunger, und nou wisserd der Gnaller dou nix dervoo!" Nach einer erneuten Rechnung über die eingebauten Fenster hat er sich aber dann doch dunkel erinnert: Erstens, dass bei ihm tatsächlich vor knapp zwei Jahren neue Fenster eingebaut worden seien, zweitens, dass bei genauerem Nachrechnen die Rechnung aber entschieden zu hoch ausgefallen sei und drittens dass es leider bei einem Fenster zu einer starken Entwicklung von Zugluft komme. In dem Augenblick, wo man sich über einen 30-prozentigen Kulanz-

nachlass einig und die Zugluft behoben sei, werde die Rechnung auch schon bezahlt.

„Nou binni hiigfohhrn mid mein Gselln", sagte der Schreinermeister Rudi K., „und hob mer denkt, den werri edzer gleich einen dreißichbrozendichn Kulanznachlass geem und eine Zuuchluft, den Halsabschneider! Mir hom die Fenster widder rausbauer wolln. Obber der Gnobbern, der elendiche hodd scheinds gemergd, wos gschloong hodd, und nou hodder uns nedd in die Wohnung neigloun." Der Rudi und sein Gsell haben unverrichteter Dinge wieder abziehen müssen.

Aber die Erinnerungen an die alten Zeiten und ihrem Brauch, dass es für eine Arbeit einen Lohn gibt, haben den Rudi K. nicht ruhen lassen. Und so ist es zu sieben denkwürdigen Nächten gekommen. In jeder dieser Nächte, etwa gegen zwei Uhr jeweils, hat es bei Herrn Martin B. mit einer schweren Detonation eingeschlagen. Und zwar dergestalt, dass man danach tatsächlich von einer gewissen Zugluft sprechen hat können. In der ersten Nacht ist ein Backstein durchs Küchenfenster geflogen, in der zweiten Nacht war es erneut ein Backstein, der das Badfenster voll zerdeppert hat. Nach zwei Nächten Pause war das Wohnzimmerfenster dran, dann das zweite und das dritte Wohnzimmerfenster, das Arbeitszimmerfenster und zum Schluss in der siebten Nacht das Schlafzimmerfenster. Und er gebe zu, fragte der Richter den Schreinermeister, dass er der nächtliche Backsteinschmeißer gewesen sei. „Ner fraali woors iich! Des sin doch meine Fenster, odder nedd!? Mid denn konn i machen, wos i mooch. Odder häddis den Verbrecher vielleichd nu budzn solln, vuurher?!" Das nicht, aber mit Backsteinen hätte er sie keinesfalls bombardieren dürfen.

Wegen Hausfriedens- und Fensterglasbruch wurde der Schreinermeister Rudi K., der die Welt schon lang nicht mehr versteht, zu einer Geldstrafe von 2000 Euro verurteilt. Und wann er jetzt mit der Begleichung seiner Rechnung rechnen dürfe, wollte er noch wissen, in weiteren drei, 30 oder 300 Jahren? „Dou kemmer scho driiber reeden", antwortete ihm Herr Martin B. beim Hinausgehen, „obber erschd, wenn'S mer in meine siem Fenster widder a Glas neigsedzd hom – am besten ein backsteinsicheres Banzerglas."

Immobilienkonzepte mit Zukunft

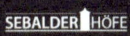  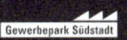 AUGUSTINERHOF

  MILCHHOF PALAIS Tilly Park GRUNDIG IMMOBILIENPARK NÜRNBERG

alpha-gruppe.com
alpha Gruppe | Fürther Straße 212 | 90429 Nürnberg | T: 0911 93 97 07-0

Sierra Madre

Klassik Open Aire sind nach open offene Veranstaltungen und erfreuen sich in Nürnberg größter Beliebtheit. Sie gelten als größte europäische Zaziki- und Nudelsalatrezeptbörse, bieten gegen Ende zu reelle Aussichten auf Gratis-Nacherla aus oft noch halbgefüllten Proseccoflaschen und kosten keinen Eintritt. Außerdem kann man – was in der Meistersingerhalle streng verboten ist – seinem Wiesennachbar drei Stunden lang die Ohren vollsoßen mit allerhand städtischen Neuigkeiten.
Jedoch nicht jeder Zuhörer eines Open Air hat für die Art von Unterhaltung ein openes Ohr. Zum Beispiel der Freund klassischer Sinfonien Gerd K. hat damals vor allem den schönen Melodien lauschen wollen, aber keinesfalls dem Gesülze des hinter ihm kauernden Karl-Heinz B. Vor Gericht erinnerte sich der Gerd, dass man schon aus dem Gesprächsauftakt Ungemach hat schließen können.
 Wie sich der Karl-Heinz schwer ächzend ins Gras fallen hat lassen, hat er seinem Vordermann zunächst mit dem bekannten mittelfränkischen Gesprächsauftakt für alle Lebenslagen konfrontiert: „No Masder, simmer gwiss aa awng dou?!" Als zweites hat er seinem neuen Freund mitgeteilt, dass ihm ganz gewaltig die Gurgel brennt, und als drittes hat er ihm einen wunderbaren trockenen Weißwein aus dem Piemont praktisch auf Ex weggeputzt. Einen dreiviertel Liter. Die nächste Frage lautete: „Gibds des Gsief awng kälter aa?" Danach ist er eingeschlafen.
Dem Gerd war die Vorfreude auf die musikalischen Genüsse zum großen Teil schon vergangen. Aber er hat es dann eine halbe Stunde vor Konzertbeginn mit einer heimlichen Flucht probiert. Die belegten Schinkenbrötchen, Tomatensalat, Gurkensalat und so weiter ganz leis in den Picknickkorb geschlichtet, zwei weitere Flaschen warmen Piemontwein verstaut, Campingtischlein, Campingstühlchen unterm Arm – so hat er sich aus dem deutlich riechbaren Dunstkreis vom Karl-Heinz davonstehlen wollen.
„Ganz vorsichdich", sagte er jetzt am Amtsgericht aus, „Ganz vorsichdich bin ich über den Moo drüber gschdieng. Auf einmal glabberd des Glas middn Gurkensalat in mein Korb, der wachd auf, baggd mich an mein rechdn Baa, und dann bin ich voll auf die Laid hinder mir draff gfluung." Und was sich dann ereignet hat, erzeugt in Herrn

Gerd K. heute noch Schüttelfrost und Zähneklappern.
Im Umkreis von zehn Metern hat sich um die zwei ein Quarantänestreifen gezogen. Bei den ersten Tönen des Orchesters hat der Karl-Heinz den Gerd angebrüllt, dass des da vorn auf der Bühne obber woorscheins nicht die Kastelruther Spatzen sin. „Odder!? Wer issn des? Des is doch ka Musigg in den Sinn!! Dou werd doch der Wein sauer."
Stichwort Wein: Erst hat er noch ein Fläschlein geleert, danach eine Zeit lang gut hörbar geschnarcht, und dann nach dem Erwachen mit dem brennenden Feuerzeug in der Hand das schöne Lied „Sierra Madre" gesungen. Dem Brüllen nach zu urteilen, muss er sich dabei den Daumen verbrannt haben, welchen er im Gurkensalat gekühlt hat. Und dann endlich ist in dem vor Verzweiflung zusammengesunkenen Häuflein Elend namens Gerd K. der Mut erwacht. „Ich bin aufgschbrunger, hob nern am Arm baggd, rumdreed, und hob gsachd, dassin zur Polizei bring." „Is aber nix draus worn", fuhr er traurig fort. „Der hodd si befreit, hodd mich am Bodn hinprellt, und zu mir dann gsachd, dass mir doch alte Kumpel sin und banander bleim." Der Gerd hat den Karl-Heinz angebüllt, dass sie auf keinen Fall beinander bleiben. „Und da drauf hodd er mir mein Picknick-Korb übern Kopf drüber zuung und mich am Henkel dervoogschleifd." Minuten später war aber schon die Security da und hat die Entführung gerade noch verhindert.
Die 2,7 Promille sind dem Karl-Heinz leicht strafmildernd angerechnet worden, aber er hat trotzdem immer noch sieben Monate auf Bewährung und eine Geldbuße von 2400 Euro gefasst. Und er soll sich die nächsten Jahrzehnte, riet ihm der Richter dringend, bloß auf keinem Klassik Open Air mehr blicken lassen. „Aff goor kann Fall", versprach er, „Häigsdns wenn die Kastelruther Schboozn schbilln." Und mit einem feierlichen „Sierra, Sierra, Sierra Madre" verließ er den Sitzungssaal.

Eine heilige Stätte

Was dem Moslem seine Moschee ist, das bildet für den gläubigen, beziehungsweise zusammenkläubigen Mittelfranken die sogenannte Garage. Früher ein Profanbau zum Abstellen des Autos, heute für den Mann ein heilige Stätte, an welcher in prunkvollen Ikea-Regalen unzählige sakrale Kunstwerke prangen – vom antiken Motorenölkanister bis zu verschiedenen Rollen mit insgesamt 500 mehr oder weniger laufenden Metern Dachpappe – und dort in ihrer barocken Pracht und Vielfalt an das Jenseits, an das jüngste Gericht gemahnen. Also an den Schuttplatz, wenn dereinst der höchste Garagenlenker, die Ehefrau, die Heimwerker-Kathedrale betritt. Da herrschen dann Heulen und Getriebeklappern, Alarmstufe I.
Gregor S., vielleicht einer der emsigsten Sammler heiliger Gegenstände zwischen Schraubersreuth und Nägelsbach, kann Zeugnis ablegen von so einer Heimsuchung aus dem Reich der Zwangsräumung einer Garage. Wegen Garagen-Exorzismus läuft zwischen dem Gregor und seiner Ehefrau Heidi bereits ein Trennungsverfahren.
Allerdings ist der Hüter des Garagenschatzes auch juristisch belangt worden, von Herrn Walter G., einem skrupellosen Nebenerwerbsentrümpler. „Ich hob geschäfdlich einen Dermin in Hannover g'habd", schilderte der Gregor auf der Anklagebank den erschütterndsten Tag in seinem Leben, „Bin obber erschd zwaa Dooch schbeeder widder hammkummer. Und an den Oomd gäih ich wäi immer als erschdes in mei Garaasch nei – und dou woor ich bragdisch klinisch dood. Herzschdillschdand! Also vorübergehend." Der Gregor trocknete sich die Tränen auf der Wange und fuhr dann fort: „Mei Garaasch woor leer!!! Kenner Sie sich des vuurschdelln, Herr Richder – eine leere Garaasch! Ich schädz amol Wertgegenschände in Höhe vo Minimum 50 000 Euro – alles fordd!"
Seine Ehefrau stufte den Wert des Garageninhalts etwas geringfügiger ein: „Fiir des ganze Graffl häsd ka Fuchzgerla mehr gräichd." Die wichtigsten Gegenstände zählte sie geschwind auf: „Sieben verrosdede Wagenheber, elf Paar Gummischdiefl, 15 kabudde Akkuschrauber, zehn Ersatzreifn, zwölf Fensterrahmen, drei Barddy-Zelte, vier selbergschweißde Eishockey-Tore, drei gruoße Budzaamer vull mit Reengschirm, drei gruoße Strohballn, woohrscheins fiir unsere Käih und Ochsn im Wohnzimmer, drei Schwarzweiß-Fernseher, einen Stoß

Autoatlas bis under die Deckn, zwaa Kisn mid Nägl, zwaa Kisdn mid Schraub'n, ein Aquarium ohne Glasscheib'n . . ." Die etwa halbstündige Aufzählung beendete die Heidi mit der Erwähnung des Prunkstücks der ca. 50 Kubikmeter umfassenden Reliqiensammlung: Ein VW-Käfer-Motor aus dem Jahr 1968, in dessen Verteilerbuchse eine Mäusefamilie eine Heimstatt gefunden hatte. Während der Gregor also, von einer Katastrophe größten Ausmaßes nichts ahnend, in Hannover weilte, hat Frau Heidi S. den Wohnungs- und Garagenauflöser Walter G. in Marsch gesetzt, mit dem Befehl „In zwaa Dooch mouß alles fordd sei!" Der Walter hatte den Auftrag hundertprozentig erfüllt. Die heilige Garage war leergeräumt wie seinerzeit die Kirchen nach dem Bildersturm der Reformation.
Wie der Gregor damals nach seiner Rückkehr aus Hannover vom klinischen Tod wieder halbwegs ins Leben zurückgekehrt war, hat er erst seine Frau zweimal um den Häuserblock gejagt, ihr dabei die Adresse des Grafflentsorgers Walter G. abgepresst und sich dann auf den Weg gemacht.
„Ja, schdimmd scho", räumte er auf Vorhaltungen des Richters ein, „erschd hobbi den Moo in meiner Ereechung anne am Backn naafg'haud." Und dann musste der Walter unter wüsten Drohungen alle noch auffindbaren Schätze wieder auf seinen Kleinlaster aufladen: Alte platte Autoreifen, verrostete Eishockeytore, 500 Kilo Schrauben und Nägel, Regenschirme, Gummistiefel, Wagenheber, Akkubohrer, Strohballen. Nur die Mäusefamilie war verschwunden und mit ihr der VW-Käfer-Motor Baujahr 68. „Weecher den Scheiß Modor", sagte der Walter aus, „hobbi nou numol anne am Backn naafgräichd. Wall der woor scho bam Ausschlächter. Und dann hobbi zu däi Laid hiifoohrn main und alles widder in die Garaasch eiräumer."
Der Gregor muss jetzt die Kosten für die Räumung und Wiederauffüllung seiner Garage nachzahlen, 1200 Euro, und wegen Nötigung und Körperverletzung wurde er zu sechs Monaten auf Bewährung und 1500 Euro Geldstrafe verurteilt. „Des", teilte der Angeklagte dem Garagenstürmer Walter G. vertraulich mit, „Des hädd mer si alles schboorn kenner. Wennsd damals aff dein Lasdwoong nedd meine ganzn wertvolln Sachn aafgloodn häsd, sondern mei Frau."

Das kornblumenblaue Wunder

Welchen Ursprung die Redensart vom Blauen Wunder hat – der Genuss von zwölf Bier und die daraus resultierenden wundersamen Erscheinungen oder die Bläue des Blutes im Hochadel im Verbund mit wunderlichen Taten – man weiß es nicht, die Sprachwissenschaft stochert im Fall der Blauheit immer noch im Blauen. Aber Blaue Wunder ereignen sich dennoch immer wieder. In diesem Frühjahr zum Beispiel im Garten des berühmten Rasenzüchters Horst B. Das bei ihm über Nacht erfolgte Blaue Wunder hätte, im Gegensatz zu anderen Wundern wie jenen in Lourdes, Konnersreuth, Kanaan oder Heroldsbach, einer gestrengen kanonischen Überprüfung nicht standgehalten. Bestenfalls war es auf einen Kanonischen Vollpreller, auch Kanonenrausch genannt, zurückzuführen. Aber auch das hat sich nicht als Ursache für die jetzt vor dem Amtsgericht angeklagte Bläue verifizieren lassen.
Herr Horst B. hat zwei Leidenschaften, die eine bildet dann und wann ein kleiner Dambers, erzeugt von einer Überdosis Erleuchtung mittels Glühbirnengeist, die andere ist sein Rasen. Das Wieslein hinterm Reihenhäuslein glänzt in der Morgensonne in einem übersatten Grün, bei dessen Anblick selbst der Grass-Master von Wembley vor Neid gelb anlaufen würde. Gänseblümchen, Löwenzahn, Klee, Moos, Quecken und andere Pflanzen mit Migrationshintergrund werden beim Horst noch vor der Einbürgerung sofort ausgewiesen, nur heimische Halme dürfen bei ihm fünf Millimeter hoch sprießen. Wegen des Verdachts der Einschleusung verheerender Unkräuter wie Sauerampfer, Hupflattich oder Wiesenschaumkraut hat es mit dem Nachbarn von Horst B., mit Andreas W., immer wieder erregte Gespräche über den Gartenzaun gegeben. Des Inhalts, dass der Andreas mit seinem überall wild wuchernden Scheißdreck im Garten praktisch eine gärtnerische Wildsau ist. Im Lauf der Zeit hat sich so eine sehr schöne Feindschaft gebildet.
Höhepunkt der Kampfhandlungen soll auf der einen Seite des Gartenzauns der Überwurf von einem halben Kilo Wildblumensamen gewesen sein, auf der anderen Seite das Spritzen eines nur leicht verdünnten Unkrautvernichtungsmittel mit dem Gartenschlauch. Am Morgen danach ist der Horst noch ein bisschen birnengeist- oder schlaftrunken auf seine Terrasse geschritten, um die Schnittlänge

seiner Hälmlein zu überprüfen. „Und dou hädd mi ball der Schlooch droffn! Alles blau!! Der ganze Rasen blau!!!" „Ich bin numol neigrennd ins Bad, hob mein Kubf unders kalte Wasser g'haldn, widder naus – immer nu woor mei Rasen blau!" Danach habe er nach eigenen Angaben einen vollkommenen Zusammenbruch des vegetativen Nervensystems erlitten. Sei ziellos unter lauten Hilferufen durchs Haus gerannt, habe Polizei, Sanitäter, Notarzt alarmiert, dann wieder ins Freie – und immer noch war der Rasen blau wie eine Kornblumen-Plantage. Schließlich habe er am Zaun den Nachbar erblickt. „Blau, blau, mei ganze Wiesen blau", hat da der Horst aufgeschluchzt, „Des woorsd du, du Dreegsau, du verreggde!" Der Andreas entgegnete aber in aller Ruhe, dass er weit und breit keinen Hauch von Bläue erkennen könne. „Is doch grün, dei gschissne Wiesn. Grün wäi immer. Hommer gesdern widder aweng ann neizuung, hä?! Dummgsuffne Schnapsdrossl, dummgsuffne!" Daraufhin hat der Horst erneut eine kalte Dusche genommen, dabei den Verdacht geäußert, dass er über Nacht farbenblind geworden ist, und schließlich seine Ehefrau ins Freie gezerrt, mit der Frage, was sie hier sieht. „Alles wunderbar blau", hat die bestätigt. Also tatsächlich ein Blaues Wunder. Wie der Horst nach einem weiteren Kollaps wieder zu sich gekommen ist, hat er aber an ein Wunder keineswegs glauben wollen. Die Polizei auch nicht. Die Beamten haben in der Mülltonne zwölf Spraydosen entdeckt, die vor ihrer Entleerung eine blaue Farbe enthalten hatten. Und für den blauen Anstrich seines uralten Fahrrads, womit der Andreas den Besitz des Sprayer-Arsenals erklärt hatte, hätten zwei Dosen auch genügt.
Wegen Sachbeschädigung und Gartenfriedensbruch wurde Andreas W. zu einer Geldstrafe von 1400 Euro verurteilt. Offenbar war es ihm aber das Blaue Wunder wert. Mit der gepfiffenen Interpretation des Liedes „Blau, blau, blau ist der Enzian" hat er den Sitzungssaal verlassen.

Bis zum letzten Tropfen

Benzin soll ja in allernächster Zukunft an Tankstellen nur noch in Tropfenform und milliliterweise abgegeben werden, und statt mit der bisher üblichen Zapfpistole träufelt man sich die kostbare Flüssigkeit mit der Pipette in den Tank seines über alles geliebten Geländepanzers. Im Zug einer vernünftigeren, spritsparenden Fahrweise sollen auch die Standstreifen entlang der Autobahnen jeweils dreispurig ausgebaut werden, damit man beim Schieben seines Fahrzeugs auch überholen kann. Diese Art der motorisierten Mobilität, Autoschieben auf der Standspur, hat infolge eines leergefahrenen Tanks eines Nachts auch der bisher recht stolze Mercedesbesitzer Volker S. ausprobiert. Aber ungefähr zwei Tonnen Stahlblech von der Ausfahrt Lauf-Nord bis Nürnberg-Mögeldorf schieben, nimmt geraume Zeit in Anspruch.
Nach etwa zehn Zentimetern hat der Volker sein Vorhaben aufgegeben und auf die Hilfe eines barmherzigen Benzinspenders gehofft.
Bereits nach zwei Stunden, kurz vor Mitternacht, hat sich der ebenfalls einen Mercedes lenkende Alexander N. des völlig verzweifelten Volkers erbarmt.
Jetzt haben sich beide vor dem Amtsgericht wieder getroffen. Der Volker extrem zerknirscht, der Alexander von der Menschheit enttäuscht. „Dou häldsd du middn in der Nacht", rief er im Zeugenstand klagend aus, „Gibsd deine ledzdn fünf Liter Benzin her, schüddsd ders den Verbrecher dou sugoor nu in sein Tank nei – und dann suwos!"
Die Bezeichnung „Verbrecher" wies der Volker entrüstet von sich. Alles, was man ihm vorwerfen könne, sei, dass er seit der Explosion des Benzinpreises immer gern bis zum letzten Tropfen fährt, aber die furchtbaren Ereignisse in jener Nacht seien niemals vorsätzlich passiert, sondern vermutlich auf Grund seiner nervlichen Zerrüttung.
„Und wenn der Moo, der wou mir g'holfn hodd", fügte er noch hinzu, „Wenn der nedd aa an Mazeedes g'habd hädd, genau in gleichn wäi iich, nou wäärs veilleichd goornedd bassierd." So ist damals aber Folgendes passiert: Der Engel der Autobahn, Herr Alexander N., hat mit seinem Mercedes knapp hinterm Mercedes gleichen Typs, gleicher schwarzer Lackierung vom Volker gehalten, ihn mit den fünf Litern Sprit aus dem Kanister vor dem Verdursten

gerettet, zehn Euro Benzingeld entgegengenommen und sich dann im Freien geschwind noch eine Zigarette angezündet. „Nou hodd mer der Moo", erinnerte er sich, „fünf Minuddn lang die Händ gschiddld und dauernd gsachd, dasser mer des nie vergissd, wall edzer kummder vielleichd doch nu grood rechdzeidich hamm, ohne dass nern sei Frau widder gscheid zammscheißt. Und dann isser ins Auto eigschdieng und dervoo gfoohrn."

Erst wie der Alexander dann seinerseits ins Auto eingestiegen ist und ebenfalls davonfahren wollte, hat er gemerkt, dass er nicht davonfahren kann. Denn es war das Auto von Herrn Volker S. mit soeben eingefüllten fünf Litern Benzin im Tank. Mit diesen fünf Litern hätte er zwar ohne weiteres zur nächsten Tankstelle fahren können, nicht aber ohne Zündschlüssel.

Ob der Volker denn nicht gemerkt habe, dass er mit dem falschen Mercedes davongebraust sei, fragte der Richter den Angeklagten. „Hobbi scho gmerkt", antwortete der Volker, „Obber erschd wäi iich dahamm woor und an mein Zündschlüssl nicht die Haustürschlüssl droo g'hängd sin." Dann hätte er doch, meinte der Richter, „wieder zur Autobahn zurückfahren können, zum Autotausch." „Hobbi ja gmachd", sagte der Volker, „Obber erschd am andern Fräih. Wall soong Sie amol zu Ihrer Frau, wenn'S drei Schdund zer schbeed hammkummer sin, dass Sie edzer gschwind numol forddfoohrn mäin, wall'S ausverseeng es Audo verwechsld hom! Und dass mei Frau nix merkd, bin i erschd am andern Fräih widder aff die Autobahn gfoohrn. Dou woor obber der Moo nimmer dou."

Der Moo hatte inzwischen die Polizei alarmiert und einen Abschleppdienst. Da habe es dann aber auch noch erhebliche Differenzen gegeben. „Wall", erklärte es der Alexander, „Wall soong Sie amol einen Bollizisdn, dass Sie edzer ein Audo abschlebbn loun wolln, wou goornedd Ihr Audo is, wall Ihr Audo is gschulln worn vonnern Moo ohne Benzin, dem wou Sie fünf Liter Benzin geem hom, und in Zündschlüssl vo sein Audo obber nichd schdeckn hodd loun, wäi er mid Ihrn Audo, wou nichd sei Audo gween is, obber ganz genau suu ausschaud, dervoogfoohrn is."

Ob er das der Polizeistreife ungefähr so erläutert habe? „Jawoll", sagte der Alexander, „Und nou homs mi zur Blutprobe miidgnummer."

Das Verfahren gegen Herrn Volker S. wegen unbefugter Inbesitznahme eines Autos wurde jetzt eingestellt, weil er sich am anderen

Tag damals bei der Polizei gemeldet hatte. Den wegen seiner damaligen Zwangsvorführung zur Blutprobe aufgebrachten Alexander beruhigte der Volker mit den Worten: „Denner Ser si nedd oo. Wäi ich am andern Dooch mid Ihrn Auto ba der Bollizei woor und gsachd hob, dass ich dou einen Mazeedes vobbeibringer mecherd, wou ich ausverseeng miidgnummer hob, wall mer es Benzin ausganger is, und am Zündschlüssl mei Türschlüssl nedd droo woor, dass mei Frau mich dann doch zammgschissn hodd, wall i laidn hob mäin, und ob ich derfiir edzer mein Mazeedes widder hoom kennd – dou hobbi dann auch zur Blutprobe gmäißd."

Der verzauberte Fußball

Nicht jedem heranwachsenden Sturmspitzchen ist es beschieden, dass es noch vor Eintritt in die Kindertagesstätte vom Talenthändler eines örtlichen Oligarchen entdeckt wird, erfolgreich ein Fußballer-Internat absolviert und kurz nach Ausbruch der Pubertät als Multi-Millionär in der zentralen Offensivabteilung seine Kreise zieht.
Der achtjährige Dribbel-King Alexander L. zum Beispiel hätte bei länger anhaltender Dauer seiner Karriere zwar eventuell schon Aussichten auf einige Millionen, jedoch nicht Euro, sondern Schelln. Also eine weniger begehrte Art Handgeld, die ihm der von der höheren Fußballkunst nicht übermäßig angetane Nachbar Walter B. jedesmal auszuzahlen androht, wenn der Alexander an der Garagenwand Freistöße und Elfmeter trainiert. Weil es dabei nämlich bei einem Treffer jedesmal derartig dumpf scheppert, dass der Rentner jäh aus seinem Nachmittagsschlaf gerissen wird.
Ein weiteres, der Fußballermillionärskarriere abträgliches Kapitel schreibt die nahe an Garage und Garten vorbeifließende Pegnitz. Vor Gericht schilderte es Rudi L., der Vater vom Alexander, dergestalt, dass immer, wenn sein Alexander das scheppernde Garagentor nicht trifft, der scharf mit dem Spann getretene Ball im Mustergarten von Herrn Walter B. landet. Und dann heißt es für die Familie Rudi L., wieder einmal von rund 60 Euro Abschied zu nehmen. Denn wenn der fußballfeindliche Rentner den Ball auf seinem mit Nagelschere und Unkrautvernichtungsmittel liebevoll umhegten Rasen entdeckt, nimmt er einen langen Anlauf und schießt ihn mit einer für seine 68 Jahre bewundernswerten Wucht in die Pegnitz.
Auf der diplomatischen Ebene hat es der Vater vom Alexander bei Herrn Walter B. schon häufig probiert, aber immer nur zwei Antworten erhalten. Antwort 1: „Mei Garaaschndiir is ka Foußballdoor." Und wenn der Ball wieder auf der Pegnitz in Richtung Fürth, Bamberg, Frankfurt am Main, Rotterdam davongeschwommen war, Antwort 2: „Ihr Bou sollerd nedd Foußballn lerna, sondern gscheid schwimmer."
Nach ungefähr einem Jahr Krieg um eine scheppernde Garagentür, um heißgeliebte Grashälmlein und insgesamt sechs von den Pegnitzfluten dahingerafften Fußbällen ist der wutentbrannte Vater Rudi L. zur Tat geschritten. An einem Samstag Früh, wie der Walter im

Schlafanzug zum Zeitungskasten geschlurft ist, ist auf seinem Rasen schon wieder ein Fußball gelegen.

„Erschd einen Dooch dervuur", äußerte er sich vor Gericht, „hodds an meiner Garaaschndiir widder deroordich eigschloong g'habd, dassi ball an Nervnzusammenbruch gräichd hädd. Und edzer is der Balln dou vo den Sauhund middn in meiner Wiesn gleeng." An die zehn Meter hat der Rentner Anlauf genommen, die Schlafanzughose ist ihm infolge seiner Antrittschnelligkeit in die Kniekehle gerutscht. Dennoch hat er den Ball erreicht, hat vor lauter Zorn so schwungvoll ausgeholt, dass diesesmal der Ball wahrscheinlich ohne lange Umwege gleich bis Rotterdam geflogen wäre, hat geschossen – und dann ist ein markerschütternder Schmerzensschrei erschollen, den man zwar nicht mehr in Rotterdam, aber in der ganzen Nachbarschaft gehört hat.

„Ich bin ohnmächdich zammbrochn", schilderte der Walter seinen vorläufig letzten Befreiungsschlag. „Und wäi ich widder zu mir kummer bin, woorn die Sanidääder scho dou. Schblidderbruch am rechdn Gnöchl. Und wäis mi houch g'huum hom und gfrouchd, wos i gmachd hob, und ich nou gsachd hob, dassi an Foußball forddgschossn hob – dou hodd der anne Sanidääder zu mir gsachd, dass obber der Foußball nu dou lichd. Ob ich vielleichd ausverseeng in Buudn neig'haud hob. Und nou haud der anne Sani aweng aus Schbass aff den Balln draff – hädder si fasd aa es Baa brochn!" Und dann brüllte der Walter das hohe Gericht an: „Woor der Foußballn aus Schdaa, Herr Richter!!! Des moußder amol bildlich vuurschdelln! Des woor mei Garddnkugl aus Marmor! Däi hodd 250 Euro kosd und wiechd dreißich Kilo! Und edzer is ruiniert, walls der Verbrecher vo Nachber wäi an Foußballn oobinsld hodd!"

Tatsächlich ist ermittelt worden, dass der Rudi in der Nacht vom Freitag auf Samstag die steinerne Gartenkugel abtransportiert, daheim weiß mit schwarzen Punkten bemalt und im Morgengrauen wieder am Rasen vom Walter deponiert hat. Die voll gelungene Vortäuschung eines Fußball ist als unbefugte Wegnahme, Sachbeschädigung, Hausfriedens- und Knöchelbruch gewertet worden, und kostet 1200 Euro Geldstrafe sowie Schadensersatz für eine neue Gartenkugel. Nach dem Prozess hat ein Gerichtszuhörer Rudi L., dem Rächer aller Straßenfußballer, anerkennend auf die Schulter geklopft: „Sauber gärwerd! Des Patent sollersd an Adidas verkaafn. Wall flattern doud der Balln ganz beschdimmd nedd."

Vorbildliche Haltung beim Dribbeln, hierorts in früheren Jahren auch Schwanzn genannt. Unten links das Spielgerät, der Ball. Fußballspielerskulptur - Bronze auf Marmorsockel aus der Kunstsammlung C. Wagner, Nürnberg

Wenn ein halbes Zebra Auto fährt

Im mittelfränkischen Fasching schlagen die Wellen der Heiterkeit nicht selten extrem hoch. Am Kaninchenzüchterball im vergangenen Jahr sollen die Wellen der Heiterkeit bei einem halben Zebra die Rekordhöhe von 3,4 Promille erreicht haben. Halbe Zebras sieht man im fränkischen Fasching, wo zweifarbige Mützchen, mit Filzstift aufgemalte Schnurrbärtchen oder Matrosenhemden meist die gewagteste Form der Maskierung bilden, eher selten. Und eigentlich waren Herr Alfred K. und sein Ballpartner Gernot R. ja auch als ein ganzes Zebra maskiert. Wegen der mittelfränkischen Rekordheiterkeit war jetzt aber nur die vordere Hälfte des Zebras angeklagt, nämlich Alfred K. Und auch der ist, wie er in der Verhandlung bekundet hat, vollkommen unschuldig gewesen.
„Wall iich woor ja im Kubf vo den Zebra drin. Und dou woorn drei Löcher vorna, zwaa fiir die Arm und anns fiirn Mund. Dassi wos trinken hob kenner. Und der Gernot woor im Oorsch vom Zebra. Der hodd nerdirli nix trinken kenner. Und drum woors ausgmachd, dass er middn Auto hammfährt. Obber wäi mir vo den Faschingsball hammfoohrn hom wolln, woor der Gernot nimmer dou."
Er sei schon blöd, bekundete Gernot R., der ursprüngliche Hintern des mit großen Beifall bedachten Zebras, aber so blöd auch wieder nicht, dass er einige Stunden lang in ein gestreiftes Sackleinen eingehüllt, also im Finstern, dauernd hinter dem Alfred her hupft, halb verdurstet, halb erstickt, während sich sein Vordermann Biere, Schnäpse, Champagner hineinschüttet. „Und ich bin ja", fügte er noch hinzu, „braggdisch mid meiner Noosn fast in mein Freind sein Oorsch drinner gschdeggd. Des woor fei deilweise scho aweng unangenehm. Vuur allem, wäi er des Gnechla mid Sauergraud gessn g'habd hodd! Und wäi er dann ann nachn andern brettern hodd loun, hobbi in Reißverschluss vo unsern Zebra aafgmachd und bin ausgschdieng."
Möglicherweise hatte der Alfred im Verlauf des Abends auch einmal aus dem mit dem ersten Preis prämierten Kostüm aussteigen wollen, aber es ist ihm vielleicht in seiner aus Knöchla, Sauerkraut und Alkohol bestehenden Heiterkeit nicht gelungen. „Und suwos ummer halberzwaa rum", erinnerte er sich dunkel an die Ballnacht, „hobbi zum Gernot gsachd, dass mer edzer hammfoohrn. Obber der woor

nimmer dou. Bin iich ganz allaa in den Zebra drinner gween!" Auch am Auto sei vom Hinterteil des Zebras keine Spur gewesen. Er, der Alfred, habe aber zufällig den Autoschlüssel einstecken gehabt. Warum er dann, erkundigte sich der Vorsitzende, nicht mit dem Taxi heimgefahren sei. „Hobbi ja gwolld", sagte der Alfred, „Obber iich hob mi in des Zebra deroordich neiverwerrdld g'habd, dassi nimmer rauskummer bin. Und der Taxifoohrer, den wou iich gfrouchd hob, der hodd gsachd, dasser kanne Tiertransporte durchführt. Und mid bsuffne halbe Zebra scho glei goornedd."

So hat man dann vor der Gaststätte noch eine Zeit lang ein halbes Zebra traurig umhertaumeln sehen, bis es nach einigen verzweifelten Sprüngen mit den Vorderhufen schließlich in ein Auto gestiegen und davongefahren ist. „Ich bin ja direggd froh gween, "sagte der Alfred, „dass mi vorna an der Hauptstrass glei die Bolli aafg'haldn hom. Wall aus die zwaa Löcher vorna bin i mid die Arm fasd nedd ans Lenkrad vuurkummer, aus dem Luuch fiirn Mund hobbi nix gseeng, und mid den bläidn Zebrakubf binni dauernd an der Deckn vo mein Auto oogschdoußn."

Wie der Polizeibeamte damals am Steuer des Wagens ein Zebra erblickt hat, hat er sich schon gedacht, dass es sich dabei nicht um einen Ausbruchversuch aus dem Tiergarten handelt. Auch dann nicht, wie das Zebra durch die Nüstern gebrüllt hat, dass man es sofort weiterfahren lassen soll, weil es dringend nach seinem seit mehreren Stunden verschollenen Arsch suchen muss.

Wegen Trunkenheit im Verkehr hat der Richter das preisgekrönte Zebra Alfred K. zu 18 Monaten Führerscheinentzug, vier Monaten mit Bewährung und 2000 Euro Geldbuße bestraft. „Des dääd ich mir nedd gfalln loun", riet dem Alfred nach dem Urteilspruch sein damaliges Hinterteil, der Gernot, „Iich dääd den Richter bam Tierschutzverein oozeing."

Einfahrt Tag und Nacht freihalten

Ungeübten Rückwärtseinparkern erscheint es oft in nächtlichen Alpträumen – dieses meist Jahrhunderte alte Emailschild mit der Aufschrift „Einfahrt freihalten!". Nach vielleicht einstündiger Suche erspäht der eilige Lückensucher endlich einen freien Platz, parkt kunstvoll rückwärts ein, unter dem schiffssirenenartigen Signalton eines hinter ihm scharf bremsenden Omnibus oder Sattelschleppers, steht mit seinem Auto nach dem sechsten, siebten Versuch endlich ungefähr dort, wo er hin wollte, steigt schweißgebadet aus, wird von dem Omnibus oder Sattelschlepper fast überfahren und liest sodann den gern auch in Antiqua-Schrift eingebrannten Hinweis „Einfahrt freihalten!"
So ähnlich ist es dem Rückwärtseinparker Friedrich L. widerfahren. In seinem Fall aber noch mit einer zusätzlichen Schikane: Dort, wo ihm nach seinem verzweifelten Kurbeln der Befehl „Einfahrt Tag und Nacht freihalten!" gekündet hat, dass er schleunigst wieder das Weite suchen soll, hat sich überhaupt keine Einfahrt befunden. Nur ein Jägerzaun und ein Gartentürchen.
Aus dem Einparken vor einer Einfahrt, die nach einem ersten Augenschein keine Einfahrt ist, weder am Tag noch in der Nacht, hat sich ein Fall von höchster juristischer wie auch philosophischer Brisanz entwickelt. Denn wie damals Herr Friedrich L. noch einmal stolz, fast liebevoll sein Werk – das so gut wie unfallfrei rückwärts eingeparkte Auto – betrachtet hat, ist der einstige Staatsbeamte, jetzt Pensionist, Bernhard R. mit Fahrrad und Fahrradanhänger und Fahrradhelm aufgetaucht. Inhaber des als Tag-und-Nacht-Einfahrt gekennzeichneten Gartentürchens.
Der folgenschwere Dialog hat mit der Frage des Bernhard begonnen: „Is des Ihr Auto?" Der Friedrich: „Ja, warum?" Der Bernhard: „Wall'S dou serfordd widder wech máin. Des is a Einfahrt." Der Friedrich: „Wou is dou a Einfahrt? I siech ka Einfahrt! A Garddndiirla is ka Einfahrt!" Daraufhin hat der Bernhard dem Friedrich auseinandergesetzt, er möge bitte nicht blöd daherreden. Hier sei für jedermann sichtbar ein Schild mit der Aufschrift „Einfahrt freihalten" angeschraubt, folglich müsse man die Einfahrt freihalten, Tag und Nacht. „Dou is a Garddnzaun und a Garddndiirla! Obber ka Einfahrt, Graizdunnerwedder numol nei! Und dou bleib iich edzer schdäih! Wenn's sei mouß, värzza Dooch lang!!"

Der Bernhard hat seinen Taschenkalender gezückt, einen Kugelschreiber, und sich das Kennzeichen des vor seiner Einfahrt parkenden Autos notiert. Und dazu hat er beiläufig ausgeführt: „Des wird teuer. Parken vuur anner Einfahrt, värzza Dooch lang, dann nu Ihr Gebrüll. Dou kummd ganz schäi wos zamm." Und über die Rechtslage einer Einfahrt hat der Bernhard den zu dem Zeitpunkt fast schon überkochenden Friedrich auch noch geschwind belehrt: „Sie seeng ja, dass ich an mein Fahrrad einen Fahrradanhänger droo hob, und dou fahr ich immer durchs Garddndiirla in mein Garddn nei. Dou brauch ich ausreichend Platz bam Neifoohrn. Manchmal auch nach Einbruch der Dunkelheit. Also is des eine Einfahrt, däi wou Tag und Nacht frei g'haldn wern mouß. Und außerdem – wos eine Einfahrt is, des beschdimmd der Einfahrtbesitzer."
Die letzte, noch einigermaßen kontrollierte Antwort vom Friedrich hat gelautet, dass Herr Bernhard R. kein Einfahrtbesitzer ist, weil es sich hier nicht um eine Einfahrt handelt, sondern nur um ein Gartentürchen, und ein Gartentürchenbesitzer kann nicht bestimmen, dass sein Gartentürchen eine Einfahrt ist, allein schon aus dem Grund, weil er kein Einfahrtbesitzer ist.
„Obber es schdäid dou aff den Schild", hat der Bernhard die nach der Deduktionsmethode erfolgte philosophische Untersuchung abgewürgt, „Schwarz aff Weiß. Es sei denn, Sie kenner nedd lesen."
Der Friedrich: „Ich konn lesen!!! Obber kenner Sie rechner?!" Der Bernhard: „Nerdirli konn i rechner." Der Friedrich: „Nou kenner'S dermiid rechner, dass ich Ihner edzer glei gscheid anne aff die Waffl naafhau!!!" Und dann hat ihm der vor einer Fahrrad- und Fahrradanhängereinfahrt parkende Friedrich eine gebrettert, dass dem Einfahrtbesitzer der Fahrradhelm vom Kopf geflogen ist.
Wegen Körperverletzung wurde Herr Friedrich L. zu einer Geldstrafe von 2400 Euro verurteilt. Wahrscheinlich folgt aber ein weiterer Prozess. Denn nach dem Urteil hat der Friedrich dem Einfahrtbesitzer Bernhard zugeraunt: „Blouß dassd bescheid wassd, im Fall, dassd mi amol aweng am Oorsch leckn mechersd – mei Oorsch des is eine Ausfahrt, und däi mouß Dooch und Nacht freig'haldn wern . . ."

Heute an Bord, morgen schon fort...

Die wahrscheinlich wichtigste Erfindung des 20. Jahrhunderts ist das mobile Scheißhaisla, in den Entleerbüchern der höheren Klaustrophobie meist als Dixi-Klo bezeichnet. Ohne die schönen Klänge in einem Dixi-Klo gäbe es kein Rock-Konzert, kein Klassik-Open-Air, wäre das Wort „randvoll" noch nicht geboren. Beliebt bei Jung und Alt ist auch der sogenannte Dixi-Shake, ein Gemeinschaftstanz für ca. zehn Personen, bei welchem eine Person am Plastikthron sitzt, und die neun anderen sodann das ebenso gut scheiß - wie schmeißbare Klo umwerfen. Am Amtsgericht ist jetzt eine aufsehenerregende Weiterentwicklung des Dixi-Shake präsentiert worden – die Dixi-Klo-Kreuzfahrt mit Außenkabine für einen Passagier. Bei dem Passagier hat es sich um den Rentner Joachim K. (66) gehandelt, der mit einigen Freunden einen Campingurlaub unter nommen hat, Bierzelten an einem der zahlreichen hiesigen Gedenktage des Freibiers.
Nach vier Maß Festbier und zweimal Ochs vom Spieß hat sich der Joachim auf das erwähnte Häuschen begeben. Lukas G., ein enger Freund vom Joachim, hat die besorgten Kameraden nach etwa halbstündiger Abwesenheit des Klogängers mit den Worten besänftigt: „Naa, dem is nix bassiert. Wenn der vier Määßla hodd, gäider immer am Abord und dou schläfd er nou ei. Den braung mer erschd weckn, wemmer hamm gänger."
Nein, wehrte sich der Hauptangeklagte vor Gericht, er habe nach dieser Äußerung damals ja noch mehrfach zur Besonnenheit aufgerufen und sei keinesfalls der Urheber jener dann folgenden völlig verantwortungs-, aber nicht ganz ruchlosen Tat gewesen. „Schdimmd nedd!", fuhr ihm der Joachim dazwischen, „Ich hobs doch genau g'heerd in Abord drinner – wäisd zu die andern gsachd hosd ‚Sooderla, edzer ganz vorsichdich houchheem und dann im Gleichschridd marsch!'. Wall dou binni nemli grood aafgwachd." Trotz seiner vier Maß Bier hat der Joachim drin im Dixi-Klo gemerkt, dass man ihn wie in einer Sänfte hochhebt und davonträgt. „Ich hob mer dengd", sagte er vor Gericht, „dass mi vielleichd hammdroong midsammds in Abordhaisla. Und nou binni scheint's widder aweng eigniggd."
Etwa 20 Meter hinter dem Festzelt befindet sich ein kleiner Fischteich. Zum zweiten mal ist der Joachim aufgewacht, wie er plötzlich von

geheimnisvollen Kräften von der Schüssel geschleudert wurde, waagrecht im Klo gelegen ist, und es draußen laut gebfladschd hat. Es war der erste Stapellauf eines bemannten Dixi-Klohäuschens. „Die Bräih is aus der Schissl rausgloffn", erinnerte sich der Joachim, „mei Huusn woor fort, und in Lukas hobbi nu g'heerd, wäi er gschriea hodd ‚Ahoi!'. Und a anderer hodd gsunger ‚Junge, komm bald wieder'. Und dann woor eine Stille, Herr Richter, dass mer ganz unheimli worn is!"
Nach einigen Minuten in Todesangst hat sich der frischgebackene Kapitän derappelt, hat die Tür seiner Kommandobrücke ganz vorsichtig nach oben aufgekappt – und ist sofort wieder zurückgeschnellt. „Wissen'S, wos iich dou gseeng hob, Herr Richter?! Nix hobbi gseen!! Es woor schduugfinsdere Nacht draußn: Und um mich rum Wasser!!" „Edzer hob amol vier Määßla drinner", fuhr er fort, „Wach aaf, schau aus der Tür naus – und nou siggsd nerblouß Wasser! Ja, des is doch titanic-mäßig, odder?! Ich hob wergli gmaand, ich bin irchndwäi innern Schiffsuntergang nei verwickld worn und treib in einen Rettungsboot am Ozean!! Dou braugsd goornedd lachen, Herr Richter."
Erst der an Odel gemahnende Geruch des aus dem Maschinenraum auslaufenden Treibstoffs habe ihn aus seinen Alpträumen gerissen und signalisiert, dass er sich eventuell doch nicht an Bord, sondern am Abort befindet, und dass es sich bei dem Ozean um einen Karpfenweiher handelt, aus dem man notfalls zu Fuß an die Küste laufen kann.
Und dort an der Küste ist dann dem Joachim sein persönlicher Seemanns-Chor gestanden, dessen Mitglieder ihre Feuerzeuglichtlein geschwenkt haben, mit dem schönen Lied auf den Lippen: „Heute an Bord, morgen geht's fort, Schiff auf hoher See! Rings um uns her, nur Wellen und Meer, ist alles, was ich seh. Hell die Gläser klingen, ein frohes Lied wir singen. Mädel schenk ein, es lebe Lieb und Wein, Leb wohl, Aufwiedersehn!" Der Dirigent des schönen Abends, Lukas G., und seine fünf Dixi-Klotträger sind vom Vorwurf der Sachbeschädigung und Freiheitsberaubung freigesprochen worden. Unter der Bedingung, dass sie die Reparatur des schiffbaren Aborthäuschens zahlen und den Joachim zu einer richtigen Kreuzfahrt einladen. „Dou nimm i läiber es Geld", sagte der Joachim, „Aff a Kreuzfahrt is gschissn."

Missbrauch eines Rentners

Ein berühmter Lautsprecher hat sich neulich dahingehend geäußert, dass jetzt nocherdla bald der Krieg der Generationen stattfindet, falls es dann überhaupt noch irgendwelche Generationen gibt. Dieser Zukunftsforscher hat sich geirrt. Der Krieg Penionisten-Miliz gegen Pampers-Freischärler findet nicht demnächst statt, er ist schon da. Unter anderem in Gestalt der zwei Einzelkämpfer Olaf S. und Horst K., die sich jetzt vor dem obersten Kriegsgericht der Heeresleitung Franken Mitte erneut gegenüber gestanden sind.
Das erste, der Gerichtsverhandlung zugrunde liegende Gefecht ist im Frühling ausgetragen worden. Im Frühling erwachen bekanntlich die niedersten Triebe beim Menschen, jedoch nicht mehr in allen Bevölkerungsschichten.
Während sich an jenem sonnigen Frühlingstag der knapp siebzigjährige, bereits im natürlichen Zölibat befindliche Herr Horst K. auf einer Bank in der Fußgängerzone vor allem am Treiben verschiedener Baumknospen erfreut hat, hat es sein Gegenspieler Olaf S. höchstpersönlich getrieben. Mit einer seiner zahlreichen Freundinnen, direkt neben dem Horst.
„Zu unserer Zeit", schnaufte der Horst in der Verhandlung, „Dou hodds suwos nedd geem. Über Sachn hom däi gredd, Herr Richter – also dou fehlen mir die Wordde!" Nach längerem Nachbohren seitens des Gerichtsvorsitzenden ergab sich, dass die beiden über den nahenden Abend gesprochen haben, und was sie dann machen. Vermutlich in ihrer Vorfreude sind sie auf der Fußgängerzonenbank dann schon ein bisschen zur Tat geschritten, beziehungsweise geglitten. Mit den Händen unter ihre Jacken. Worauf der Rentner Horst K. gezischt hat: „Mir sin dou fei in der Öffendlichkeit, gell. Dou konnsd ja nimmer hiischauer!!"
Wie der Olaf gerade kurz den Mund freigelegt hat, hat er dem schwer pikierten Nachbarn dringend geraden, er möge, wenn er nicht mehr hinschauen kann, dann halt wegschauen. Nach diesem streng den Grundsätzen der Logik folgenden Ratschlag ist der Krieg der Generationen erst richtig eskaliert. Dabei ist es aber nicht um die einprozentige Rentenerhöhung gegangen, die in diesen Tagen diskutiert worden ist, sondern um die vielleicht hundertprozentige Erhöhung vom Olaf seinem Hormonspiegel. Der ebenfalls, aber aus

anderen Gründen sehr erregte Horst K. hat damals extra auf die Uhr geschaut: „Über zehn Minuddn lang hom sie däi zwaa neber mir küssd!" „Und middern Kuss, wäi nern iich nu kenn aus meiner Jugend", fügte er noch hinzu, „dou hodd des ibberhabbs nix mehr zum Dou g'habd! Däi hom si abgschnulld wäi die Eisbäärn in Diergarddn."
So in etwa hat er es damals auf der Bank nach den handgestoppten zehn Minuten auch dem jungen Paar neben sich mitgeteilt. Dass es eine Sauerei ist, dass es zum Himmel schreit, dass der Olaf sich vielleicht beim Roten Kreuz melden soll als ambulanter Mund-zu-Mund-Beatmer. Die letzte Äußerung vom Horst hat dann zum Höhepunkt des Krieges der Generationen geführt. „Wardd amol gschwind!", hat der Olaf zu seiner Freundin gesagt und sich sodann dem Olaf zugewendet: „Gäih her, Groußvadder! Solldsd aa awng wos vom Frühling hoom – Bussi!!" Mit diesen liebevollen Worten hat der Olaf den Horst innig umarmt, seine letzten, vor Entsetzen senkrecht stehenden Haare gestreichelt und ihn geküsst. Lang, tief und feucht.
Vor Gericht schrie der Zeuge jetzt auf: „An Zungenkuss, Herr Richter!!!" „Des moußd du dir amol bildlich vuurschdelln! In aller Öffendlichkeit zuuzld mich der Saubär dou ab!! Ich hob scho vill erlebd – obber dassi vonnern suu an Huusnscheißer in der Fußgängerzone braggdisch vergewaldichd wer, suwos nunni!" Für Herrn Horst K. mag der erste gleichgeschlechtliche Kuss in seinem Leben vielleicht eine Ewigkeit gedauert haben, gemäß anderen Zeugenaussagen waren es aber höchstens zehn Sekunden. Keinesfalls so lang, wie ganz früher einmal die Herren des Kremls ihre politischen Freunde abgelutscht haben. Von Vergewaltigung hat juristisch keine Rede sein können, und vom Vorwurf der Körperverletzung wurde der Olaf freigesprochen.
Aus den vom Horst an seinen Zehn-Sekunden-Liebhaber Olaf gerichteten Abschiedsworten ist ersichtlich, dass der Krieg der Generationen fortgesetzt wird, auf etwas tieferer Ebene: „Wennsd scho suu scharf aff mich bisd – es nexde mool konnsd mi nou am Oorsch leckn, gell."

Der Kippenzieher

Der Anbruch einer neuen Zeit erfordert auch im Menschen immer wieder ein hohes Maß an Flexibilität, wie man von der Einführung des aufrechten Gangs vor ungefähr sechs Millionen Jahren weiß. Nur dadurch hat der Mensch die Hände frei gehabt für das Tragen von wichtigen Werkzeugen wie zum Beispiel von einem Handy. Jetzt ist schon wieder eine neue Epoche in der Menschheitsgeschichte angebrochen, die weitgehend zigarettenfreie Zeit, beziehungsweise die Zeit, in der die Feinunze Gold, die Feinunze Tabak und die Feinunze Benzin im Preis ungefähr gleich sind. Im Fall von Benzin kehrt also der Mensch wieder vermehrt vom einbeinigen Gasgeben zum zweibeinigen, aufrechten Gang zurück, im Fall von Tabak sogar zum sechs Millionen Jahre alten Kriechgang – Wissenschaftler beobachten die Rückkehr des am Randstein entlang kriechenden Kippensammlers, der nach älteren, unzureichenden Forschungen Anfang der fünfziger im vergangenen Jahrhundert vermeintlich ausgestorben ist. Jetzt tritt er plötzlich wieder auf, auch in der komfortableren Variante des sogenannten Kippenziehers.
Der Kippenzieher ist jetzt in Gestalt des Pensionisten Lothar M. vor Gericht gestanden. Wegen Mundraub, ein Vergehen, das es seit geraumer Zeit eigentlich gar nicht mehr gibt. Im Fall von Lothar M. aber schon. Lothar M. ist einschlägig vorbestraft. Als Zigarettenfabrikant hat er vor zwei Jahren Glimmstengel in Heimarbeit gestopft, in selber gesammelte leere Zigarettenpackungen gesteckt, verkauft und dabei gegen den heiligen Markenschutz verstoßen.
Beim jetzigen Gerichtverfahren ist es aber lediglich um den Eigenbedarf vom Lothar gegangen. „Als Zigareddnfabrikant", klagte er, „derf i ja nimmer ärwern. Und derzoohln konnsd du heizerdooch a Zigareddn nimmer. Ich bin ja nedd die Grundig-Witwe, nä! Dou kenndi mer ein Bäggla am Dooch efendwell scho leistn."
Einer der geschädigten Zeugen, Herr Heinz S., war aber der Meinung, dass der Mundraubzug vom Lothar mit der exorbitanten Teuerungsrate im deutschen Inhalationswesen überhaupt nichts zu tun hatte. „Der Moo", sagte der Heinz kurz und bündig aus, „is bis iibern Oorsch noo bsuffn gween." In diesem Zustand ist der Lothar damals an drei dicht nebeneinander liegenden Gasthäusern vorbeigetaumelt. Dort hatten sich im Freien, gemäß dem strengsten Nichtrauchergesetz

des Universums, zahlreiche Raucher in ihrer Eigenschaft als Altstadt-Glühwürmchen versammelt und gemütlich bei zehn Grad unter Null ihr Zigarettlein geraucht. „Und in den Momend, wou ich mir grood anne oozindn will", erinnerte sich der Zeuge Heinz S., „In den Momend kummd der Moo dou her, schreit mich oo, dass Raung dodaal ungsund is, und zäichd mer mei frische Zigareddn ausn Mund." Von einem frierenden Raucher zum anderen ist der Lothar geschwankt. Und jedes mal ein „Raung is dodaal ungsund!" – ein schneller Griff an den gerade gierig ziehenden Mund, und zack war die Zigarette weg.

Ein weiterer Zeuge beklagte sich, dass sich bei ihm der überfallartige Entzug besonders schmerzhafte gestaltet habe. „Mir is weecher der Kält die Kibbn an die Libbn aweng hiigfruurn gween. Und nou zäichd der Depp oo, dass mer die halberde Libbn in Fedzn wechgrissn hodd!" Insgesamt rund zwanzig mehr oder weniger angerauchte Zigaretten soll der Lothar in dieser Frostnacht erbeutet und hochzufrieden in eine mitgeführte Pfefferminzbonbonschachtel gesteckt haben. Erst wie er – vermutlich nach einer Beruhigungszigarette – zum zweiten mal zu seiner Einsammelaktion für Kettenraucher in Not erschienen ist, haben einige um ihre Sicherheit besorgte Türsteheraucher die Polizei angerufen.

Nach einer längeren, im Freien und unter dampflokartigem Qualmen stattfindenden Prozesspause ist das Verfahren gegen den Lothar schließlich eingestellt worden. Offenbar geläutert, denn beim Abmarsch aus dem Gerichtsgebäude hat er den genüsslich an seiner Zigarette ziehenden Heinz S. höflich gefragt: „Häsd mer aa gschwind an Schnabber machn loun?" Worauf ihn der Heinz beschied: „Naa. Wall Raung is dodaal ungsund."

Der Friedensstifter

Wenn in der Straßen-, U-, S- oder Bundesbahn sich eine Gewalt anbahnt, soll man sie durch eine sogenannte Zivilcourage sofort unterbinden. Das fordern immer wieder sonntags hohe und höchste Politiker, die aus Sicherheitsgründen niemals mit der Straßen-, U- S- oder Bundesbahn fahren. Sie könnten sich aber zum näheren Kennenlernen einer Zivilcourage einmal mit dem Verwaltungsangestellten Werner F. unterhalten. Bei ihm ist die Tapferkeit im Alltag unbefriedigend ausgegangen, mit einem zugeschwollenen Auge und aufgeplatzter Oberlippe.

Der Werner hat nach einer der zahlreichen Reden über den Mut zum Hinschauen einen fast grenzenlosen Heroismus in sich entdeckt und von da an ständig gespäht, ob er ihn nicht bald anwenden kann. An einem Samstag nachmittag in der S-Bahn war es endlich soweit. Nur zwei Sitze von ihm entfernt hat sich ein junges Ehepaar in einer erregten Auseinandersetzung befunden, während der auch die Worte „Drümmer Schelln!", „Hau doch hii, du Feichling!" oder „Weecher dir machi mer doch die Händ nedd dreggerd!" gefallen sind. Es war also zweifellos Gewalt im Verzug. Beim Werner war die Zivilcourage kurz vorm Ausbrechen.

Was er aber in seiner Aufregung nicht richtig eingeordnet hat, war das Alter der angeblichen Eheleute Monika W. und Hans-Jürgen K – nämlich jeweils knapp dreißig. Und trotzdem war die Rede von ihrer knapp bevorstehenden Silberhochzeit. Wie die Monika in der S-Bahn plötzlich ihr Gegenüber, den Hans-Jürgen, angebrüllt hat: „Zwaa Dooch vuur unserer Silberhochzeit schämst du dich nedd und tanzt mid dera Bridschn, mid den Bfllidschla, mid der Michaela! Die Händ in dera ihrer Blusn drinner!" – in dem Moment ist der Werner eingeschritten. „Suwos", hat er die Monika beschwichtigt, „kommer doch aa in aller Ruhe regeln. Dou brauchd mer doch nedd suu aufbrausend sei – blouß wall Ihr Moo amol mid dera Michaela tanzt hodd."

Es war anscheinend in den Wind gesprochen. Denn erst hat die Monika den Friedensstifter angezischt, dass er sich bitte raushalten soll, und dann ihren Silberhochzeiter Hans-Jürgen angebrüllt: „Ausgrechnd die Michaela!! Mid den Rumzuuch gnuudschd du vuur alle Laid aff der Tanzflächn rum! Dassd di nedd schämst – däi is dreißg

Jahr jünger wäi du! Des kennd dei Tochter sei!" Spätestens da, meinte jetzt der Richter in der Verhandlung, hätte der Werner doch merken müssen, dass irgendwas nicht stimmen kann. Denn wenn diese mehrfach zitierte Michaela 30 Jahre jünger als der 30-jährige Hans-.Jürgen gewesen wäre, hätte sie sich während dieses Tanzabends im zarten Alter von circa null Jahren befunden. Und zweitens hatte die Monika ihren bitteren Vorwurf „Mid den Rumzuuch gnuudschd du vuur alle Laid aff der Tanzfläche rum!" von einem Blatt Papier abgelesen.

Aber der von seiner Schlichtungsmission tief ergriffene Werner hat leider nicht gemerkt, dass es sich beim Hans-Jürgen und der Monika um zwei Laienschauspieler gehandelt hat, die auf dem Weg ins Vereinsheim zur Welturaufführung des selbstverfassten Dramas „Die Silberhochzeit" waren. „Mir hom", sagte der Hans-Jürgen jetzt im Prozess, „Mir hom doch nerblouß unsern Text numol probt. Des hobbi den Moo zwaamol scho gsachd g'habd, obber des hodd den ibberhabbs nedd indressierd." Und wie die Monika damals gemäß Regieanweisung ihrem Theater-Ehemann Hans-Jürgen eine lediglich angedeutete Künstler-Watschn verabreichen hat wollen, ist die Zivilcourage im Werner förmlich explodiert. Er ist aufgesprungen, hat der Monika den Arm in sehr schmerzhafter Weise auf den Rücken gedreht und gebrüllt: „Heern'S edzer serfordd aaf! Keine Gewalt! Machen ser si doch weecher dera Michaela nedd unglücklich!!" Und daraufhin hat der Volksschauspieler Hans-Jürgen K. dem Eingreifer eine gebrettert, dass ihm beim anschließenden Sturz auf die Sitzkante die Oberlippe geplatzt und das linke Auge zugeschwollen ist. Es war Notwehr, und der wegen Körperverletzung angeklagte Hans-Jürgen ist freigesprochen worden. Der bisher von der Zivilcourage durchdrungene Verwaltungsangestellte Werner F. will in Zukunft nicht mehr eingreifen, sich aber stattdessen Gedanken über den Unterschied von Gewalt auf der Volksbühne oder im Volksfernsehen und der Gewalt in echt machen. Vielleicht ist der Unterschied nämlich gar nicht so groß.

Der Bärlauchpinkler

Wem gehört Gottes sogenannte freie Natur? Und wo hört in ihr die Freiheit auf und fängt das Bürgerliche Strafgesetzbuch, Abteilung Flüssigdüngung von Wildkräutern, an. Und drittens: Welches Dressing verwendet man bei Bärlauch, Essig und Öl oder Harnsäure? Alles Fragen, auf welche der naturapostolische Teil der Menschheit schon lange wartet, und die jetzt endlich infolge einer erregten Auseinandersetzung zwischen zwei Vertretern völlig konträrer Auffassungen über Gottes freie Natur gerichtlich beantwortet worden sind. Hier also der leidenschaftliche Freilandpinkler Bertram G., dort der dem Pantheismus zugeneigte Wildkräutersammler Karlheinz W. Dieser Karlheinz lebt im kompletten Einklang mit der Natur. Einerseits betet er sie an, andererseits ernährt er sich von ihr, wie er es jetzt in dem Prozess um einen schweren Fall von Bärlauch-Blasphemie dem Richter ausführlich dargelegt hat. Ob Brennessel, Giersch, Ackerdistel, Vogelmiere Zaunwicke oder Bibernelle – es gibt kein Gewächs, mit dem der Karlheinz nicht auf vertrautem Beifuß steht. Er spricht mit der Taubnessel, weiß, wo im Morgengrauen der Hupflattich springt. Seine Leibspeise ist der Bärlauch, der nicht nur über jedes durch Massenmord von Schweinen erzeugte Schäufala erhaben ist, sondern auch alle Krankheiten von Blähungen bis Bandwürmer heilt. Der Angeklagte Bertram G. hingegen kann keinen Schachtelhalm von einem Usambaraveilchen unterscheiden. An einem Frühlingsmorgen sind die beiden Vertreter diametral entgegengesetzter Naturauffassungen aufeinandergeprallt. Und zwar auf jener nahe an einem Spazierweg gelegenen, leicht sumpfigen Waldlichtung.
Auf den Bertram hat schwer der Druck des Frühstückskaffee gelastet. Und in dem Moment, wo er sich von ihm befreien hat wollen, hat ihn schon der Karlheinz von hinten angeherrscht: „Wos machen Sie dou?!" Der Bertram: „Brunsn, des seeng'S doch, odder?" Ja schon, sagte der Karlheinz, aber er möge doch bitte bedenken, wohin er seinen vernichtenden Strahl lenke. „Hom Sie goor ka Ehrfurcht vuur der Natur?! Dou gäihd mer dahamm affn Abord!!"
Und dann erläuterte er dem weiter ungeniert seiner Notdurft nachgehenden Bertram, dass es sich hier um eine Bärlauchpflanzung größten Ausmaßes handelt, von der er täglich das für ihn notwendige

Quantum erntet. Er schneide ihn sich aufs Vollkornbrot, nehme ihn als Hauptspeise, gemischt mit Sauerampfer und Spitzwegerich zu sich, oder als Salat mit Essig und Öl. Auf einen rücksichtslos vollgepinkelten Bärlauchsalat könne er aber gern verzichten.
„Des dou is Gottes freie Natur", hat er schließlich lamentiert, „Obber nedd Gottes freies Abordhaisla!! Machen'S edzer Ihr Huuserdiirla zou!!!" „Erschd wenn i ferddich bin", hat der Bertram bekannt gegeben. Und ihn noch gefragt, ob man von zuviel Bärlauch vielleicht auch ein bisschen blöd im Kopf wird. Darauf soll ihm der Karlheinz eine gescheppert haben.
„Kein Wort wahr", sagte der, „Andersch rum is gween. Der Moo hodd si rumdreed, mei Huuserbaa oobinkld, und wäi er ferddi gween is, hodder mer anne ins Gsichd g'haud und dann gfrouchd, ob Bärlauch auch geecher an Nasenbeinbruch hilft. Und geecher an Wafflbruch und geecher a Walberla am Kubf. Und dann hodder mer an Tritt in Hintern geem und gschriaa, dassi mer mein Oorsch daham mid Bärlauchsalbe eischmiern soll." Die entsprechenden Verletzungen vom Karlheinz waren polizeilich und amtsärztlich protokolliert und bewiesen.
Angefangen, beharrte der Bertram, habe aber der selbsternannte Bärlauchplantagenbesitzer, und wenn man bei einer intimen Handlung so empfindlich gestört werde, müsse man sich doch in Gottes freier Natur noch wehren dürfen. Aber nicht so rabiat, erklärte ihm der Richter und verurteilte den Bärlauchverunreiniger Bertram G. zu zwei Monaten mit Bewährung und einer Geldbuße von 750 Euro. „Woohrscheins", kündigte der Bertram nach dem Urteil an, „wer iich dou in die Berufung gäih. Nou wer mer scho seeng, wer Recht gräichd – iich odder der Bfefferminzschbridzn-Doktor dou mid sein Gscheiß um mei bissla Bärschlauch und Spritzwegerich."

Das Krötenrennen

Eine Krötenwanderung kennt man bisher nur von einer Bundesstraßenseite auf die andere und vom Privatkonto Zumwinkel & Co über die Grenze nach Liechtenstein. Jetzt hat am Amtsgericht noch eine dritte Variante einer Krötenwanderung das Licht der Öffentlichkeit erblickt, die ein gewisser Herr Heinz S. anlässlich eines mittelschweren Prellers ins Leben gerufen hat. Und zwar die Krötenwanderung in Form eines sportlichen Wettbewerbs in einem fränkischen Landgasthaus. Genauer gesagt: Krötensprung- und Dressurwettbewerb.

Der Gastwirt Alexander H., Chef-Maitre jenes Hauses, hält privat zwar sehr viel von gedünsteten Froschschenkeln, etwa in einem Madeira-Sößlein, aber sehr wenig offenbar von einem Krötensprungwettbewerb, der ja auch noch nicht olympisch anerkannt ist. Nicht einmal in China. Der Alexander hat den vermutlich ersten mittelfränkischen Krötendompteur Heinz S. angezeigt.

Der Anzeige wegen Tierquälerei hat sich der damalige Gast Stefan R. angeschlossen. Dieser hatte sich am Tatabend Krautwickerla mit Stopfer , in feineren Kreisen auch Püree genannt, bestellt. „Und nou is der Moo dou reikummer, mid anner großn Blasdiggdüüdn in der Händ, hodd si ba mir am Diisch hiig'hoggd und hodd a Bier beschdelld. Des hodder in an Zuuch ausdrunkn, und nou hodder si numol a Bier beschdelld." Nachdem der Heinz sich also sehr zügig mit drei oder vier Bier geflutet hatte, sind die Krautwickerla mit Stopfer für den Stefan serviert worden sowie ein erneutes Bier für den Heinz.

Am Tisch ist zunächst nichts gesprochen worden. Bis der Heinz in die Stille hinein seinen Nachbar gefragt hat: „Wolln'S amol wos seeng?" Keine Antwort. Dann noch einmal: „Wolln'S amol wos seeng?" Obwohl der Stefan also offenbar nichts sehen wollte, hat der Heinz, beflügelt durch wahrscheinlich sechs Biere, in die an der Stuhllehne baumelnde Plastiktüte gegriffen. „Und aff aamol", sagte der Stefan jetzt vor Gericht, „Aff aamol hoggd am Diisch ba mir a Drimmer Fruusch!"

Damals hat ihn der Heinz belehrt, dass es kein Fruusch ist, sondern eine Kröte, die er vor einer Stunde beim allgemeinen Krötensammeln am Krötenzaun neben der Dorfstraße vor dem Überfahren gerettet hat. Während seines Vortrags hat der Heinz noch ein paar mal in die Plastiktüte gegriffen, und es sind sodann fünf Wanderkröten auf dem Tisch gesessen. Die kämen jetzt dann gleich in den zwei Kilometer entfernten Weiher, wo sie laichen. „Vuurher lou mers obber nu aweng hubfn." Dann hat der Heinz auf die Kröten von hinten ein bisschen mit dem Finger geschnalzt. „Schau mer amol wer gwinnd."

Eine Kröte hat er Paul genannt, eine Olli, eine Schorsch, eine Willi und über die letzte, die sich überhaupt nicht bewegt hat, hat er namensmäßig verfügt: „Däi hodd scheinds Blei in die Fäiß. Zu dera soong mer ‚Lahmoorscherder Glubb', odder?" Womit er vermutlich den 1. FC Nürnberg gemeint hat. „Ja, vom Gröödnsammln, dou gräichd mer an ganz schäiner Dorschd!", hat sich der Heinz geäußert und noch ein Bier getrunken. Und danach ist er in eine förmlich überschäumde Begeisterung verfallen. „Hobb, hubf Olli!", hat er gebrüllt und der Kröte Olli einen kräftigen Schubser gegeben. „Edzer du, Paul! Und edzerla der Schorsch! Schau hii, wäi der Willi grabbld!! Blouß der Glubb bleibd hoggn wäi hiignoogld! Nu an Hubferer Paul! Nou hosders gwunner!!" Und wirklich hat es der Paul gewonnen. Im Gegensatz zum Lahmoorscherdn Glubb ist die Springkröte Paul mit einem erstaunlichen Satz voll im Stopfer und im Krautwickerla vom Stefan gelandet. Daraufhin hat der Heinz seinen Dressurakt abgebrochen und hat mit seinen fünf Kröten im Plastikbeutel das Weite gesucht.

Unter der Bedingung, dass er die vor lauter Aufregung über den geglückten Sprung vom Paul übersehenen sieben Biere noch nachzahlt, wurde das Verfahren gegen den durstigen Wander- und Sprungkrötensammler Heinz S. eingestellt. Beim Landgasthaus-Maitre Alexander H. braucht er sich und seine Zirkusnummer aber nicht mehr so schnell sehen lassen. Er hat Haus- und Krötenhupfverbot. Vor allem wegen seiner letzten Bemerkung beim Verlassen des Gerichtssaales: „Des wär alles nedd bassierd, wenn der Wirt wos vom Kochn verschdengerd. Die Sooß vo däi Graudwiggerla woor suu a dünne Wasserschnalzn, dass der Baul gmaand hodd, des is der Dorfweiher. Und nou is er zum Laichn neig'hubfd . . ."

Die gefüllte Baseballmütze

Obwohl hierzulande Baseball wegen der relativen Undurchsichtigkeit des Regelwerks so gut wie überhaupt nicht gespielt wird, gehört die mit dieser rätselhaften Sportart eng verknüpfte Baseballmütze zur beliebtesten Kopfbedeckung. Nach einer Untersuchung des Instituts für Mützenforschung ist jeder zweite Kopf mit ihr gekrönt, sodass man in Fachkreisen seit Jahren von einer Baseballmützenschwemme spricht.
Eine Baseballmützenschwemme hätte auch die Kappe des Tierfreundes Gerhard L. eines sonnigen Tages im Stadtpark dringend nötig gehabt, denn sie war anlässlich einer kleinen Auseinandersetzung vorübergehend nicht mit seinem Kopf gefüllt, sondern mit einer wesentlich weicheren Masse. Die näheren Details sind jetzt vor dem Amtsgericht geklärt worden.
Herr Gerhard L. ist Befehlshaber von zwei Rauhaardackeln, die er an jenem sonnigen Nachmittag turnusmäßig in den Park geführt hat, wo die beiden auf die Namen Max und Moritz getauften Tiere immer schöne Kunstwerke in die Wiese pressen. An diesem Tag hat zunächst der Max ein Türmchen mit einer kleinen Turmspitze drauf geformt. Kurz danach der Moritz ein Gebilde, das vielleicht an eine linksgedrehte Stadtwurst gemahnt hat. Hochzufrieden mit dem Ergebnis hat der Gerhard den Schirm seiner Baseballmütze auf Halbzwölf gedreht: „Brav hobder euern A-A gmachd. Edzer gemmer hamm alle drei, nou gibds a Fresslein."
In diesem schönen Moment tiefer Zufriedenheit hat von hinten eine schneidende Stimme gefragt: „Woorn des Ihre zwaa Köter, wou dou in die Wiesn gschissn hom!?" „Erschdns amol", hat da der Gerhard geantwortet, „hom däi nedd gschissn, sondern däi hom einen A-A gmachd. Zweitens sin des kanne Köter, sondern der Max und der Moritz. Und drittens gäihd des Ihner einen Scheißdreeg oo!"
Daraufhin setzte der Stadtpark-Flaneur Werner K. dem Gerhard in einem längeren Referat auseinander, dass ihn der soeben von den beiden Rauhaardackeln Max und Moritz produzierte Scheißdreck sehr wohl was angehe. Diese städtische Grünfläche hier sei zur Erbauung für Menschen gedacht, nicht zur Verdauung für Hunde. Und wenn jeder der wahrscheinlich Hunderttausend Haustiere in

der Stadt diese Wiese für seine Schließmuskelübungen benütze, dann stünden die Spaziergänger bald bis zum Hals oder noch tiefer in der Scheiße. Im übrigen gäbe es ein städtisches Hundekackgesetz, demzufolge die Resultate des unseligen Freilandknatterns in Tüten eingepackt und sodann daheim entsorgt werden müssten. Zusätzlich herrsche hierorts auch Anlein- und Maulkorbpflicht.
„Ba die ann", äußerte sich daraufhin der Gerhard eher philosophisch, „Ba die ann, dou kummd der Scheißdreeg ausn Oorsch, und ba die andern ausn Maul. Und däi braucherdn nu vill dringender an Maulkorb."
Hiermit war die Geduld vom Werner verständlicherweise erschöpft. Er hat seinen ermahnenden Worten Taten folgen lassen. Und zwar mit Hilfe der Baseballmütze vom Gerhard. „Suu schnell hob iich goornedd gschaud – reißd der mir mei Kabbn vom Kubf, schäibd däi zwaa Haifla vo mein Max und mein Moritz nei, und nou hodder mers widder driibergschdülbd! Und dann aa nu mid der Händ draffdriggd, dass mer die Woor iiber die Ohrn rausgwaadschd is. A halbe Schdund hobbi die ganze Scheiße am Kubf g'habd – als Beweisstück, gell, bis die Bollizei kummer is."
Nach kurzer Beratung mit sich selber gelangte der Richter zu der Auffassung, dass die neue Spezialität, Gefüllte Baseballmütze, strafrechtlich von minderer Relevanz ist. Er stellte das Verfahren gegen den Werner ein, mit zwei Auflagen: Die drei Zeugen – der Gerhard, der Max und der Moritz – sollen sich in Zukunft an die Eintütungsbestimmung von expressionistischen Hundekunstwerken halten, und der Werner muss seinem Widersacher eine neue, möglichst ungefüllte Baseballmütze kaufen. „Einverschdandn", sagte der Werner, „Obber iich gäih mid den Moo zum Hut-Brömme und kaaf nern läiber an gscheidn Houd. Dou gäihd wesendlich mehr nei wäi inner suu Scheiß Bäisballmüdzn."

Panik am Kinderspielplatz

Eine Konfirmation besteht in der Regel aus zwei Teilen, dem besinnlichen in der Kirche und sodann dem zweiten Teil daheim oder im Gasthaus, der – wie man von Fitzgerald Kusz her weiß – gegen Ende der Feierlichkeiten von einer gewissen Besinnungslosigkeit geprägt ist. Während der Konfirmand sich schon längst mit seinem neuen MP3-Bläher oder Ei-Bodd zurückgezogen hat, besinnen sich die Angehörigen darauf, dass an diesem Ehrentag ja alles kostenlos ist, auch Bier, Wein, Schnaps oder Likör. Zu letzterem gehört auch der Streitberger Magenbitter, von dem Herr Erwin H. ein begeisterter Anhänger ist, vor allem wenn er nichts kostet.
Überschlägig zehn oder auch fünfzehn Streitberger mag der Erwin damals vor lauter Freude über die Konfirmation seines Neffen schon eingeschossen haben, wie schließlich beschlossen worden ist, dass man draußen am Kinderspielplatz des Wirtshauses ein bisschen frische Luft schöpft. Vorsichtshalber hat sich der Erwin zum Luftschöpfen eine weitere Flasche Magenbitter mitgenommen. Noch ein paar Schluck – und schon hat er sich trotz seiner ansehnlichen Leibesfülle in der Lage gesehen, am Kinderspielplatz einige turnerische Übungen zu vollführen.
Erst ist er dreimal die Rutschbahn hinuntergeglitten, dann ist er vom Kletterwürfel abgestürzt und zum Schluss hat er versucht, die aus einem alten Autoreifen bestehende Schaukel zu erklimmen. „Iich hob mi", rekonstruierte er auf der Anklagebank das kühne Vorhaben, „an den Seil naafzuug, woor fast scho droomer, und nou binni mid an Fouß ausgrudschd und middn andern Fouß hobbi mi in den Reifn verheddert." „Und dann?", fragte der Richter. „Und dann wassis nimmer genau. Ich hob mi scheinds befreier wolln, bin aweng rumgschdrambfld – und aff aamol woor ich in den Autoreifn neizwängd. Und dou hobbi dann vull die Panik gräichd."
Für die Panik, sagte der Richter, habe er ja einigermaßen Verständnis, aber das sei noch lange kein Grund, umgürtet von einem alten Autoreifen und mit 2,7 Promille Auto zu fahren. „Des soong Sie!", begehrte der Erwin auf, „Wall Sie sin woohrscheins nu nie innern Autoreifn neigwedschd gween!" Und den Tränen nahe fuhrt fort: „Die andern woorn ja alle scho widder im Werzhaus drinner! Iich woor mudderseelnallaans! In der Nachd! Und an Drimmer Autoreifn

ummern Bauch rum! Des moußder amol vuurschdelln – ich hob ja gmaand, der Autoreifn erwürchd mi nu!"
Glücklicherweise hat er die Flasche Magenbitter dabei gehabt. Die hat der Erwin, um nichts verkommen zu lassen, geleert, sie dann am Schaukelgerüst zerdeppert und mit einer Scherbe die beiden Seile, an denen der Reifen befestigt war, durchgeschnitten. „Und dann hobbi mer denkt, mit den Reifn ummern Bauch rum, dou konnsd edz nedd widder zu die andern neigäih ins Werzhaus. Nou binni vuur zu mein Auto. Godzeidank hobbi die Autoschlüssl eischdeggn g'habd. Nou hobbi in Sidz ganz weit zrigg gschdelld, dassi neibass, und dann hobbi hammfoohrn wolln. Wall dahamm in meiner Werkschdadd, dou häddi dann den Reifn aafgschniddn. Vielleichd mid der Flex."
Zu diesem sicherlich auch sehr interessanten Eingriff ist es aber nicht mehr gekommen. Knapp vor Erreichen seines Hauses ist er von der Polizei gestoppt worden. Auf die Frage von einem der Beamten, warum er einen Autoreifen anhat, soll der Erwin geantwortet haben: „Des gäid dich an Scheißdreeg oo, du Depp! Ich konn mein Ersatzreifn hiidou, wou iich will!" Daraufhin wurde er vorläufig festgenommen. Bei der Messung seines Reifendrucks sind später 2,7 Promille ermittelt worden.
Wegen Beschädigung einer Kinderschaukel, Beleidigung der Staatsgewalt und Trunkenheit im Verkehr und in einem alten Autoreifen wurde der Erwin zu eineinhalb Jahren Führerscheinentzug, sechs Monate auf Bewährung und 5000 Euro Geldstrafe verurteilt. „Dou bist scho selber droo schuld", sagte nach dem Urteil der als Zeuge zum Prozess geladene Vater des Konfirmanden, „Wäärsd damals widder zu uns ins Werzhaus neikummer – nou hädd mer di in dein Autoreifn hammrollern kenner."

Der Seniorenspielplatz

Kinderspielplätze sind bei uns häufig von einer nahezu grenzenlosen Fantasie ihrer Erbauer geprägt, von wunderbarer Verspieltheit, von einem Einfallsreichtum, der seinesgleichen auf der Welt sucht. Sie präsentieren sich dem Kind wie ein Affenkäfig im Tiergarten oder wie eine von einem Sandsturm heimgesuchte Gefängniszelle. So kommt es schon vor, dass Kinder sich vorzugsweise außerhalb der ihnen verordneten Hundeaborte aufhalten. Im Wald, falls noch einer da ist, oder ansonsten auf der Straße. Sehr zur überschäumenden Freude des amtlich anerkannten Kinderfeindes Horst B., der Menschen unter 14 in seinem Kleinsthirn als Störfaktoren abgeheftet hat. Er selber ist vor 65 Jahren bereits als Erwachsener auf die Welt gekommen.
Bei seinen nicht immer erfolgreichen Bemühungen, die „Drecksgribbl, die elendichn" – wie er sich auszudrücken beliebt – zum Schweigen und dauerhaftem Verschwinden zu bringen, hatte er zuletzt die Polizei um Amtshilfe gebeten. Die Beamten sollen ihm damals aber zu verstehen gegeben haben, dass er sich glücklich schätzen kann, wenn er keine andere Sorgen hat, dass Kinder Kinder sind und dass es ihnen, den Polizisten, haarscharf an der hinteren Hüftgegend vorbeigeht, wenn Kinder auf einer kaum befahrenen Straße spielen. Damit war dieses Verbrechen einer mörderischen, atombombenartigen Ruhestörung in Tateinheit mit Asphaltbeschmutzung und Fußball für die Polizei erledigt. Nicht aber für Herrn B., den Bewahrer der Lautlosigkeit. Er ist jetzt wegen Eingriff in den Straßenverkehr und Errichtung von Barrikaden in Form eines Kasten Bier vor Gericht gestanden. „Wenn Bollizei sachd", schnarrte er militärisch knapp und abgehackt, „Schdrass schbilln erlaubt, dann Schdrass schbilln erlaubt. Fiir alle. Jawoll, alle! Fiir miich aa. Jawoll!" „Odder nedd jawoll?!" Dazu muss man wissen, dass der Herr Jawoll am liebsten mit sich selber beschäftigt ist und infolgedessen ein leidenschaftlicher Rommèspieler ist. Allerdings gilt Rommé jetzt nicht als typischer Straßensport. Das aber ist wiederum dem Herrn B. an der rückwärtigen Hüftgegend vorbeigegangen.
Eines sonnigen Nachmittags, kurz nach der versuchten Kindervertreibung, hat er einen Kasten Bier ergriffen, eine Decke, das Rommèspiel und hat in aller Beschaulichkeit Karten gelegt.

Mitten auf der Spielstraße. Ob er sich zu diesem hirnrissigen Einfall äußern wolle, fragte ihn der Richter. „Äußern? Jawoll. Erschde Schbill is nichd aufganger. Nocherdla – Fläschla Bier drunkn. Odder zwaa, jawoll. Nocherdla nächsde Schbill, widder nedd aafganger. Woud gräichd, jawoll! Bam driddn Schbill, Auto kummer. Hodd aff die Huubn driggd. Mir am Oorsch vorbeiganger. Jawoll!"
Der Autofahrer Erich K. hat sich noch sehr gut erinnert: „Wall, des siggsd ja nedd alle Dooch, nä! Dasser suu a alder Graddler mid anner Deckn und an Kasdn Bier middn aff der Schdrass hockt und Rommé schbilld! Dreimool hobbi aff die Hubbn draff g'hämmerd – obber nedd dass maaner, dass der irchndeine Regung zeichd hädd. Der is hoggn bliem wäi a Zeck." Inzwischen hatten sich auf beiden Seiten der rommésspielenden Straßensperre mehrere Autos gestaut. „Nou binni ausgschdieng", sagte der Erich, „und hob nern gfrouchd, wosser dou machd. Nou sachd der zu mir ‚Rommé schbilln, des seeng'S doch, odder?!' Und nou hodder nu gsachd, dass, wenn er edzer in Karo Zehner zäing dääd, dass nou desmool aafgäih dääd."
Nach einer kurzen Erregungspause fuhr der Erich fort: „Ner der hodd doch fiir miich nimmer alle Schbrossn an der Leiter! Hoggd middn aff der Schdrass, zischd aa Bier nachn andern und schbilld Rommé! Wäi er nou zu mir gsachd hodd, dasser auch Sechsersechzg schbilln konn, und dou kennd i dann aa mid dou – dou hobbi nou die Bollizei oogruufn."
Den Beamten hat der Herr B. sodann, ohne mit dem Kartenlegen aufzuhören, das Grundgesetz „Gleiches Recht für alle" und „Die Würde des auf der Straße sitzenden und Rommé spielenden Menschen ist unantastbar" erklärt. In diesem Fall war der hochbetrunkene Horst B. aber doch antastbar. Die Polizisten haben ihn, eingewickelt in seine Decke, in den Streifenwagen gehoben und auf die Wache gefahren.
Wegen Eingriffs in den Straßenverkehr und Antrinkens von Mut in Höhe von 2,6 Promille wurde der Straßenkartler Horst B. zu einem halbjährigen Führerscheinentzug, vier Monaten auf Bewährung und zu einer Geldbuße von 3600 Euro verurteilt. Ob er das Urteil annimmt. „Aff goor kann Fall! Jawoll! Bewährung und Geld zoohln am Oorsch vorbei, jawoll! Läiber vier Monat Gfängnis. Wall, im Gfängnis Ruhe, kanne Kinder. Jawoll!" „Jawoll", bestätigte es ihm der Richter, „Und Auto fahrn durch Ihr Zelln auch kanne durch, wenn'S im Gfängnis dann vier Monat lang Rommé spieln wolln."

Im Nagelstudio

Einen Frisör gibt es schon lange nicht mehr. An seiner Stelle haben inzwischen das Licht der Geschäftswelt erblickt: Der Hairdesigner, der Quick-Cutter, der Plattnpolierer, Energy-Gelierer, Fashionicer, Shopping-Destroyer, Marcharedd's Waterwave-Factory, Rapunzels innovative Zopfflechtanstalt and more und wie die früheren Ätschnheiner heute alle heißen. Aber nicht nur beim Gniedlaskopfkünstler, sondern grundsätzlich bei Körperpflegeinstituten zwischen Well- und Bettnäss ist hinsichtlich der oft wunderbaren Namensgebung äußerste Vorsicht geboten.

Jetzt zum Beispiel ist ein sogenanntes Nagel-Studio in einen schlimmen Verdacht geraten. Es wird von der mehrfach prämierten Bachelor of Nails, Frau Claudia R., geleitet. Sie leitet sich in ihrem Studio im ersten Stock eines Mietshauses weitgehend allein. Zu den acht Parteien im Mietshaus gehört auch das Ehepaar G., das jedoch an einem Overpolish mit Quickdry-Lack etwa zu 6,50 Euro pro Worschdfinger oder gar an einem Dazzle Topcoat so gut wie überhaupt kein Interesse hat. In der Familie G. beißt man die Fingernägel nach alter Sitte noch selber ab, was vor allem für Herrn Ludwig G. gilt. Aber auch seine Ehefrau, Waltraud G., hat das Nagel-Studio vom ersten Tag seines Einzugs entschieden abgelehnt und bestimmte Verdachtsmomente gehegt. Vor Gericht ist ihr jetzt unter anderem auch vorgeworfen, sie habe hinsichtlich des Nagel-Studios unappetittliche, ihren Verdacht betreffende Gerüchte im Haus in Umlauf gebracht.

„Wos hassd dou Gerüchte?!", wehrte sie sich jetzt in der Verhandlung, „Dou häddn'S amol däi Frau Nagel-Studio seeng solln, wäi däi ba uns im Haus rumläffd! A Röckla, wou der halberde Oorsch rausgschaud hodd! Und zwoor oomer und undn! Scheint's schwidzd mer ba den Naglschneidn rechd arch!" Es wurde also unter Feder- und Goschnführung der Waltraud monatelang über das Nagel-Studio derartig massiv gemunkelt, dass angeblich sogar Herr Ludwig G. vom Fingernägelkauen nichts mehr wissen hat wollen. Dauernd soll er gemurmelt haben: „Iich mecherd wissen, wos däi dou drund in ihrn Nagl-Studio dreibd?" Und an einem Freitag Nachmittag, wo der Ludwig seit Jahr und Tag auf die Sekunde genau bereits um halbdrei von der Arbeit heimkommt, hat in der Waltraud seit einer

Stunde ein schwerer Argwohn genagt. „Ummer halbervierer woor mei Moo nunni dahamm, ummer vierer aa nedd, und ummer halberfümbfer binni nou noo zu dera Fingernagl-Wachdl und hob glaid."
Die Claudia hat geöffnet und gefragt, was die Dame wünscht. Und ob sie schon einmal ihre Hände überprüfen dürfe. „Meine Händ wersd glei iiberbrüfn kenner, du Fuchzgerlas-Schnalln", hat da die Waltraud gekreischt, „Und zwar middn in dein bläidn Gsicht!" Danach hat sie in das Studio hinein gebrüllt: „Ludwich, schau blouß dassd rauskummsd! Iich zähl bis drei...!" Hier sei aber kein Ludwig, hat die Claudia gewagt einzuwenden. „Du häldsd dei Maul!", ist die Waltraud jetzt endgültig in die Luft gegangen, „Du Sulln mid dein Nagel-Studio! Maansd gwiss, iich wass nedd, wer dou gnagelt werd! Obber weecher mir konnsd du dich nageln loun, von wem dassd moggsd, obber nichd vo mein Ludwich. Außerdem hodd der Ludwich kann Nagel mehr, hexdns a Reißnäächerla!" Und dann wieder: „Ludwich!! Raus edzer dou, sunsd werri haaß!" Heiß war die Waltraud jetzt aber schon. Unter dem ständigen Brüllen nach ihrem Ludwig hat sie einige Studio-Stühle zerlegt, verschiedene Nagellacke an die Wände gefeuert, eine Lampe zerdeppert und der Waltraud mit den Worten „Edzer hoddsis ausgnagelt, du Dreegsau!!", eine Gewaltige gescheuert.
Und was sie dann, nach der Verwüstung des Nagel-Studios, unternommen hätte, fragte der Richter. „Dann binni widder naaf in unser Wohnung." Und was habe sie da erblickt? „Moußi edzer des dou soong?" Ja, sagte der Vorsitzende, er wolle es sehr gern aus ihrem Mund persönlich hören. „Dou hob ich also dann meinen Ludwich erblickt, wäi er am Kichndisch dorddn g'hoggd is und sich grood a Fläschla Bier eigschenkd hodd." Das Nagel-Studio war also kein Nagel-Studio im Sinn des kostenpflichtigen Nagelns, sondern eine Einsalb- und Pflegeanstalt für notleidende Fingernägel. Und die Waltraud durfte für die Fehlinterpretation eines Nagelstudios neun Monate mit Bewährung, eine Geldbuße von 6500 Euro und die Rechnung für eine verwüstete Nagelschmiede mit heimnehmen. Im Haus kursiert jetzt das Gerücht, die Waltraud werde demnächst ein Reißnagelstudio eröffnen.

Ein Haus ohne Eingang

Das ist erst jetzt wieder von höchster moralapostolischer Stelle festgestellt worden, damit es sich auch der kleinste Depp hinter die Ohren schreiben soll: Bei sittlichen Fragen geht es um's Prinzip und nicht um die Masse. Wer 50 Cent Steuern hinterzieht, handelt genau so ruchlos wie ein feiner Herr mit 50 Millionen Schwarzgeld. Diese Prinzipientreue vertritt entschieden auch der in die höheren Sphären eines Bauherrn aufgestiegene Erdgasvertreter Gerhard S., dem drei ehemalige Weggefährten während einiger dunkler Nächte zum Dank für seine eigenartigen sittlichen Wertvorstellungen einen imposanten Denkzettel errichtet haben. Beziehungsweise eine Denkmauer.
Ob es richtig sei, fragte der Gerichtsvorsitzende den Hauptzeugen Gerhard S., dass ihm seine drei Ex-Freunde Willy B., Oskar L. und Thomas H. damals beim Bau seines schönen Einfamilienhauses mit Tausenden von Arbeitsstunden in ihrer Freizeit maßgeblich geholfen hätten. „Ja, scho", antwortete der Gerhard, „Obber iich hob immer widder zu ihner gsachd, dassis eingli goornedd brauch. Und dasser si ja nedd eibildn solln, sie gräing dou wos derfiir. Wall des wär ja Schwarzarbeit, nä. Und iich gäih doch nedd ins Gfängnis, blouß wall a boor Kaschber maaner, sie mäin ba mir aweng im Mörddl ummernanderbandschen." Er habe da seine Prinzipien. Und ihm übrigen, betonte er noch einmal, habe er sie nicht zum Arbeiten eingeladen, sondern eigentlich viel lieber sein Haus ganz allein aufbauen wollen. Neigackerer könne er sowieso grundsätzlich nicht brauchen, er sei kraft seines immensen Wissens ein Solist.
Von den drei Angeklagten äußerte sich nur einer, Thomas H. „Dass mer vo den ka Geld gräing", sagte der, „hommer scho gwissd. Und zwar desweeng, wall er kanns hodd. Obber er hodd uns ein Richtfest vom Allerfeinsdn verschbrochn g'habd. Wenn es Dach ferddich is vo sein Haisla. Nou woor es Dach ferddich – kein Richtfest. Nou woor es Haus ferddich – auch kein Richtfest. Und nou hodder sei Gärddla bereits oogleechd – widder ka Richtfest. Und wäi er dann mid seiner Frau vier Wochn in die Dominikanische Rebubbligg gfoohrn is – dou woor nerdirli aa ka Richtfest." Zu dem Zeitpunkt hätten sie die Hoffnung auf das in die Hand hinein versprochene Richtfest bereits aufgegeben.
„Und dann", sagte der Thomas, „hom mir uns nerdirli Gedanken

gmachd, ob mer efendwell irchndows vergessn hom ba sein Haisla. Und dou simmer dann draff kummer – mir hom dadsächlich wos vergessn g'habd!" Und zwar eine etwa 1,50 Meter breite, 2,50 Meter hohe, äußerst massive Backsteinmauer.

Diese noch dringend notwendige Mauer haben der Willy, der Oskar und der Thomas in einigen mühseligen Nachtstunden, während des Urlaubs vom Gerhard, fachgerecht in die Höhe gezogen und in sie sogar noch ein kleines Rundfenster eingebaut. Wie der Gerhard mit seiner Frau aus der Karibik in sein Häuschen zurückgekehrt ist, war die Freude bei beiden natürlich groß: Es war keine Eingangstür mehr da.

„Zeerschd hobbi gmaand", sagte der Gerhard, „Iich hob mi im Haus daischd. Dass in däi vier Wochn neber uns numol a Haisla baut worn is. Middn Eingang hindn. Obber hindn woor aa ka Eingang! Iich wär ball wahnsinnich worn, Herr Richter! Schdäisd mid drei Kuffer vuur dein Haus, und es is ka Eingang mehr dou!" Dann hat der Gerhard aber das kleine Rundfenster erblickt und schon bescheid gewusst. Denn hinter dem Rundfenster hat ein leibhaftiger Hintern herausgelächelt. „Des woor eine Foddomondaasche. A Oorsch mid die Gsichdszüge vo mir." Trotz großer Müdigkeit und Jetlag vom Rückflug aus der Karibik hat Herr Gerhard S. an dem Abend noch seine drei Freunde der Reihe nach aufgesucht und sie dringlich ersucht, die Eingangstür wieder freizulegen. Alle drei haben aber versichert, dass sie moralische Grundsätze haben und leider eine solche Schwarzarbeit mit ihrem Gewissen nicht vereinbaren können. „Erschd nach zwaa Dooch is a Maurer kummer und hodd die Wänd midder Hilti wechgschdemmd."

Wegen Hausfriedensbruch und Sachbeschädigung müssen die drei Schwarzmaurer jetzt vier Wochenenden in einer gemeinnützigen Einrichtung arbeiten. Eine Frage hatte einer der drei Angeklagten noch: „Müssn mir eingli edzer die ganzn andern Mauern, wou mer bam Herrn S. sein Haisla gmauerd hom, müssn mir däi aa widder wechreißn?" Diese moralisch durchaus berechtigte Frage blieb aber unbeantwortet.

Der Schnüffler

Momentan geht schon wieder ein Aufschrei der Entrüstung durch Stadt, Land und Informationsfluss. Diesesmal über die Bananenstecker-Republik und die gefühlte Wiedergeburt der Staatssicherheit. Dabei werden bei uns bei weitem nicht alle Leute bespitzelt, höchstens 90 Prozent der Bevölkerung. Aber auch wenn es so verschwindend wenige zu observierende Bürger gibt – alles kann unser Wanzen-Wolfi natürlich nicht selber machen. Er braucht freudige Helfershelfer, Telefongesellschaften, Intimbereichsleiter, informelle Einzelhandelsketten oder vorgestrige Blockwarte, wie es zum Beispiel der Reihenhausinhaber Otto Sch. ist. Er hat jetzt ein leuchtendes Beispiel dargestellt, wie man seinen geliebten Staat auch im Kleinen vor den Terroristen auf der anderen Straßenseite schützen kann.
Insgeheim hatte der Otto schon mehrere Monate lang ermittelt, warum sich in seinem Mülleimer immer ein ihm völlig unbekanntes Graffl befindet. Unter anderem zahlreiche Underberg-Fläschlein, herrührend von einem Magenbitter, der dem Otto noch nie über den Knorpel gekommen ist, fremdes Verpackungsmaterial, Joghurtbecher, antiquarische Blumensträuße, verrostete Fahrradketten, verblichenes Gemüse, kleine Tüten für Hundescheiße. Der Otto hat keinen Hund und braucht auch keinen, er ist selber ein exzellenter Schnüffler.
Als Zeuge vor dem Amtsgericht hat er jetzt dargelegt, dass bereits nach nur wenigen konspirativen Gesprächen mit Geheimdienstmitarbeitern aus der Nachbarschaft sein Verdacht sofort auf den ihm gegenüber wohnenden Helmut R. gefallen ist. Aber wie jeder gut ausgebildete IM der Randstein-Stasi weiß: Ein bloßer Verdacht, eine vage Mutmaßung reichen vielleicht irgendeinem Innenminister zum Verfassen zahlreicher Gesetze – ein selbsternannter Privatwachtl will den handgreiflichen Beweis, er braucht den Kehricht-Kriminellen in flagranti.
Also hat sich der Abfall-Agent Otto Sch. der bewährten Undercover-Methode bedient, in dem Fall Underkadaver-Methode. In der Nacht von Sonntag auf Montag, um drei Uhr, hat er sich aus hygienischen Gründen in seinen alten Kleppermantel gehüllt und ist zwischen ehemaligem Gulasch und verkohlten Grillkotlett, zwischen vollen Staubsaugerbeuteln und leeren Milchbehältern in seiner am Gehsteig

auf die Müllabfuhr wartenden Abfalltonne gekauert. Mit einer Taschenlampe im Anschlag.
Zur noch besseren Tarnung hat er als Kopfbedeckung eine Pizza Vierjahreszeiten aufgesetzt. „Und genau asuu, wäi dassis vermuuded hob, suu is kummer – ich heer Schridde, der Deckl vo der Mülldonne gäihd aaf, iich rumbl houch, richd in Strahl vo meiner Daschnlambn auf den Täter – drei Uhr und 56 Minuddn – und schrei nu ‚Müllbedruuch – Sie sin vuurläufich fesdgnummer!' – und in den Momend is nou bassierd."
Ob im Schock über das pizzabemützte Kehrichteimergespenst im Morgengrauen oder mit eiskaltem Killerinstinkt, weiß man nicht – der Nachbar, der nach dem Motto „Guter Unrat ist teuer" wie schon seit längerem auch diesesmal seinen Müll im fahlen Mondlicht, zwischen Nacht und Tag, im Otto seiner Tonne entsorgen wollte, hat blitzschnell reagiert. „Der hodd mer", wusste der Spion, der in der Scheiße saß, vor Gericht noch ganz genau, „erschd sein ganzn Dreeg ins Gsichd gschmissn, nou den schwern Blechaamer vull am Kubf naafg'haud und in Deckl vo meiner Mülldonne widder runderfalln loun. Und dann bin woohrscheins ohnmächdich worn. Wall wäi ich widder zu mir kummer bin, dou woors bereids vier Uhr 37."
Und dann fügte er nach kurzer Pause, in dem seine Zwischenlagerung unter Eierschalen, Kohlköpfen, verwelkten Salatblättern, Underbergfläschlein und einer Pizza Vierjahreszeiten noch einmal vor seinem geistigen Argusauge Revue passierte, mit tränenerstickter Stimme hinzu: „Für miich woor des ganz gloor ein Mordanschlooch, Herr Richter! Ich hob ja ka Luft mehr gräichd dou drinner – ba däi Gase, wou si dou entwickln." Nur die bohrende Sorge um die Sicherheit des Landes, um den Schutz der Bürger vor Müllentsorgungsverbrechern habe ihn vermutlich wieder ins Leben zurückgerufen. Um vier Uhr 37 sei er wieder aus seinem Beobachtungsbunker ins Freie gekrabbelt, praktisch sein zweiter Geburtstag.
Wegen versuchtem Mord wurde der des Müllschmuggels überführte Helmut R. nicht verurteilt, sondern freigesprochen. Mit der Begründung, er habe nicht damit rechnen können, dass früh um drei Uhr 56 in einer Mülltonne der verlängerte Arm des Innenministeriums lauert, maskiert als Pizza Vierjahreszeiten. Der Schlag mit dem Eimer sei, wenn überhaupt mit Absicht, im Affekt erfolgt. „Und wenn i nu a halbe Stund länger drinner gleeng wär?", fragte der Otto rein

rhetorisch, „Und die Müllabfuhr wär kummer? Und ich wär am Schuttberch widder ausgloodn worn?" „Ja und?", antwortete der Helmut, „Dou g'herrsd doch hie . . ."

Verfassungsschutz oder Mülleimer-Miliz? Wurschd! Hauptsache, ein verdeckter Ermittler im Einsatz.

Der Bläbberla-Krieg

Wer hierzulande, einigermaßen nördlich der Demarkationslinie Thalmässing, Pleinfeld, Gunzenhausen, ein inbrünstiger Verehrer der Fußballkünste des FC Bayern München ist, tut gut daran, den Gegenstand seiner Anbetung hin und wieder geheim zu halten.
Außer er ist Bratwurstfabrikant. Ansonsten aber läuft er Gefahr, in Fachgespräche verwickelt zu werden, in denen ihm wissenschaftlich nachgewiesen wird, dass der Club die Weltkrönung der Flachpasskunst darstellt, während er, der Bayern-Fan, zur Gattung der weitgehend hirnfreien, niederen Lebewesen, der Knalldeppen zählt. Und er soll sich seine Bayern ans Bein schmieren oder sich mit ihnen – noch ein bisschen höher – auswischen.
Solcher Vorkommnisse ungeachtet hat sich der schon vor Jahren zum Fußball-Katholizismus Münchner Prägung konvertierte Unterbayer, also Franke mit geistigem Migrationshintergrund, Roland M. eines Tages in einem Anfall von missionarischem Heldentum einen kleinen Aufkleber auf den Kofferraumdeckel seines Autos gepappt. Mit dem schönen Alleinvertretungsanspruch „Hier regiert der FCB!"
Tags drauf ist sein Nachbar Udo K. bereits zur erwähnten Disputation der These „Hier regiert der FCB!" bereit gestanden. Und zwar mit der eher aus der Medizinwissenschaft herrührenden Frage: „Hosd du gwiss awcng an Oorschoffn!?"
Vor dem Amtsgericht hat der damals auf gewisse verborgene Körperöffnungen hin befragte Udo jetzt bekundet, dass er trotz dieser und ähnlicher fäkaler Anwürfe jeglichen Konfrontationen sorgfältig aus dem Weg gegangen ist. Dann aber seien die Übergriffe eskaliert.
„Und zwar", äußerte sich der Anhänger des Münchner Tabellenführerkults, „bin iich an den Fräih, wäi ich in die Ärwerd gfoohrn bin, binni vo der Bollizei aafg'haldn worn. Wall i ka TÜV-Bläbberla an mein Nummernschild droo g'habd hob. Obber ich hob scho a TÜV-Bläbberla droo g'habd. Blouß is aff den TÜV-Bläbberla a Bläbberla mit ‚1.FCN' dribber babbd gween. Hobbi 15 Euro Straf zoohln mäin." Abends, im Schutz der Dämmerung, hat Herr Udo K. dann dem Nachbar über das TÜV-Bläbberla am Auto als Gegenleistung das bayerische Hoheits-Abziehbild des FC Bayern geklebt. Was der argusäugige Club-Fan Roland M. aber hinterm Küchenfenster schon beobachtet hatte.

Mit einem ganzen Schuhkarton voller FCN-Aufkleber ist er hinaus zum Tatort gestürmt und hat mit mindestens 50 Bläbberla aus dem Rückfenster des Autos vom Udo praktisch ein Club-Schaufenster gebildet – ein FCN-Emblem dicht am andern, kein Quadratmillimeter war mehr frei. „Es is ja nedd suu, dass mir kanne Bläbberla hom", sagte der Udo, „Ich bin nou aa glei nei zu mir und hob meine Bayern-Aufkleber alle g'hulld. Däi hobbi dann als erschdes amol an die Windschutzscheim hiibichd." Minuten später war, wie man sich denken kann, auch die Windschutzscheibe vom Udo mit Club-Abzeichen aller Art verdunkelt. Dann jeweils die Seitenfenster, Motorhauben, Scheinwerfer, Kofferraumdeckel.

Vielleicht würden die beiden Vereinsemblem-Tapezierer heute noch, ein halbes Jahr danach, gegenseitig ihre Autos zukleistern, wäre an diesem Abend das Kleben nicht ein bisschen aus der Art geraten. „Klebt mir", sagte der Bayern Repräsentant Udo K., „Klebt mir der aff aamol rechts und links aff mei Brilln aa seine Scheiß Club-Bläbberla draff! Und nou hobbi nerdirli es gleiche gmachd." „Des schdimmd scho", sagte der Roland, „blouß mid den Underschied, dass iich ibberhabbs ka Brilln hob. Der hodd mer vull anne aff die Lichter g'haud. Erschd links anne und dann anne rechts. Ich hob direggd Schdernla gseeng, suu hodd der hiig'haud! Und nach die Schdernla hobbi nou ibberhabbs nix mehr gseeng. Wall i däi gschissner Bayern-Bläbberla aff meine Aung bibbn g'habd hob."

Die Wucht der Schläge beim Kleben täten ihm, dem Udo außerordentlich leid, aber sie habe nur daher gerührt, dass er infolge der auf seiner Brille klebenden Club-Bläbberla praktisch blind gewesen sei. Er habe die Distanz beim Kleben dadurch vollkommen falsch eingeschätzt. Die Justitia, Göttin der Rechtsprechung, ist bekanntlich auch blind und stand dem vorübergehend zugeklebten Bayern-Fan Udo K. bei. Der Richter sprach ihn frei und riet in seinem Schlusswort den beiden stark gummierten Sportfreunden, dass sie sich für eine weitere, einigermaßen friedliche Zukunft einen gemeinsamen Dachverein suchen. Vielleicht die uhu-farbene Borussia Dortmund.

Gespräche mit dem Endiviensalat

Der berühmte Satz von Wilhelm Dünnbier, dass es mehr Dinge zwischen Himmel und Erde gibt, als es sich unsere Schuldummheit träumen lässt, ist seit einem gravierenden Vorkommnis zwischen Himmel und Humus, nämlich in einem Gmüsgärtlein, auch Herrn Christoph G. bekannt. Damals ist er mit großem Erstaunen vor einem Beet mit heranwachsendem Endiviensalat gestanden, jetzt, mit nicht minder großem Erstaunen, als Angeklagter vor dem Amtsgericht. Der Endiviensalat hat damals erhebliche Mängel aufgewiesen. Statt in zartem Hellgrün ist er in einem tiefen Dunkelbraun vor sich hingedorrt, hat die Köpfe hängen lassen und auch sonst keinen erfreulichen Anblick geboten, geschweige denn eine Aussicht, dass er gemäß seiner Bestimmung in einigen Wochen im Salatteller endet.

Es wäre aber trotz der düsteren Stimmung im Gmüsgärtlein vom Christoph nichts Dramatisches passiert, hätte eine überirdische Fügung an jenem Tag nicht die Schritte des Diplom-Schamanen Herbert S. am Zaun der darbenden Salaterie vorbeigelenkt. Der mit transzendentalen Kräften ausgestattete Herbert ist stehengeblieben und hat den Hobby-Gärtner gefragt, ob gwiss der Endiviensalat nicht gscheit wächst. Was angesichts seiner Welkheit eine blöde Frage war. „Dess seeng'S doch, odder", hat der Christoph mit großer Begeisterung geantwortet. Was ins Deutsche übersetzt heißen hätte sollen „Schleich di und lou mer mei Rouh!"

Es hat den Herrn Herbert S. aber in keiner Weise zum sofortigen Weitergehen bewegt. Vielmehr hat er den Nebenerwerbs-Salaterer ausführlich davon in Kenntnis gesetzt, dass er, der Herbert, glücklicherweise ein gefragter Fachmann sei für Erdstrahlen, Sternforschung, mysteriöse Schwingungen, Materialbeeinflussung durch Gedankenkraft, etwa Verbiegung von Kaffeelöffeln, Telepathie, Auraforschung, Wünschelrutengehen, Dialog zwischen Mensch und Pflanze.

„Obber es Beste", sagte der Christoph jetzt vor Gericht, „Es Beste kummd ja nu! Sachd der Gnaller aff aamol zu mir, dass iich mid mein Endiviensalood reden soll!" Und erregt fuhr er nach einem vernichtendem Blick zu seinem Kontrahenten fort: „Hom Sie scho amol mid einen Endiviensalood gredd, Herr Richter?! Dou hauds der doch vull in Vuugl raus! Vielleicht häddi mid mein Salood

Oomds nu aweng ins Kino gäih solln odder ihn aus „Peterchens Mondfahrt" wos vuurlesen! Der Moo hodd doch fir miich einen Granatenbadscher!!"
Außer eventuell einem Granatenpatscher muss der geomantisch forschende Herbert aber auch noch eine Überdosis missionarischen Eifer und sehr viel Mut gehabt haben. Kurz nach der Aufforderung zu einem Plauderstündchen mit einigen welken Salatstauden ist der Herbert nämlich durch die Gartentür bis zum Christoph vorgedrungen. „Nou hodder mi vuurn Endiviensalood hiizuung und hodd widder oogfangd mid sein Löfflverbieng, mid die Schwingungen und Energiefelder und mid der Gedankenkraft und dass iich edzer mid mein Salood in eine Harmonie eintreten soll. Und mit ihn blaudern." „Und wäi er zu mir nou gsachd hodd, dass ich des mid die Energiefelder fei auch ba ihn lerner konn und dass des Seminar ba ihn blouß 400 Euro kost – in den Moment hob iich ba mir dann auch ein Energiefeld gschbürd."
Und zwar hat sich dieses aufwallende Energiefeld in den Händen und Armen vom Christoph befunden. Mit ihm hat er dem Diplom-Strahlenforscher zunächst die Löffel verbogen. Nicht die Kaffeelöffel, sondern die zwei Löffel am Kopf. Erst nach vorn, dann nach hinten, dann nach oben. Einen Satz heiße Ohren. Danach hat der Christoph mit seinem Energiefeld in der rechten Hand dem zertifizierten Erdweissager eine geschallert, dass es diesen in die Endivienplantage hineingeschleudert hat. Und dazu hat der Christoph gebrüllt: „Edzer konnsd mid dein Endiviensalood reden, du Erdstrahlnzibfl! Frooch nern amol, ob der der Endivien hilft!" Obwohl der Herbert ein paar mal „Hilfe, Hilfe!" gefleht hat, ist ihm vom Endiviensalat keine Hilfe zuteil geworden. Auch nicht, wie er noch einen Tritt in den Hintern erhalten hat. Wahrscheinlich waren die Gesprächsteilnehmer für eine Unterhaltung schon zu sehr verwelkt.
Wegen wüsten Ausbruch eines Energiefeldes in Hand und Fuß ohne jeglichen Eintritt in eine Harmonie ist der allem Überirdischen offenbar extrem abholde Christoph G. zu einer Geldstrafe von 3000 Euro verurteilt worden. „Auch wenn Sie kein Endiviensalodd sin, Herr Richter", wandte sich der Christoph betreffs der Höhe der Strafe an den Vorsitzenden, „obber iich glaub, dou driiber müss mer numol reden."

Die Sale-Schlacht

In den Vereinigten Staaten von Amerika gibt es zur Bekämpfung des Kaufrausches bereits Pillen. In den mehr oder weniger vereinigten Kleinstaaten von Franken wäre es wünschenswert, wenn für manisch-exzessive Shopper manchmal wenigstens ein Verbandskasten zur Verfügung stände. Entweder als vorbeugende Maßnahme zum Festbinden der Hände und Füße, dass sich die Quartalkäufer erst gar nicht in den Sale, den ehemaligen Schlussverkauf, stürzen können, oder falls doch, dann zur Erstversorgung der Verwundungen in diesen erbitterten Saleschlachten.

Im Fall von Herrn Erwin W. haben die Sanitäter eingreifen müssen. Schuld war aber der Erwin an seiner mittleren Gehirnerschütterung selber, denn er hat einen gravierenden Fehler begangen. Er hat seine Ehefrau, Maria W., in die Stadt begleitet. Zum Sale. Nach nicht einmal drei Stunden Umherwandern von einem Modehaus zum andern war der Erwin am Ende seiner Kräfte, die Maria aber noch lange nicht, denn sie ist nach vielleicht 150 Anproben in allen Umkleidekabinen der Stadt plötzlich am Ziel ihrer zahlreichen Wünsche gewesen: Ein Leinendirndl mit Biesen und Puffärmelchen, dezent dekolletiert, in der schönen Farbkombination Aubergine, Apfelsine, Petroleum oder so ähnlich, Kleidergröße Slim, und vor allem zu 239 Euro, also praktisch geschenkt.

Die Maria hat aufgejuchzt „Ein Traum! Und nerblouß 239 Euro! Dou zoohlsd du in München mindestens es Dreifache!", und der Erwin hat, bereits in Trance, geröchelt „Ner guud, nou foohr mer hald nach München".

Aber in dieser großen Glückseligkeit des Ehepaares W. hat hinter ihm bereits ein gewaltiges Unheil gedräut. Und zwar in Gestalt der sich ebenfalls auf Dirndlpirsch befindlichen Carola L. Vor Gericht bestätigte die Carola jetzt, dass es sich bei dem Dirndl mit Biesen und Puffärmelchen schon seit Jahren fasergenau ebenfalls um das Objekt ihrer schweren Textilienträume handelt. „Und ich hob dann nerblouß zu dera Frau gsachd, obbis amol oofassn derf. Also des Dirndl. Und lang aweng hii. Und aff aamol brülld miich däi oo, dass ich aff der Schdell meine dreggerdn Griffl vo ihrn Dirndl wechdou soll. Und derbei is des Kleid nu am Kleiderbügl dorddn g'hängd."

Folglich hat die Carola keineswegs ihre dreggerdn Griffl von dem

Dirndl entfernt, sondern es sich mit einem Ruck an sich gerissen und ist damit in Richtung Umkleidekabine gerannt. „Nou is däi Frau hinder mir her grennd wäi eine Furie und hodd dauernd brülld, dass des Dirndl ihr g'herrd, dass iich eine wamberde Sau bin, däi wou in des enge Kleidla ibberhabbs nedd neibassd, und nou hodds nach den Dirndl grabschn wolln. Hobbis grood nu wechzäing kenner."

Aber eigentlich ginge es, unterbrach sie der Richter, nicht um das Dirndl, sondern um eine Körperverletzung. „Ja fiir däi Körberverledzung", sagte die Carola, „dou konn iich nix derfiir. Wall wäi ich des Kleid widder g'habd hob – in den Momend schreid däi Frau nach ihrn Moo. ‚Erwin, mach edzer amol wos!' hodds brülld wäi am Schbieß." Und daraufhin sei der Erwin zwischen den Kleiderständern, wo er ein Nickerchen gemacht hat, aufgetaucht, und habe auf den mehrfachen Befehl seiner Ehefrau sich an das gerade in die Kabine entschwindende Dirndl hingehängt. „Nou hodds aff aamol ‚Radsch' gmachd und der Moo hodd die undere Hälfd vo den Dirndl in der Händ g'habd und ich die obere Hälfd, middn Kleiderbügl. Also die allerbesde Gwalidääd is des Dirndl nedd gween, sunsd wärs nedd vonandergrissn."

Und die Körperverletzung? „Ja suu, die Körberverledzung. Ja, hobbi doch scho gsachd – dou hobbi nix derfiir kennd. Des woor suu, dass durch des Vonanderreißn vo den Dirndl mir nou der Kleiderbügl irchndwie aus der Händ gschnalzt is. Und den Moo hodds ja mid seiner Hälfd vo den Dirndl, hodds den nou affn Buudn hiig'haud. Und dou is nern nou scheinds der Kleiderbügl affn Kubf draff brelld. Leider woor der Bügl aus Hulz. Des konn scho ganz schäi weh dou. Obber iich woors nedd."

Die Carola war es aber schon, wie zwei weitere Zeugen bekundeten. Der Kleiderbügel ist nicht durch die Erdanziehung auf den Erwin seinen Kopf geschnalzt, sondern durch die Kraft der zwei ansehnlichen Arme der Carola. Der Richter wertete das Dirndlziehen ungefähr als ein Unentschieden. Die Carola muss 500 Euro Strafe für den fliegenden Kleiderbügel zahlen, der Erwin für die gewaltsame Trennung des Dirndls in zwei Hälften dessen Gegenwert, nämlich 239 Euro. „Ja, dou hommer ja a ganz schäins Gschäfd gmachd", sagte er nach der Verhandlung zu seiner Maria, „Wall fiir däi 239 Euro hommer braggdisch zwaa Dirndl. Edzer verschdäih iich aa däi Aktion, wous bam Sale immer machn – kauf zwei, zahl eins."

Der Lichterschlauch

Die Geschichte des Leuchtfeuers reicht von der vorchristlichen Seefahrt über die in den siebziger Jahren des vergangenen Jahrhunderts immer wieder gern installierten Bewegungsmelder bis hin zum heutigen, häufig chronische Nervenzerwürfnisse auslösenden Weihnachtsblinklichterschlauch am heimischen Küchenfenster.
Ursprünglich war dieser Weihnachtslichterschlauch dazu gedacht, die Menschen in eine weihnachtliche Stimmung zu versetzen, sie hallelujamäßig zu erleuchten, an den Frieden auf Erden zu gemahnen. Zehn Lichterschlauchmeter Friedensblinken mit 220 Volt ab 24,95 Euro.
Diese Botschaft aus dem Osram-Evangelium muss der notorische Küchenfensterblinker Udo G. in der letztjährigen Adventszeit missverstanden haben. Seine Friedenssignale haben zunächst einen Krieg und dann einen langwierigen Zivilprozess ausgelöst. Zum besseren Verständnis für den Krieg muss der Historiker wissen, dass den Nachbarn vom Udo, Herrn Herbert R., seit geraumer Zeit immer in der Nacht vom Freitag auf den Samstag beim Heimkurven vom Wirtshaus ein Bedürfnis bedrängt. Von diesem drängenden Bedürfnis pflegt er sich am ersten Zaunpfosten von Udo G. zu befreien. Dabei ist er mehrere Male beobachtet und eines Tages mahnend darauf angesprochen worden. Mit mäßigem Erfolg. „A Wochn schbeeder", sagte der Udo, „hodder scho widder an mein Zaun hiigschbradzld."
Dann entnahm er seinen Unterlagen einen gut gefüllten Leitz-Ordner: „Dou hobbis aafgschriem – Freidooch 21. September, 1 Uhr 35, sechserhalb Minuddn lang am vierten Zaunbfosdn hii uriniert. Und suu is weiderganger bis in November nei. Dou hommer dann bereits Frost g'habd, und nou is mei Frau am andern Fräih aff den seiner Heedschl, wou er hiibinkld hodd, is draff ausgrudschd."
Und wie sich dann die Vorweihnacht mit ihrem Frieden und ihren Freudenleuchtfeuern über die Vorstadt gesenkt hat, ist dem Udo die Idee gekommen, dass man aus einem Lichterschlauch nicht nur Rentiere, Engelein oder Ochs & Esel formen kann, sondern auch Buchstaben. Und am Freitag vor dem 1. Advent hat in der Abenddämmerung von der Küchenfensterfront des Udo G. folgende Weihnachtsbotschaft auf die Straße geblinkt: „Herbert R. ist ein Zaunbrunser".

„Des mäin'S Ihner amol vuurschdelln, Herr Richter", äußerte sich jetzt der Kläger und Nachtstromablasser Herbert R., „Jeedn Dooch, wenns draußn finsder worn is, hodd der Verbrecher sei Warnblinkanlooch eigschaldn! Bis am andern Fräih ummer Neuner rum! Dass iich ein Zaunbrunser bin! Des is doch Rufmord! Odder Leuchtmord odder Blinkmord odder wäi mer dou sachd! Und des an Weihnachdn! Den Moo is doch goornix mehr heilich!" Darauf der Udo: „Ihner is mei Zaunbfosdn aa nedd heilich." Der erregte Disput, was heiliger ist – Weihnachten oder ein Zaunpfosten – endete mit der wütenden Feststellung vom Herbert: „Läiber annern Zaunbfosdn hiibrunsn, als wäi wennsder ins Hirn gschissn hom!" Wofür er 300 Euro Ordnungstrafe entrichten musste.

Das weithin leuchtende Menetekel damals hat auf die Blase vom Herbert aber eine heilende Wirkung ausgeübt. Allabendlich haben sich damals Passanten vor der interessanten Leuchtschrift versammelt, und wie unter ihnen die Frage aufgetaucht ist, ob man sich in der nächsten Freitagnacht nicht einmal den Zusammenhang zwischen Leuchten und Neileuchten direkt vor Ort und in flagranti anschauen solle, ist der Wildbach des Zaunpfostenpinklers wie durch ein Weihnachtswunder plötzlich versiegt. „Wall i weecher den seiner Scheiß Lichderkeddn nimmer ins Werzhaus derfd hob, vo meiner Frau aus", erklärte der Herbert sein und seiner Notdurft Ausbleiben. „Obber nachn Frühschobbn am zweidn Feierdooch", erinnerte sich der Udo, „isser scho widder dorddn gschdandn."

In Zukunft aber wird nichts mehr dort stehen. Weder der Herbert und sein Gehsteig-Geysir, noch oben am Küchenfenster ein dis-, beziehungsweise pisskriminierender Lichterschlauch. Für ein zukünftiges Schläuchen – ob mit Blinken oder mit Pinkeln – stellte das Gericht beiden Parteien eine hohe Geldstrafe in Aussicht. „Und wenn ich mich nachds", fragte der Herbert, „blouß asuu an den sein Zaunbfosdn hiischdell? Ohne dassis laafn lou?" „Dann", prophezeite ihm der Udo, „dann schreib ich mid meiner Lichderkeddn, Herbert R. is kein Zaunbrunser'. Obber a Drimmer Oorschluuch."

Die Weihnachtsgans im Schraubstock

Traditionell schweigen an Weihnachten oft die Waffen. Oft aber auch im Gegenteil, da die Nerven nach insgesamt drei Monaten Vorweihnacht bei den weihnachtsführenden Parteien in vielen Fällen nicht mehr die allerbesten sind. Weihnachtsgeschenke, Weihnachtsbesuche, täglich an die 100 Weihnachtsglückwünsche, Weihnachtslieder, Weihnachtsfernsehprogramm, Weihnachtslichterketten – da ist leicht einmal infolge nervlicher Überreaktion ein robustes Mandat erteilt, und es scheppert.

Auch bei Herrn Jürgen K. ist letztes Jahr der Weihnachtsfrieden im Arsch gewesen, und zwar im Gänsarsch. Dieser Jürgen K. ist ein weit vorausplanender Weihnachtszelebrator, und es hat infolgedessen das absehbare Unheil bereits im September seinen Lauf genommen, wie Jürgen K. festgelegt hat, dass es heuer zum Fest erstmals in der Familiengeschichte einen frischen, für jedermann beißbaren Gänsebraten gibt.

„Wall", erklärte der Jürgen sein Sehnen nach einem sehnenfreien Braten, „wall mir hom jeedsmol ein deroordiches Deooder g'habd weecher der Goons, dass mei Frau und iich ofd bis Heilich Drei Könich ka Word mehr middernander gredd hom."

„Aamol", fuhr er fort, „aamol woor die Goons suu zäh, dass mers durchn Fleischwolf hom dreher main. Aamol hobbis middn Hulzhäckla drandschiern main, aamol mid der Astscher. Und aamol is in Opa sei Gebiss in der Middn ausernanderbrochn. Und wäi er widder reedn hodd kenner, hodder mi gfrouchd, ob der Flüügl vo anner Boeing 747 gween is. Des woorn auch sehr schöne Weihnachdn."

Weihnachtsgänse kommen ja nicht tiefgefroren in einer Kühltruhe in Polen auf die Welt, sondern sie schlüpfen aus einem Ei und sind dann für einige Zeit lebendig. In diesem ursprünglichen Zustand hat sie der Jürgen im September auf einem Bauernhof gekauft, auf den biblischen Namen Angela getauft, daheim im Gmüsgärtla gut durchgefüttert, und einen Tag vor dem Heiligen Abend hätte die Familiengans Angela weihnachtliche Gedanken hegen, also dran glauben müssen.

Jetzt ist die Frage aufgetaucht: Wie bringt man eine Gans vom irdischen Dasein, vom Leben, vom Diesseits ins Jenseits einer

Bratröhre? Tod durch Erhängen, Erwürgen, mit dem Auto überfahren, den Schnabel in die Steckdose drücken, eine Art elektrischer Stuhl? Vom Schweinauer Fernsehturm nunterschmeißen? „Ich bin nou zum Ernstla niiber. Der is Angler. Die Angela is schäi brav hinder mir her gloffn. Und nou hobbi zu ihn gsachd, er solls hiimachn. Obber möglichst menschlich." Der Nachbar Ernst L. hat aber auch noch nie eine Gans in die ewigen Jagdgründe geschickt, auch nicht menschlich. Aber er ist von wesentlich robusterer Natur und hatte zur Angela keinerlei familiäre Bindung. Er hat die wild um sich schnatternde Todeskandidatin gepackt und sie mit den rohen Worten „Gäih her, edzer hosd glei dein ledzdn Schieß brunst" in seine Werkstatt hinuntergezerrt.

„Glaam Sie's, Herr Richter", schluchzte der angeklagte Jürgen in der Verhandlung, „Mir sin die Drääner kummer. Und wäi der Ernstla die Angela nou middn Groong in sein Schraubschduug neigschbannd hodd und die Modoorsääch g'hulld und die Angela hodd wäi am Schbieß gschriea – dou binni dodaal ausgflibbd."

„Fiir miich", sagte der Ernst als Zeuge und Opfer, „fiir miich woor des ein ganz gloorer Mordversuch. Der hodd mi aff die Werkbänk draffbrelld, nou am Buudn hii, nou hodder den Aamer Disbersionsfarb iiber mich driibergschidd, dass i ball dersuffn wär, und gschriea, dass ich ein Killer bin, ein Schlächter. Wenner des gwissd hädd, dass ich aff sei Angela mid der Modoorsääch losgäih, wär er nichd riiberkummer. Mid die Fäiß hodder sugoor aff mir rum dramblld. Also wenn nedd mei Frau kummer wär – schdadds der Angela, glaab i, hädds mich derwischd."

Käsweiß im Gesicht, teils vor Todesangst, teils von der Dispersionsfarbe, wurde der Ernst aber vor dem Weihnachtsschicksal aller Gänse errettet. Ganz so schlimm wie bei einer Gans war es ohnehin nicht. Ein zugeschwollenes Auge, leichte Gehirnerschütterung, Nervenflattern, vorübergehender Schockzustand – also ganz normale Weihnachtserscheinungen, die normal strafrechtlich nicht verfolgt werden. Im Fall vom Jürgen aber drei Monate mit Bewährung und 2400 Euro Geldbuße.

Und die Gans? „Die Angela? Däi hommer an Silfesder ins Tierheim. Vo den Neizwiggn in Schraubschduug vom Ernstla hoddser si nimmer erhulld. Suvill i wass, hodds dann in Tierheim an Neujahr Gniedla und Blaugraud derzou geem."

Grismäs-Schobbing – je früher, desto Rabatter

Jedes Jahr beschließt die christlich orientierte Menschheit, dass sie sich heuer die Ladenschlusspanik am sogenannten heiligen Abend in der Früh nicht mehr antut und Weihnachtsgeschenke bereits im Spätsommer ordert. Allerspätestens im Frühherbst. Den mittelfränkischen Landesrekord im Weihnachtseinkaufsnervenschonen hält der Nebenerwerbs-Konjunkturologe und Rabattjäger Peter K., der sich letztes Jahr bereits im Mai bei zirka 25 Grad im eigenen Schatten zum Christmas-Shopping entschlossen hat.
Außer der Schonung seines Nervenkostüms hat er sich, wie er jetzt vor Gericht bekundete, vom nachweislich frühesten Weihnachtseinkauf der Kirchengeschichte auch eine drastische Schonung seiner Brieftasche versprochen. Aber: Tragischer Irrtum, wie sich später herausgestellt hat.
Der notorische Pfennig- beziehungsweise ProCentfuchser ist damals im Mai von einem Bekleidungshaus zum anderen gehastet, und nach vielleicht zehn zähen Rabattverhandlungen hat er zugeschlagen: 1 Wendewanderanorak in der schönen Farbe „Schlamm" zu 199 Euro für seine Ehefrau, welche allerdings noch nie in ihrem Leben eine Wendewanderung durchgeführt hat. „Ich hob in den Gschäfd an der Kasse nu gfrouchd, obs mer den Anorak als Weihnachdsgschenk verbackn kenndn. Nou hodd die Frau an der Kasse zu mir gsachd, sie konn mer aff mei Bäggla an Maikäfer draffbabbn." Auf dieses dem Monat Mai angemessene Verzierungsangebot hat Herr K. mit Recht verzichtet, weil ja nur sieben Monate später nicht der Maikäfer kommt, sondern das Christkind. Außer zu einer unschönen Christkindbescherung ist es aber sieben Monate später noch zu einem dramatischen Preisverfall auf dem Gebiet schlammfarbener Wendewanderanoraks gekommen.
Ohne jede Panik ist der Weihnachtsgeschenkfrühbucher Peter K. damals am heiligen Vormittag durch die City geschlendert, erstmals mit dem wunderbaren Gefühl in sich, dass er heuer der Bescherung in nie gekannter Ruhe entgegen sehen kann. „Und wäis der Deifl will – kumm ich an den Gschäfd vorbei, wou ich im Mai den Anorak fiir mei Frau zu Weihnachdn kaffd hob. Ich gäih nei, naaf

in erschdn Stock zu die Anorak – und wos soll i Ihner soong, Herr Richter – hängd dou original der gleiche schlammfarbiche Wendewanderanorak!"

Er habe sich noch gedacht, dass er den Anorak heute am heiligen Vormittag durchaus auch noch erwerben hätte können. Aber jetzt in der Wendeanorak-Hochsaison sei er ganz gwieß deutlich teuerer als damals im Mai. „Schau i zufällig affs Breisschildla draff. Und nou hobbi gmaand, i siech nedd richdich! Neunerneunzg Euro! Hundert Euro billicher wäi in Mai!" „Ja, dou hauds der doch in Vuugl naus! Ich bin doch nedd denni Doldi ihr bersönlicher Geldscheißer!" Infolgedessen hat der Peter sich den nächstbesten Anorakverkäufer geschnappt, diesem im Rahmen eines zehnminütigen Vortrags erklärt, dass er ein Galgenvogel ist, Halsabschneider, Großbetrüger, ein Handlanger der organisierten Fußgängerzonen- und Wegelagerei. Und in Anlehnung an die Anorakfarbe „Schlamm" hat er ihn unter Androhung standrechtlicher Schelln an der Krawatte ein bisschen hochgezogen und angebrüllt: „Du Schlammsau schreibst mer edzer aff der Schdell einen Gutschein vo hundert Euro raus!" Schriftlich hätte Herr Peter K. aber lediglich ein Hausverbot erhalten können, das ihm der Verkäufer vorläufig mündlich erteilt hat.

Worauf der Peter unter einem ohrenbetäubenden Pfeifen das Geschäft verlassen hat. Das Pfeifen ist aber nicht aus dem Peter, sondern aus der Alarmanlage für unbezahlt mitgeführte Waren am Ladenausgang ertönt.

„Wos häddin nou andersch machen solln?", fragte der Angeklagte jetzt vor Gericht, „Wenn mer däi Verbrecher mein Rabatt nedd geem! Hobbi hald eine Fleeze-Jackn um neunerneunzg Euro miidgnummer. Ummersunsd." Ganz umsonst war es aber nicht. Wegen Beleidigung, leichter Handgreiflichkeiten, Aufruhr in der Wendewanderanorakabteilung und Selbstbedienung ist Herr Peter K. zu einem Weihnachtsfrühbucherrabatt in Höhe von 6000 Euro verurteilt worden. „Noch Fragen?", wollte der Richter wissen, „Ja", sagte der Peter, „Kenndn'S mer des Urteil als Weihnachdsgschenk verbackn?"

Oh Pannen-Clown ...

Wohin sind sie entschwunden, die schönen, besinnlichen Betriebsweihnachtsfeiern? Wo es ein kaltes Büffet gegeben hat und warme Weine, eine Tombola mit herrlichen Hauptgewinnen vom handgehäkelten Topflappen bis zu einer noch fast vollen Probierflasche Sechsämtertropfen, wo am Betriebssofa oder hinter den Regalen der Versandabteilung die atemberaubendsten Verbrüderungen und Verschwesterungen um sich gegriffen haben und wo der Chef in seiner von einer auf die andere Generation überlieferten Rede mit Recht darauf hingewiesen hat, dass sich jetzt wieder ein Jahr dem Ende zuneigt. Fort, entschwunden, outgesourced – das wundervolle Betriebsweihnachtsreihern.
Auch in einer örtlichen Geh mbH & K.O. KG wird so schnell keine Betriebsweihnachtsfeier mehr stattfinden, betrübsbedingt. Weil sich der Betrieb inzwischen aufgelöst hat. Aber selbst wenn es ihn wie durch ein Wirtschaftswunder noch gäbe – sein Chef, Herr Manuel F., würde einer solchen Feier inzwischen sehr unaufgeschlossen gegenüberstehen. Wegen einiger befremdlicher Ausuferungen im vergangenen Jahr, wegen der jetzt der selbsternannte Betriebsnikolaus, der Controller Herbert R., vor Gericht gestanden ist. „Mir waren gerate", äußerte sich Herr Manuel F. teilweise sehr gewählt, „Mir waren gerate mid unsernen Värddl Goons peschäfdichd, Herr Bforsitzender, in tiesen Aukenpligg schdehd der Niggolaus vor mir."
Die Heimsuchung eines Betriebsnikolaus ist eigentlich überhaupt nicht vorgesehen gewesen. Der ein Vierteljahr vorher betriebsbedingt gefeuerte Herbert R. hat sich den unvergesslichen Auftritt selber ausgedacht und ist auch persönlich in dem Nikolauskostüm gesteckt. Traditionell hat er, vor dem Chef und seinem Sohn, den Vortrag mit den Worten begonnen: „Von drauß vom Walde komm ich her, und ich muss Euch sagen ..." Dann hat er eine kurze Pause gemacht und von Neuem angehoben: „Von drauß vom Walde komm ich her. Und ich muss Euch sagen, da hockn zwei Drümmer Arschlöcheer. Es gräißde Oorschluuch hockd direggd vuur mir. Und der gräichd edzer ein Seidlein Bier."
Jetzt hat schon jeder geahnt, dass dieser Nikolaus kein offizieller Programmpunkt ist. Aber noch hat niemand gewusst, was es mit dem Seidlein Bier auf sich hat, und wie es insgesamt ausgeht. Viel

Zeit zum Überlegen ist aber nicht gewesen. Schon hat der Nikolaus ein weiteres Vorweihnachtsgedicht zum Besten gegeben: Erst das Wachs eines brennenden Kerzleins auf das kahle Haupt des Chef träufeln lassen, das Kerzlein auf die Glatze gedrückt und mit tiefer Stimme gebrüllt: „Abfend, Abfend, die Bladdn brennd!"
Dann hat der Nikolaus Herbert R. dem Chef noch einen Tannenzweig aus der Tischdekoration in die Hand gedrückt und die Teilnehmer der Betriebsweihnachtsfeier aufgefordert: „Und edzer alle! Oh Dannenbaum, oh Dannenbaum – wie hell erglänzd dei Bladdn! Däi glänzd nedd blouß zur Weihnachtszeid, naa auch im Summer, wemmers mid Nivea eireibt. Oh Pannen-Clown, oh Pannen-Clown – wäi hell erglänzd dei Bladdn."
Ob das alles so stimmt, wie es in der Anklageschrift steht, fragte der Richter den singenden Controller Herbert R. „Fraali schdimmds", sagte er stolz, „Und alles fei selber gedichtet, gell! Auch in Pannen-Clown. Des Bild vergess ich nie, Herr Richter, wäi unser Pannen-Clown dorddd g'hockd is, middn Dannenzweichla in der Händ, vuur lauder Angst kann Mukserer gmacht, und wäi nern vo der Kerzn am Kubf es Wachs über die Bladdn gloffn is." Und die Sache mit dem Bier? „Ner ja, dasser si die Bladdn nedd verbrennd, unser Pannen-Clown. Des Seidla Bier hobbin iibern Kubf gschidd. Und nou is die Kerzn ausganger. A grouße Leuchte woor er suwiesuu nedd."
Normalerweise wird man am Amtsgericht zu sogenannten Tagessätzen verurteilt, die schönen Sätze vom Herbert sind aber am Abend, beziehungsweise in der Nacht gefallen. Er ist wegen Umdichtung einiger Advents- und Weihnachtslieder und Kerzenbrandstiftung zu zwanzig Nachtsätzen á 50 Euro, also 1000 Euro verurteilt worden. „Des woors mer wert", sagte der Herbert nach dem Urteil. „Die schennsde Weihnachdsfeier, wou iich in däi zwanzg Jahr bis zu meiner Kündichung erlebt hob." Und dann schritt er aus dem Saal, mit dem Lied auf den Lippen „Oh Pannen-Clown, oh Pannen-Clown . . ."

1,5 Millimeter Neuschnee

Das allgemeine Trickdiebstahlwesen ist ein weites Feld. Der Täterkreis reicht von kleinen Ganoven über politische Parteien, große Konzerne bis hin zu namhaften Bankinstituten. Selten wird man ihrer habhaft. Aber jetzt ist der Trickdieb Max S. in Flagranti, beziehungsweise in Gebersdorf erwischt worden. Allerdings irrtümlich.

Zum Tathergang muss man wissen, dass der angebliche Trickdieb Max S. ein leidenschaftlicher Verfechter des extrem frühzeitigen Schneeräumens ist. Meldet der Wetterbericht starke Schneefälle im schottischen Hochland, rückt der Max Minuten später im mittelfränkischen Tiefland bereits mit seinen zahlreichen Schneeräumgeräten aus. Nicht selten bringt er vereinzelte Schneeflocken bereits zur Strecke, noch ehe sie sich auf seinem Gehsteig niederlassen haben können.

Der Kampfschneeräumer scheut auch die verhältnismäßig frühen Morgenstunden nicht. Am Tag der Tat hat man durchaus auch von Nacht sprechen können, denn er ist damals – aufgeschreckt von etwa 1,5 Millimeter Neuschnee – um 3.15 Uhr mit Schneeschieber, Schaufel, Eishacker, Besen, Streusalz zum Einsatz geschritten. Jetzt in der Verhandlung wurde aus triftigem Grund auch eigens seine Dienstkleidung ausführlich erwähnt: Trotz erheblicher Minusgrade barfuß in Badeschlappen, Schlafanzug, Kamelhaarmantel, Fausthandschuhe und über dem Gesicht die auch bei Banküberfällen gern genommene Ganzkopfmütze mit kleinem Sehschlitz. Passanten, wären in jener Nacht welche unterwegs gewesen, hätten in der einige Schneeflöckchen schrubbenden Gestalt vielleicht den Wiedergänger vom Rübezahl vermutet, Knecht Rupprecht oder einen Faschingsballheimkehrer.

„Es woor in dera Nacht saukalt", erinnerte sich der Max jetzt vor Gericht, „Und ein Wind is der vielleichd ganger! Und durch den Wind hodds mer die Hausdiir zoug'haud. Und nou hobbi nimmer neikennd. Wall der Hausschlüssl is oomer an meiner Wohnungsdiir gween." Seine Frau hat sich zwei Wochen auf Kur befunden, also hat das Nachtgespenst mit dem Eispickel in der Hand beim Nachbar geläutet. „Inzwischn woors ja scho fräih ummer Vierer. Dou werd mer doch nu ba jemand laidn derfn – wemmer korz vuurm Erfrierungstod is. Odder?"

Nach längerem Alarmklingeln hat der Nachbar Ernst P. vorsichtig die Tür einen Spalt breit geöffnet. Und beim Anblick des teils schwer vermummten, teils fast barfüßigen Humpelstilzchens mit dem Eispickel in der Hand hat dem Nachbar Ernst P. zunächst, nach eigenem Bekunden, der Herzschlag ausgesetzt. „Und wäi i mi widder derfangd g'habd hob", sagte der Ernst vor Gericht aus, „dou rennd der Moo an mir vorbei ins Haus und frouchd miich, ob er einen heißn Grog hoom konn! Einen heißen Grog! Des main'S Ihner amol vuurschdelln, Herr Richter! Nachds ummer Vierer schdäihd vuur deiner Hausdiir asuu a Schleiereule middn Eisbickl in der Händ und will einen heißen Grog vo dir! Ja, dou gibds doch blouß zwaa Möglichkeiten – Albdraum, odder der Osama bin Laden bersönlich hodd glaid!"

Der Ernst hat aber dann noch eine dritte Möglichkeit in Betracht gezogen: Typischer Fall von Trickbetrüger, mit dem vollkommen neuen Heißen- Grog-Trick. „Ner ja, und nou hobbin a Gscheide aff die Waffl g'haud, hob mi aff ihn draff g'hockd und middn Händy die Bollizei oogruufn. Und erschd wäi ich den Moo numol anne gschebberd g'habd hob, dou hodd si sei Überfallmüdzn verschuum – und nou is des mei Nachber!"

Ganz gleich, ob Nachtgespenst, Schleiereule, Rübezahl, Osama bin Laden oder Trickbetrüger – ganz ohne weitere Nachforschungen, erklärte der Richter dem Ernst, hätte er nicht gleich so kräftig hinlangen dürfen. Das sei nun einmal eine Körperverletzung. Aber vielleicht könne man es gütlich regeln. Dahingehend, dass sich der Ernst in aller Form entschuldigt, und der Max als Gegenleistung seine Strafanzeige zurückzieht. „Also gut", sagte der zwangsneurotische Nachtschneeräumer Max S., „nou zäich i mei Anzeiche zrigg. Und hauer'S edzer aweng draff, Herr Richter! Ich hob ka Zeit mehr. Der Wetterbericht hodd Schnee gmeld . . ."

Körperverzierungen

Der menschliche Körper war, was Verzierungen betrifft, ursprünglich eine ziemlich einfallslose Erscheinung. Keinerlei Girlanden, Schmuckfigürchen, Zinnen, Chörlein, Fresken, Glöcklein – wenn man vom gelegentlich an der Nasenspitze läutenden Ruuzglöcklein einmal absieht – haben sein Äußeres verschönert. Und um die Eintönigkeit der Haut ein bisschen aufzulockern, hat der Mensch vor einiger Zeit das Piercing erfunden, die Ornamentierung des Körpers mit Altmetall. Seither erfreut uns die Kunst am Körper immer wieder durch eingepiercte Rasierklingen, Schrauben, Muttern, Ringe, Haken, Beilagscheiben. Und alles ohne Dübel.
Allerdings gibt es auch entschiedene Gegner dieses schönen Steckenpferdes. Zu ihnen zählt der Imbißstandinhaber Friedrich L., der seit einigen Jahren mit seiner früheren Bratwurstwenderin Lisa K. mehr oder weniger harmonisch zusammenlebt. In letzter Zeit eher weniger, beziehungsweise überhaupt nicht mehr, denn die Lisa ist seit dem Wutanfall ihres Lebensgefährten aus der gemeinsamen Wohnung ausgezogen.
„Und alles nerblouß weecher an glann Ring", schimpfte die Lisa jetzt vor Gericht, „Wou ich denkt hob, ich mach nern a Freid dermiid." Ob es sich bei dem kleinen Ring eventuell um einen Ehering gehandelt habe, fragte der Richter. „Naa", sagte die Lisa, „Nasenring. Ich hob mer suu a glanns Ringla in die Noosn nei schdechn loun. Bierzing, nä. Und nou flibbd der Gnaller glei deroordich aus. Derbei hobbin a Freid machen wolln mid den Bierzing."
Von einer Freude über das Nasen-Piercing hat aber seitens des Friedrich nicht im Entferntesten die Rede sein können. Er ist an diesem Abend vom Bratwurstbraten ziemlich abgespannt heimgekommen, hat nach alter Urgroßväter Sitte nach den warmen Hausschlappen und einem kalten Bier geknurrt und sich ins Sofa eingegraben. „Ich hob grood unsern Abfendskranz basdld, Herr Richter", sagte die Lisa, „Wall mir machen nemli unsern Abfendskranz immer selber. Und nou hobbin a Bier brachd und die Hausschlabbn und nocherdla hobbi ihn mei neis Bierzing zeichd." Mit dem Hinweis, dass man sich solche wunderbaren Schmuckstücke noch an ganz anderen Stellen hinmontieren lassen könne. Und dass sich damit dann erotische Reize eventuell beträchtlich erhöhen ließen.

Die erste Reizung vom Friedrich hat sich so dargestellt, dass er am Sofa einen Meter in die Höhe geschnalzt ist und seine Lebensgefährtin angebrüllt hat: „Wäi schausd nern edzer du aus?!! Wos homsn dir in die Noosn neidreed?!! A Bierzing, ich heer immer Bierzing! Ich gib der glei an Bierzing! Bis edzer hob ich immer gmaand, ich hob a Frau dahamm! Edzer hobbi aff aamol an Handtuchhalter! Odder soll i an den Ring in dein Gimbl vielleichd mei Club-Fahner hiihänger!!!" Das vorläufige Ende des Wutausbruchs vom Friedrich soll dahingehend geendet haben, dass er geschrien hat: „Endweder du lässd morng serfordd den gschissner Ring widder aus deiner Noosn rausschweißn, odder ich hock di als Blitzableiter affs Dach naaf! Ein Bierzing soll des sei! An Eisnring in der Noosn drinner wäi a Kouh! Und wennsd widder fimbf Schdund lang bam Eikaafn in der Schdadd mei Geld nausschmeißd und es reengd, nou hosd lauder Rostfleckn in Gsicht!"
Sie, die Lisa, habe trotz der wüsten Beschimpfungen sehr besonnen reagiert, nämlich ihre Ohren auf Durchzug gestellt, am Adventskranz weiter gebastelt und sich ein Glas Wein eingeschenkt. Und danach noch ein Glas, oder zwei. Und dann sei sie im Sessel ein bisschen eingenickt. „Aafgwachd binn i widder", schilderte die Lisa das Ende ihrer Beziehung, „wäi ich gmaand hob, mir reißd jemand mei Noosn wech. Hodd der grausame Mensch den Draht, wou ich fiirn Abfendskranz-Basdln am Disch lieng g'habd hob, hodder mer den Draht durch mein Bierzing-Ringla durchgfäädld und hodd dauernd droo rumgnoddld! Bis i ganz laud um Hilfe gschriea hob." „Und wäi der Nachber vom zweidn Schdock rookummer is", berichtete die Lisa weiter, „dou hodder mi mid den Abfendskranz-Draht in der Noosn scho zwaamool durch die ganze Wohnung zuung g'habd." Wegen schwerer Körperverletzung ist der Friedrich zu vier Monaten auf Bewährung und 3600 Euro Geldbuße verurteilt worden. „Dei Bierzing", vertraute der Friedrich nach dem Urteil seiner ehemaligen Lebensgefährtin liebevoll an, „wär goornedd suu schlimm gween. Obber es woor an der verkehrdn Schdell. Du häsder die Goschn zoulöödn loun solln."

Richard, die Weihnachtsscheuche

Die für die Zukunft der ziemlich breiten Bevölkerung wichtigste Auseinandersetzung spitzt sich in diesen Tagen dramatisch zu – nämlich die kirchlichereits losgelöste Diskussionslawine, wer eigentlich jetzt wirklich die große weihnachtliche Lichtgestalt ist: Beckenbauer, Papst, Bulzermärddl, Griskind, Nikolaus oder der angeblich von Coca Cola erfundene Weihnachtsmann? Also auch eine Frage der einzig wahren Konfession – evangelisch, katholisch oder Cocacolisch. Den himmlischen Sendboten der jeweiligen Weihnachtsglaubensrichtung hat Herr Richard K., 2. Schatzmeister eines Vereins für verschiedene Leibesübungen, eine weitere wesentliche Symbolfigur hinzugefügt: Statt als Nikolaus oder Weihnachtsmann ist er zur Vereinsjahresabschlussfeier als eine Mischung aus Vogelscheuche, Faschingsprinz und Volkacher Ratsherr in unvergessliche Erscheinung getreten. Vogelscheuche und Faschingsprinz hat sich auf seinen äußeren Anblick bezogen, der Volkacher Ratsherr auf seine innere Verfassung, in welcher sich zur Tatzeit sieben bis acht Schoppen des gleichnamigen Getränks befunden haben.

„Normool wär ibberhabbs nix bassierd", äußerte sich der Kassier vor Gericht, „Obber däi Gnaller hom ja die Weihnachtsfeier unbedingt aff einen Freidooch leeng main. Und die Freidooch karddln mir im Vereinsheim seid Jahr und Dooch." Folglich hat der als Programmpunkt „Pelzmärtel" eingeteilte Richard gerade ein Rot-Solo kassiert und einen weiteren Schoppen Silvaner bestellt, wie ein Mitspieler nach einem kurzen Blick auf die Wanduhr beiläufig eingeflochten hat: „In anner Stund gäihd fei die Weihnachdsfeier oo." Niemanden aus der Kartelrunde hat es gejuckt, nur beim Richard war plötzlich Alarmstufe römisch I. „Allmächd naa!", hat er gestöhnt, „ Ich bin ja der Bulzermärddl!!!" Aber zeitlich und alkoholisch keine Chance mehr, heimzufahren und das Pelzmärtelgewand, Sack, Rute, Bart, Zipfelmütze anzulegen.

In seiner Not sei er dann, erklärte der Richard dem Amtsrichter, zum Platzwart hinter getaumelt und habe ihn um Hilfe gebeten. Der Platzwart habe ihn sodann beschwichtigt: Überhaupt kein Problem, er macht binnen einer halben Stunde aus dem 2. Kassier einen Bulzermärddl, der in die Vereinsgeschichte eingehen wird. Und tatsächlich: Pünktlich 21 Uhr ist auf der aus Euro-Paletten

bestehenden Bühne ein Pelzmärtel erschienen, wie ihn weder die Kirche noch Coca Cola jemals erfunden hat und niemnd mehr, bis an Ende der Zeit nicht, erfinden wird.
Als Beinkleid eine lange weiße Unterhose aus dem Fundus der Altherrn-Fußballmannschaft, drüber einen Hasenpelzmantel aus dem Nachlass der Großmutter vom Zeugwart, an den Händen Torwarthandschuhe, statt der brauchtumsüblichen Stiefel ein Paar in der Dusche aufgefundene Adiletten, am Kopf eine modische Baseballmütze, und der Sack, den der Pelzmärtel immer mit sich führt, hat aus einem zusammengerafften Tornetz bestanden. Den Bart hat der Zeugwart aus ungefähr zwei Meter Mullverband gefertigt und mit Leukoplast im Gesicht befestigt. Und sogar einen Bischofstab hat er dem nicht mehr ganz trittfesten Pelzmärtel zum Festhalten mit auf die Bühne gegeben: Einen Handschneeräumer, der Minuten später die Hauptrolle gespielt hat.
„Und als Schlitten", erinnerte sich der Richard nebelhaft, „hobbi es Bobby-Car vo unsern Zeuchward sein Boum hinder mir herzuung – und wäi iich aff die Bühne kummer bin – also suu einen Abblaus hodd ba uns nu nie ein Bulzermärddl g'habd. Des kenner'S mer glaub'n, Herr Richter." Und warum es dann mit einer schweren Gehirnerschütterung des 1. Vorsitzenden Franz S. geendet hat, wollte der Richter wissen. „Wos sich dou ba den erschüttert hodd", antwortete der Richard, „des wass i aa nedd. Obber bassierd is suu, dass der in den Abblaus nei aff aamol gschriea hodd, dass des doch ka Bulzermärddl is dou droomer, dass ich bis iibern Oorsch noo bsuffn bin. Und dass des nu ein Nachspiel hodd. Des kummd vuurn Ehrenausschuss, hodder brülld. Und nou hobbin mid mein Bischofsstab a weng droht. Also middn Schneeräumer. Und nou mouß der Franz in seiner Aufreechung middn Kubf neigrennd sei in den Schneeräumer. Mehr woor nedd." Aber es hat gereicht. Wegen Körperverletzung im nicht mehr ganz zurechnungsfähigen Zustand vorweihnachtlicher Hochstimmung in Höhe von 1,7 Promille 800 Euro Geldstrafe. Ob die Weihnachtsscheuche Richard K. sich wie angedroht vor dem Vereinsehrenausschuss verantworten muss, ist noch nicht geklärt. „Die masdn hom gsachd", wusste der Richard, „dass ich es Besde gween bin vo der ganzn Weihnachdsfeier."

Von drauß von Wunsiedel komm ich her: Ein Sechsämtertropfen als Pelzmärtl verkleidet.

Wie der Volker einmal ein Christbaum war

Den Höhepunkt im Kirchenjahr bildet der Christbaumkauf. Er wirft jedes Jahr theologische Fragen von höchster Brisanz auf. Soll es wieder eine Blaufichte sein, eine Weißtanne, Schwarzkiefer, Rotfichte? Wenn Blaufichte – wann ist mit ihrem Nadelabwurf zu rechnen? Wenn Weißtanne mit Wurzelballen – wohin pflanzen wir sie nach dem Fest? Der sorgfältig planende Christbaumkäufer begibt sich deswegen bereits lang vor dem 1. Advent zum Kauf seines Bäumchens.
Zu dieser Kategorie weit vorausschauender Weihnachtsfestveranstalter gehört der Berufskraftfahrer Volker F. nicht. Nach wochenlanger Mahnungen seitens seiner Ehefrau, den Weihnachtsbaum kalendarisch nicht wieder mit dem Maibaum zu verwechseln, ist der Volker im vergangenen Jahr am frühen Heiligen Nachmittag bei dem Christbaumhändler Friedrich S. erschienen, welcher gerade im Begriff war, seine aus nur noch wenigen, weitgehend zweigfreien Krüppelfichten bestehende Plantage zu schließen. „Als erschdes", erinnerte sich der Friedrich jetzt vor Gericht, „als erschdes hodd mich der Moo gfrouchd, ob mir auch einen Glühwein ausschenkn. Wall ledzds Jahr hodder bam Grisbaumkaafn einen Gratis-Glühwein gräichd. Obber der hodd scho zimmli Glühwein tankt g'habd, hobbi gmerkt. Und nou hobbi zu ihn gsachd, dass er aus der Gießkanner, wou ich meine Baimla mit Wurzlballn gießen dou, dasser dou an Schluck Wasser hoom konn." Worauf der Volker gemurrt haben soll, dass er keinen Wurzelballen hat, sondern einen Durst. Danach hat er gefragt, ob er, wenn schon keinen Glühwein, dann wenigstens einen Christbaum haben kann. Daraufhin hat sich folgender Dialog ergeben. Der Christbaumverkäufer Friedrich S.: „Vill Baimla sin nimmer dou. Mit drei Meter hädd mer nu a Nordmanntanne." Der Volker: „Mit drei Meter!? Bisd du bsuffn odder wos!? Ich wohn doch nedd im Haubdbahnhuuf!" Der Friedrich: „Däi kenner'S doch unten absääng." Der Volker: „Bin ich a Sägwerk, odder wos?!" Daraufhin hat der Friedrich der Reihe nach einige Zwergfichten angeboten. Der Volker ist um sie herumgewankt und hat dann über das erste Bäumchen geurteilt: „Zer korzz." Über das

zweite: „Scho widder zer lang." Und über das dritte Sonderangebot: „Schbinnsd du edzer! Der hodd ja fast kanne Zweichla mehr! Den konn i häigsdns als Mahnmal für's Waldsterben verwendn." Das nächste Bäumchen: „Der hodd ja zwaa Schbidzn!!" „Kommer doch anne wechschneidn." „Nou is er krumm!" Und eine weitere Fichte hat der Volker mit den Worten abqualifiziert: „Des soll a Grisbaum sei!? Däi Nadeln schdechn ja deroordich – dou konn i mer glei an Kaktus kaafn!!"

Am Heiligen Nachmittag sind die Nerven der Christenheit von Natur aus schon angespannt, im Fall eines bereits im Feierabend befindlichen Christbaumverkäufers, dessen Produkte als Mahnmale für das Waldsterben oder Kakteen beschimpft werden, kann von geordeneten Nervenbahnen überhaupt nicht mehr die Rede sein.

„Ner ja", sagte der Friedrich vor Gericht, „Nou binni, glaab i, aa aweng laut worn, und hob gsachd, er soll schauer, dasser hammkummd, es is glei Bescherung. Und er konn si edzer kosdnlos an Grisbaum raussoung." „Des is nunni alles", meldete sich der Volker, „Wall dann hodder mi nu oogschriaa, dassi mer den Grisbaum in Oorsch neischäim soll. Suwos Ordinäres! Am Heilichn Oomd!" „Und dann", fuhr der Volker fort, „dann hodder mi packt und in sei Kanoner neigschuum. Wissen'S scho, Herr Richter, in des Rohr, wou die Grisbaim zoubundn wern. Und nou binni vorner widder rauskummer und hob a Netz driiber g'habd."

Dass er den Christbaumkäufer Volker F. durch den Christbaumverpackungstrichter durchgezogen und voll vernetzt hat, bestritt der Friedrich entschieden: „Der hodd si in sein Breller selber in des Netz nei verwerddld." Erst die durch ihn alarmierte Polizei habe den Volker aus seiner Notlage als gut verschnürter und dauernd um Hilfe schreiender Christbaum befreit.

Das Gericht schenkte dem Christbaumverkäufer Friedrich S. mehr Glauben und sprach ihn von dem Vorwurf, er habe den Volker als Christbaum missbraucht, durch den Trichter gezogen und verpackt, frei. Beiläufig wollte der Richter vom Volker noch wissen, wie bei ihm der Heilige Abend daheim noch verlaufen sei. „Braung'S froong!", antwortete der Volker, „Kummer Sie amol am Heiling Oomd hamm, ohne Grisbaum und middern Rest Verpackungsnetz nu iibern Kubf. A schäine Bescherung..."

2. Kapitel
Der Spezi unterwegs

Im Gesundheitssalon,	Seite 217
Unser Fluuchhäfala	Seite 219
Die Pulverisierung der Fränkischen Schweiz,	Seite 223
Eurobonds & Tilgungsfonds,	Seite 225
Wann verschwindet endlich die Kaiserburg?	Seite 227
Festtage im lieben, alten Nürnberg,	Seite 229
Geld an die Wand werfen,	Seite 231
Vollkommen aussichtslos	Seite 233
Wann kommt das Pressackschnerbflmuseum?	Seite 235
Auch der Urknall stammt aus Nürnberg,	Seite 237
Bläde Zumbfl, hald edzer dei Goschn!	Seite 239
Die Scheißbrühspediteure	Seite 241
Die Beschleunigungshose für Wurzelholzmänner	Seite 243
Schöner Lesen	Seite 245
Die Hiidschn oder: Laminare Strömungen	Seite 249
Die Frankenfahne	Seite 253
Vorsicht, baumelnde Seelen!	Seite 257
Beautiful Tipps für den Gaben-Table	Seite 263

Der Spezi unterwegs
Im Gesundheitssalon

Obacht, Bierdimpfl & Suchtheiner! Schon brüsten sich örtliche, sogenannte Wirtshäuser mit 132 Sorten Mineralwasser auf ihrer Krankenkarte, schon lesen wir auf Gasthausschildern dezente Hinweise auf einen Wellnessbereich, schon haut uns da und dort die Kellnerin die soeben in bebender Erwartung eines heiß ersehnten Lungenzugs die Kippn aus der Goschn. Mit dem zarten Hinweis, dass wir unserer Sucht gefälligst draußen vor der Tür bei zehn Grad unter Null und starkem Schneetreiben nachkommen sollen, aber keinesfalls in ihrem von allen Kassen wärmstens empfohlenen Gesundheitssalon.

Das fränkische Wirtshaus befindet sich im Wandel! Die Dringlichkeitsvorschläge der Berliner Gesundheitsregierung, die am Ende zu einem zwei- bis dreihundert Jahre währendem Leben führen sollen, greift bei uns schon. Und zwar an der empfindlichsten Stelle, im Wirtshaus, im Hals, beziehungsweise an der Gurgel. In vier, fünf Jahren wird kein Mensch mehr wissen, was hierzulande einmal ein sogenanntes Wirtshaus war. Nämlich ist man dort in völlig unverantwortlicher Weise einer Passion nachgegangen, über die man heute nur noch den Kopf schütteln kann. Was ist in diesen Kopf nicht alles hineingegossen, hineingezogen, hineingeschaufelt worden! An einem einzigen Abend bis zu zwölf Biere, fünf doppelte Himbi, Willi oder Schlehe, Schweinebraten, Bratworschd, Schäufele, Stadtworschd mit höchster Cholesterinkonzentration, also pures Gift. Nicht selten ist dort auch geraucht worden. Und nicht zu vergessen die Vollpreller, Zünderer, den Dampf, Qualm, Lallinger, Rausch mit ihren Explosionen, Detonationen, Verwerfungen. Allein beim Hinschreiben dieser schweinischen Ausdrücke läuft es einem vor Grauen schon eiskalt die Kehle hinunter, beziehungsweise hinauf. Aber gottseidank wird bei der jetzt anstehenden Vergnügungsreform alles besser, schöner, gesünder. Das ehemalige Wirtshaus wandelt sich zum Reha-Zentrum. Es wird dort kein Essen im ursprünglichen Sinn mehr geben, kein Bier, keinen Wein, keinen Schnaps, keinen Bodennebel, keine Gäste. Besucher, falls sie noch erscheinen, werden vom Beginn der Vergnügungsreform an Patienten heißen, wie in jedem anderen Krankenhaus auch. Man betritt es früh um sechs

Uhr, genießt in aller Ruhe die dort ausströmende frische Luft, nimmt seinen Hirsebrei, seine Bambussprossen oder Haferschleimsüppchen zu sich, ein Schlückchen Mineralwasser, ein Bäuerchen, eine kleine Unterwassermassage, und schon ist um 16 Uhr in den Sanatorien der Altstadt wieder Bettruhe.

Wer Schafkopf kartelt, heimlich aus dem mitgebrachten Flachmann zwitschert, spricht, raucht, griffelt oder nach jungen Mädchen linst, erhält Sanatoriumsverbot. Die alten sumpfhuhnartigen Wirtshausnamen werden umbenannt, etwa in „Sojawurst-Häusle", „Zum Ginseng-Beutel", „Zum Kalten Tofu" oder „Zum Pillenhofer".

Dass man früher einmal in einem fränkischen Wirtshaus zum Beispiel in hoher Lautstärke die Politik, speziell die Reformpolitik gegeißelt hat, dass dort sogenannte Spielkarten auf einen Tisch geknallt worden sind, dass Herz Trumpf war, dass man aus ihm waagrecht, oft mit nur noch ganz wenig Blutgehalt im Alkohol herausgetragen und zum Auto gebracht worden ist, – das alles und noch viel mehr, wird man demnächst nur noch in Märchenbüchern lesen können. Falls das ja auch nicht gerade gesunde Bücherschreiben oder Lesen nicht der nächsten Volkssäuberung, beziehungsweise Reform zum Opfer fällt. Worschd, was kommt – Hauptsache, es macht keinen Spaß.

Albrecht-Dürer-Airport
Unser Fluuchhääfala

So schnell schaust hierzulande gar nicht, is am Himmel schon wieder die Hölle los. Momentan am Himmel über unseren worldwide unbekannten Airbort Nuremberg-Ziegelstone. Dieser verfügt derzeit über die sehr stattliche, zahlreiche Banken äußerst zufriedenstellende Summe von 140 Millionen Euro Schulden. Dank einiger guter Maßnahmen kommen jedes Jahr zwei, drei, vier oder auch fünf Millionen Miese dazu. Nix Gwieß weiß man nicht, denn wie sagt schon der legendäre Gebersdorfer Nihilist Heinzi Döderlein in seinem Hauptwerk „Augen zu und durch" Band 1: „Was ich nicht weiß, macht mich nicht heiß".

Jetzt hat es aber der oft in München tätige Nürnberger Finanzaktenlocher Markus Söder doch wissen wollen und nach einem höchstwahrscheinlich ziemlich fröhlichem Beisammensein mit einigen hiesigen Schuldenerzeugern vorgeschlagen: In möglichst baldiger Bälde soll der Airbort Nuremberg-Ziegelstone zwar nicht feierlich beschnitten, aber nach altem christlichen Brauch umgetauft werden – in Albrecht-Dürer-Flughäfala.

Infolge dieses neuen Namens wird er alsbald gesunden. Über seine Start- und Bruchlandebahn wird sich nicht nur dann und wann ein Flieger herniedersenken, sondern zwangsläufig auch der Fortschritt. Albrecht Dürer also wird es richten, jener berühmte Maler, Vielflieger und einstige Sieger des Lufthansawettbewerbs Milz & Mohr, in dessen Namen gerade in Nürnberg schon alles floriert, was man sich nur denken kann: Lebkoung, Dosenbratwurst, Ausstellungen, Straßen, wohl beleumundete Wirtshäuser, Nashörner etc. Sie alle befinden sich im Aufwind, was gerade bei Nashörnern extrem anstrengend ist, warum nicht auch der künftige ADA, der Albrecht-Dürer-Airport. Und warum ist man nicht schon viel früher draufgekommen, etwa zu Lebzeiten unseres Malerfürsten Ende des 15. Jahrhunderts?

Die Antwort auf diese bohrende Frage hat eine Arbeitsgemeinschaft (Arge Wachsdummköpfe) schon vor längerer Zeit erteilt: Ende des 15. Jahrhunderts ist Ziegelstone noch nicht mit Start- und Landebahnen und Fliegern ausgeschmückt gewesen, sondern mit einem sogenannten Wald, was immer das ist.

Aber jetzt geht's also aufwärts mit dem ADA oder, um es mit der Sprache der Humanisten auszudrücken: Up, up and away. Beziehungsweise Kubfway. Im Namen des Herrn Albrecht Dürer werden nach der Umtaufe täglich Hunderte, Tausende, Zehntausende Flüsterjets über unserem Endiviensalat- und Rettichanbaugebiet einschweben, der oder das Business boomt, dass es in den Ohren der Ziegelstoner, Buchenbühler, Krafts-, Almos- und Neunhofer nur so scheppert.

Als erstes wird es höchstwahrscheinlich in einem Kaffeesatzlese-Labor boomen, wo der Söder jetzt dann gleich betreffs Albrecht Dürer, Business & Shopping-Miles & More ein Gutachten in Auftrag gibt. Es soll – für die hart erforschte Weissagung, dass bald alles nicht gut, sondern besser wird – 200 000 Euro erhalten. Wie wir solche, in ihren mathematischen Entwicklungen meist ziemlich guten, extrem fortschrittlichen Gutachten kennen, könnte es am Schluss plus Mehroderwenigerwertsteuer sogar auf 4 – 500 000 Euro fortschreiten. Wobei es sich selbstverständlich um unser Geld handelt, das da up, up and away boomt. Also ebenfalls alles Albrecht Dürer, AD, Adee auf Neveragainlooking.

Wieso sich aber ausgerechnet jetzt, mitten im größten Erfindungsreichtum unserer Namensfindungskommission, wieder einmal hierorts sattsam bekannte Verweigerungsnotoriker gegen die wunderbare Kopulation von Pinsel und Triebwerk, von Dürer und Düse mit aller Macht stemmen, erscheint rätselhaft, unverantwortlich. Ist diesen rückschrittlichen Brozzlhoofn nicht bekannt, wie gerade ein Albrecht Dürer als großer Visionär von künftigen Airborten gewirkt hat? Kennen sie nicht die Hauptwerke des Meisters: Feldhase, Betende Hände, Großes Rasenstück? Ahnen sie nicht, dass mit ihnen die entlang der Startbahn hoppelnden Hasen, die Rasenstückresterampe nördlich der Betonpiste, die bei Flugangst verkrampften, betenden Hände damals schon ahnungsvoll vorgezeichnet waren? Und was könnte für einen Flughafen als Fortschrittsmotor besser geeignet sein als ein Name, eingedenk des Sprichworts „Namen sind Schall und Rauch". Schall und Rauch, Erscheinungen also, die nicht nur bei jeder noch so kleinen Boeing ständig zu beobachten sind, sondern die auch unser ganzes Wirken und Tun und Machen vom dereinstigen Nordspänglein bis zur Ausfriedung der Anwohner auf das Vortrefflichste darstellen. Unter Umständen sogar auf das Hintertrefflichste, fortschrittsmäßig gesehen.

Da jetzt der einigermaßen freie Platz für Loblieder auf unsern Albrecht-Dürer-Airbort auf dieser Seite gleich ausgefüllt ist, möchten wir zum Thema Fortschritt mit einem Satz von Herrn Jaroslav Hasek (Nürnbergs Partnerstadt Prag, 1883 bis 1923) schließen: „Der Fortschritt ist eine zweischneidige Sache wie das Bier. Die Leute machen sich da dran und wissen nicht, wann sie aufhören sollen. Und darum Vorsicht mit dem Fortschritt."

Die Pulverisierung der Fränkischen Schweiz

So ist das oft mit Zwischenfällen. Da senkt sich für einige Stunden eine schöne Gemächlichkeit auf Stadt, Land und Fluss hernieder, beschaulich, teilweise sogar bezahlbar bis dorthinaus, dass du denkst: Jetzt is alles schön und gut, heute nicht bfobfern. Und bums! Kommt uns schon wieder ein Zwischenfall dazwischen, bricht es über uns zusammen. Diesesmal eine gewisse Frau Sandra Schneider aus dem schönen, mutmaßlich jedoch extrem hochpreisigen Trier.
Wer oder was sie von Trier, dem berühmten Aufbewahrungsort einer verwundersamen Jesus-Reliquie, abspenstig gemacht hat, in die Fränkische Schweiz als Tourismus-Direktorin, weiß man nicht. Man weiß nur, dass jene Frau Schneider die Fränkische Schweiz in ihrer bisherigen Erscheinungsform für extrem bescheuert hält. Biere, Bratwörschd, Schweinebraten, Schäufele, sagt sie, alles viel zu billig, null Preisniveau. Und überhaupt müsse die Fränkische, womöglich sogar die Hersbrucker Schweiz entschieden vornehmer werden. Von Hundshaupten bis nach Unterzipfelsbach eine Fünf-Sterne-Region, dass es nur so klappert – teils zwischen den dann weitgehend arbeitslosen Mahlzähnen, teils im Geldbeutel. Auf den güldenen Tellerlein muggnschissartige Moongdredzerla, die Feinunze zu 17 Euro, in der mundgeblasenen Pipette 1 Milliliter Bier, und am handgebrannten Edelschlehen dürfen wir gegen Entrichtung einer Verkostungspauschale in Höhe von 15 Euro kurz einmal vorbeiriechen.
Nur so oder so ähnlich könne es mit der Fränkischen Schweiz, deren kümmerliche Hügel ja sowieso viel zu niedrig sind, endlich einmal aufwärts gehen. Und recht hat sie, die Frau Schneider! Weil wer in Trier Tourismus studiert hat, was immer das ist, der weiß bescheid. Spürt doch sogar jeder von uns Deppen, die wir keinerlei Tourismus studiert haben, wie die Fränkische seit Jahrhunderten dahindarbt. Erst neulich haben wir wieder einmal einige Wirtshäuser in Egloffstein, Mostviel, Dietzhof, Kirchehrenbach, Pretzfeld, Muggendorf, Behringersmühle, Pottenstein und so weiter heimgesucht.
Dass wir diese Bruchbuden über viele Jahrzehnte lang nahezu klaglos ertragen haben, wundert uns auch. Aber jetzt, wo es die Frau Schneider anlässlich ihres Tourismus-Studium sagt, fällt es uns wie

Schuppen von den Karpfen: Weit und breit kein roter Teppich, kein livrierter Gasthausdiener, der uns zu Tische trägt, kein geeistes Lauchsüpplein, kein Babylachs im Morchelbettlein, kein Austernpürée an Petunienknöspchen auf der Speisekarte. Und wollten wir in einer dieser Armenunterkünfte unser merkwürdiges Haupt zur Ruhe betten – finden wir dann eine schwarzgeldzertifizierte Herberge mit Bidet, handgeklöppelten Kopfkissen und Pfauenfedermassage? Die Nacht zu 500 oder 1000 Euro? Wir finden sie natürlich nicht.
Die Folge dieser Misswirtschaften ist klar: Es kommen extrem wenige russische Oligarchen in die Fränkische Schweiz, fast keine griechischen Onassisse, und soweit wir Kenntnis haben, sollen noch nicht einmal die englischen Royals eines ihrer Lackschühlein auf Schüttersmühler Boden gesetzt haben. Geld regiert bekanntlich die Welt, und sieben Euro für ein verhältnismäßig rösches Schäufele mit Kloß und Gem.-Sal. oder 1,90 für ein überschäumendes Seidlein Bier (0,5 Liter!) sind mitnichten ein Geld, sondern mit Müh und Not höchstens ein Almosen. Sagt ja auch die Tourismus-Wissenschaftlerin Schneider.
Natürlich sind jetzt nach den mutigen Thesen dieser Fremdenverkehrszahlenkosmetikerin da und dort, vor allem da in Nürnberg, Nebenerwerbs-Gaaferer auf den Plan getreten, welche argwöhnen, die Frau Schneider habe entweder vor kurzem eine mindestens zweistellige Millionensumme im Lotto gewonnen oder es tue ihr die frische Luft in der Fränkischen Schweiz nicht gut. Überdies fragen diese Vollnotoriker besorgt, wo sie nach vollzogener Luxurösisierung, Aufbrezelung und Preispotenzierung der Fränkischen Schweiz, welche dann eventuell zur Schweiz an sich mutieren soll, wo sie also dann ihren knurrenden Magen, ihren ausgedorrten Hals, ihren verhältnismäßig niedrigen Kontostand und ihre unstillbare Sehnsucht nach einem bisschen Rest-Romantik positionieren sollen? Vielleicht in der momentan noch tourismuswissenschaftlich unberührten Hersbrucker Schweiz, sodann in der Oberpfalz, Böhmen, Ukraine, und am Schluss hocken wir im Zuge unserer Flucht statt schön, satt und zufrieden in Osternohe beim Igel-Wirt auf einmal im sehr fernen Osten, in China, bei Reiswein, Engerlingsröllchen und Hundekotlett? Viel lieber, so äußern sich diese potentiellen Heimatvertriebenen, wäre es ihnen aber, die Frau Schneider stellt ihre Bemühungen um eine Pulverisierung der Fränkischen Schweiz ein. Auf der Stelle. Oder wo auch immer. Dem schließen wir uns vollinhaltlich an.

Das ultimative Krisen-Interview mit Prof. Dr. Dr. wc Schieß
Eurobonds & Tilgungsfonds

Zur Zeit herrscht eine sehr große Verlautbarungsfreude, das heißt: Auch im Verlautbarungsgroßraum Nürnberg-Fürth-Oberasbach gibt es kaum mehr einen halbwegs mündelsicheren Menschen, der nicht bereits zu den ca. 250 derzeit platzgreifenden Krisen massiv befragt worden wäre und anschließend dem Fragesteller meist gleichermaßen schöne wie extrem unterschiedliche Antworten zuteil werden hätte lassen. Nicht selten weisen diese Antworten jedoch einen Verständlichkeitsgrad der Kategorie 12 auf, ein Wert also, welcher seinerzeit aus der Windstärkenmessung hervorgegangen ist. Zur besseren Durchschaubarkeit der derzeitigen Vorgänge, die der Nürnberger mit „Edzer is widder hint vorn wäi häicher" oder „Haid is nachts kälter wäi draußn" umschreiben würde, haben wir Herrn Prof. Dr. Dr. wc. Schorsch Schieß, den Ordinarius der hiesigen Wieso-Unität und gottseidank ausgewiesenen Fachmann für schleichende In-, De-und Exflationen aller Art, gewissermaßen ultimativ befragt. Das erste allgemeinverständliche Interview der Welt, das wir hier infolge immer wieder einmal vorkommenden Platzmangels nur bruchstückhaft widergeben können, wird in seiner gesamten Länge demnächst auf 50 Rollen Klopapier unter dem Titel „Vorläufig gescheitelt" erscheinen. Das nun folgende, wenn auch gekürzte Exzerpt erhebt aber mit Recht den Anspruch, ein würdiges Konglomerat aus allen bisher veröffentlichten Stellungnahmen, wisenschaftlichen Darstellungen, Prognosen, Retrospektiven, Bestandsaufnahmen zur Krise an sich zu bilden.

Frage: *Die meisten, wenn nicht sogar alle Menschen, kennen sich mit der Finanzkrise vor lauter Tilgungsfonds, Eurobonds, gehobelten Rettungsschirmen, irrationalen Schuldenbremsen, Finanzstabilisierungsfazilitäten, Kapitalpuffern, Sekundärmärkten und so weiter nicht mehr so recht aus.*
Prof. Dr. Dr. Schorsch Schieß: *„Genau!"*
Frage: *Könnten Sie uns zum Beispiel im Detail das Wesen der Euro-Bonds erklären?*
Schieß: *„Ja. Ein Euro-Bond ist ein zusammengesetztes Hauptwort, bes-*

tehend aus Euro und Bond. Zwischen ihnen befindet sich ein sogenannter Bindestrich."
Frage: *Brauchen wir die Euro-Bonds?*
Schieß: *„Das hängt vor allem davon ab, ob wir sie brauchen oder nicht. Brauchen wir sie, dann kann man davon ausgehen, dass wir sie brauchen."*
Frage: *Und wenn nicht?*
Schieß: *„Dann nicht."*
Frage: *„Ist der Euro am Ende?"*
Schieß: *„Solange WWF, EZB, IWF, EUK, EFEU und womöglich auch die LMAA das BIP nicht unter 3 Promille der Nuklear-Option durch Default-Swaps im Rahmen des Mostrich-Vertrags ein Stück weit die FED floated – also eindeutig sozusagen zwischen EFSF, beziehungsweise die KfW. Das ist sicher. Oder unsicher."*
Frage: *Wird dann in Griechenland die Drachme wieder eingeführt?*
Schieß: *„Das wäre, im Sinn der 17 Brüsseler Moratorien, kontrarepunzativ und würde zum Beispiel in Estland keinen Sinn machen. Das hat ja auch die Yale-Universität in ihrer Unwahrscheinlichkeitsstudie in 2007 ganz eindeutig ins Reich der Mutmaßlichkeit verwiesen. Helfen könnte hier nur die Forderung nach einer Postulierung, und zwar affirmativ, nach Gründung appointmentmäßiger global bad banks."*
Frage: *Weil Sie die Bad Banks erwähnen – wird es langfristig, also in den nächsten zwei, drei Wochen noch einige Good Banks geben?*
Schieß: *„Eine sehr gute Frage! Good Banks sind in etwa vergleichbar mit verhältnismäßig klaren Auskünften von Wirtschafts- und Finanzfachleuten beiderlei Geschlechts, gendermäßig – also sehr schwebende Verfahren, zu denen ich mich an dieser Stelle ad hoc nicht äußern kann und will. Da bitte ich um Verständnis bis hierher. Und zwar alternativlos.*
Frage: *Apropos Bad Banks – wie kann es sein, dass sich so ein Institut bei der Bilanzierung um 50 Milliarden Euro verrechnet?*
Schieß: *„Das kommt immer wieder mal vor und ist verhältnismäßig leicht darzustellen. Wenn man etwa von 0 Euro 50 Milliarden Euro abzieht anstatt dazuzählt – schwupp! Schon hat man sich um 50, wenn nicht sogar um 100 Milliarden über den Gaumen gepeilt verrechnet. Oder um noch mehr. Das hängt immer von der Verrechnungshöhe ab."*
Frage: *Wie lang werden Ihrer Einschätzung nach die zahlreichen Krisen noch dauern?*
Schieß: *„Eine Krise – das wissen wir aus 1792, aus 1870, aus 1929, aus 1945 und aus 2008 – dauert immer so lang, bis sie zu Ende ist."*

Architektur in Nürnberg:
Wann verschwindet endlich die Kaiserburg?

Dass da noch nie jemand seinen Finger in die seit langem gut sichtbare Wunde legt, nimmt uns Wunder. Also prangern wir es heute endlich einmal an: Das Wahrzeichen der Stadt Nürnberg, die Kaiserburg, stellt städtebaulich, architektonisch und vor allem volkswirtschaftlich einen ziemlicher Krampf dar!
Ihre Erbauer damals soll man aber deswegen nicht gleich als volldoof aburteilen. Die Menschheit, vor allem die Gebäude errichtende, war damals halt insgesamt noch nicht auf der Höhe unserer Zeit, was ja zeitlich gesehen auch sehr schwer zu bewerkstelligen gewesen wäre. Heute jedoch weiß jeder Depp: Auf dem Breitengrad, auf welchem sich die Stadt Nürnberg heimisch gemacht hat, herrscht eine durchgängige Trockenheit mit ca. null Millimeter Niederschlag im Jahresdurchschnitt. Und nur dadurch ist es hiesigen Architekten ermöglicht, dass sie Gebäude mit einem Flachdach abschließen. Eigentlich wäre nicht einmal diese sehr herrliche, waagrechte Abdeckung vonnöten und man könnte Häuser, Türme, Hallen oben offen lassen, aber ein Flachdach schaut halt einmal wunderschön aus, pittoresk, lieblich, malerisch, voll romantisch. Wegen der Nürnberger Flachdachlandschaft kommen schließlich jedes Jahr unglaublich viele Millionen Touristen nach Nürnberg. Die Nürnberger Kaiserburg hingegen mit ihrem irgendwie arschig in die Landschaft blickenden Satteldach interessiert bekanntlich keine alte Sau.
Hingegen möchte jeder Nürnberg-Reisende wenigstens einmal in seinem Leben etwa die Bertolt-Brecht-Gesamtschule sehen, die Meistersingerhalle, das Schulzentrum Südwest oder die Viatis-Schule in Zerzabelshof. Diese vier Mahnmale für das unbekannte Loch verfügen nicht nur über die erwähnten, in aller Welt berühmten Flachdächer, sondern blicken von ihren zahlreichen undichten Stellen aus auch auf ein methusalemhaftes Alter zurück. Manche haben die Stürme der Jahrhunderte mindestens schon dreißig Jahre lang zwar nicht gänzlich überlebt, aber man kann noch ahnen, wo sie einst stolz hingepfeffert worden sind. Momentan stehen sie uns als sehr schöne Ruinen, als eine wahre Augenweide für Blinde immer noch

zur Verfügung, müssen aber alle miteinander bald abgerissen werden. Teilweise werden sie noch durch eine spezielle Art von Tapetenkleister ein bisschen zusammengehalten.
Warum in ihnen der Kalk rieselt und der Schnellbeton bröselt, hat die Bauwissenschaft noch nicht herausgefunden. Man weiß nur, dass die auf ihnen majestätisch ruhenden Flachdächer unter keinen Umständen schuld dran sein können. Natürlich werden Flachdächer im Lauf weniger Jahre undicht, porös, marode, es ergießen sich durch sie Sturzbäche in Schulzimmer, es schneit mitten in schöne Gesangsdarbietungen hinein. Aber natürlich nur dann, wenn es regnet oder schneit, was aber gemäß Forschungen aus den Sechziger Jahren des vergangenen Jahrhunderts bei uns nicht stattfindet.
Einigermaßen flüssige Kondenswasserbildungen könnten sich höchstens ergeben, wenn die Insassen der jetzt zum Abriss freigegeben Gebäude zu stark transpirieren oder sich zu selten die Füße waschen. Eine entsprechende Untersuchung nimmt derzeit das Nürnberger Baureferat vor.
Möglicherweise ist dort unter den Flachdächern aber auch der gefürchtete Steinbeißer am Werk, der mittelfränkische Mörtelmarder oder der nicht minder zu unterschätzende rigipsköpfige Hauswandhöhlerer. Oder bildet ihr Dahinscheiden eine völlig neue Art Art von Gebäudeselbstmord, aus Verzweiflung über die sintflutlichen Satteldächer in der Sebalder Altstadt? Als Gebäudemarodeur käme unter Umständen aber auch der Wind in Frage, denn gerade Wind weht in Bauherren- und Architektenkreisen hier verhältnismäßig häufig.
Wie es sein kann, dass ausgerechnet unsere schönsten Flachdachbauwerke nach so langer Zeit ausgerechnet jetzt abnippeln, kann uns aber wurscht sein. Wichtig ist einzig und allein, dass sie überhaupt zammkrachen und durch ihre unermüdliche Wiedererrichtung demnächst 100, 200 oder gar 300 Millionen Euro in die Bauwirtschaft hineingepumpt werden können. Eine nicht hoch genug einzuschätzende volkswirtschaftliche Leistung, die wir bei der Nürnberger Kaiserburg leider, leider vermissen. Seit fast 1000 Jahren hockt sie mit ihrem Scheiß Satteldach wie ein Bfoonser auf dem Burgberg und hat nicht den kleinsten Schimmer von ihrer eigentlichen Bestimmung, nämlich dass sie die normalerweise vom Architekten eingeimpfte Verpflichtung hat, alle 30 Jahre einzustürzen.

Festtage im lieben, alten Nürnberg

Infolge Sommerloch, geöffnet vom 21. Juni bis 23. September, erhalten wir täglich zahlreiche Hinweise, in welches der örtlichen Sommerlöcher wir uns zur Überbrückung der extrem erlebnisarmen Jahreszeit begeben sollen: Baggerloch, Delfinlagune, Spaßbad, Spundloch, Luftloch oder in einen der ca. 1000 fränkischen Erlebnisparks. Ein weiteres unschönes Erlebnis wird uns Stadt- und Stubenhockern aber auch im Nürnberger Dokumentationszentrum gleich neben dem Dutzendteich immer wieder zuteil. Dort hat vor einiger Zeit die Sonderausstellung „Mythos Germania und Tempelstadt Nürnberg" stattgefunden, wo uns gezeigt worden ist, wie mordsmäßig schön unser Städtlein werden hätte können, wenn der Herr Führer mehr Zeit gehabt hätte. In dieser Ausstellung hat es sehr viel zu entdecken gegeben, naturgemäß jede Menge Mythen. Mythen sind eine Art Sagengeschichten aus grauer oder brauner Vorzeit eines Volkes, also was verhältnismäßig Geheimnisvolles.

Eines dieser Geheimnisse bietet uns eine große Glasvitrine gleich am Anfang der Ausstellung, in welcher ein Buch aufgeschlagen liegt mit dem Titel „Festtage im lieben alten Nürnberg". Wer es nicht kennt oder infolge Gedächtnisloch vergessen hat, für den können wir hier einige wundervolle Zeilen zitieren: „Kunstsinn war mit Schaffensfreude, Wissensdrang mit Fleiß gepaart, Heimatliebe, Heimattreue blühten hier in seltner Art. Und so musste auch zur Hegung für die Hitler'sche Bewegung Nürnbergs Boden günstig sein. Streicher sorgte für's Gedeihn. Just in Deutschlands schlimmsten Tagen sah man kampfesfroh hier tragen durch die Straßen Hitler-Fahnen – und die Massen packt ein Ahnen, und der Sieg des Glaubens triumphierte, und ein morsch gewordenes System krepierte! Nürnberg aber ward für wackres Streiten Reichsparteitagsstadt auf alle Zeiten!"

Dieses ungefähr 40-seitige Werk, in dem sich unter anderem triumphieren und krepieren auf wunderbare Weise reimen, hat sich im Jahr 1938 der Nebenerwerbsdichter Paul Rieß, Künstlername „Pausala", aus den Fingern seiner oft zum Hitlergruß erhobenen rechten Hand gesaugt.

Ähnlich einschmeichelnde Knüppelverse hat sich jener Paul Rieß schon lang vor 1933 ausgedacht, er darf sich also, ohne den Eindruck der Anmaßung zu erwecken, durchaus als Wegbereiter des größten Vergasers, des besten Massenmörders aller Zeiten betrachten. Jetzt ist Massenmord, noch dazu ein ungefähr 60-millionenfacher, unter Umständen ein fragwürdiges Unternehmen. Aber man soll da anscheinend nicht vorschnell urteilen, schon gleich gar nicht bei uns in Nürnberg. Und damit jetzt also zum mythologischen, geheimnisvollen Element: In der Ausstellung „Mythos Germania und Tempelstadt Nürnberg" ist das Vorzeigen des Buchs vom Herrn Pausala entschieden als Anprangern eines unterwürfigen Poeten-Gehorsams, eines Verfassens bitterer, extrem zähflüssiger Schleimspuren, einer Hetz- und Verführungstirade in formvollendeter Biedermeiersprache gedacht. Mit dem ungeschriebenen Hinweis seitens der Aussteller: Hütet Euch bis in alle Zukunft vor den Brandstiftern, auch den schreibenden!

Weit sind aber die Leiter des Dokumentationszentrums mit ihrer dringlichen Warnung nicht gekommen, denn höchstens zehn Kilometer von ihnen entfernt befindet sich in der Nürnberger Nordstadt, unweit der Synagoge und des jüdischen Gemeindezentrums – die Pausalastraße. Benannt nach Paul „Pausala" Rieß, dem Verfasser der erwähnten Schleimspur „Festtage im lieben alten Nürnberg".

Dazu muss man noch wissen, dass die namentliche Inschrift auf einem Straßenschild die höchste Ehrung bedeutet, die die Stadt Nürnberg und ihre Räte vergeben können. Im Jahr 1993 haben sich die Grünen im Rathaus des befremdlichen Zusammenhangs zwischen Straßennamensverehrung einerseits und Steigbügelhaltens des größten Menschenschlächters aller Zeiten andererseits erinnert und das Abschrauben des Schildes beantragt. Der Stadtrat hat den Antrag mehrheitlich abgelehnt. Und nicht lang danach hat ein hoher Herr im Rathaus wissen lassen, dass ihm die alten Geschichten jetzt aber schon langsam auf den Geist gehen. Der 30-jährige Krieg müsse ja auch nicht alle paar Wochen aufgearbeitet werden. Dazu möchte ich nur noch anmerken, dass die alten Geschichten sich stets in die jeweilige Gegenwart hinüberretten. Schleimspuren gibt es immer wieder. Die Ausstellung „Mythos Germania und Tempelstadt Nürnberg" im Dokumentationszentrum ist täglich (9 bis 18 Uhr) geöffnet gewesen. Stadträte haben umonst nei dürft. Aber es hat sie scheint's nicht interessiert.

Geld an die Wand werfen

Wer oder was eine Hiidschn ist, wird heute in der Gegenwart nicht gleich jeder parat haben, da dieser original vor- und randstädtische Begriff aus der Vergangenheit stammt, wenn nicht sogar aus der zweiten Vergangenheit. Deswegen für alle Gegenwärtigen: Die Hiidschn hat zwei Bedeutungen, 1. umschreibt dieses Wort in wunderbarer Lautmalerei einen möglichst fetten, glitschigen Bfruusch (Frosch) und 2. einen nicht perfekt aufgepumpten Fußball, welcher auf dem letzten Luuch (Loch) pfeift.

Wir erwähnen diese schönen verbalen Antiquitäten deshalb, weil dieser Tage eine ehemalige Klasse 1a des in dieser Form ebenfalls nicht mehr existierenden Nürnberger Realgymnasiums ihr 50-jähriges Abitur-Jubiläum feiert. Ich selber, Angehöriger der erwähnten 1a, begehe diese Gedenkfeier, wenn überhaupt, nur als Zaungast, da sich der mir innewohnende Fleiß weniger der Infinitesimalrechnung, unregelmäßigen Verben, irgendeinem Livius, Sallust, Cicero gewidmet hat, sondern vielmehr den erwähnten Hiidschn. Also: Frösche mit einem im Froscharsch eingeführten Strohhalm aufblasen, auf den Wiesen der Bauern Hollweck oder Prottengeier Fußball spielen, „mädschn" genannt (von engl. Match), für fünf D-Pfennige pro Stück Kaulquappen verschlucken, Streunen, Schule schwänzen, postalisch zugestellte Direktoratsverweise beim Briefträger abfangen, elterliche Unterschriften fälschen und andere sehr filigrane Tätigkeiten.

Einen der zahlreichen Direktoratsverweise habe ich wegen Wäbblns erhalten, ein ebenfalls längst ausgestorbenes Geschicklichkeits- und Glücksspiel, zu dem man eine Hauswand, einige Pfennige oder Fünferla und ein ausgeprägtes Fingerspitzengefühl gebraucht hat. Der Anklagetext in dem Direktoratsverweis hat gelautet: „Der Schüler Klaus Sch. wirft Geld an die Wand und rennt ihm nach." Auch er, der Text, ist glücklich abgefangen und mit meiner Unterschrift versehen an den Direktor Kluge wieder retourniert worden. Der Kluge ist ein sehr nachsichtiger Direktor gewesen.

Als noch angenehmer haben sich unser Lateinlehrer Bittner und unser Mathematiklehrer Schmitt erwiesen. Beide weilen leider nicht mehr unter uns und sind hoffentlich im Paradies (falls es dieses gibt), wo es ihnen bis in Ewigkeit Amen sehr gut ergehen möge. Bei aller Nachsicht von einem Kluge, Bittner oder Schmitt – mit Streunen, Schafkopfn, Sechsersechzg-Karteln, Wäbbln, Schulschwänzen, Mädschn, Kaulquappenschlucken oder Hiidschn am Arsch aufblasen erwirbt man kein Abitur, da das bayerische Kultusministerium das Fach-Abitur für die Fächer Schöne Kindheit, Freiheitskunde, Ballbehandlung nicht im Entferntesten einführen hat wollen. Lieber das G8, sodass man ein Jahr früher als bisher arbeitslos wird.

Jetzt feiere ich also das 50. Abitur-Jubiläum mit meinen alten Freunden von damals, die vermutlich nicht gscheit Schafkopf karteln können, nur am Rand, an den Ausläufern des Egidienbergs. Obwohl sie mich in aller Form eingeladen haben.
In der Einladung heißt es unter anderem, dass es seinerzeit, folgende Erleichterungen für die Menschheit noch nicht gegeben hat: „ . . . kein Handy, keinen PC, keinen Laptop, kein Navigationssystem, kein Internet, keinen MacChicken, keinen Taschenrechner, keinen Kopierer, keine Kreditkarte." „Wie", so heißt es in dem Schreiben weiter, „wie konnten wir ohne die heute lebenswichtigen Dinge überhaupt überleben? Ganz einfach: Unsere Generation hat diese Dinge erfunden und entwickelt."
Zu unseren Erfindungen hätte ich noch folgende segensreiche Neuerungen hinzugefügt: Sechs- bis achtspurige Autorennstrecken, Business-Tower, Gewerbegebietwüsten, rechteckige Betonkästen, Koma-Schnaufen, Rachgier, Klimaveränderung, Dax, Stauberater, das Hochgeschwindigkeitsgymnasium, Express-Studium, Job-Center, Rückgratverkrümmung, Hartz IV, Luftgeschäfte, Risikopapiere, Endlagerung.
Nur ein einziges Kinderspiel von damals hat sich bis heute erhalten, sogar in einem wesentlich verbessertem Format: Geld an die Wand werfen und ihm nachrennen. Nach Möglichkeit ein Geld, das man nicht hat oder das einem nicht gehört. Inzwischen erhält man für diese Tätigkeit allerdings keinen Direktoratsverweis mehr, sondern das Bundesverdienstkreuz. Die Gedenkfeier findet am 19. Juli ab 11 Uhr am Nürnberger Egidienberg vor dem Melancholie-Denkmal statt, beziehungsweise: Melanchthon-Denkmal muss es heißen.

Nürnberger Platzgestaltung
Vollkommen aussichtslos

Es gibt Stunden im Leben, da möchte man fast an sich selber verzweifeln. Burn Out im Endstadium, wo man merkt, wie doof man ist, wie kleinkariert, wie wirklichkeitsentrückt. Nur ein ganz kleines Beispiel: Ich, und zwar ich in meiner teilweise brunsdummen Eigenschaft als Teil der Bevölkerung, vor allem der breiten.

Es haben mich also dieser Tage meine Schritte wie magisch die Bucher Straße hinaus gelenkt bis zum Friedrich-Ebert-Platz, welcher bekanntlich wegen der fahrerlosen U-Bahn ein bisschen umgestaltet worden ist. Und im Anfangsstadium meiner oben erwähnten Kleinkariertheit ist es mir zunächst ins leider nicht vorhandene Gehirn geschossen: Im bitteren Zusammenwirken haben dort Baureferat, Baukunstbeirat, Stadtplanungamt, Kulturamt und wahrscheinlich noch fünfzig bis hundert andere Ämter einen ziemlichen Haufen fragwürdiger Beschaffenheit hingebrodzd. Einen Haufen, wo man sich zunächst, nach der panischen Flucht seiner Seele in Richtung Schweppermannstraße, dringlich fragt, ob am Friedrich-Ebert-Platz eines Nachts Tausende von Betonmischern schwer verunglückt sind und dort jetzt ihre Fracht und Havarieschäden als Mahnmal für den Unbekannten Gramführer in den Himmel ragen.

Schließlich, so denkt dann der herkömmliche Depp weiter, schließlich ist dieser Friedrich-Ebert-Platz umrahmt von sehr schönen Jugendstilgebäuden, also sollte er doch in irgendeiner Form einen Architektenschutz genießen. Also Schutz vor Architekten, deren Lieblingsfarbe Elefantengrau und deren bevorzugte Konstruktion der rechte, neunziggrädige Einfaltswinkel ist.

So blöd und unverfroren kann natürlich nur ein Müßiggänger daherdenken. Denn: Nehmen wir nur die kurz geschilderten Jugendstilhäuser am Friedrich-Ebert-Platz. Zweifellos sind sie schön. Aber was verursacht diese fast zeitlos anmutende Schönheit in uns? Unlust, Faulheit, vollkommen unproduktive Beschaulichkeit, vorsätzliche Schlurcherei im unweigerlichen Gefolge von wirtschaftlicher Not und Verderben!

Angenommen die am Friedrich-Ebert-Platz gedanklich mehr oder weniger tätigen Architekten hätten dort eine leichte Anmutung an die ursprüngliche Schönheit ersonnen, mit einem Minimum an

Rücksicht ein schönes, ansehnliches Plätzchen erschaffen – jeder von uns unwissenden Knallern hätte doch auf diesem Areal sehr gerne ein bisschen verweilt, seine vom Anblick des Aufseßplatzes, des Plärrers, des Bahnhofplatzes schon schwer in Mitleidenschaft gezogenen Augen sich erholen lassen. Und dadurch – kostbarste Zeit vergeudet!
Womit sollen wir aber unsere Zeit ausfüllen? Mit Mühe und Arbeit, wie es uns der Psalm Nummer 90 ganz richtig immer wieder einschärft: „Unser Leben währet 70 Jahre und wenn's uns hochkommt vor der Kunst der hiesigen Platzgestaltungsarchitektur, so sind's 80 Jahre. Und wenn es köstlich gewesen ist, so ist es Müh und Arbeit gewesen." So schaut's aus, liebe Romantik-Rimbviecher! Nix is mit Flanieren, Lustwandeln, Spaß, Freude, Verweilen oder gar mit Sich-Wohlfühlen! Die Parole lautet: Während des Eilmarsches in die Ärwerd gschwind in einem hingepfefferten Würfel namens Coffee-Shop sich einen Maggi aa dou reinpfeifen and one Plum Muffin oder Cheese Cake, die Augen zu und zügig durch, durch den Frederic-Ebert-Place! Time is money, und money braucht unsere Stadt reichlich.
Erst wenn man das begriffen hat, begreift man auch, dass die Friedrich-Ebert-Platz-Architekten mitnichten in den dort auch gut sichtbaren Flaschen-Containern beheimatet sind, sondern die Neue Hässlichkeit mit Bedacht geplant haben: Alles Malerische zubetonieren, dass uns Hören und Sehen und Stehenbleiben möglichst für immer vergeht.
Sie selber wohnen zwar ganz gern nicht an den von ihnen erdachten Plätzen, sondern lieber in streng denkmalgschützten Jugendstilgemächern, in Fachwerkhäusern, in ländlich situierten Idyllen - aber wahrscheinlich gezwungenermaßen, extrem gegen ihre Überzeugung. Eines Tages wird vielleicht auch ihnen der Vorzug zuteil, umziehen zu dürfen. In eine Betonkiste oder gar in eine Cheesecake-Biwakschachtel am Friedrich-Ebert-Platz. Und wem es jetzt an dem neugestalteten Steinbrüchlein immer noch nicht gefällt, dem sei mitgeteilt: Seit seiner Hinrichtung kann man den Friedrich-Ebert-Platz mit der U-Bahn unterirdisch durchqueren. Vollkommen aussichtslos.

Archäologie I
Wann kommt das Pressackschnerbfl-Museum?

Wie allen Menschen stehen auch uns hier im fränkischen Zusammenballungsraum drei Zeitabschnitte mehr oder weniger zur Verfügung. Es sind dies die Vergangenheit, die Gegenwart und die Zukunft. Die Gegenwart stellt sich oft ein bisschen mumbflmäßig, sodderartig dar, trostlos, beschissen und endet in der Regel mit dem Tod, die Zukunft ist, außer für die Hellseherin von Himpfelshof, weitgehend ungewiss, also widmen wir uns lieber der Vergangenheit. Und zwar mittels zahlreicher Museen.

Aber ausgerechnet da schaut es gegenwärtig bei uns schlecht aus. In der Metropolregion Nürnberg, welche vor allem auf dem für seine große Geduld bekanntem Papier existiert, schätzen namhafte Antiquitätenhändler die Zahl der Museen auf höchstens 300 Stück. So nennen wir etwa ein Fingerhutmuseum unser eigen, ein Pinselmuseum, ein Gießkannen- und Schöpfradmuseum, ein Hosenmuseum, ein Gipsmuseum, ein Klöppelmuseum, ein Bierflaschenmuseum, sowie 250 sanierungsbedürftige Burgmuseen, um nur einmal die leuchtendsten Beispiele von Bewahrungsanstalten für alte Sachen wie Gips, Fingerhüte, Pinsel, Hosen anzuführen. Nur 300 Museen! Allerdings Einmachgläser mit alten Kirschen, Zwetschgen, Stachelbeeren noch nicht gerechnet. Dennoch: Diese unterm Strich mager anmutende Zahl lässt beim Museumsbesucher viel zu wünschen übrig.

Wer hier zum Beispiel täglich nur ein einziges Museum besucht, benötigt für seine Reise in 300 Vergangenheiten nicht einmal ein Jahr. Und was, so fragt sich das Bildungsbürgertum mit Recht, was sollen wir dann in den restlichen 65 Tagen unternehmen? Am Sofa kauern und bubbeln oder was? Gut, auch diese Tätigkeit beschäftigt sich mit alten Fundstücken, mit Subkultur und einer Abart von Archäologie, wirkt häufig durchaus befriedigend, ist aber meist schon nach zwei, drei Minuten wieder beendet.

Doch jetzt leuchtet Hoffnung auf in der Museumswüste! Und zwar in Gestalt des Nürnberger Bratwurstpabstes, Herrn Hartwig Frommer: Auf seinen Dringlichkeitsantrag hin soll spätestens im Jahr Zweitausendsowieso zu Nürnberg ein – Museums-Frequenteure haltet ehrfürchtig den Atem an! – ein Bratwurstmuseum errichtet werden!

Also beileibe nicht eine Lagerhalle, in der die hiesigen Wurtsproduzenten ihren Bratwurstbruch, ihre Fehlpressungen abladen können, sondern ein mutmaßlich butzenscheibenbefenstertes, chörleinbehängtes Häuslein, in welchem Exponate wie etwa uralte Senf-Bflaadschn, eingeweckter Zwiebelsud, Dürers Darstellung von Sex mit Meerrettich oder die Holzskulptur des legendären Bratwurstg'häckbrotes vom Gastwirt Mais in Renzenhof der erstaunten Öffentlichkeit dargeboten werden, dass ihr das Wasser in den Augen zusammenläuft, teils vor Rührung, teils vor Meerrettich.

Höchstwahrscheinlich handelt es sich dann bei dem Museum für modernde Kunst um das erste Bratwurstmuseum der Welt, welchem infolge der großen, meist durch eine Überdosis Sauerkraut erzielten Resonanz endlich noch viele weitere Museen ihrer feierlichen Eröffnung harren; denn Nürnberg ist reich gesegnet mit erinnerungswürdigen Gaumenfreuden aller Art.

Denkbar wäre eine Gedenkstätte für Schdazionäärla (vulgo: Schwarzwurzel), ein Schlenkerlaskäs-Museum, zwei Pressackschnerpfel-Museen, eines für den roten, eines für den weißen Pressack, ein Ochsenmaulsalatmuseum, ein Fleischsalatmuseum, ein Lebkuchen- und Waffelbruchmuseum, ein Schäufelemuseum, ein Museum für die berühmte City-Sausage, die Stadtwurst, auch hier unterteilt in mehrere Abteilungen für die Hausmacher-, rote, weiße und geräucherte Stadtwurst. Als Rohbau könnte ein Museum für das rohe Gniedla entstehen, daneben das Röstkartoffel-, Kohlrabi-, das Karpfen-Müllerin-Art-Museum.

Einzubeziehen wäre natürlich auch das Gedenken an rein fleischliche Genüsse in Gestalt eines Erfahrungsfeldes der Minne, also eines Puffmuseums mit antiken Gummipuppen in den Vitrinen. Damit sind wir schon beim Verkehr, welchem in Nürnberg zwar ein Museum gewidmet ist, jedoch nur ein weitgehend zweigleisiges. So wird vielleicht schon im Jahr 3013 neben Dr. Schönleins Brieftaubenhausmuseum das 1. eingleisige, das Nürnberger Radwegemuseum eröffnet. Dieses Radwegemuseum wird dann aber vorläufig leer stehen, denn unfallfrei befahrbare Radwege gehören in Nürnberg der Zukunft an, und zwar der fernen Zukunft. Momentan sind Radwege den Insassen des Nürnberger Rathauses völlig bratwurst, denn sie wissen: Irgendwann einmal wird aus jeder Zukunft voraussichtlich einmal eine Gegenwart und mündet schon Millionstel Sekunden später in die Vergangenheit, ins Museum.

Archäologie II
Auch der Urknall stammt aus Nürnberg!

Ob man an den Gestaden der Bengerz jetzt dann bald Teile eines Zwetschgermännla-Skelett aus dem Präkambrium birgt, die versunkene Stadt Atlantis oder eventuell gar das verschollene Bernsteinzimmer von Zar Peter dem Großen, ist noch nicht ganz sicher. Bald aber, in den nächsten Jahrzehnten oder Jahrhunderten, werden wir Gewissheit haben. So wie jetzt auch Gewissheit herrscht, warum seit einigen Monaten mitten in der Nürnberger Altstadt der größte Schuttplatz seit Ende des II. Weltkriegs errichtet worden ist.
Urprünglich hätte dort ja demnächst ein sogenannter Augustinerhof entstehen sollen, also eine schöne Ansammlung von möglichst tiefen Tiefgaragen, obendrauf paar schöne Hotels, New Yorker Einkaufsgeschäftlein, Wohnungen und so weiter. Aber jetzt ist endlich die Wissenschaft dahintergekommen, dass man diese große, verhältnismäßig flache Fläche noch viel sinnvoller nutzen kann, nämlich als den am zentralsten gelegenen Ausgrabungsort der Stadt Nürnberg. Einer Stadt also, über deren Vergangenheit die Archäologie so gut wie überhaupt nichts weiß, weil man sie niemals in den vergangenen Jahrhunderten gscheit graben hat lassen.
Viele Tiefgaragen sind hier schon ausgehoben worden, Trümmer Baugruben für Kaufhäuser bis knapp zum Erdmittelpunkt, zigtausende Meter von U-Bahnstrecken. Aber jedesmal, wenn dann gschwind die Archäologen mit ihre Schäufala aufgetaucht sind und gedacht haben, sie könnten dem Dunkel der Geschichte was Hochinteressantes Frühmittelalterliches entlocken – bums, war der Bauherr schon da mit dem Schild „Für Unbefugte ist das Betreten der Baustelle verboten. Eltern haften für ihre Archäologen."
Außer ein paar zwischen Frühgotik und Romanik angesiedelten Scheißhäusern mit dem entsprechenden Formenreichtum ihrer Inhalte hat man in den letzten Jahrzehnten nichts bergen können, was wert gewesen wäre, dass man es präpariert und im Germanischen Nationalmuseum der erstaunten Öffentlichkeit zugänglich macht. Eine bisschen dürftig für des Deutschen Reiches Schatzkästlein! Deswegen wird es jeder Nürnberger, der nichts dringender wissen möchte, ob er hier in hundert Meter Tiefe eventuell schon vor 25 Millionen Jahren als Amöbe existiert hat, wird er es also freudig

begrüßen, dass die weitere Zukunft des sogenannten Augustinerhofs ganz allein der Vergangenheit gehört. Mit ein paar Jahren Graben, Bohren, Forschen ist es dann natürlich nicht getan. Archäologen schweben da mit Recht in ganz anderen Zeiträumen. Man denke nur an Heinrich Schliemanns Troja – dort schaufeln sie heute noch, seit 150 Jahren. Mit teilweise sehr schönen Funden, wie etwa tonnenweise reinstem Sand.
Auch Nürnbergs Troja, der Augustinerhof, wird wunderbare Dinge ans Tageslicht bringen. Vielleicht wird man nicht gleich in den nächsten Tagen auf den Schatz des Priamos stoßen, aber ganz bestimmt auf viele Lastwagenladungen voll mit Lebberi. Möglicherweise entdeckt man hier, wo einst die Wellen des Jurameeres sich gekräuselt haben, die Urform der Sardinaweckla. Vielleicht muss die Geschichte der Nürnberger Bratwurst völlig neu geschrieben werden, vielleicht aber halten eines Tages die Archäologen vom Augustinerhof triumphierend die Versteinerung eines Lebkoung aus dem Neolithikum in Händen. Wobei sich in dem Fall die wissenschaftliche Sensation ein bisschen in Granzen halten dürfte – versteinerte Lebkoung findet man fast zu jeder Jahreszeit immer wieder am Hauptmarkt, auch ohne Ausgrabungen.
Mögliche große Erfolge werden natürlich vom Fleiß und vom Durchhaltevermögen der Forscher abhängen. Aber da haben wir großes Vertrauen. Eines Tages werden sie ein männliches Skelett bergen, linkes Bein etwa zehn Zentimeter länger als das rechte, und verkünden: „Mit an Sicherheit grenzender Wahrscheinlichkeit der erste ostgotische Linksaußen des 1. FC Nürnberg aus der Zeit der Völkerwanderung, bei Vertragsverhandlungen verhungert." Und je tiefer die Grabungen vordringen, desto früher wird man in Nürnberg melden können: „Wir haben den Landweg nach Neuseeland freigelegt." Was auch eine sehr schöne Errungenschaft wäre, von Nürnberg mit der Rohrpost dann praktisch nach Neuseeland, aber natürlich keine archäologische. Doch auf dem Gebiet der Arschäologie erwartet uns wahrscheins noch eine hammerartige Sensation. Erste Probebohrungen haben kleinste Mengen einer ungeheuer energiegeladenen Masse zutage gefördert. Noch ist das Ergebnis der Laboruntersuchung nicht amtlich, aber es scheint sich bei dem Fund in einem schwarzen Loch des Augustinerhofs um winzige Parikel eines 4,6 Milliarden Jahre alten Sauerkrauts zu handeln! Also was viele schon seit langem vermuten: Nürnberg, die Zentrale des Urknalls.

Nürnberger Schimpfwortforschung
Bläide Zumbfl, hald edzer dei Goschn!

Wie wir dieser Tage flächendeckend dargestellt haben, ist die hohe Kunst der deutlichen Aussprache gepaart mit der Symbolistik aus dem unerschöpflichen Tierreich im Straßenverkehr – anders als in Bundes-, Land- oder Kreistag – strafwürdig und kann viel Geld kosten. Ein unüberlegt dahingeplaudertes „Du blöde Sau!" zu einer sich im Dienst befindlichen Polizistin etwa zieht, selbst wenn es der Wahrheit entspricht, eine Überweisung von knapp 500 Euro zu Lasten des Verkehrsteilnehmers nach sich. Selbst der geschickt gewählte Konjunktiv „Am liebsten würde ich jetzt Arschloch zu dir sagen" wird, obzwar es sich hier ganz klar um ein virtuelles Arschloch handelt, mit 1600 Euro prämiert.
Jetzt leiden aber nach einer Umfrage der Nürnberger Gesellschaft für Monsunforschung ca. 99 Prozent aller Autofahrer bereits nach zwei Minuten hinterm Steuer am sogenannten Tourette-Syndrom, also einer noch weitgehend unerforschten Heimsuchung, welche schon durch Überholvorgänge, Nichtbeachtung eines Hupkonzerts oder eine ostentative Ohrenbohrung zahlreiche Arschlöcher, Bettbrunser, Knalldeppen nach sich zieht. Vollends kommt die Tourette-Krankheit bei Erscheinen eines Polizisten zum Ausbruch.
Wenn man jetzt also schlaftrunkene Passanten, aufschreibwütige Polizisten, völlig durchgedrehte Radfahrer nicht als Arschlöcher, nicht einmal als Option eines Arschlochs bezeichnen darf – wie sollen wir unsere Krankheit dann ausleben können, unserer Fantasie auf dem Blöde-Sau-Sektor freien Lauf lassen? Der ADAC, Geschäftsstelle Nürnberg, weiß auch keinen Rat, außer: Man möge es halt im stillen Kämmerlein seines Autos durchführen und etwa mit den Worten „Affnarsch, verschissener!" sein Lenkrad abfotzen.
Doch da gibt es dank der elektronischen Wegweiser-Forschung eine wesentlich bessere Lösung: Das bislang eher nutzlose Dschi Bi Ess, hierorts meist Nawi genannt, also das der Navigation in der Regel nicht mächtige Navigationsgerät im Auto, in welchem uns eine zarte, extrem hochdeutsche Frauenstimme digital meinetwegen von Nürnberg nach Rovereto geleitet. Meistens leitet sie uns jedoch in eine Sackgasse, auf unbefahrbare Forstwege, über mannshohe Zäune

hinweg in Vorgärten, auf Kuhweiden oder auf die Großschiffahrtsstraße des Main-Donau-Kanals.

Die Dame im Handschuhfach hat, wie jeder Navigationsgeräteinhaber weiß, ein vollkommen unerforschtes Eigenleben. Und da setzt jetzt die Therapie der Schimpfwörter-Krankheit ein. Neulich also auf der Fahrt von Nürnberg-Süd nach Rovereto. Die Navigations-Schlampe, die selten doofe Sau, hat beschlossen, dass wir die Wegstrecke über Ulm, Kempten, Bodensee wählen, während wir jedoch nach altem Brauch über München, Garmisch, Innsbruck, Brenner düsen haben wollen. Und es hat sich sodann ungefähr folgender Dialog im Auto entwickelt: Die Nawi-Kuh im Bordmikrofon, auf der Höhe der Ausfahrt Feucht: „Bei der nächsten Möglichkeit bitte wenden." Ich: „Hald dei Maul, bläide Sunner!" Die Navi-Ärschin bei Allersberg-Hilpoltstein: „Bei der nächsten Möglichkeit bitte wenden." „Wennsd edzer nedd glei dei Waffl häldsd, Schlumbl, bläidgoscherde, gräigsd vull anne ins Gfries!!!" Auch diese eher deutlichen Worte haben die selten hirnverbrannte Gans nicht belehren können. Jede Ausfahrt, jeden Parkplatz, jede Raststätte hat sie mit den lieblichen Worten begleitet, dass wir bei der nächsten Möglichkeit bitte wenden sollen. Folglich haben wir sie bis weit hinter dem Brunnthal-Dreieck als Hollerfickl eingestuft, Sefdl, Hoiloidl, Drieferla, Sulln, brunsdumme Dreegschlaider, Schnalln, als dummgsuffne Brunskunnl, saubläide Nuss, haben uns bei ihr teilnahmsvoll erkundigt, ob sie vielleicht einen nassen Hut aufhat, eventuell ihr Arschgschmarri einstellen könnte.

Sie möge, haben wir ihr noch dringend geraten, ihr Maul, ihre Goschn, ihre Waffl halten, sich ihre hochdeutsche Aussprache in den Arsch schieben oder aber ca. fünf Pfund Mehlpapp am Stück fressen, dass sich ihre stadtworschdartigen, gurkenhaften Lippen bis in alle Ewigkeit hermetisch verschließen. Und bei Erreichen der Region Alto Adige habe ich mich mit einem letzten Heigeing, Gaaß, Schieß, Zumbfl, Zibflziecherin, Dreegsau dreggerde, Schnebfn, Schbinoodwachdl, Schrumbl verabschiedet, nicht ohne die herzliche Einladung, dass sie mich am Arsch leckn kann und zwar kreizweis, erst von oben nach unten und dann von links nach rechts. Und schon bin ich von der offenbar im Mittelfränkischen beheimateten Tourette-Seuche befreit gewesen. Für nur 1600 Euro, welche mir die Polizistin anlässlich des kreuzweisen Arschleckens an der Ausfahrt Sterzing auf den Überweisungsschein notiert hat.

Nürnberg in Not(durft)
Die Scheißbrüh-Spediteure

Aus verhältnismäßig schlecht unterrichteten Greisen ist neulich heraus gesabbelt, dass in irgendeinem Fuckushima oder so ähnlich ein ambulantes Kirschkernkraftwerk infolge unvorhersehbarer Erdarbeiten undicht geworden ist und heiße Luft aus ihm austritt. Gottseidank geht uns das hicrorts aber überhaupt nix an. Weil, wir haben viel schönere Probleme. Und zwar momentan Hundescheiße. Gravierend bis dorthinaus!
Diese Hausmacher Stadtwurst bevölkert nämlich inzwischen die scheint's für Scheiße prädestinierte Stadt Nürnberg in extrem besorgniserregender Weise. Nach neuesten Messergebnissen der Organisation SÖR (Servicebetriebe Öffentliches Rumscheißen) gelangen im Stadtgebiet täglich fünf Tonnen (!) Scheißdreck ins Freie, und es ist nur noch eine Frage der Zeit, bis unsere Stadt von ihm dahingerafft sein wird. Der Tag ist nicht mehr fern, wo es bei uns für immer Nacht ist und vielleicht nur noch die rotweiße Stadtfahne am Fünfeckigen Turm aus dem Weichbild Nürnbergs heraus lugt. Aber auch heute, wo noch nicht alles beschissen ist, erregen die stark zunehmenden Schließmuskelzuckungen der ortsansässigen Hunde Furcht und Schrecken, vor allem im Unrathaus.
Fünf Tonnen Scheiße täglich – das muss man sich einmal bildlich vor Augen führen! Da ist es doch für jeden Passanten unvermeidlich, dass er alle 24 Stunden mindestens fünfmal in sie hineintritt! Also praktisch der Super-Hau, Schuhsohlenschmelze durch Verätzung! Und dann die Folgeschäden: Unerwünschte Farbmuster daheim am Teppichboden, Verschleudertrauma, Nasenschleimhautreizung, die ungeklärte Entsorgung der Brennwürste.
Oder unsere dadurch immer geringer werdende Lebenserwartung. Und zwar Folgendes: Wer die Wahl hat, in die Hundescheiße voll hinein zu gwaadschn oder aber dieselbe einigermaßen unbefleckt zu umkurven, der wählt doch in kluger Voraussicht die Umkurvung, also einen Umweg von vielleicht 20 Zentimeter pro Wurstkringel. Das macht täglich, bei fünf Umrundungen, einen vollen Meter, pro Jahr 365 Meter, in 90 Jahren Lebenserwartung also fast 33 Kilometer zusätzliche Laufarbeit! Künstliche Hüftgelenke, Lungenödeme, irreparable Meniskusschäden, immenser Sohlenverschleiß werden die Folge sein.

Wo, fragt sich da der von Hundehaufen umzingelte, besorgte Bürger, wo soll das alles noch hinführen? Zunächst einmal führt es, wie die Organisation SÖR jetzt mitgeteilt hat, zur MKK, zur Mobilen Kacke-Kavallerie. Womit natürlich nicht berittene Einheiten gemeint sind, da ja gerade Pferde Trümmer Rossbolln von auch nicht gerade schlechten Eltern voll auf die Straße scheißen. Vielmehr wird SÖR zwei sogenannte Hundekot-Entferner auf je einem Moped, ausgestattet mit einer Absauganlage, durch die Stadt patrouillieren lassen. Ob die mobilen Wurst-Wachtel für die parallel zur Hundescheißdreckverunzierung erfolgende Urinanreicherung zusätzlich mit Strohhalmen ausgestattet werden, ist noch in der Schwebe, da die Kostenübernahme von 1,50 Euro noch nicht vollends geklärt ist. Während wir hier gerade über die große Bedrohung grübeln, die über unser Gemeinwesen bald hereinbricht, erreicht uns soeben die Meldung , dass es sich im oben erwähnten Japan doch nicht um ein Kirschkernkraftwerk, sondern um einen in die Luft geflogenes, irgendwie atomar betriebenes Kernkraftwerk handelt. Aber, sagt auch die Frau Kern, es wird scho wieder wern. Weil bei der Frau Korn is auch wieder worn.
Und überhaupt ist es nicht so schlimm. Weil 1. betrifft es Japan. 2. ist Japan weit weg von uns. Und 3. kriegt der 1. FC Nürnberg vom Atomkraftwerkhersteller Areva in dem uns viel näher am Herzen liegenden Erlangen zehn Millionen Euro, und wenn es keine Atomkraftwerke gäbe, würde der Club ungefähr nur null Millionen Euro erhalten. Zu Differenz der beiden Summen muss man den schönen lateinischen Satz des römischen Kaisers Vespasian (9 bis 79 n. Chr.) stets parat haben: Pecunia non olet, Geld stinkt nicht. Er hat es damals erwähnt, wie er für öffentliches Scheißen eine Gebühr erhoben hat und wegen ihr getadelt worden ist. Wir haben die Riechprobe gemacht, und es stimmt: Geld stinkt nicht. Höchstens strahlt es in nächster Zeit ein bisschen. Aber auch das kann uns völlig worschd sein. Weil, es wirkt sich lediglich auf Landtagswahlen aus oder auf unsere Kinder, Enkelkinder, Urenkelkinder und so weiter, höchstens 25 000 Jahre lang. Sagt ja sinngemäß auch der Wirtschaftsminister Brüderle. Zu dem könnten unsere zwei Nürnberger Scheißdreckabsauger auch einmal mit ihrem Moped hinfahren.

Aus der Welt der Sprachforschung
Die Beschleunigungshose für Wurzelholzmänner

Noch vor kurzem sind ja sogenannte Anglizismen von den noch verbliebenen, einigermaßen Deutsch sprechenden Peoplc strafrechtlich erbittert verfolgt worden. Diese Zeiten sind, thank you father in heaven, fargoing over (für die allerletzten Germanenzipfel im Reservat: weigehend vorbei).
These days sind wir in Nuremberg durch die Eaglestreet geslurft, dem homeland des flagshipstore's Jakob Wolfsfell, ca. 300 % der Bevölkerung naturally als Jack Wolfskin wellknown, famous and shoppingmäßig always, night and day, frequented.
Da sich unserer scheint's noch in der Sebalder Altstadt geborenen Tastatur jetzt ein bisschen die Buchstaben sträuben, fahren wir teilweise in der Eingeborenensprache fort.
Und zwar haben wir uns beim Wolfsfell, dem Fachgeschäft für draußen vor der Tür, den 400 Seiten starken Katalog gekrallt. In ihm fällt es uns wie Schuppen von den Eyern, dass unsere in einigen Geheimzirkeln noch kursicrende, ursprüngliche Binnensprache sich endgültig im Plusquamperfekt befindet, in der zweiten Vergangenheit. Future: No, nil, nothing, zero. Also verhältnismäßig wenig Zukunft. Und das ist auch better so.
Oder wüssten Sie vielleicht, was Sie für 139 Euro kaufen sollen für den Fall, dass Sie in jenem Katalog mit einer Kabelschutzschilddachbodenwohnungjacke Männer konfrontiert werden? Da breiten sich doch Schüttelfrost in uns aus, Panik, Depression, unlimited Ratlosigkeit, oder? Lesen wir in dem Standardwerk für Außertürige jedoch stattdessen das gleichermaßen blumige, fast Poetische und wie auf Anhieb verständliche, uns allen vertraute Wörtlein Flex Shield Highloft Jacket Men – ja, dann weiß man doch sofort, ohne alle Abschweifungen ins Wörterbuch, bescheid! Eine Flex Shield Highloft Jacket Men ist also was? Arschklar, es ist eine Flex Shield Highloft Jacket Men.
Und ganz genau so verhält es sich mit allen anderen schönen Gebrauchsgegenständen für Outdoor. Da sollte einer heutzutage keinesfalls mehr blöd umeinanderfragen, um was es sich bei einem

Crystal Bay Coat Women handeln könnte, bei Accelerate Pants oder bei einem Cool Max Single Layer Sock. Natürlich könnten wir es für die sprachlichen Restdeppen in dieser zukunftsträchtigen Stadt der Reihe nach gschwind erklären: Kristallbuchtmantelfrauen, Beschleunigungshosen und Kühlermaxeinzellegersocken. Und Burlwood Men mit gutem Grip und Tractionsohle sind halt – selbst wenn auf dem dazugehörigen Bild eine Art Schuh gezeigt wird – sind halt allerwall griffige Wurzelholzmänner mit Zug. Aber das nützt dem Englisch-Nullinger ja auch nicht viel, denn er müsste ja die griffigen Wurzelholzmänner mit Zug erst wieder zurück übersetzen in Burlwood Men mit Grip und Tractionsohle, und dann lookt er genau so doof aus seiner traditionsbefrachteten Indoor-Wäsche wie before.

Ganz anders der Nowadays-Man, der urbane Up to dater: Der muss, etwa im Fall der High Fidelity Jacket Women nicht lang rumrätseln, er weiß von Haus aus sofort, was er da gleich für 119 Euro anprobiert, nämlich High Fidelity Jacket Women. Da sind doch keine Fragen mehr offen! Während unser Uralt-Hirnheiner, der ewig vorgestrige Käufer im Laden der Außertür-Belange-Firma Wolfsfell schwer irritiert nach einer freien, etwas abseits gelegenen Umkleidekabine sucht, wo er nach aufmerksamem Studium seines always paraten Englisch-Wörterbuchs in diese High Fidelity Jacket Women, in einige Hochtreuejackenfrauen heimlich hineinschlüpfen möchte. Der ruchlose Gässlasgeicher!

Wir könnten Ihnen jetzt natürlich noch viele schöne Sachen aus dem Draußentür-Shop schildern wie Activate XT Pants, Razor Edge Jacket Men Crossover, Savage Rose Women (letzteres und nur für Germanismen-Verfechter noch einmal in Altdeutsch übersetzt: Brutale Rosenfrauen) oder Cold Valley Women Texapore 4 x 4 Taslite. Aber wir vermuten: Sie kennen sich voll aus und wissen längst, dass es sich dabei um nichts anderes dreht wie um außertürige Wolfsfellkleidungsstücke. Mit solchen, heutzutage bei jedermann vorausgesetzten Kenntnissen können Sie den erwähnten Katalog jederzeit unfallfrei lesen – nicht aber das in der Eaglestreet befindliche Geschäft aufsuchen. Denn wir haben gestern beim Jack Wolfskin die Probe auf's Example gemacht und einen Verkäufer gefragt, ob er einen Flex Shield Highloft Jacket Men auf Lager hat. Die Antwort war nicht ganz befriedigend und hat sinngemäß gelautet: „Wos mechersd, Vadder?!"

Aus der Welt der Googleschreiber
Schöner Lesen

Diese nun folgenden 140 Zeilen sind ziemlich flüchtiger Natur, soll heißen voll in den Wind geschrieben. Denn wer seinerzeit Winnetou Band 1 bis 3 in teilweise tränenreichen Nächten mittels einer mundgehalten Taschenfunzel unterm Zudeck gelesen hat, der ist heute gut, aber nicht gern 70, 80 Jahre alt oder gar schon beim Manitou in den ewigen Jagdgründen. Also den es eigentlich betrifft, der wird es nicht lesen.
Und beim Manitou gehen ja die Zwiespälte schon los. Der versierte, 12-jährige IT-Diplomingenieur lässt kurz einmal seine Finger über die Tastatur gleiten und erfährt sodann mittels google oder Wikipedia über dieses ihm gänzlich unbekannte Buchstabengebilde Manitou: „Die Manitou Group ist ein weltweit führender Anbieter von Gelände-Flurfördergeräten. Der Hauptstandort befindet sich in Frankreich, die deutsche Tochter Manitou sitzt in Ober-Mörlen . . ." Ner freilich: Ober-Mörlen! Unser Manitou sitzt keineswegs in irgendeinem g'schissnen Ober-Mörlen und brettert dort mit Gelände-Flurfördergeräten umeinander! Vielmehr schwebt er gütigst und allmächtig hoch über allen Apachen und nimmt diese für immer und ewig zu sich, wenn sie von einem räudigen Desperado hinterrücks erschossen worden sind.
Um sich derart ewigkeitsmäßig kundig zu machen, müsste man jedoch bei Karl May oder im Großen Brockhaus nachlesen, möglichst mit eigenen Augen. In beiden Fällen handelt es sich um Bücher, welche jetzt, ähnlich wie die Apachen oder hiesige Großmütter und -väter, bald aussterben. Weil jetzt nämlich – so haben wir es erst dieser Tage in einer Nürnberger Buchhandlung vernommen – die früheren Bücher bald alle aus der Steckdose kommen, von wo sie dann bei uns virtuell am Bildschirm erscheinen. Falls wir einen haben. Sie heißen nach ihrer Verwandlung nicht mehr Bücher, sondern E-Books.
Das Wort E-Book spricht man natürlich anders aus als es geschrieben wird: Nicht Ehbock (sonst könnte man es leicht verwechseln mit dem einst übel beleumundeten Animierschuppen „Rehbock" in der Südstadt), sondern Ibugg.

Ein Ibugg erleichtert unser Leben massiv. Jetzt schon kann man sich Zehntausende von literarischen Werken daunlouden, nimmt sodann seinen PC, seinen Rechner, einige Kabel sowie eine einigermaßen wohlgeformte IT-System-Trainerin mit ins Bett und kann dann, womöglich schon nach vierwöchiger Schulung, der Reihe nach seine Ibuggs lesen und sich nach einem Scheidungsanwalt umschauen. Auf der Frankfurter Buchmesse ist letzte Woche verkündet worden, dass der Umsatz der Ibuggs bereits einen Anteil am Buchbusiness von 1 Prozent hat. Nächstes Jahr sind es 10 Prozent, übernächstes Jahr 100 Prozent. Bei 100 Prozent wollen es die Ibugg-Hersteller dann vorläufig belassen.

Auch das Ibugg-Lesen ist jetzt schon enorm verbessert worden. Man muss nicht mehr seinen gesamten Computer-Krempl oder eine von der Ehefrau beargwöhnte Trainerin mit ins Bett nehmen, sondern es funktioniert auch mit einem Lesegerät. Auf ihm hat das Buch keine 300 Seiten mehr, sondern ca. 500 KB. Bei KB handelt es sich um Kilobyte. Seine frühere Bibliothek, welche vielleicht insgesamt 1000 Kilogramm wiegt, kann man durch Scannen in wenige Kilobyte eines Gesamt-Ibuggs umwandeln und die Papierreste wegschmeißen. Danach druckt man, wie es im IT-Wesen allgemeiner Brauch ist, die Ibuggs auf Papier aus und verfügt wieder über die alte Lesemasse von 1000 Kilogramm. Anschließend kann man es sowohl auf Papier als auch am Lesegerät lesen.

Allerdings geht man heutzutage mehr und mehr dazu über, dass man von einem Walser, Precht, Mankell oder gar von einer Charlotte Roche ersonnene Werke weder auf Papier noch auf Ibugg liest, sondern mit ihnen das Wichtigste macht, was es überhaupt auf der Welt gibt, nämlich kaufen. Ibuggs kaufen ist momentan ziemlich günstig, das Daunlouden kostet höchstens die Hälfte eines noch original büchernen Buches. Sind allerdings demnächst die 100 Prozent Marktbeherrschung durch die Ibugg-Industrie erreicht, werden die Preise leicht erhöht werden, Marktkenner schätzen, um etwa 500 bis 600 Prozent. Wenn es soweit ist, soll dann auch das Produzieren elektrischer Buggs oder Books wesentlich verändert werden. Während heute ja nur allerhöchstens 50 Prozent der Bevölkerung Romane aller Art, Fach-, Sach-, Koch-, Gesundheits-, Krankheits-, Glücks-, Pech- oder Lachbücher schreiben, sollen auch da in wenigen Jahren 100 Prozent der einigermaßen alphabetischen Menschheit zur Tastatur greifen. Was ohne weiteres möglich ist, denn Bücher bestehen ja lediglich aus 26 Buchstaben, zusätzlich der Umlaute ä, ö, ü. Nicht zu vergessen das ziemlich scharfe ß. Der Rest erledigt sich über google. Die ca. 7 Milliarden Schriftsteller heißen dann, analog zum früheren Kugelschreiber, Googleschreiber.

Fußball in der Ostvorstadt
Die Hiidschn oder: Laminare Strömungen

Kennt jemand noch jene legendäre Fußballmannschaft in ungefähr folgender Aufstellung: Staudingers Franz, Pöhlmanns Rudi, Schmitts Bember, Emmertla I, Emmertla II, Emmertla III, Gebrüder Weidner, Geuder, Wulf Müller, Muffers, Heinzi Rübsamen, Fiffi Boboti, Rainer Lobewein, Fleinerts Peter, Seitzens Horsti, Fiederers Ursel? Es handelt sich bei diesen, je nach Wetterlage in Sand, Gras oder Lebberi eingemeißelten Namen um das sagenumwobene Team von Zwietracht Mögeldorf, welches täglich mehrmals und nicht selten auch noch nach Eintreffen des Nachtgiekers auf dem Bauer Prottengeier seiner schafbemberlagedüngten Wiese zwischen Farnstraße und Blütenstraße Meisterschaftsspiele um den Goldenen Bodschamber ausgetragen hat – Siegprämie: manchmal an begnadeten Tagen 1 Fläschla Windsheimer und 1 Sardinenweckla an der Frau Gottlieb ihrem Kiosk vorn in der Schmausenbuckstraße, gleich neben dem Polizeirevier. Jenes Polizeirevier, auf dem nicht selten der Ball deponiert gewesen ist. Nach ermahnenden Worten, dass man hinfort nicht mehr Fensterscheiben zu Bruch schießen und Salatanpflanz-ungen verwüsten möge, ist der in der näheren Nachbarschaft oft Schrecken und Verzweiflung auslösende Ball dem Mannschaftsführer von den Polizisten Wäschenfelder oder Zapf wieder ausgehändigt worden.

Wir erwähnen diese prähistorische Fußball-Epoche, in denen die Spieler nicht selten mit Schafscheiße behaftet und voll verschwitzt zu Bett gegangen sind und ihr Abendgebet an die im nahen und doch auch wieder so fernen Zerzabelshof thronenden Götter Morlock, Baumann & Edi Schaffer gerichtet haben, vor allem wegen des Sportgerätes.

Damals ist der Ball noch nicht Gegenstand erregter wissenschaftlicher Auseinandersetzungen gewesen, sondern er hat dem Pöhlmanns Rudi gehört. Hätte da ein Spieler während der Zeremonie des sogenannten Tipp-Topp, also dem Rittern, und dem nachfolgenden Auswählen der Zusammensetzung der beiden Mannschaften kurz geäußert, dass der Ball beim diesjährigen Bodschamber-Cup eine

eigenartige Oberflächenstruktur hat, eine laminare Strömung entwickelt, die mit ihren Wirbeln eine Luftschleppe hervorruft, welche eine sogenannte inversive Magnus-Kraft erzeugt und dadurch den Ball nach dem Abschuss zum Flattern bringt – dieser Spieler wäre noch während seiner wissenschaftlichen Äußerungen voll in der erwähnten Schafscheiße gelandet. Hauptsache war damals, der Pöhlmanns Rudi erscheint rechtzeitig, und es ist ein Ball da.
Später hat dann noch der Schmitts Bember vom Ginsterweg einen Lederball besessen. Da war die Ballfrage manchmal auch kritisch. Wenn man den Schmitts Bember, der heute Mitglied des Aufsichtsrates des 1. FC Nürnberg ist, ein Hulzerla erteilt oder eine seiner Entscheidungen, ob Tor oder nicht Tor, ernsthaft angezweifelt hat, dann hat er den Ball genommen und ist heimgegangen. Der Vorläufer wahrscheinlich der heutigen laminaren Strömung, der Luftschleppe, des Flatterballs.
Wichtig war also damals das Wohlwollen vom Schmitts Bember und vom Pöhlmanns Rudi. Letzterer beiläufig eine von den Zerzabelshofer Göttern massiv begnadete Schwanzkistn.
Der große deutsche Fußballphilosoph Herr Berger (1897 – 1977) hat die die gesamte Geistesgeschichte des eiernden Erdballs mit seiner Erkenntnis revolutioniert „Der Ball ist rund" – ein Naturgesetz, das in den fünfziger Jahren des vergangenen Jahrhunderts bei den Balln vom Schmitts Bember und vom Pöhlmanns Rudi leider noch nicht das Licht der Vorstadtwelt erblickt hatte. Manchmal ist in ihnen, den Balln, fast keine Luft mehr drin gewesen, und man hat infolgedessen mit einer vollkommen unrunden, sogenannten Hiidschn Tore schießen müssen. Oder noch verheerender: Regenwetter! Dabei hat sich der ursprünglich hupfende Ball binnen kürzester Zeit vollgesaugt, hat gefühlte drei Zentner gewogen und von Form und Gewicht an einen Medizinball oder Kürbis erinnert.
Nicht zu vergessen die oft weit auseinanderklaffende Ledernaht und das Schnerbfl genannte Aufpumpventil. Einmal ist der Heinzi Rübsamen nach einem Kopfballtor im Regen drei Minuten lang bewusstlos gewesen.
Auch hat man seinerzeit von allzu häufigem Kopfballspiel mit der Zeit blöd werden können. Aber niemals so blöd wie Schafscheiße oder wie die lebhaften Diskussionen zur Zeit bei der Europameisterschaft unter verschiedenen Fußball-Multimillionären über die Oberflächenstruktur, laminare Strömungen, Wirbelschleppen,

inversive Magnus-Kräfte und die Unrundheit eines Fußball. Müssten die Systemgurken von heute mit einem Dreizentner-Medizinball von damals oder einer Hiidschn spielen – der Pöhlmanns Rudi, der schon die Siebzig hinter sich hat, tät' sie immer noch derartig aufschwanzen, dass sie nach dem Schlusspfiff sofort zum Mannschaftpsychotherapeut müssen. Falls sie vor lauter Schwindelanfällen überhaupt noch zu ihm hinfinden.

Hiesige Heiligtümer
Die Frankenfahne

Wo drückt uns momentan der Schuh am schmerzhaftesten – Erderwärmung, Abschmelzen der Poklappen beim Spazierenhupfen durch die glühendheißen Fußgängerzonen, der Hinausflug in die Freiheit von 700 Quelle-Mitarbeitern, die G-8-Zipfel, Mieterhöhungen, Benzinpreis, Post- und Bahn-Privatisierung? Gottseidank alles Lappalien, die uns voll am Hüft-Archipel vorbeigehen!
Was aber zur Zeit jeden einigermaßen hirnfreien Menschen bis in die Tiefe seiner Eingeweiden hinein wirklich und nahezu peristaltisch erregt und bewegt, ist die seit Tagen bis in höchste politische Ebenen hinauf diskutierte Frage: Wie beflaggen wir am unmittelbar bevorstehenden Frankentag unsere Gebäude richtig? Der Wind weht zur Zeit anscheinend günstig für fränkische Beflaggungsfragen, und so befassen sich damit leibhaftige Ministerpräsidenten, Innenminister, Parteivorsitzende aller Art, Oberbürgermeister, Fahnenjunker, Biertrinker, Fahnenstoffhändler. Und zwar befassen sie sich nicht nur mit großer Inbrunst mit diesem wahrhaft gravierenden, flatterhaften Problem, sondern auch mit Recht. Denn eine Fahne ist, wie jeder Depp weiß, was Heiliges.
Hinter ihr herziehend sind in den Jahrtausenden der Menschheitsgeschichte schon viele einheitlich gekleidete Fußgänger unheimlich weit gekommen. Teilweise bis nach Stalingrad. Wobei das schmückende Adverb „Teilweise" in diesem Zusammenhang buchstäblich zu verstehen ist, da an den erwähnten Fußgängern bei Erreichen des Wanderzieles häufig nicht mehr alle Teile dran waren. Stalingrad war aber noch nicht einmal das Weiteste, wo die hinter ihren heiligen Fahnen marschierenden Millionen angekommen sind. Unzählige von ihnen haben es sogar bis ins Jenseits geschafft.
Eine Fahne ist also ein höheres Wesen mit größter Anziehungskraft. Verstandesmäßig kann man dieses Phänomen nicht genau erklären, es ist eine metaphysisch-manisch paranoide Erscheinung. Nach zirka zwölf Bier kann man es vielleicht ergründen. Das gilt natürlich auch für die rotweiße Frankenfahne, die jetzt dann am 2. Juli, dem ebenfalls ziemlich heiligen Frankentag, unter Umständen sogar am Nürnberger Rathaus gehisst werden soll. Hinter ihr herziehen so wie in den früheren großen Zeiten kann man momentan leider

noch nicht, aber das kommt sicher auch bald wieder. Schließlich handelt es sich ja bei dem ganzen Heiltums-Event um fest in uns verwurzelte, tief in der fränkischen Seele implantierte Sehnsüchte. Sagen die fränkischen Fahnenforscher. Und dunkelbraun ahnen wir, was sie vielleicht damit meinen.

Erinnert sei hier nur an eine weitere große Heiligkeit im fränkischen Super-Gau, nämlich an den Hesselberg, an den heiligen Berg der Franken. Das war halt damals noch ein fränkisches Brauch- und Rauchtum! Wie der später in der ganzen Welt berühmte Pornograph Julius Streicher im Schweiße seiner Glatze sich auf den Hesselberg hinauffahren hat lassen und dort zu 100 000 vollkommen fränkischen Menschen, darunter nicht wenigen evangelischen SSeelsorgern, praktisch spätere Widerstandskämpfer, den Fahneneid vorgesprochen hat. Nicht selten ganz ohne Entlallertabletten.

Auf diesem einstigen höchsten Frankentag in ganz Franken sind neben dem hierorts gut bekannten Bischof Meiser manchmal sogar Adolf Hitler oder Hermann Göring persönlich erschienen. So haben damals schon ein Frankentag und eine rotweiße Fahne die verschiedenartigsten Menschen, ob Pornographen, Massenmörder, Rassenforscher oder Landesbischöfe, in ihren Bann gezogen, brüderlich vereint.

Bei so schönen, herrlichen alten Bräuchen – da müsste man uns doch ins Hirn geschissen haben, wenn wir die nicht endlich wieder aus ihrem Dornhöschenschlaf erwecken würden. Und deswegen danken wir hiermit von ganzem rotweißen Herzen, dass sich unsere obersten Repräsentanten darüber schwere Gedanken machen, ob wir demnächst am 2. Juli am Nürnberger Rathaus oder am Karl-Bröger-Haus die Frankenfahne aufziehen dürfen, wie lang sie dort hängen darf, und ob es ein hoheitlicher Akt mit amtlicher Genehmigungspflicht ist oder nicht. Von selber wären wir Deppen auf solche schwerwiegenden Gedanken nie und nimmer gekommen. Es ist doch schön, wenn sich jemand für uns den Kopf zerbricht, obwohl er gar keinen hat.

Alles original fränkisch: Fränkische Fahne, fränkische Dachziegel, im Hintergrund ein fränkischer Himmel.

Wellness
Vorsicht, baumelnde Seelen!

Nur einmal angenommen, jemand möchte in nächster Zeit nicht alle fünf Sekunden seine Seele baumeln lassen, legt keinerlei Wert drauf, dass er infolge verschiedener Gesichtsgesundheitsbeläge und orientalischer Hamam-Bäder nach zwei Wochen in der ziemlich fernen Ferne heimkehrt wie eine Mischung aus Pizza-Vierjahreszeiten und Kaulquappe, und lehnt es drittens auch noch entschieden ab, die Nächte jeweils mit einem Kräutersäckchen zwischen den Beinen, gefüllt mit heißen Lavasteinchen, Spritzwegerich und frischem Wickensalat aus biologischem Anbau, zu verbringen – für den schaut es also urlaubsmäßig inzwischen beschissen aus.
Kann man leider nicht anders sagen. Denn Ferienunterkünfte aller Art ohne einen Wellness – ob auf Sylt, der Insel Schütt oder auch in Unterbrunsmannshaupten – sind praktisch ausgestorben. Wurscht, wo du deinen ausgemergelten Körper zwei Wochen lang hinbetten möchtest, überall herrscht strengste Wellness-Pflicht. In jeder ehemaligen Trichinenzuchtanstalt begrüßen den Gast zunächst einmal ein Gläslein frisch gepressten Brennessel-Juice, eine Komposition von makrobiotischen Feldfrüchten sowie die für ihn zuständigen Beauty-Direktricen, Anti-Aging-Controller, Problemzonen-Forscherinnen, Visagistinnen, Magnetfeldtherapeuten. Auch im Bayerischen Wald oder im Fichtelgebirge.
In früheren Zeiten hat dich dort ein Wirt zur Sommerfrische in überschäumender Freundlichkeit mit den Worten begrüßt: „Zimmer fuchzehn, erschder Schduug! Abord is hindn am Gang, Duschn kosd extra." Heute umsäuseln dich die Sphärenklänge eines tibetanischen Glockenspiels, in dessen Takt der Master of Wellness vor dir einhertänzelt und dazu tirilliert, du mögest jetzt erst einmal deine Seele baumeln lassen. Seit Kurt Tucholsky vor knapp 80 Jahren das Wort von der baumelnden Seele geprägt hat, befindet es sich auf einem Siegszug ohnegleichen in Milliarden von Prospekten der Wellness-Hotels zwischen Ursulapoppenricht und St. Abkochel a. V. (am Vollpatscherkofel). Falls also jemand von einer baumelnden Seele voll am Kopf getroffen wird – eine kleine Thalassoanwendung, ein Neptunbad mit Naturquellwasserfall oder ein ayurvedischer Tropenregen aus der Erlebnisdusche helfen schnell über den ersten Schmerz.

Danach hüllt man sich in den Kuschelbademantel aus selbstgeklöppeltem Wollgarn des nordmongolischen Mulden-Jeti, einem äußerst seltenem Tier.

Zum Nachmittags-Kefir nimmt der erfahrene Wellnässer gern eine westhawaianische Lomi-Lomi-Tempelmassage, anschließend ein Honigzirbelbad mit Lotus-Regnerationsperlen. Das bereits erwähnte Kräutersäckchen gefüllt mit heißen Lavasteinchen, Spritzwegerich und frischem Wickensalat aus biologischem Anbau rundet den ersten Tag unserer Wohlfühl-Ferien ab. Und zwar dahingehend, dass du das Säckchen aus dem Fenster hinaus in die frische Heuluft schmeißt, dich auf Schleichwegen in ein nahes, möglichst übel beleumundetes Wirtshaus begibst und vorsichtig fragst, ob hier im Zapfhahn eventuell fünf garantiert wellnessfreie Hefeweizen am Stück lauern möchten. Zwecks Prellness. Kann sein, dass dich der Ober dort bittet, deine Gesichtsmaske, bestehend aus rechtsdrehendem Kräuterquark, Fichtennadelhonig, Kiwi-Scheiben und Zirbelsamen abzunehmen. Weil er Ungeheuern von Wellness grundsätzlich kein Hefeweizen serviert.

Früh haben wir im Rahmen der Wellness dann kein Frühstück, sondern ein etwa 120 Meter langes Wohlfühl-Büffet, bestehend aus allen Körnern dieser Erde, dass man schon am zweiten Tag beim Baumeln der Seele die Papageiensprache beherrscht. Am Arsch wachsen dir rote und grüne Federn raus. Nach einer weiteren Nacht, wahlweise im Heu- oder im Sägmehlbett (Mehlness) lassen wir gschwind wieder die Seele ein bisschen baumeln, und zwar im geeisten Cleopatra-Wildbächlein mit Underwater-Massage, und tauchen sodann zum Anti-Aging in den Sole-Pool ein, ein 35 Grad warmes Salzwasser, in welchem wir – ein geografisches Wunder – dem Raunen des Meeres lauschen, den Klängen der Delphine und Wale. Im Bayerischen Wald! Dazu erhalten wir eine Algenpackung, bestehend aus dem mikronisierten Pulver natürlich gewonnener Rot- und Braunalgen von der bretonischen Küste, wo die bretonischen Küstenbewohner wahrscheins heilfroh sind, dass sie ihre Drecksalgen am Strand immer wieder los werden. Uns aber hilft es beim Anti-Aging, also beim Arschfaltenbügeln oder Verjüngen. Und zwar dergestalt, dass neulich ein 86-jähriger Wellness-Urlauber nach drei Wochen Anti-Aging mit dem Kinderfahrschein wieder heimfahren hat können.

Wir aber haben unseren Amphibienurlaub bereits nach drei Tagen unter Wasser nach Art der Wale abgeblasen, weil es der Seele vor lauter Baumeln schon ganz schwindlig war. In Höchstgeschwindgkeit (Schnellness) sind wir wieder heimgedüst aufs Nürnberger Festland und haben uns in einem örtlichen Trockendock als erstes 24 weitgehend algenfreie Broudwerschd gegönnt. Vom Hoeness. Danach ist der Bauch wieder in seine ursprüngliche Form zurückgeschnalzt (Schwellness). Und wenn wer irgendwo in der Gegend eine Unterkunft kennt, wo keine Seelen in der Luft oder mit Schwimmflüücherla im Wasser rumbambeln, und ohne Honigzirbelbad mit Lotus-Regenerationsperlen, vollkommen wellnessfrei – bitte sofort melden.

RETTERSPITZ®
SEIT 1902

HEILEN, PFLEGEN UND WOHLFÜHLEN

Heilen, Pflegen, Wohlfühlen:
Seit mehr als hundert Jahren
kümmert sich Retterspitz um
diese drei wichtigen Bereiche
des Lebens.

Neben unseren Klassikern
Retterspitz Äußerlich und
Retterspitz Innerlich gibt es
auch Anti-Aging-Pflege,
Körperpflege und Wellness-
produkte.

Mehr Informationen unter
www.retterspitz.de

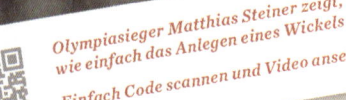

Olympiasieger Matthias Steiner zeigt,
wie einfach das Anlegen eines Wickels ist.

Einfach Code scannen und Video ansehen.

Die heilige Zeit
Beautifull Tipps für den Gaben-Table

Sooderla, jetzt hammer wieder unseren holy shicedrag. Nur noch ein verkaufsopener Sonntag, die Zipfelmützen-Miliz schalmeit schon bald zum Rückzug aus der Ziddy, die ersten Spendierhosen schließen bereits ihre Türchen, das Christkind röchelt zum Abschied von der Empore roo, ein letztes Ballerluja vom Glühweinmoo – und wir stehen wieder da und haben für den Gabentisch daheim das gleiche wie letztes Jahr am Heiligen Abend, nämlich nix.

Aber wenn du meinst, es geht nicht mehr, kommt irgendwo ein Lichtlein her. Und zwar heute wieder unser traditioneller Tipp für Geschenke in allerletzter Sekunde. Wir haben für Sie in verschiedenen örtlichen Hochglanz-Magazinen geblättert und die schönsten Geschenke ausgesucht, wie zum Beispiel ein Protector Jacket High End mit elastic Ventouri, selbstverständlich Four-way-stretch und 60g Primaloft. Und dazu eventuell einen Challenge SP oder aber einen Horst Cap.

Falls Ihre Lieben daheim vom Griskindla sich jetzt wider Erwarten keinen Horst Cap wünschen oder einen Challenge SP, dann würden wir vielleicht zum Sherlock greifen von Protest Taylor made boardwear geotech 6:0 oder noch besser zu dem boot Siam X7 Pilot, dazu Snowscape und Sport Classic Women von axes. Wenn wer innovation enjoyed, der wird sich wahrshines für den Power Cruiser mit Air Tec Construction entscheiden, plus Race Finish und Crown Tec. Der Power Cruiser ist nämlich, wie es heißt, ein Must Have. Aber obacht! Der Must Have ist nicht zu verwechseln mit einem Mist Hauven. Ebenfalls um einen Musthaufen dreht es sich beim Comfortboot von Salomon, ihn gibt es in den Abstufungen Charm, Performa, Irony, Mission, Divine, Impact, Idol, Falcon oder sogar Instinct. Wenden wir uns nun einem anderen, aber auch stark Hupfla-verdächtigem Gebiet zu, nämlich dem casual look, und zwar Women Style. Da schenken wir heuer gern die golden 60ies in Form von Blusenbody, String, Push Up BH oder aber Nordic by Nature. Gern sehen die Lieben daheim natürlich auch was glitzern, wie zum Beispiel einen Chronofighter oversize commander titanium and carbon fiber, und zwar hand-crafted. Oder einen Seamaster Planet ocean. Oder einen Master Compressor Diving Pro Geographic, je nach wish in pink, purple oder power. Womit das Angebot auf dem Overshize-Sektor aber noch lange nicht erschöpft ist. Da hätt mer nämlich noch den Oyster perpetual datejust, den IWC engineerd for men, den Tudorquwatch und den Submariner. Alles Technoluxury und Big Size.

Und wenn's was Preiswertes unter 125 000 Euro sein soll, dann sollerdn'S amol beim Hermes in der Kaiserstreet vorbeilooken, und mit einem Carré 70 Pani la Shar Pawnee aus Vintage-Seide liebäugeln. Vielleicht haben die auch noch die Geschirrkollektion Dibbern – Season's Greetinngs vorrätig, in den Farben Red, Yellow und Green. Da werns daheim greensen!

What ganz Schönes ist berhäbs auch ein Piquadro Teach Inside mit Design Comfort Techonology Loading, ein MB 3 Bläher, ein Eierfön, ein Rehlachs-Weekend im Bfeif-Sterne-Resort, eine Woche Well- und Bettnäss in Schwitzbühl, Powder-Eight in Canada, Bauernfünfer dahamm, ein Cyber Shot mit Memory Stick. Worschd what for a Label. Und wer läiber at home stayen will, der drive for 1,50 Euro zur Little Insel Shit, auf Wunsch auch Overscheiß.

Und für die Lobpreiser in den wonderfullen Highglance-Magazines, aus denen wir die marvellousen Christmasgifts in allerlast second abgwrited haben, hätten wir auch ein sehr schönes Griskindla. Sie shall lenk their steps in eine heesige Bookhandlung und looken, ob sie there noch das schöne Buch haben: „Der Duden – das Standardwerk zur deutschen Sprache", 24. völlig neu bearbeitete und erweiterte Auflage, vierfarbig, 1216 Seiten, 130 000 Stichwörter mit über 500 000 Beispielen, 20 Euro. Dann wissen sie nächstes Jahr an Weihnach-ten vielleicht auch, was sie uns in letzter Sekunde verkaufen möchten, das wir dringend überhaupt nicht brauchen. Und schon gleich gar nicht verstehen.

Und für uns verzweifelte Fahnder nach einem Weihnachtsgeschenk kurz vor Krippenschluss auch noch ein Tipp: Wenn bereits das Christkind das Glöcklein zur Bescherung läutet im Wohnzimmer und wir unser Geld immer noch nicht zum Fenster mit der Lauflichterkette hinausgeschmissen haben, dann tragen wir es halt zum Beispiel in die Wärmestube für Obdachlose in der Köhnstraße 3, 90478 Nürnberg. Die können es auch nach den Feiertagen dringend brauchen, und es ist dort gut aufgehoben. Man spricht deutsch, und wenn manchmal nicht, ist es auch wurscht.

3. Kapitel
Örtliche Poesie:
Mitten im fremden Land

Die Vorstadt	Seite 267
Mei Windräädla	Seite 269
Abfend	Seite 271
Rot & Weiß	Seite 273
Närmberch a.d. Bengerz	Seite 275
Die Patrizier	Seite 277
Mitten im fremden Land	Seite 279
Elisabeth	Seite 281
Der Südstadt-Gerch	Seite 283
Sechs-Uhr-Läuten	Seite 285

Die Vorstadt

Die Vuurschdadd lichd am Sterbebedd
Affern schneeweißn Reißbredd
Dou radiert der Archideggd
Alles wech, und nou is gfreggd

In der Vuurschdadd, dou hommer Fenster neigschmissn
In ausg'höhlde Kürbis gschissn
In Vadder drei Schobbn Bier g'hulld
Und selber aweng droo rumgschnulld
In der Vuurschdadd, dou woor mer Indianer
A alde Underhuusn als Fahner
Bis Gleißhammer alles unser Brärie
Gschossn hommer mit Lebberi
In der Vuurschdadd hommer die Dunnerschdooch
Saubloosn bladzn loun middernDrimmer Schlooch
Der Mudder in der Kanner Medzlsubbn brachd
Dunnerschdooch homs im Volksgarten gschlachd
In der Vuurschdadd, dou hommer Hollerkiicherla gschbodzd
Im Bengerzbood in die Kabiner glodzd
Und bam Foußballn geecher däi vom Block
Dou woor a jeder der Morlock

Die Vuurschdadd lichd am Schderbebedd
Affern leichnhemdweißn Reißbredd
Dou radiert der Herr Arschideggd
Alles wech, und nou is gfreggd

Ein Windräädla

Mei Windräädla

Ich bin a glanns Kind
Und mei Windräädla dreed si
Ganz gschwind
Roud, Weiß und Blau
Middn Wind
Nou hobbi amol
Ganz genau gschaud
Wäi issn suu a Windräädla
Roud, Weiß und Blau
Eingli baud
Die Noodln rauszuung
Alle Eckn aufbuung
Edzer wassi, wäis gäihd
Roud, Weiß und Blau
Obber mei Windräädla schdäihd

Abfend

1. Abfend, Abfend
Der Kiddl brennd
In Jesus in sein Drooch
Driffd ball der Schlooch
A Million Durisdn
Glodzn in sei Kisdn
Jabanische Heere
Jauchzen dir Ehre
Vuur der Frauenkerch
Närmbercher Gwerch
Abfend, Abfend
Haud ab und rennd
Ganz schnell dervoo
In dulci jibilo

2. Abfend, Abfend
Alles rennd
Am Haubdmargd noo
Nun singet und seid froh
A Huzzlbrood
Lichd im Bargverbood
An Bolli mäins zum Erler bringer
Er hodd vom Schreim
An Grambf im Finger
In der Schdrasserboo
Greind a Zwedschgermoo
Wall der Griskindlasmargd
Is am Herzimbfargd
Gschdorm:
A nix verdorm

3. Abfend, Abfend
Der Kiddl brennd
Die Absädz raung
Die Umsädz braung
Nu a boor Brozend
Abfend, Abfend
Kyrie Eleison
Die Sanideeder kummer schon
Weihnachd, Weihnachd
Dass ner suu grachd
Man hört der Hirten Schalmei
Freuet Euch:
Wall es gäihd aa widder vorbei

Die fränkischen Farben
Rot und Weiß

Die Hudzlbirnbaim im Burchgroom bläiha
Hindern Schnebbergärddla bfeifsd in die Schleha
Zwaa Schboodzn raffn ummer Schdiggla Broud
Und der Flieder is weiß, und der Mond is roud
Roud und Weiß
Weiß und Roud
Es ganze Leem hosd neer a Gscheiß
Und amend bisd aa blouß doud
Die Hudzlbern im Burchgroom sin reif
Der Sandschdaadurm, der schdäihd schduggschdeif
Drund im Groom riird si nix, dou is leis
Der Wein wird roud, und die Daum scheißn weiß
Roud und Weiß
Weiß und Roud
Es ganze Leem hosd neer a Gscheiß
Und am End bisd aa blouß doud
Die Hudzlbern im Groom sin schdaahardd
Der Schnee hodd blouß nu affn Ostwind gwardd
A Schlurcher lichd in der Niischn drin, doud
Die Dächer sin weiß, und die Fußschbuurn sin roud
Roud und Weiß
Weiß und Roud
Es ganze Leem hosd neer a Gscheiß
Und am Schluss bisd aa blouß doud

Närmberch an der Bengerz

Nix Halbs, nix Ganz
Nix Grouß, nix Glanns
Hald asuu zwischerdrin
Zwischern Schuggerd und Nordosdring
Zwischer Kouhweiher, Kanal und Bengerz
Dou bumberd mei Lebkoungherz
Ich mecherd nercherds leem wäi dou
Ich bin hald a Bäiderlasbou
Zwischer alde Gaslatern
Und der SS-Kasern
Zwischern Diehl
Und Schdahbiehl
Aweng braun, aweng hii
Nedd Fleisch und nedd Briih
Hiddler-Gruß, Englischer Gruß
Kinderschbillblädz im Ruß
Haisla wäi aus Baggschdaakees
Schuldndürm aus Beddong
Suwos moußd soung
Nix Halb und nix Ganz
Nix Grouß und nix Glanns
Hald asuu zwischerdrinn
Zwischern Schuggerd und Nordostring
Zwischer Kouhweiher, Kanal und Bengerz
Dou bumberd mei Lebkoungherz
Ich mecherd nercherds leem wäi dou
Lou mer mein Rouh

Die Patrizier

Uns g'herrd die Aldschdadd
Mir sin die Kings
Mir machen alles bladd
Brouder, des bringds
Mir schbilln Golf
Mir hom an Borsche
Unser Geld, des lässd si seeng
(Außer am Finanzamt)
Und wemmer si hiileeng
Nou lieng mer vull im Drend
Mid unsere gwaschner Händ
Uns g'herrd die Südschdadd
Mir sin die Scheffs
Mir sin nedd blouß am Oorsch gladd
Wou mer schmiern, dou leffds
Uns g'herrd die Nordschdadd
Mir sin die Boss
Aff uns dou wird gern gwardd
Ba uns hoggd es Moos
Und mir, mir g'herrd mei Beddschdadd
Und däi nedd ganz allaans
Is aa aweng arch hardd
Nachds ummer aans
Ich schbill nedd Golf
Ich hob kann Borsche
Und dou ich mich hiileng
Nou lichi neber dir mei Schadz
Und draußn bfeifd a Radz

Mitten im fremden Land

Die Gagga ist die Lady Gagga
Die Schelln Sau ist eine Burg
Der Baum mit der Pflanze und dem Wald und dem Wasser und der Gießkanne ist ein Haus mitten im fremden Land

Jonas Schamberger (5)

Elisabeth unterwegs

In Wien
Da winkt
Die Queen

Felix Schamberger (5)

Der Südstadt-Gerch

Ich bin der Südschdadd-Gerch
Ich bfeif affs Aldschdadd-Gwerch
Des bläide Burchberchvärddl
Mid sein Durisdn-Gschwärddl
Der Dürer, der Führer
Der Stoß und der Hoos
Blasdigg-Glooß mid Sooß
Masder!
Mir gäihd des Kubfschdaabflasder
Aff die Eier
Ich kennd in Schäiner Brunna schbeier
Ich hubf nu vo der Lorenzkerch
Mir gäihds am Oorsch, des Gwerch
Ich bin der Südschdadd-Gerch

Sechsuhrläuten

Der Kamillndee summd
Der Scheedl brummd
Die Aung sin gschwolln
Breggerla rolln
In Abodd noo
Drund bimmld die Schdrasserboo
Und mer flisderd ins Kissn:
Aff die Ärwerd is gschissn

4. Kapitel

Null Fehler oder: Die Rennsau
Aufsätze für das Nürnberger Sozialmagazin Straßenkreuzer

Null Fehler oder: Die Rennsau	Seite 289
Dein Billy. Ein Brief aus München	Seite 295
Mein Wunschzettel	Seite 297
Wir Haubentaucher	Seite 299
Eines Tages, im Zug nach Ebermannstadt	Seite 301
Das kommt vom vom Schnackseln	Seite 303
Wenn dann derzou der Club nu gwinnd	Seite 307
Die Geschichte von Hammer	Seite 311
Professor Prellers Traum	Seite 315
Im Zinksarg zu Berge, wir ziehn Falleraa	Seite 319
Schnellschüsse	Seite 323
Die Lizenz zum Plattmachen	Seite 325
Platzmangel am Johannisfriedhof	Seite 327
In die Suppe spotzen. Eine Buchbesprechung	Seite 329

Null Fehler

Es gibt solche Tage. Im Alter häufen sie sich. Also Tage, an denen man sich nix dringlicher wünscht, als dass es hinterm Herbstnebel den von uns selbst verheißenen Himmel wirklich gibt, mit allem Drum und Dran, vor allem mit einem wunderbaren Paradies mitten in ihm drin. Und zwar Folgendes: Vielleicht wissen es die damals ebenfalls für eine höhere Bildung vorgesehenen seinerzeitigen Mit-Knirpse wie meinetwegen der Schönekäs, die zwei Dietzla, der Poschardt, der Fleckenstein, der Hörner, der Billy und so weiter gar nicht mehr, dass wir im alten Realgymnasium, an welchem der real existie-rende Humanismus weitgehend noch eine astreine, staubtrockene (Betonung auf Staub) Theorie gewesen ist und in der Praxis folglich nicht oder fast nicht vorgekommen ist, höchstens beim Studien-referendar Bittner, also dass wir damals im schönen und später komplett unbrauchbaren Fach Mathematik eine sogenannte Rennsau als Vermittler von Gleichungen mit extrem vielen Unbekannten gehabt haben.
Momentan taucht sie, beziehungsweise er im Herbstnebel wieder auf: Bissla dicklich, verschwitzte Haare, stets Kreidespuren an den Händen und am überstraff sitzenden Daueranzug, welcher, vermutlich infolge jahrzehntelanger Reinigungsversuche, in einer auf Erden sonst noch nicht vorkommenden Komplementärfarbe , vielleicht annähernd blasslila, vor uns hin und her gerannt ist. Das aus dem Anzug sich mühsam rausschiebende rundliche Gesicht hat ein undurchsichtiges, nennen wir es Lächeln, gekrönt. Dass er Rennsau heißt, haben wir von Angehörigen der Oberstufe vernommen.
Eigentlich hat er Schmitt geheißen, ob mit tt oder mit dt, weiß ich nicht mehr. Rennsau ist auf jeden Fall besser gewesen, denn er ist analog zur gesengten Sau stets durch die Gänge des Altbaus gewetzt, wo er einmal die nach den Großen Ferien vom Hausmeister Breinbauer frisch geölten Holztreppen, behängt mit jenen überdimensioniert großen Schultafel-Geometriehilfsutensilien, frei wie ein Uhu vom 3. Stock bis ins Erdgeschoß hinuntergeflogen ist. Zu unserem größten Vergnügen.
In den Mathematikstunden von der Rennsau haben wir sehr viel gelernt: Schafkopfen, Sechsundsechzig, Wäbbeln, Zielschießen mit der Einmachgummigambel. Einmal hat uns die Rennsau Schmitt

während einer kleinen parapsychologischen Abschweifung erläutert, dass die Körpergröße des Menschen sich in umgekehrter Relation zu seiner Schrittlänge befindet: Früher ist man zu Fuß gegangen und klein gewesen, mit der Erfindung des Fahrrads ist die Schrittlänge kleiner und mithin der Mensch schon wesentlich größer geworden, mit dem Auto und der minimalen Fußbewegung am Gaspedal steigt die Menschengröße ins Unermessliche. Einen besseren Depp, haben wir immer gedacht, hätten wir in Mathe nicht haben können und haben fröhlich, speziell in den hinteren Bänken, weiter Schafkopf gespielt.

In der seinerzeitigen 3., heute 7. Klasse, sind viele von uns vor der mathematischen Diarrhöe gestanden. Bodenlose Kenntnisse in Algebra und beim Konstruieren rechteckiger, voll pythagorasfähiger Dreiecke. Viele von uns, so auch ich, hätten in der letzten Schulaufgabe einen Einser gebraucht, um nicht durchzufallen – für uns ungefähr so erreichbar wie der Nobelpreis auf dem Gebiet der Infinitesimalberechenbarkeit des Universums.

Kenner von Happy Enden werden jetzt schon ahnen, wie es nausgeht: Die Rennsau hat drei Wochen lang mit uns trainiert, dass es auch der allerletzte Schafkopf begriffen hat, und ganz genau das Trainingsprogramm ist in der Schulaufgabe drangekommen. Das wundersame Resultat: Die meisten von uns haben null Fehler gehabt, fünfzehn Einser, zwanzig Zweier und Dreier, kein Vierer, kein Fünfer, kein Sechser. Sogar auf dem Blatt des mit Abstand besten Einmachgummigambelschützen und Mathegnaller, nämlich auf meinem, hat ein schöner roter Einser von der Leichtigkeit des Seins demnächst in der 4. Klasse gekündet.

Fast alles verklärt sich bekanntlich im Lauf der Jahrzehnte. Aber eine Rennsau namens Schmitt, unseren viel zu spät geliebten Mathelehrer, kann man gar nicht genug verklären. Momentan finden wieder so Tage statt. Jetzt mitten im Herbstnebel wünschen wir dringlich, dass unser Rettungsengel Schmitt im Pädagogenparadies auf der höchsten Wolke überhaupt sitzt, mit einem nagelneuen Anzug, und von dort oben runterlächelt auf unser Sechsundsechzigkarteln, Einmachgummigambelschießen und Schafkopfen. Und ein Sherpa-Engel trägt ihm die Schultafel-Geometriehilfsutensilien, dass er niemals mehr die Wolken nunterfliegt, und wenn sie der Hausmeister Breinbauer noch so heimtückisch frisch geölt hat.

P.S.: Einmal hat sich unser Rettungsengel Schmitt aber doch verrechnet. Die Größe eines Menschen hat mit der Schrittlänge nämlich überhaupt nichts zu tun, sie bemisst sich höchstwahrscheinlich nach der gefühlten Größe seines Herzens.

Unser Mathelehrer Schmitt, ganz links. Daneben die Klasse 3a, im Hintergrund das ehemalige Realgymnasium

Nachtrag
Ein Brief aus München

Lieber Klaus,
(oder Schambus, oder Schabbe oder woran wie uns heute auch erinnern…)

mir ist heute zufällig beim Schreibtisch-Aufräumen wieder Deine Hommage an die Rennsau in die Hand gefallen, die mir Volkmar als Auszug aus dem Straßenkreuzer vor einiger Zeit freundlicherweise geschickt hatte. Schon lange wollte ich Dir dazu schreiben, ja Dir für seine Würdigung danken, denn er hatte es wahrlich verdient und ich persönlich habe einen ganz speziellen Grund, ihm heute noch dankbar zu sein.
Ich weiß nicht, ob Du damals noch bei uns warst und die Geschichte mitbekommen hast. Aber eigentlich hatte in unserer Klasse keiner davon gewusst, außer vielleicht dem Lämmo (Lämmerzahl), der immerhin etwas ahnte und immer wieder Anspielungen machte, die mich dann in höchste Ängste stürzten.
Ich glaube, es war in der 3. Klasse, unser Klassleiter war die Rennsau, als wir den Ahli in Latein, Deutsch und Geschichte, also wahrscheinlich 14 Stunden in der Woche hatten. Wieder einmal bekam ich in einer Latein-Ex einen Bombenfünfer und sollte die Unterschrift des Vaters dazu einholen.
Doch das war damals für mich absolut unmöglich, denn mein Vater hätte mich versohlt bis ich grün und blau war. Ohne Unterschrift konnte ich aber auch nicht mehr in der Schule auftauchen. Es gab keinen Ausweg, als die Schule zu schwänzen! So saß ich vierzehn Tage vormittags im Aki am Hauptbahnhof, um dann brav nach Hause zu fahren.
Natürlich konnte das nicht gut gehen, den Brief von der Schule konnte ich nicht abfangen. Und so kam es, wie es kommen musste. Der Schüler fehlt unentschuldigt, die Eltern werden hereinbestellt und es kommt zur Verhandlung. Anwesend sind der Klassleiter, der Lateinlehrer, mein Vater und ausnahmsweise meine Mutter, die mir die denkwürdige Sitzung später schilderte. Wir können uns noch nach Jahren die Situation vorstellen. Ahli tobt und lässt seine Tiraden

los, mein Vater erklärt „… der wird was erleben, wenn ich nach Hause komme!!!", meine Mutter verschreckt und fühlt schon mit mir, da sagt der Klassleiter Schmitt: „Herr Kollege, sollten wir uns nicht schämen, wenn ein Schüler vor Angst vor einem Lehrer nicht mehr in die Schule kommt? Und Herr Bejenke, wenn Sie Ihren Sohn endgültig verlieren wollen, dann brauchen Sie ihn nur wieder zu schlagen!"
Das Ende war, Schmitt hat den Ahli dazu gebracht, den Vorfall zu verschweigen, ihn nicht zum Disziplinarfall vor dem Direktor zu machen, und meinen Vater, mich nicht zu verprügeln!
Ich muss sagen, das war für mich die Wende in meinem Leben. Dass ich damals nicht geschlagen wurde, hat mir erst die Möglichkeit eröffnet, meine Notlügen und meiner Verdruckstheit zu lassen. Du wirst verstehen, dass ich danach nicht mehr in der Lage war, die Rennsau zu quälen, wenn die ganze Klasse ihn in der Mathestunde auf dem Kieker hatte, vielmehr, dass ich ihm bis heute dankbar bin und auch Dir, der ihn so warmherzig gewürdigt hat, wie er es verdiente.
Ich bin ihm übrigens später noch einmal begegnet. Nach Jahren, als ich am Ende meines Studiums in der Studentenkanzlei der TU in München mein Zeugnis abholen wollte, traf ich ihn, wie er sich gerade zum Psychologiestudium anmelden wollte. Er erkannte mich auch, ich wollte ihm danken, dass er mir damals erst eine positive Entwicklung eröffnet hatte, aber er war, wie immer, so verlegen, dass ein Gespräch gar nicht möglich war. Später hörte ich, dass er Selbstmord begangen haben soll, aber ich weiß nicht ob das stimmt. Es trifft eben immer die Falschen!

Herzliche Grüße
Dein Billy (oder Klaus),
wenn Du Dich noch an mich erinnerst: ich war mit Schrumpf, Fleck, Berndt Hörner und Dir einer von den Kleineren!

Ein frohes Fest
Mein Wunschzettel*

Liebes Griskind,
mein Weihnachtswunsch ist heuer ein bisschen kompliziert, und ich muss weit ausholen, teilweise sogar bis in die zweite Vergangenheit. Aber du hast ja unendlich viel Zeit , oder? Und außerdem geht es in dem Wunschzettel ziemlich durcheinander, doch auch da vertraue ich dir voll und ganz, denn dein Reich ist das Chaos. Also, obacht. Vor langer, langer Zeit bin ich einmal in Afrika gewesen, und zwar in Äthiopien, und hab dort gesehen, wie der Hunger ausschaut. Ich kann dir sagen: Gottserbärmlich ist gar kein Ausdruck. Zehn Tage sind wir mit einem Jeep zusammen mit dem Karlheinz Böhm von der Hilfsorganisation „Menschen für Menschen" durch ein von uns malträtiertes Land gefahren, das vor lauter Elend zum Himmel schreien würde, wenn es zum einen noch schreien könnte und zum anderen den Glauben an den Himmel nicht verloren hätte. Danach ist es mir so speiübel gewesen, dass ich in dem Hotel in Adis Abeba, wo wir die letzte Nacht verbracht haben, mein Gewissen mit einem dreifachen Remy Martin ruhig stellen hab müssen. Mit dem Geld, das dort ein dreifacher Remy Martin kostet, könnte eine äthiopische Bauernfamilie mit vier Kindern ungefähr ein halbes Jahr vollkommen durst- und hungerfrei leben.
Und wie ich gottseidank dann wieder daheim war, hab ich das Buch „Die neuen Herrscher der Welt" von Jean Ziegler (dem ehemaligen Mitglied der UN-Menschenrechtskommission für das Recht auf Nahrung) gelesen. Dort steht, dass jeden Tag auf unserer schönen Erde 100 000 Kinder, Frauen und Männer den Hungertod sterben, meistens Kinder. Über 800 Millionen Menschen sind zudem chronisch und schwer unterernährt. Alle sieben Sekunden verhungert auf der Welt ein Kind unter zehn Jahren. Ein Kind, das von seiner Geburt an bis zum fünften Lebensjahr angemessene Nahrungsmittel entbehren muss, hat sein kurzes Leben lang an den Folgen zu leiden, seine Gehirnzellen haben bereits irreparable Schäden davongetragen. Man nennt diese Kinder auch „Von Geburt an Gekreuzigte". Und: Zum ersten mal in der Geschichte genießt die Menschheit einen Überfluss an Gütern. Die verfügbaren Güter übertreffen um ein Vieltausendfaches die nicht einschränkbaren Bedürfnisse der Men-

schen. Aber nur in den sogenannten entwickelten Ländern. In den unterentwickelten Ländern zerstören Hunger, Durst, Seuchen, Kriege jedes Jahr mehr Menschen, als es das Gemetzel des zweiten Weltkriegs getan hat. Für die Dritte Welt ist der Dritte Weltkrieg in vollem Gang.
Du musst es unbedingt lesen, liebes Christkind, aber schau, dass du dabei immer einen Remy zur Hand hast, sonst hält man es nicht aus. Und was ich auch nicht aushalte, ist jetzt eine Begebenheit aus der jüngeren Vergangenheit. Ich weiß nicht, ob du weißt, dass du auf unserer Welt einen Stellvertreter hast. In sehr stillen Stunden glaube ich, dass der uns die Sache mit der Stellvertretung nur weismacht, dass du davon überhaupt keine Ahnung hast. Ich denk da nur daran, wie diesem Stellvertreter seine Mitarbeiter manchmal mit schutzbefohlenen Kindern umgehen. Ich kann einfach nicht glauben, dass sowas in deinem Namen geschehen darf.
Aber wurscht – der Stellvertreter ist heuer im Spätsommer in Deutschland gewesen, drei Tage lang. Und da sind dann zigtausende von Polizisten zu seinem Schutz in Marsch gesetzt, Städte in Belagerungszustand versetzt, Autobahnen und ganze Lufträume gesperrt, Gullydeckel verschweißt, Scharfschützen postiert, goldglitzernde Sonderaltäre errichtet worden. Was dieser dreitägige Ausflug von Rom nach Deutschland genau gekostet hat, ist uns, wahrscheinlich aus Pietätsgründen, verschwiegen worden. Aber man hat geschätzt, dass dabei alles in allem um die 150 Millionen durch die Weihrauchkessel geblasen worden sind, angeblich dir zu Ehren. Und zwar nicht 150 Millionen Huuserknöpf, sondern Euro.
Und mein Wunsch, liebes Christkind, wäre jetzt, dass du für Folgendes sorgst: Dein angeblicher Stellvertreter soll, wenn er wieder einmal Reisefieber hat, meinetwegen ein paar mal mit seinen roten Wanderstiefelchen um den Petersdom rumlaufen und ansonsten um Gotteswillen daheimbleiben. Und die Reisekosten an die Äthiopienhilfe „Menschen für Menschen", gegründet von Karlheinz Böhm, überweisen: Stadtsparkasse München, Konto 18 18 00 18, Bankleitzahl 701 500 00. Und behüte bitte alle Kinder dieser Welt. Sonst wünsch ich mir heuer nix, einen schönen Geburtstag, dein K.S.

*anlässlich des Deutschlandbesuches von Papst Benedikt im September 2011

Dringliche Probleme
Wir Haubentaucher

Kleider waren ja ganz früher überhaupts kein Problem. Zum Beispiel Adam und sein Schälrippchen von Gottes Gnaden, die Eva, waren vollkommen textilfreie und deswegen überaus glückliche Menschen. Das Blöde an Adam und Eva ist nur, dass es die zwei nie gegeben hat. Und drum: Kleider beim einzigen Wesen im Universum mit Intelligenz, beim Mensch, sind extrem kompliziert. Nicht nur in der Umkleidekabine beim Wöhrl, sondern auch sonst.
Nehmen wir nur einmal das Kopftuch. Gscheiter wär, wir nehmen es nicht. Weil ein Kopftuch ist bei weitem kein Stück Stoff am Kopf, sondern alles Mögliche, vielfach verwendbar. Es ist ein Symbol für die Unterdrückung der Frau, ein Symbol gegen die Unterdrückung der Frau, eine Flagge des Sexismus, ein Fanal gegen den Sexismus, ein Sakrament, kein Sakrament, ein religiöses Pflichthütchen, kein religiöses Pflichthütchen, ein Staubfänger, eine Wetterhex, vom Friseur manchmal dringend empfohlen, vom obersten bayerischen Gerichtshof seit ein paar Monaten dringend verboten. Eine verbeamtete Christin könnte es sich rumbinden, eine verbeamtete Muslimin auf gar keinen Fall. Und wer bis jetzt ein bisschen doof war und immer gedacht hat, bloß Stahlhelme drücken massiv auf's Hirn, der muss umdenken, falls er was zum Denken einstecken hat: Kopftücher muslimischer Herkunft drücken verfassungsgemäß ebenfalls auf's Hirn, und zwar vorzugsweise auf die Hirne von Schulkindern.
Das hat man schon vor längerer Zeit in Baden-Württemberg herausgefunden, und jetzt ist man auch in Bayern zum gleichen Forschungsergebnis gekommen. Auch in Bremen, Hessen, Niedersachsen, Nordrhein-Westfalen und Thüringen sind Kopftücher was Grausames, das Schlimmste, was man sich vorstellen kann, noch schlimmer als Baseball- oder Zipfelmützen. Nämlich ein Politikum!!!
Ein Schulkind, das mit dem Anblick eines Kopftuchs seiner Lehrerin gefoltert wird, ist für sein Leben gebrandmarkt. Da hilft nicht einmal mehr ein kirchlich beglaubigter Teufelsaustreiber. Der Satan hält es fest in seinen Krallen und lässt es nie mehr los. Auch kommt es später nicht mehr in den Himmel.
Wie es sich jetzt in den Ländern verhält, wo Kopftücher mit ausdrücklicher staatlicher Genehmigung getragen werden dürfen,

weiß man wissenschaftlich noch nicht ganz genau, aber das sind sowieso die Achsenmächte, der Achse des Bösen zugehörig. Unter anderem USA. Dort kann man sich Kopftücher rumbinden. In Österreich auch, da herrscht seit dem Jahr 1912 völlige Kopftuch-Toleranz. Unter Umständen sogar Kopftuchpflicht für alle. Drum rennt der DJ Ötzi in der Öffentlichkeit immer mit einer Kopftuch-Variante rum, selbergehäkelter Klopapierschoner am Gniedlaskubf. Oder was ganz anderes: Wer hätt des denkt – in der Türkei ist das Kopftuch polizeilich verboten. Und bei uns in Bayern also umgekehrt. Weltweit und in Bayern sind über das schwierigste Kleidungsstück aller Zeiten, das Kopftuch, innerhalb kürzester Zeit schon 100 000, wenn nicht Millionen und Abermillionen Blätter Papier vollgeschrieben worden, Waggonladungen voll Bücher, da befinden sich Heerscharen von Doktoranden, Professoren, Wissenschaftlern, Verfassungsrechtlern, obersten Richtern, Verfassungsschützern, höchsten Politikern in erregten Diskussionen in gravierenden Auseinandersetzungen, manchmal sogar mit Hilfe von Schusswaffen. Und zwar deswegen, weil das Kopftuch, wie jeder weiß, gottseidank das größte, drängendste Problem unserer aller Existenz bildet.
Und um jetzt wieder auf unsere menschliche Intelligenz zurückzukommen: Von einer Diskussion in der Tierwelt, ob ein verbeamteter Haubentaucher eine Haube tragen darf, ist weit und breit nichts bekannt. Daraus erkennen wir sofort, wie brunsdumm die Tiere sind, im schroffen Gegensatz zu uns Menschen.

Schöne Winterwanderungen
Eines Tages, im Zug nach Ebermannstadt

Wenn alte Deppen zwischendurch und ausnahmsweise auch einmal eine gravierende Bemerkung zum Besten geben möchten, sei es nachts um halbzwei im Wirtshaus in den Bierkrug hinein, sei es daheim ins aufmerksam lauschende Sofakissen, dann beginnt ihre Rede mit einem im Stehsatz befindlichen Wort: Früher. Exorbitant früher bin ich einmal zusammen mit drei angehenden Herren, Herrn Reinhard K., Peter K., Manfred R., im Rahmen einiger Schlehengeister der Frage nachgegangen, wofür uns die Evolution verschiedene Gliedmaßen an den Körper hinwachsen hat lassen. Also etwa die Füße, die Baa, Arme, Hände. Hals und Kopf nicht zu vergessen. Dass man den Hals in erster Linie als Trinkröhre benötigt, in zweiter Linie dafür, dass einem der Kopf nicht runterfällt, haben wir erkenntnistheoretisch verworfen.
Vielmehr hat uns geschwant, dass man sich mit dem Kopf schöne Sachen ausdenken kann und mit dem Mund und den im Hals ansässigen Stimmbändern drüber reden. Und zwar darüber, dass wir uns eines Montags in den Zug nach Ebermannstadt setzen, auf unseren Arsch, fünf Tage durch die Fränkische Schweiz schreiten, teils mit den Füßen, teils mit den Beinen, und mit den Händen tagsüber die zwei Riemen von unserem Rucksack festhalten, abends die Schafkopfkarten und eventuell ein Seidlein Bier.
Auf diese Weise haben sich uns Welten erschlossen, dass man es heute nicht mehr glauben möchte. Zum Beispiel die Mondsichel über der Ehrenbürg, das Himmelszelt, den bis heute klingenden Nachhall von Gesprächen in der Finsternis eines Vierbett-Verließes in der Stempfermühle, das Schlürfen der Wiesent, Bratwurstgehäckbrote in der Kuchenmühle, den sanften Lauf eines Aufsesser Bieres, Maulwürfe in freier Wildbahn, unverzollte Geister oder die windschiefen Dächer von Stücht, von Wüstenstein, Dürrbrunn, Seelig, Trainmeusel, Wohlmutshüll, Moggast, Tiefenlesau und Hühnerloh. Je nachdem.
Ich erwähn unsere eigenfußbetriebene Reise durch einen winzigsten Teil der hiesigen Welt deswegen, weil es ungefähr dreißig Jahre her

ist, und damals fast gleichzeitig unsere Physiker eine ihrer unzähligen Sternstunden gehabt haben: Vielleicht 500 000 Meter über Hühnerloh ist die Raumfähre Columbia majestätisch durch das Universum gedüst. Leider haben wir sie damals da droben nicht gesehen. Erstens war es finster, zweitens haben wir in unsere Schafkopfkarten schauen müssen, ob sich wichtige Trümpfe gehoben haben, drittens kennen wir uns im Universum heute noch nicht aus, ähnlich wie unsere sieben Milliarden vielfach irdisch orientierten Mitmenschen. Es ist schad drum, denn so eine Raumfähre hoch über Hühnerloh ist eine interessante Sache. In wenigen Minuten befindet man sich mit ihr in vielleicht siebenhundert Kilometern Höhe, was im Vergleich zum Walberla, der Ehrenbürg (532 Meter) verhältnismäßig hoch erscheint, es kostet alles in allem Milliarden, Billionen oder Billiarden, und zwar nicht Huusergnöbf, sondern Euro, und man braucht in 120 Sekunden tausend Tonnen Treibstoff, damit 1 Commander plus 6 Mann Besatzung im Nirwana Erkundigungen einziehen können. Und zwar Erkundigungen dahingehend, dass da droben zwischen den Sternen schon was ist, jedoch ziemlich weit, nämlich unendlich weit weg.

Die Erforschung eines unendlich weiten Raumes ist also ein großes Unterfangen. Noch dazu wenn man sich vor Augen führt, was uns zwei vermutlich mit dem Kopf voll am Mars aufgeschlagene Unendlichkeitsforscher dazu zu sagen haben. Der eine: „Als Physiker sind wir in erster Linie Forscher – alles, was es zu erforschen gibt, versuchen wir zu erforschen." Und das andere Mondkalb: „Eines Tages müssen wir die Erde sowieso verlassen. Je eher wir da Vorbereitungen treffen, desto besser."

Ach so, ja: Die Raumfähre Columbia ist im Februar 2003 ungefähr 500 Kilometer hoch über Hühnerloh zerbrochen und beim Eintritt in die Atmosphäre der Fränkischen Schweiz erst verkohlt und dann verglüht. Wissenschaftliche Erkenntnis: Keine. Wir, die Herren Reinhard K., Peter K., Manfred R. und ich, haben damals nicht 1000 Tonnen Treibstoff in zwei Minuten benötigt, sondern überschlägig pro Mann 15 örtliche Biere, 5 Bratwurstgehäckbrote, 8 Tellersulzn, 0,75 Liter daunenweichen Schlehengeist, 10 Wurschtweckla und unendlich viel klare Luft. Wissenschaftliche Erkenntnis: Wir müssen es möglichst bald einmal wieder machen. Bevor sie uns verkohlen und verglühen.

Stimmen aus der Oberschicht
Das kommt vom Schnackseln*

Afrika ist uns sehr gut bekannt. Jeder Depp und jede Deppin weiß, dass zum Beispiel der Bewohner von Afrika, der Neger, dass der riecht, am liebsten nix ärwert und, wie eine Durchlaucht aus dem oberpfälzischen Höchstadel, im Rang einer Faschingsprinzessin, schon einmal beliebt hat anzumerken, er schnackselt viel zu viel. Weswegen er von Gott persönlich momentan mit Aids bestraft wird. So lange, bis er endlich auf die Ermahnungen unserer größten moralischen Instanzen, katholische Kirche und die erwähnte Faschingsprinzessin, horcht und mit dem Schnackseln aufhört.
Viele Humanisten bei uns haben sich aber trotz aller dort vorkommenden Todsünden dieses Kontinentes schon immer mit großer Sorgfalt und Liebe angenommen und tun es heute noch. Dabei nehmen wir große Strapazen auf uns. Im Schweiße unseres Angesichts machen wir in Afrika Urlaub, lassen uns also dort nach oft bis zu fünfstündigen entbehrungsreichen Flügen in armseligen, lediglich sechssterningen Unterkünften nieder, um dann hinter hohen Mauern und zahlreichen Security-Wächtern bei Hummer, Langusten, Froschschenkeln, Loup de Mer und anderem furchtbaren Ungeziefer zwei Wochen lang zu darben. Und noch dazu kostet es ein Saugeld.
Jemand hat neulich ausgerechnet, dass ein Neger mit seiner rachgierig zusammengeschnackselten Familie von dem Geld für zwei Wochen Urlaub in einer Club-Anlage in Kenia fünf Jahre lang leben könnte. So lieb und teuer is uns Afrika! Der Neger hat es da leicht. Er braucht nur einmal keinen Club-Urlaub in Kenia machen – schon hat er wieder für fünf Jahre ausgesorgt.
Oder noch ein Beispiel, wie wir uns um Afrika oft schwerwiegende Gedanken machen: Da hat einmal ein uns bekannter Nürnberger Pausenkaschber in Adis Abeba, welches die Hauptstadt von Äthiopien ist, an der Bar des Adis Abebischen Hilton Hotels einige Cognac praktisch als Medizin, als Antiidioticum, eingenommen, um den Anblick der außerhalb des Hotels herumlungernden, oft sehr nachlässig gekleideten Adis Abeber, auch weitgehend alles Neger, besser ertragen zu können. Der Barkeeper hat ihm dann vorgerechnet, dass ein durchschnittlicher Äthiopier vom Gegenwert dieser drei Cognac ein Jahr lang mit Essen, Trinken, Wohnen, Kleidung sehr gut zurecht

kommt. So schön hat es der Neger, drei Cognac, und schon lebt er ein Jahr in Saus und Braus.
Oder wenden wir uns früheren Zeiten zu, dem glorreichen Zeitalter der Entdeckungen, in welchem das Fundament für den unermesslichen Reichtum Afrikas für immer betoniert worden ist. Wer war es denn, der dort Gold und Diamanten und vor allem für den Sklavenhandel sehr gut geeignete Negerkinder, Frauen und Männer entdeckt hat? Wir, die Europäer. Oder später auch die ja ebenfalls aus Europa stammenden Amerikaner. Diese haben zunächst Amerika vom Indianer befreit, die USA gegründet und dann erst Zeit gehabt, auch Afrika zu befreien – nämlich von der Bürde seiner lästigen Bodenvorkommen wie Erdöl, Kupfer, Uran, Platin, Kobalt, Titan und so weiter. Naturgemäß befinden sich 70 Prozent der afrikanischen Erdölvorkommen in der sanftmütigen Hand von Benefiz-Unternehmen wie Shell, Exxon, BP, Total oder Texaco. Dafür verfügt aber der von seinen Bodenschätzen vollkommen befreite afrikanische Neger ebenfalls über 70 Prozent. Und zwar leben 70 Prozent aller Neger von der nicht immer vorhandenen Hand in den Mund, umgerechnet von ungefähr 75 Cent täglich. So kostengünstig und billig kann man in Afrika verhungern. Alle fünf Sekunden stirbt dort ein Kind unter zehn Jahren an den Folgen von Hunger – kehrt also weit vor der Zeit heim in das von der auch sonst sehr hilfreichen Kirche verheißene Himmelreich. Auch das wieder ein Verdienst von uns aus Europa.
Und jetzt haben wir ihnen praktisch auch noch die allergrößte Gnade widerfahren lassen: Sie dürfen die Fußballweltmeisterschaft veranstalten und erhalten endlich die in Afrika so dringend notwendigen Gebäude wie etwa Fußball-Stadien, VIP-Logen, Presse-Zentren. Hoffentlich geht der südafrikanische Neger dann auch hin zur Fußball-Weltmeisterschaft. Nicht dass er wieder den ganzen Tag daheim in seiner Pappdeckel-Villa rumschnackselt und sich in keiner Weise dafür interessiert, wieviel ein Michael Ballack im Schweiße seiner Füße verdient. Nämlich eine Jahres-Gage, von der der Neger von nun an bis in alle Ewigkeit leben könnte. Was aber keinen Sinn hat, weil er durchschnittlich nur 45 Jahre lang lebt. Falls man von einem Leben sprechen kann.
Abschließend möchten wir noch einmal bekräftigen, wie eingangs erwähnt, dass der Neger riecht. Und zwar riecht er jetzt langsam den Braten, den wir uns seit 400 Jahren täglich auf seine Kosten in die Röhre schieben.

Was dann kommt und warum es kommt, das kann man in dem Buch vom schon einmal erwähnten Jean Ziegler (ehemaliger Professor der Universität Genf, unter anderem ausgezeichnet mit dem Internationalen Litertaurpreis für Menschenrechte, seit 2008 Mitglied des UNO-Menschenrechtsrats) „Der Hass auf den Westen – wie sich die armen Völker gegen den wirtschaftlichen Weltkrieg wehren" nachlesen. Es ist nicht lustig, aber bedenkenswert, und kostet 19,95 Euro – also einen Betrag den sich die Fürstin Gloria von Thurn und Taxis halt einmal von ihrem wortreichen Mund absparen müsste. Vom Schnackseln steht in dem Buch (C. Bertelsmann, 288 Seiten) allerdings nix drin.

*anlässlich der Fußball-Weltmeisterschaft in Südafrika 2010

Sitten und Gebräuche
...wenn dann derzou der Club nu gwinnd

Sitten und Gebräuche als Thema – das is was extrem Schmerzhaftes. Weil : Es bleibt dir ja gar nichts anderes übrig, als zu fragen: Brauchen wir überhaupts Gebräuche? Und Sitten? Und passt auf sie die Sittenpolizei auf, die es gar nicht mehr gibt? Wo gehen sie dann hin, die Sitten und Gebräuche, wenn keiner mehr sein Auge des Gesetzes draufwirft? Und ganz wichtig – wo kommen sie eigentlich her? Also Kopfweh schon vorprogrammiert, denn du musst mit dem Kopf voran voll in die Vergangenheit eintauchen. Da ist es dann im Sinne der Schmerzlinderung natürlich von Vorteil, wennsd beim Eintauchen in die Vergangenheit ein Brett vorm Kopf hast und infolgedessen mit der gern genommenen Feststellung, dass früher alles besser war, den 1. Preis gewinnst, und zwar den 1. Pauschalpreis. Einerseits. Andererseits ist historisch, geschichtswissenschaftlich nur gesichert, dass früher alles früher war. Und einiges ist sogar entschieden schlechter gewesen. Zum Beispiel der sogenannte Club und seine noch viel sogenannteren Schlachtenbummler. Schlachtenbummler – ein Wort das vielleicht noch vom Goethe stammt, der ja bekanntlich schon gern einmal am Rande einer Schlacht entlang gebummelt ist, dass er drüber ein wunderbares Gedicht verfassen hat können. Weiters haben wir noch eine 1. und eine 2. Vergangenheit, auf welche das Wort Schlachtenbummler förmlich zugeschnitten war. Und auch für die Gegenwart passt es jetzt wieder ganz gut. Allerdings bummeln die Schlachtenbummler heutzutage nicht nach Fürth, sondern sie marschieren, und damit sie nicht aus dem Tritt kommen, singen sie Trittbrettlieder: „Tod und Hass dem Kleeblatt Fürth". Bei solchen Gesängen spürst du förmlich die Tiefe des Textes, die Herzensbildung, Nachdenklichkeit, Besonnenheit.
Aber früher, sagen wir Fünfziger Jahre des vergangenen Jahrhunderts, hat auf dem Gebiet des Zuschauerwesens der volle Terror geherrscht. In konspirativen Wohnungen sind da meist im Schutz der Dunkelheit in alte Bettücher verbrecherische Geheim-Parolen eingestickt worden, wie zum Beispiel „1. FCN". Und mit diesen furchterregenden Feldzeichen bewaffnet sind des Samstags durch Zerzabelshof marodierende

Knirpse, teilweise sogar Knirpsinnen, überhaupt keinem der tausend Polizisten aufgefallen – so hinterhältig war damals die Taktik. Außerdem sind keine tausend Polizisten in Zabo gewesen, sondern meistens gar keine.
Im Zabo (so hat damals das alle zwei Jahre umgetaufte Stadion geheißen) haben diese militanten Club-Sympathisanten die schlimmsten Tiraden gebrüllt, die man sich vorstellen kann. Beziehungsweise sich in seinen schlimmsten Vorstellungen gar nicht mehr ausmalen kann.
Wir zitieren drei der fürchterlichsten verbalen Kanonaden aus jener Schreckenszeit: „Club vor, noch ein Door", „Bitte, ein Jopa-Eis" und „Bringsd mer aa a Sardinaweggla miid?" Worte, die heute bei jedem Fan blankes Entsetzen hervorrufen würden.
Und noch blankeres Entsetzen würde in der geordneten, guten Gegenwart der Fanblockwarte herrschen, wenn man wüsste, dass die Morlockisten seinerzeit manchmal sogar bei einem gelungenen Spielzug des Feindes, der damals noch Gegner geheißen hat, applaudiert haben!!! Also Verrat, Spionage, Fahnenflucht!!! Statt der bebenden Hände vom Führer, mit eben diesen Händen Beifall für irgendwelche Halbaffen aus Aschaffenburg oder wo! Es waren halt- und sittenlose Zeiten.
Und um noch einmal auf die erwähnten Rufe wie „Club vor, noch ein Door" zurückzukommen: Mangels eines Einpeitschers, der in jenen schlechten alten Zeiten noch nicht erfunden war, hat es im Zabo einmal da geklungen „Club vor, noch ein Door", zehn Minuten später dort, und noch einmal zehn Minuten später ganz wo anders. Vereinzelt. Null Koordination, null Einfaltsreichtum!
Heute dagegen gibt der Einpeitscher einen lustigen, fröhlichen Vers vor, und schon säuselt es voll koordnniert, majestätisch aus 5000 Schwarzkehlchen wie aus einem Flaschenhals: „Schiri, du Arschloch!", „Frankfurt is ein Scheißverein!", „Wichser!", „Schwule Sau!" oder man gibt die kunstvoll gereimte Kurz-Ballade mit ihrer subtilen Anspielung auf ländliche Idyllen und deren Niederwild wieder einmal zum Besten:„Wir brauchen keine – Bayern-Schweine!"
Da steckt immenses Können dahinter, soziales Denken, Meinungsfreiheit gepaart mit immenser Tapferkeit im Pulk. Damals aber in der Sardinenweggla-Ära: Beschissene Zurückhaltung, kaum Trümmer Propellerfotzn nach dem Spiel, voll verblödete Höflichkeit – und teilweise sogar Interesse an einem Fußballspiel!!!

Das einzige Club-Lied in jenen verheerenden, gottseidank vergangenen alten Zeiten war von den Zwei Bäiderlasboum und hat gelautet: „Wenn Samsdooch is, dann gäihd fiir miich der Sunndooch oo. Wenn's Vierer werd, dann frei ich miich aff mein Kaffee. An Zwedsch-gerkoung, dem konn ich niemals widersteh'. Um Fünfer kummd der Schbord nou droo – ich frei mi wäi a Kind, wenn dann derzou der Club nu gwinnd . . ."
Der Willi Händel und der Karl Vogt haben es damals zweistimmig gesungen, behutsam, ungefähr als langsamen Walzer. Ganz leis, und trotzdem hat der Club häufig gewonnen. Es war ein sehr schönes Lied.

An der Pegnitz I
Die Geschichte von Hammer

Des kannst im Kleinen Stowasser, welcher ein lateinisches Wörterbuch ist, jederzeit nachlesen: Nämlich, dass das Licht nicht aus der Glühbirne kommt, sondern aus Laufamholz. Im Stowasser steht es schwarz auf weiß drin. Ex oriente lux, das Licht kommt aus dem Osten. Laufamholz befindet sich von Gostenhof aus gesehen, von Muggenhof, Johannis, Tafelhof, Galgenhof, Dürrenhof, Peter, Glaishammer, Zerzabelshof, Mögeldorf und so weiter entschieden im Osten. Dort also ist das Licht beheimatet, und zwar in Hammer.

Hammer ist eine ganz kleine Industriesiedlung, direkt an der Bengerz, äußerst überschaubar, in nicht einmal fünf Minuten durchschritten. Zum Durchdenken dieses ehemaligen Industriegutes sind, wie es ausschaut, jedoch nicht einmal 350 Jahre ausreichend. Man begreift die Schwierigkeit des Durchdenkens von Hammer am besten, wenn man eines Tages einmal in Richtung Licht immer an der Pegnitz entlang nausläuft. An bewundernswert hässlichen Wolkenkratzern vorbei, an furchtbaren Gewerbegebieten, vor denen es eine Sau grausen tät, wenn dort noch eine Sau beheimatet wär, an Business-Towern, an Wohn-Containern. Unten fließt, wie schon erwähnt, die Pegnitz seit Millionen von Jahren vorbei und lässt sich von den oben tätigen Architekten gelegentlich a bissla am Arsch lecken. Nach zwei Stunden erreichen wir Hammer.

Im letzten Krieg haben wir es weitgehend zerbomben lassen, aber äußerlich ist es wieder ganz schön restauriert. Das Uhrenhaus, das frühere Wirtshaus, die Schmiede, das Verwaltungsgebäude – eine sehr kleine Welt für sich, das Gegenteil praktisch von dem, was wir heute stolz eine Globalität nennen. Innerlich, also geistig, ist es leider noch nicht restauriert. Da müsste man nämlich 350 Jahre zurückdenken.

Damals ist mit der Pegnitz ihrer Millionen Jahre alten kostenlosen Wasserkraft ein Hammer bewegt worden, und der Hammer hat Messing geplättet. Das Messing in schönen Formen und Funktionen haben die Besitzer von Hammer an die Nürnberger verkauft. Und von dem Geld ist es nicht nur dem Mühlenbesitzer gut gegangen, sondern auch den ungefähr dort lebenden 120 Hammerern, also Arbeitern und ihren Frauen und Kindern und vielleicht sogar Kindeskindern. Mit Hilfe der Pegnitz plus ein paar Gramm Schmalz im Kopf sowie in den Armen ist also ein Mehrwert erzeugt worden. Und jetzt kommt das mit dem schwierigen Begreifen der befremdlichen Vorgänge in einem seinerzeitigen Unternehmerkopf: Der Mehrwert ist nämlich nicht steuerfrei nach Liechtenstein gewandert oder an die Wall Street, sondern er ist daheimgeblieben; die Besitzer haben mit ihm eine Schule gebaut, mietfreie Wohnungen, ein Wirtshaus mit Biergarten für den Sommer, Brennholzschuppen für den Winter. Und weil dann immer noch ein Geld übrig war, hat die Unternehmerfamilie für ihre Arbeiter eine Kasse eingerichtet, mit der eine Unfallrente, eine Altersrente und eine Witwenrente ausbezahlt worden ist.

Das Arbeitsverhältnis war unkündbar, als Gegenleistung haben die Arbeitnehmer sich lediglich verpflichten müssen, dass sie keine Betriebsgeheimnisse verraten. Und das alles is fei echt wahr.

Und deswegen ist eine Wanderung jetzt im Frühling naus nach Hammer, wo für einige Zeit das Licht geleuchtet hat, auf jeden Fall ein schönes Unternehmen. Man kann sich parallel zum Gemurmel und Gebfobfer der Bengerz in aller Ruhe sogar selbergmachte Gedanken machen. Dergestalt vielleicht, ob heutzutage ein sogenannter Arbeitgeber, würde er morgen früh bei sich im Konzern die Laufamholzer Hammer-Arbeitsbedingungen einführen, ob er sich dann da nicht bereits um die Mittagszeit auf eintimmigen Beschluss des Arbeitgeberverbandes in einer geschlossenen Anstalt befindet. Oder ob es sinnvoll ist, wenn man seinem Leben und der in ihm befindlichen Arbeit einen Sinn gibt. Oder ob man die Zumwinkels und Funkes und Ackermanns, die Leiharbeiterhändler, Mitarbeiter-Neiund naustreiber, Analzysten, Kaffeesatzleser, Geldbeutelschneider, Wegelagerer, lichtscheue Raubritter nicht einmal zu einem Betriebsausflug in jene kleine Industriesiedlung, in der man den Arbeitern nicht ihren Lebensinhalt, sondern stattdessen einen großen Teil ihrer Alltagssorgen abgenommen hat, einladen sollte. Und ob das Hammerwerk vielleicht noch funktioniert, und man ihnen damit ein bisschen auf ihre rachgierigen Finger klopft. Tun darf man es natürlich nicht. Aber denken. Hammer steht unter Denkmalschutz.

Jetzt stehst mit solchen Gedanken höchstwahrscheinlich sofort unter dem Verdacht, du möchtest die Welt rückwärts drehen, am besten gleich 350 Jahre zurück. Und müsstest dann zerknirscht einräumen, dass damals auch nicht alles Messing war, was unterm Hammer geglänzt hat. Und da kommen wir dann wieder auf den eingangs erwähnten Kleinen Stowasser zurück, auf das lateinische Wörterbuch. Verfasst hat es der Wiener Altphilologe Joseph Maria Stowasser, und einer seiner Nachfahren war ein gewisser Fritz Stowasser (1928 bis 2000), der sich später als Maler von schönen Bildern Friedensreich Hundertwasser getauft hat. Er hat beim Malen häufig auch gedacht, unter anderem den folgenden Gedanken: „Der sogenannte Fortschritt ist zum Schritt an den Abgrund geworden. Überleben können wir nur durch einen Rückschritt."

Aus der klingeltonfreien Zone
Professor Prellers Traum

Was Sie wahrscheins noch gar nicht wissen: Neulich hat der bekannte Zukunftsforscher Paul Preller einen bedrückenden Alb- oder Kalbtraum in seinem Ochsenkopf gehabt. Und zwar – Zufall oder Zufügung – genau an einem extrem denkwürdigen Tag, am Jubiläumstag vom Handy. Am Donnerstag vor genau zwei Millionen Jahren hat bekanntlich das Handy das Licht plus die Schallwellen der bis dato unerhörten Welt erblickt. Damals noch in seiner Form als Ohry. Folgendermaßen: Der vor zwei Millionen Jahren – ob aus Lebberi erschaffen oder ein aus einer Affen-Trinkerheilanstalt nausmissioniertes Hybrid-Ding is noch nicht gesichert erforscht – also jedenfalls der vor zwei Millionen Jahren erfundene Homo Erectus, aufrecht, mehr oder weniger, hat damals schon am Kopf links und rechts die zwei Staublappen dran gehabt. Ohren. In sie hat man hineingesprochen, wegen der Verschmalzung damals noch möglichst laut, und schon war das Ohry, Vorläufer vom Handy, geboren, hat das weitgehend sinnfreie Kommunikationswesen seinen Siegeszug angetreten. Worldwide, ganz ohne Fußy.

Und jetzt wieder zurück zum Professor Preller seinem Albtraum, welcher ihn in die ausklingende Ohry-Epoche vor etwa 20 Jahren zurückversetzt hat, in jene grauenerregende Zeit, in der das Handy noch nicht zu seiner jetzigen Hökst- und Blökstform, praktisch Subberfektion entwickelt war. Eine Zeit also, von der dem upgegradeten Homo electricus jegliche Vorstellung abgeht, täglich mehrmals. Klingeltonfreie Zone von Kraftshof bis Kalkutta, von Wetzendorf bis Wladiwostok, von Fürth bis zu den Fidschi-Inseln.

Das muss man sich, so rekapituliert Preller seinen Albtraum, das muss man sich einmal vorstellen: Um was zu erfahren aus der Welt des groben Unfugs, hat man damals vor 20 Jahren praktisch auf so gut wie nix zurückgreifen können! Seine zwei Ohrwaschel, ein sogenanntes Festnetztelefon und das auch häufig als Dummizelle bezeichnete gelbe Telefonhäuschen. Dazu dann nur noch Radio, Fernseh, ein paar Milliarden Zeitungen, Zeitschriften, Zentralorgane, jährlich nicht einmal eine Milliarde Neuerscheinungen auf dem Büchermarkt, die stündlich produzierten, immens gefürchteten fränkischen Kriminalromane, Schallplatten, interaktive Schlacht-

platten im Wirtshaus, CD, DVD, UvD, Faxe, Briefe, Postwurfsendungen, Telegramme, wenn's viel war Telekilogramme. Und das war's dann fast schon!!
Wenn damals jemand wenigstens ein bisschen von einer schönen Utopie befallen gewesen wäre, visionsmäßig – ja der hätte sich doch das kurz erwähnte Telefonhäuschen schnappen, mit Stützrädla versehen und es am Abschleppseil hinter sich herziehen müssen! Der Vorläufer vom Handy ein handgezogener Nachläufer mit Leinenpflicht! So hat's damals ausgeschaut, Leute des schnurlosen 21. Jahrhunderts! Kündet uns jedenfalls der Albtraum von Professor Paul Preller.
Und mit was, fragt sich der Vollhörer von Heute, mit was hat man damals fotografieren sollen, Mitteilungen empfangen, Lieder hören, Notizen machen, Datum nachschauen, am Fahrrad klingeln? Die Antwort auf diese gravierenden, lebensinhaltlichen Fragen kann man heute gar nicht mehr fassen mit seiner Festplattn: Man hat diese Tätigkeiten ausgeübt mit, der Reihe nach, mit einem sogenannten Fotoapparat (Fotografieren), mit der Post (schriftliche Mitteilungen empfangen), mit dem Schallplattenspieler oder Radio (Lieder hören), mit Notizblock und Stift (Notizen machen), mit dem Kalender (Datum nachschauen), mit der Fahrradklingel (am Fahrrad klingeln). Das alles kann heutzutage das Handy. Brauchst du fast keine Menschy mehr. Darüberhinaus dient es uns als Wegweiser, Schreibmaschine, Taschenaquarium und Hosenvibrator. Es kann bellen, brüllen, schluchzen, rülpsen wie die Sau, Bierschieße, Beethoven, Banzerfaust. Alles als downgeodelter Klingelton.
Es dient uns als GPS, MMS, Bluetooth, WLAN, Browser, WAP, HTML, I-Phone, Java, was immer das ist. Es hat Pixel wie Sand am Meer, es ist kleiner als eine Streichholzschachtel und passt in jeden Arsch, aber in der Gesamtleistung größer als unser Hirn, welches sich manchmal auch im Arsch befindet. Mit ihm, unserem Handy, und nur mit ihm erfahren wir ständig, was wirklich wichtig ist auf und außerhalb der Welt. Und zwar: Was es heute Abend zum Essen gibt, und dass es fei schon am Tisch steht.
Zwei Millionen Jahre haben wir es sehnsuchtsvoll erwartet, jetzt ist es schon nicht mehr wegzudenken, weil es uns das Denken auch abgenommen hat. Dem Professor Preller sein Albtraum ist aber, selten für einen herkömmlichen Albtraum, gut ausgegangen. Weil, das urknallsprüngliche Ohr seinerzeit birgt ja in sich, wie jeder weiß,

der sich schon einmal beim Ohrenarzt sein Rezept für ein Hörgerät abgeholt hat, einen Hammer und einen Amboss. Und auf diesem Amboss, hat der Preller geträumt, sind zur zweimillionenjährigen Jubiläumsfeier vom Taschentelefon alle Handys mit dem Hammer zertrümmert worden. In lauter ganz kleine Quarks. Laut dem Preller seinem Traum in Magerquarks.

Es ist noch Adrenalin da
Im Zinksarg zu Berge wir zieh'n valleraaa...

„No Vember, No Fun" lautet eine alte fränkische Spätherbstmelancholie, welche wiederum auf einem Afforismus des worldwiden Reiseunternehmens „Last Exitus" basiert – „No Risk, No Funeral". Was wollen uns diese beiden Sinnsprüche aus dem Kalten Testament sagen? Sie wollen uns sagen, dass unsere kleine Welt, speziell in den Monaten Oktober, November, Dezember, ein Jammertal ist. Oder um es mit dem Schoppershofer Nach-Sokratiker Paul Preller elegisch-philosophisch auszudrücken: Der Herbst bei uns is ein Krampf. Draußen dröhnen raschelndes Laub, Kinderquietschen oder bereits ein knirschender Schnee an unser eines Ohr, um aus dem anderen Ohr sich wieder zu entfernen. Dann wieder Herbstzeitlose, Stoppelfelder, Stachelbeerwein in Marloffstein, Wind, Wolken, Drachen und oft bis zu zwanzig (!!!) Minuten Langeweile. Eine innere Einkehr kurz vor einer akuten Gemütsthrombose, eventuell sogar Selbsterkenntnis, oder noch verheerender: Stille, Ruhe, Frieden. November. Nicht mehr Kärwa, Altstadtfest- und Komasaufen – noch nicht Grinskisdleinsmarkt und Japaner-Looking. Niemandszeit, null Risk, no Fun.
Um noch einmal Paul Preller zu zitieren: „Da wennsd mir nicht gehst!" Nicht ums Verrecken möchte da der Mensch von Heute, beziehungsweise von Morgen und Übermorgen daheimbleiben. Was wir jetzt zum Überleben brauchen, is irgendwas Extremes, Challengehaftes, Adrenalinhaltiges. Aber nicht das Herkömmliche, wo jeder Durchschnittsknalldepp jetzt schon über den Atlantik skite-surft, Nordgrönland im Sattel seines Einrades durchpflügt oder im Paraglider über die malaysische Inselbrücke gen Australien schwebt. Wir brauchen nicht das Herkömmliche, sondern das Hinkömmliche. Also dass man am Ende seines Extrem-Adventure-Urlaubs so hin ist wie nur irgendwie möglich. Raus aus dem herbstlichen Elend, nei ins gelobte Land, ins Paradies. Drei Monate Kidnapping am Ararat, Holiday on Iceclimbing, die letzte Badeölung in der Haifischbay und dann nauf zum finalen Speier in Himmerleier.

Und extrem wichtig beim Extrem-Urlaub: Ab 5000 Meter Höhe immer ohne Sauerstoff und möglichst ungeschützt, sodass schon bald bei 50 Grad unter Null Nase, Finger, Ohren, Zehen abbrechen und im Sturm auf und davonfliegen. Ohne diese Gliedmaßen kann nämlich der bereits erwähnte, dringend notwendige Adrenalinschub viel besser im Körper zirkulieren.

Und außerdem geben heute nicht mehr wie früher Kilometer, Flugstunden und Kofferaufkleber Auskunft über die Qualität unserer Völkerwanderungen, sondern die Ferien werden nach Sauerstoffmangel, tiefen Fleischwunden, Genickbrüchen, Epidemien, Lösegeldhöhe, Bewaffnung der Erschießungskommandos bemessen und in Güteklassen eingeteilt. Je toter die Heimkehr, desto besser. Denn nur wer bei Schneetreiben und Dauerfrost halbnackert auf die Zugspitze naufrennt und erfriert, wer 100 Meter unterhalb vom K2-Gipfel 7000 Meter senkrecht ins Tal rutscht und dort weitgehend unkenntlich, aber vollkommen glücklich wieder ankommt, wer im Indischen Ozean von der Maschinengewehrgarbe eines Piraten in zwei Hälften eingeteilt wird oder aber beim Mikrowelling, dem Kraterklettern in einem garantiert noch nicht erloschenen Vulkan, nunterfliegt bis zum Erdmittelpunkt und dann als Rauchwolke (eine Smoking genannte Extrem-Sportart) ins Jenseits schwebt – der kann danach an der Himmelspforte was erzählen, der ist mit der Sehnsucht nach einer Challenge voll auf seine Bestattungskosten gekommen. Trotz dieser vielfach schon im Reisebüro angebotenen Fluchtmöglichkeiten aus unserer Novembertrostlosigkeit gibt es vereinzelt aber immer noch vollkommen nervenkitzelfreie Hirnheiner, die ihren, nicht erfrorenen, Zeigefinger erheben und mit ihrem, nicht geknebelten, Mund warnen, dass es sich bei unserem hohen Adrenalinbedarf möglicherweise um was extrem Pathologisches handelt. Dass wir, die adrenalingeschubsten Adventure-Lemminge, schon eine schöne Epidemie bilden. Und dass aber sie, die außerhalb der Lemminggemeinschaft im Allerseelennebel dahinvegetierenden Lahmärsche, es im Kopf nicht verstehen: Wenn wir einerseits gern auf der Welt sind, am liebsten für immer, und uns andererseits genau so dringlich bei 280 km/h auf der Autobahn wünschen, dass wir an einen Brückenpfeiler brettern, in zwei- bis achttausend Meter erfrieren und ersticken und sodann, möglichst zusammen mit zehn Mann von der Bergwacht, lang vor unserer Zeit das Zeitliche segnen.

Im Kopf kann man dieses Extrem-Mysterium aber wahrscheins nicht ergründen. Höchstens später einmal, je nach Glaubensrichtung, im Himmel, im Nirwana, bei den 200 Jungfrauen, als reinkarnierter Regenwurm oder im Zinksarg.

Aus der Erziehungswissenschaft II
Schnellschüsse

Das darf vielleicht auch einmal beiläufig erwähnt werden, dass ein im hohen Alter befindlicher Pausenkaschber unter Umständen alles Mögliche ist, bloß kein Lehrer. Allerhöchstens bin ich ein Leerer. Weil ich mir seit ein paar Tagen voll leer vorkomme, nämlich dann, wenn ich gschwind einige bedeutungsvolle Zeilen in's 8-Uhr-Blatt neipfriemeln möchte, und es ist auf einmal kein 8-Uhr-Blatt mehr da. Kannst deine Wörter in den Wind schreiben. Der Wind ist ja auch ein Medium, windig bis dorthinaus.
Ich bitte für den kleinen Abschweif um Verzeihung, aber irgendwo möchte ja jeder seinen Weltschmerz zwischenlagern. Jetzt aber wieder Lehrer! Und voll nei ins Thema: 18!
Mit 18 Jahren am Buckel ist man volljährig, mit 18 hört schlagartig das Koma-Saufen der Kindlein auf und wandelt sich sodann zum ganz normalen Erwachsenen-Vollpreller, mit 18 bist du voll geschäftsfähig, auch ohne G'schäft, mit 18 schreibst du wöchentlich deine 100 bis 150 Bewerbungsbriefe und – eine womöglich auch im Zustand des erwähnten Erwachsenen-Volltreffers getroffene Entscheidung – mit 18 machen gebildete Jünglinge und Jünglinnen seit einem Jahr das Abitur, die sogenannte Hochschulreife. Statt wie bisher mit 19.
Ins Leben gerufen haben diese denkwürdige Gymnasialzeitamputation zwei Fachleute, beziehungsweise - leutinnen größten Ausmaßes, und zwar der G10-Abiturient (1 Ehrenrunde) Edmund Stoiber und die bekannte Hotelkauffrau Monika Hohlmeier (kein Spitzname, die Inhaberin zahlreicher Geheimdossiers heißt wirklich so).
Beide weilen inzwischen entweder in Talk-Shows oder in Brüssel. Man kann sie also nicht mehr fragen, ob damals bei der Entscheidung zum Abitur mit 18 alkoholische Getränke serviert worden sind, und wenn ja, wieviele und in welcher Konzentration, oder ob ihnen, trotz christlicher-sozialer Herkunft, damals ihre Gottesteilchen abhanden gekommen sind.
Weil, ich denk mir so: Ein Jahr weniger Schule bedeutet ungefähr ein Jahr weniger Schulstoff und bedeutet höchstwahrscheinlich nicht, dass man bei weniger Wissen mehr Gescheitheit hat. Man ist nur früher fertig, und zwar mit den Nerven. Und man kann, wenn

alles wie gewohnt klappt, ein Jahr früher ein Hartz IV beziehen. Der Seehofer hat dieser Tage auch über die gesetzliche Hirnverkürzung nachgedacht und anschließend das sogenannte Flexi-Gymnasium erfunden. Beim Flexi-Gymnasium geht man ein Jahr länger in die pädagogische Prägeanstalt, also Abitur wieder mit 19.
Bei der verhältnismäßig schnellen Abfolge von Geistesblitzen kann der Kurzzeit-Gymnasiast heutzutage aber durchaus damit rechnen, falls er Rechnen schon gehabt hat in der Schule, dass wir demnächst ein reziprok-proportionales Flexi-Gymnasium begrüßen dürfen. Dergestalt, dass auf das G8-Abitur ein G7-Abitur folgt, dann G6, G5 und so weiter bis G Null. Da wern's dann glotzen auf den Unitäten, wenn ein 14-jähriger Koma-Seufzer einher taumelt, sich gschwind immaterialisieren und eine halbe Stunde später zum Doktor pomadisieren lassen möchert. Wie der Dr. ab und zu Guttenberg mit der Höchstnote summa cum fraude. „Fraude" müssten'S bitte im Fremdwörterlexikon nachschauen, es ist der Ablativ von dem lateinischen Wort fraus und heißt Betrug.
Aber jetzt wieder zurück zum Problem an sich, warum man ein Abitur schon im Alter von 18 Jahren verfertigen soll. Wie oben kurz angedeutet, bin ich selber kein Lehrer und habe analog zu unseren zwei Brüsseler Spitzen Hohlmeier und Stoiber null Ahnung, wofür es gut ist. Als alter, wenn auch ausgedienter 8-Uhr-Blatt-Bleistift weiß man sich in den Fängen eines derart gravierenden Dilemnas aber zu helfen. Man fragt Leute vom Fach, einigermaßen parteiungebundene Pädagogen. Von ihnen habe ich auf die Frage nach dem tieferen Sinn des G8 der Reihe nach folgende Antworten erhalten: „Des mecherd ich auch amol wissen." „Frooch mi nedd!" „Frooch mi lieber nach'n tieferen Unsinn!" „Wenn die so lang wär'n wie blöd, dann müsstens's aus der Dachrinner saufn." Soweit die einigermaßen, gerade noch druckbaren Antworten. Alles andere an fachlichen Einschätzungen hat sich ca. 25 Zentimeter unter der Gürtellinie, vornehmlich hinten, bewegt. Und da ist es natürlich schon klar, dass man damals bei der Verabschiedung des Schnellschuss-Abiturs unter keinen Umständen Fachleute um ihre Einschätzung bitten hat wollen. Denn derartige Fäkal-Injurien sind einem G10-Absolventen oder einer namhaften Geheimdossier-Inhaberin einfach nicht zuzumuten. Mit Recht werden die zwei sich damals gedacht haben: „Veroorschn kenner mer uns selber." Inklusive aller 18-Jähriginnen und - jährigen.

Miles & immer more
Die Lizenz zum Plattmachen

Jetzt bloß einmal angenommen, es treibt sich bei uns in der Südstadt auf einem Seniorenspielplatz ein alter Krauterer rum, von der Sorte ortsansässiger Sodderhoofn, der in den vierziger Jahren des letzten Jahrhunderts das Licht der Welt erblickt hat. Licht hat es ja damals auch schon gegeben, vor allem tagsüber. Aber auch nachts, unheimlich hell ist es zum Beispiel in der Nacht vom 2. Januar 1945 gewesen. So hell, dass man ganz geblendet war und Jahrzehnte lang von der Nürnberger Altstadt nix mehr gesehen hat, nur noch braunen Dreck. Der hat sich auch nach 1945 noch lang gehalten.
Aber wir waren bei: Licht der Welt erblickt. Also praktisch Zeitzeuge. Zeitzeuge von was? Vielleicht erzählt es dir der Krauterer. Dass damals im Sommer ein Sommer gewesen ist, im Herbst ein Herbst und im Winter ein Winter mit einem sogenannten Schnee. Dieser ist ungefähr ab Weihnachten vom Himmel gefallen und hat das Land mit einem weißen Überzug bedeckt. Bis in den Frühling hinein. Komaschnaufen ist noch nicht erfunden gewesen, also die Luft war rein, die Autobahn eine Geisterbahn. Im bereits erwähnten Sommer hat es gleich hinter der Stadt nach einer frisch gemähten Wiese gerochen.
Dann hat's noch gegeben: Hennergackern, barfers übers Stoppelfeld dibfn, ein Bengerzbad, einen Gurkensalat im Einmachglas, ein Windsheimer gegen den Durst, ein Gnerzla vom frischen Brot und später beim Bäcker drei Sorten Weckla: Schnittweckla, runde und Kipfla. Von einer Vielfalt hat da nicht im Entferntesten eine Rede sein können.
Wenn das alles in der Erinnerung von dem Krauterer jetzt in Form einer gewissen Schönheit auftaucht, dann muss man natürlich wissen: Das Schlechte verfährt sich mit der Zeit im Gedächtnis und bleibt stecken. Zum Beispiel die furchtbaren Entbehrungen damals. Der Krauterer hat höchstwahrscheinlich in den Ferien in die Fränkische Schweiz fahren müssen, am Fahrradgepäckständer, und hat keinen Schimmer von einer Dominikanischen Republik gehabt. Oder von Florida.
Wie er einmal gehört hat, dass es in weiter Ferne angeblich ein sogenanntes Italien gibt mit einem blauen Meer dran, hat er auf die Frage, ob man da nicht auch einmal hinfahren könne, die Antwort

erhalten: „Ner freili, middn Finger aff der Landkarddn." Ein erbärmliches Dasein, ersichtlich auch an: Null Erdbeeren im Winter, kein Wintersalat im Sommer, keinerlei erlesene Weine aus Chile, Kalifornien oder Australien, ganze Stunden, ja manchmal sogar Tage, Wochen ohne jeglichen Event, keine Air-Condition am Aborthaisla, wenig Wellness, keine Mega-Märkte nach Art der altgermanischen Wagenburgen rund um Dörfer und Städte. Stattdessen vor zur alten Hutzler mit der Milchkanne in der Hand – zu Fuß!!! Wie wenn zwei Füße auch eine Mobilität wären.

Es hat ein unbeschreibliches Elend geherrscht damals in der Kindheit des Krauterers. Gas geben hast du schon können seinerzeit, aber höchstens nach dem fragwürdigen Genuss von einem fünfmal aufkochten Sauerkraut mit dem Arsch. Also mit jenem Körperteil, den man inzwischen gern auch zum Denken heranzieht.

Mit ihm denken wir heute, dass nie wieder so ein Mangel herrschen darf wie damals – an tausend Kilometer langen Sattelschlepperschlangen, an zweiten und dritten Start- und Landebahnen, an Miles & immer More, an pfeilschnellen Panzerspähwagen, an Fucktory Outlets, an steil steigenden Wachsdummsraten, an einem 365 Tage pro Jahr währendem Sale, am finalen Frühling-, Sommer-, Herbst- und Winterschlussverkauf der Erde.

Es kommt ihm manchmal vor, wird dir der alte Krauterer am Seniorenspielplatz in der Südstadt vielleicht noch erzählen, als sei unser Denken ein großer Segen, beziehungsweise Sägen. Am nicht besonders dicken Ast, auf dem wir sitzen.

Und er denkt dabei an die ganz alten Zeiten mit dem schon erwähnten braunen Dreck, wo man danach betreffs Aushändigung seines Persilscheins gern gesagt hat, dass man von nichts was gewusst hat. Und jetzt ist es natürlich tröstlich: Nichtwissen hat gottseidank kein Verfalldatum. Es gilt auch, wenn wir dereinst unsere zubetonierte und zuerforschte und zukonsumierte und zumilitarisierte Erde mit einer gewaltigen Schubkraft im Hintern, dem sogenannten Urknall, verlassen und auf dem Mars beim Pförtner (nicht zu verwechseln mit unserem ins Hirn transplantierten Schließmuskel) auf den Persischein und somit auf die Lizenz zum Plattmachen des nächsten Planeten warten. Da bin ich aber wahrscheins nicht mehr mit dabei, schließt der alte Krauterer vom Seniorenspielplatz in der Südstadt seinen kaum erwähnenswerten Vortrag, da befinde ich mich schon seit Lichtjahren auf der Fahrt ins Nirwana. Mit dem Finger auf der Landkarte.

Robuste und weniger robuste Mandate
Platzmangel am Johannisfriedhof

Steht extra im Prospekt drin, falls man es nicht sowieso schon ahnt: „Der Nürnberger Johannisfriedhof vermittelt ein Stück abendländischer Kulturgeschichte." Zum größten Teil befindet sich das Stück abendländischer Kulturgeschichte dort, wo die vielen schönen Geranien und Rosen wurzeln, unter der Erde. Aber auch oberirdisch kann man die abendländische Kulturgeschichte am Johannisfriedhof studieren. Dort, wo sie von der Tapferkeit – einer sogenannten Tugend – kündet. An der Apsis der Johannisfriedhofskirche ist eine Tafel angeschraubt, auf der ist, vermutlich für die Ewigkeit, in der militärisch korrekten Dienstgradrangordnung eingeprägt: „Dem Andenken seiner toten Helden, siebenunddreißig Offiziere, zweihundertfünfundzwanzig Unteroffiziere, zweitausendeinhundertneunundsechzig Mannschaften in Dankbarkeit und Ehrfurcht, 1914 bis 1918. Mögen aus ihren Gebeinen dem Vaterland Befreier entstehen."
Und daneben heißt es: „Für Kaiser, Reich, König und Vaterland."
Und zum Schluss: „Möge die Nachwelt ihre Taten nie vergessen."
Es wäre an dieser sandsteinernen Reklamewand der Firma Deutsches Reich & Heldenmut AG, noch viel Platz. Aber es hat sich bisher scheint's kein Graveur gefunden, der weitere Gedenktafeln beschriftet hätte. Für getötete Frauen, Kinder, Säuglinge, keine für erfrorene alte Menschen, keine für Zwangsarbeiter und KZ-Häftlinge in Nürnberger Rüstungsbetrieben, für Bombenopfer, keine Gedenktafeln für ermordete Juden. Was auch verständlich ist, denn Millionen und Abermillionen Gedenktafeln hätten ja an der Sandsteinwand der viel zu kleinen Johanniskirche gar keinen Platz.
Hauptsache, es steht dort geschrieben, für wen zum Beispiel die zweitausendeinhundertneunundsechzig Mannschaften erbärmlich krepiert sind, nämlich damals für Kaiser, Reich, König und Vaterland. Vermutlich mit einem verklärten Lächeln im Gesicht. Was jeden halbverwitterten Uralt-Gymnasiasten sofort an den schönen Satz gemahnt, den der römische Berufssoldat und Sprücheklopfer Horaz anlässlich eines vaterländischen Vollrausches zu Pergament gebracht hat: „Dulce et decorum est pro patria mori" – Es ist süß und ehrenvoll, für's Vaterland zu sterben. Den Leersatz, der in der Light-Version auch heute noch bei robusten Mandaten, wie der Krieg

inzwischen bei uns lieblich heißt, immer wieder gern genommen wird, hat man hierorts bis in die späten sechziger Jahre des gottseidank vergangenen Jahrhunderts auswendig lernen und interpretieren müssen. Und wehe, man ist dabei zu dem Resultat gekommen, dass ein Bauchschuss, ein Granatsplitter oder sonst was Endültiges unter Umständen unsüß, also bitter sein könnte.
Um wieder auf die schönen Gedenktafeln am Johanniskirchlein zurückzukommen – man findet dort, gewissermaßen im Namen Gottes, auch kein schriftliches Lob der Untapferkeit. Eine kleine Erinnerung an jene, die auf Kaiser, Reich, König, Vaterland, Führer und so weiter eines Tages gepfiffen und sich von der I. und II. Großschlächterei verabschiedet haben.
Einer von ihnen ist Ludwig Baumann. Er ist 1942 desertiert, kurz danach verhaftet und zum Tod verurteilt worden. Nach zehn Monaten in der Todeszelle hat man ihn zu 12 Jahren Zuchthaus begnadigt. Ludwig Baumann galt bis vor wenigen Jahren in Deutschland noch als vorbestraft, erst 2002 wurden Deserteure rehabilitiert.
„Nun habe ich ja Diktaturen erlebt und erlitten, und deshalb ist mir Demokratie ein hohes, verteidigungswürdiges Gut. Ich glaube aber, was heute militärisch verteidigt wird, das nehmen wir oft gar nicht mehr wahr: Da sind ein paar reiche Länder – es sind unsere Länder – die über 70 Prozent der Schätze und Ressourcen unserer Erde verpulvern und sie damit zerstören, die die armen Länder ausbeuten und dort auch noch ihren Giftmüll abladen. Sie sind die Nutznießer dieser unmenschlichen Weltwirtschaftsordnung, bei der jeden Tag – auch heute – viele 10 000 Menschen qualvoll verhungern. Solange wir diese Verbrechen an der Erde und an den Menschen ‚verteidigen', kann es keinen Frieden geben. Es ist ja ein Wahnsinn – wer im zivilen Leben einen Menschen umbringt, der ist normalerweise ein Mörder, wenn aber militärisch das Töten von Menschen befohlen wird, wird der gehorsame zum Helden und bekommt einen Orden."
Diese Sätze des Ludwig Baumann über Mut und Unmut und abendländische Kulturgeschichte könnten auch an der Sandsteinwand des Johannisfriedhofkirchleins stehen. Aber es herrscht dort, wie erwähnt, Platzmangel. Oder Mutlosigkeit.

Noch einmal: Jean Ziegler
In die Suppe spotzen – eine Buchbesprechung

Und zwar haben wir schon seit einiger Zeit ein in uns schwelendes, ziemlich tiefliegendes Problem. Es is was faul im Staate Knochenmark, um es einmal mit Kotlett zu sagen. Beziehungsweise mit Hamlet. Früher, der Ding, der Shakespeare, der hat sich halt noch was getraut und tapfer den Finger, respektive sein vergiftetes Schwert in die offene Wunde gelegt. Aber heut? Nix! Kein Mumm, kein Moet, niemand wagt es, den Übeltätern endlich einmal voll in die Suppe zu spotzen. Niemand – außer einigen ganz wenigen Dichtern.
Zu ihnen gehört zum Beispiel der Magen-und-Darmkorrespondent der Frankfurter Allgemeinen Zeitung am Sonntag. Der weiß, wo uns der Schuh drückt. Nämlich am Gaumen. Es geht um geräucherten Stör mit marinierten Karotten und Anisbrot, es geht um Croustillant und Flan vom Hecht mit Topinambur und Apfelkompott, und es geht natürlich auch um Karamellroggenbrot-Eis und Hagebuttenmousse. Was immer das alles ist.
Aber der Reihe nach. Wir ham hier bei uns in Franken allein schon an die 1500 Fernsehköche, die Tag und Nacht am Bildschirm immer bereits was für uns vorbereitet haben, dann Hunderttausende von Sommeliers, mützengekrönte Maitres, Abkochexperten, welche jährlich extra für uns Millionen und Abermillionen von Kochbüchern verfassen; Ayurveda-Kochbücher, Feng-Shui, Dscheng-Beng, Rohkost, Sanftkost, Arisch, Vegetarisch, Griechisch-Römisch, Nihilistisch, Altägyptisch, Katholisch und so weiter. Also Vielfalt, auch und vor allem am Hängebauch. Oder um es mit einem alten Schweinauer Sprichwort zu sagen: Auf einen Einheiz-Mampf is gschissn. Und zwar nicht nur fünf Stunden nach dessen Verdauung. Essen is Kultur, wie wir von den zu Tische liegenden alten Römern wissen, die bekanntlich nach jedem Gang majestätisch und vesuvartig gespeit und sodann wieder Platz gehabt haben für weitere kulturelle, künstlerische Feinheiten. Kunsthonig zum Beispiel.
Und nach diesem kleinen Ausflug in die Historie simmer also wieder bei jenen ursprünglich so schönen Dingen wie geräucherter Stör, marinierte Karotten, Anisbrot, Croustillant, Flan vom Hecht mit

Topinambur und Apfelkompott, Karamellroggenbrot-Eis und Hagebuttenmousse. Mehr Vielfalt innerhalb eines einzigen Fressabends kannst du normalerweise gar nicht in so kurzer Zeit rausspeien. Also eigentlich die vielste Vielfalt überhaupt.
Aber was hat jetzt unser Restaurant-Kritiker, unser FAZ-Schließmuskeltrainer Furchtbares erleben müssen? Ein Gaumengemetzel sondersgleichen! Denn: Das „Anisbrot war viel zu hart getrocknet und übertüncht krachend alles, was man mit ihm zusammen im Mund hat"!!! Und: „Das Karamellroggenbrot-Eis und das Hagebuttenmousse könnte mehr Finesse beim Abschmecken und in den Details vertragen". Das alles wär schon tragisch genug, aber es kommt noch schlimmer: „Beim Croustillant und Flan vom Hecht mit Topinambur und Apfelkompott fällt der Koch leider in den Bastelwahn der älteren Mainstream-Küche zurück"!!!!! Mainstream-Küche! Das is Hölle, Hades, Fegefeuer, Darm-Inferno.
Soviel also zu unseren gravierendsten Problemen des 21. Jahrhunderts in Franken und in Frankfurt am Mainstream.
Andere haben wieder andere Probleme. In dem Buch „Die neuen Herrscher der Welt" von Jean Ziegler, Sonderberichterstatter der UN-Menschenrechtskommission für das Recht auf Nahrung, heißt es: „Tag für Tag sterben auf unserem Planeten ungefähr 100 000 Menschen an Hunger oder an den unmittelbaren Folgen des Hungers." Und: „Alle sieben Sekunden verhungert auf der Erde ein Kind unter zehn Jahren." Und: „Die Zerstörung von Millionen Menschen durch Hunger vollzieht sich täglich in einer Art von eisiger Normalität – und auf einem Planeten, der von Reichtümern überquillt . . ."
Diesen Menschen in den Habenichts-Zonen, auf deren Kosten wir leben, könnten wir natürlich schon helfen. Indem wir ihnen erzählen, dass ein Karamellroggenbrot-Eis und ein Hagebuttenmousse beim Abschmecken und in den Details manchmal ein bisschen mehr Finesse vetragen könnten. Dann würden sie vielleicht nicht mehr an Hunger sterben, sondern sich tot lachen. Also die wesentlich humanere, kultiviertere Art von Sterbehilfe.

Mahlzeit

5. Kapitel

Nach Fürth immer der Strömung nach
Ortsansässige Bedenklichkeiten

Nach Fürth immer der Strömung nach
ein Bootsausflug   Seite 333
Rolldidoldi, der hiesige Dialekt   Seite 339
Sehr geehrte Damen und Herren, liebe Tiere.
Eine Festrede   Seite 343
Liebe Lehrer   Seite 347
Der kleine Herr mit der abgewetzten Sporttasche   Seite 351
„Ich wollte überleben, sonst nichts",
ein Gespräch mit dem Vater   Seite 353
Ich mecherd aa aweng ins Paradies   Seite 365

An der Pegnitz II – ein Bootsausflug
Nach Fürth, immer der Strömung nach

Dass die Pegnitz schiffbar ist, weiß jeder, der beim Pech-Wirt in Artelshofen schon einmal drei bis vier Seidlein über Normal-Null erst ein- und dann wieder ausgewiesen hat. Von Neuhaus bis Hohenstadt funktioniert die Schiffbarkeit aber auch mit jeder Art von Paddelboot, und zwar sehr angenehm. Dann aber wimmelt es vor Fahrverboten, du müsstest also deinen PVC-Dampfer durch Hersbruck durch tragen, durch Lauf und durch Nürnberg sowieso. Vom – in Sommermonaten häufig auch begehbaren – Wöhrder Algensee ganz zu schweigen. Und sogar den allerletzten Rest unseres ungefähr 100 Kilometer langen Hausflüsschens hat man für Kanuten Jahrzehnte lang gesperrt. Teils aus eher geheimnisvollen Gründen, teils wahrscheinlich wegen dem gottserbärmlichen G'stank am Klärwerk in Doos, wegen sogenannter Renaturierungsarbeiten und wegen Strudelbildungen da und dort, die einen bekanntlich unweigerlich in die Tiefe (durchschnittlich 90 Zentimeter) ziehen. Inzwischen haben es aber der Kanuverein, die Feuerwehr und der Stadtrat geschafft: Man darf von Nürnberg-Lederersteg bis Fürth-Ost, wo die Pegnitz zusammen mit der Rednitz dann die Regnitz bildet, Flusswandern. Also mit dem Boot.
Ungefähr sieben oder acht oder neun Kilometer (ein Kajak hat keinen Tacho) von Gostenhof, beziehungsweise Johannis immer der Strömung nach. An einem Samstag Früh haben wir es mit zwei Kajaks ausprobiert und hätten es danach am liebsten für uns behalten; denn da hat der Nürnberger Kanuverein eine ziemlich gute Idee gehabt.
Man packt also seine zwei Plastik-Schiffla auf's Auto, fährt aber nicht zum Lederersteg, weil man von dort aus nicht ans Wasser kommt, sondern zum Parkplatz Westbad. Ungefähr 250 Meter weit muss man sein Boot tragen, gleich hinterm Wasserschöpfrad setzt man ein. Um es gleich vorweg zu sagen: Von Wildwasser, welches naturgemäß wild ist, keine Spur. Drümmer Surfing-Wellen, Rafting, Canyoning und Dersaufing – derartige adrenalinhaltigen Adventure-Krämpf sind der Bengerz zu blöd. Sie bildet lieber ein wunderbar

mäanderndes Zahmwasser mit zwischendurch einem kräftigen Schwall drin, damit man wieder ein paar Meter vorwärts kommt. Womöglich sind wir nach der Fahrverbotsaufhebung Erstbefahrer gewesen: Radler haben uns bestaunt, Fußgänger sind in wildes Winken ausgebrochen, für einen Fotografen haben wir dreimal hin und her paddeln sollen. Vorbei an kleinen Inseln, einigen Wasserratzn, beschaulichen Sandstränden; und wenn der Nürnberger Umweltreferent drauf hinweist, dass wir in unsere Bengerz keinesfalls zum Plantschen neihupfen dürfen, können wir nur mild lächeln. Das Wasser ist so sauber, dass man bis zum Grund schauen kann, wo man schöne Lebewesen und Sachen erblickt: Fisch, Fahrradreifen, Kühlschranktüren und so weiter.

Links oben wäre jetzt das Camerawerk Carl Braun, wenn es das noch gäbe, kurz danach rechts der Westfriedhof, der jüdische Friedhof, der SC Germania Schiegling. Am Fuchsloch kommt dann die schönste Überraschung: Null Atü Odelgeruch, wahrscheinlich haben sie extra für uns das Klärwerk parfümiert. Es riecht nach frischem Wasser, Erlen, hupferten Schleien und Sommerferien. Unter der Autobahnbrücke der A73 kündet ein Graffitispruch, dass wir auf unserer Erkundungsfahrt höchstwahrscheinlich in China rauskommen: „Der Revolutionär schwimmt im Meer wie der Pirat in der Pegnitz. Mao"

Schon durchpflügen wir die Stadtgrenze, und – das muss man als Nürnberger einfach so hinnehmen – jetzt fährt an uns links und rechts das schönste Stück untere Pegnitz draußen vorbei. Der Fürther Stadtpark, das Fürther Rathaus (nur die Turmspitze), das Fürther Stadttheater (auch nur die Kuppel), der Pappelsteig über den Fürther Espan. Den haben sie vor vielen Jahren schon einmal abholzen wollen, weil Pappeln ja mit ihren Ästen immer nach Fußgängern schmeißen, vor allem bei Sturm, wenn keine Fugänger unterwegs sind; aber sie haben ihn gottseidank verschont.

Ob sie die Wolfsgrubermühle verschonen, ist noch die Frage. Eine der zwei letzten Mühlen in Fürth. Das älteste erhaltene Mühlengebäude hat der Stadtrat vorsichtshalber schon einmal abreißen lassen. Aus dem Rest wollte man in den letzten Jahren profitträchtige Kästen hochbetonieren: Multiplex-Kino, Thermalbad, Loft, Bürogebäude, Altersheim. Momentan erzeugt die Restmühle Strom und soll bloß obacht geben, dass sie nicht auf einem Schutthaufen oder im Freilandmuseum leicht lädiert wieder aufwacht.

Wir erwähnen die Wolfsgrubermühle deswegen, weil sich an ihr wie an jeder Mühle ein Wehr befindet. Man zieht sein Boot raus und aus diesem einen Zapfen Stadtwurst, ein Bier, gegebenfalls einen Rauch, sitzt in der frisch gemähten Wiese und denkt bei Bedarf über Denkmäler nach. Nach dem Nachdenken und der Brotzeit setzt man unterhalb der Wolfsgrubermühle wieder ein. Jetzt höchstens noch einen Kilometer, den kann man sich treiben lassen, bis dorthin, wo riesige Eichen in den Fluss ragen. Da ist die Stelle, an der man sich entscheiden muss: Weiterfahren, jetzt dann auf der frisch geborenen Regnitz, nach Erlangen, Bamberg, Frankfurt, Rotterdam und so weiter, oder anlanden, Boote rauswuchten und auf dem dort befindlichen Denkmälchen lesen, dass hier die Rednitz und die Pegnitz also die Regnitz bilden. Sie haben es in Stein gemeißelt, damit man es nicht vergisst, falls die Wiesen, die insgesamt drei Flüsse und die Eichen eines Tages einmal, so wie den alten Ludwigskanal, eine Schnellstraße zudecken sollte.
Man schleift sein Boot über die Wiesen bis zur MTV Grundig-Halle, kann sich dort von einem gewissen Herrn Milchthaler erzählen lassen, dass er seinerzeit einmal den Gewichtheber und Olympiasieger Radschinsky trainiert hat und dass die Grundig-Halle jetzt dann auch bald abgerissen wird.
Während man auf die gütige Frau Boots-Transporterin wartet, kann man gschwind noch einmal nachdenken: Über frühere Zeiten, darüber, dass die Pegnitz vielleicht weit über zig Millionen Jahre alt ist und in ihnen mit uns neueren Anwohnern schon ziemlich viel mitgemacht hat. Am Schluss sollte man es ihr danken, dass sie uns trotzdem einen ganzen Vormittag lang mitgenommen hat, vom Ledererssteg bis nach Fürth, gwerchfrei, nachdenklich und sehr schön, immer ihrer uralten Strömung nach.

Timm und Klaus Schamberger

Die Pegnitz ist schiffbar.
Unter anderem auch an der Wolfsgrubermühle.

Rolldi Doldi!

Der Nürnberger Dialekt ist eine schwierige Sache. Man kann seiner nicht habhaft werden. Schon wenige Meter hinter Muggenhof, ungefähr auf der Höhe Fuchsloch – Städtische Kläranlage, löst er sich in reine Luft auf, denn dort beginnt der Fürther Dialekt, von dem man aber auch nix Gwieß weiß, außer dass er sich vom Nürnberger Dialekt enorm unterscheidet. Früher war ja, wie jeder frühere Mensch weiß, alles besser, auch der örtliche Dialekt, welcher sich in die hier ansässigen Stadtviertel aufgeteilt hat.
Im Stadtviertel Rabers (gibt es nicht mehr) hat der gebürtige Raberser Oberpfälzisch, aber bereits angereichert mit dem schwer aussprechbaren Nürnberger Waffellll-Lllll, mehr oder weniger gesprochen, in Lichtenhof Lichtenhoferisch, in Schweinau Schweinauerisch, in der Sebalder Altstadt eine Mischung aus Majestätisch und Großkopfig, in Erlenstegen Hochdeutsch und so weiter. Die extrem engmaschig gezogenen Sprachgrenzen haben sehr weit geführt, manchmal so weit, dass ein gebürtiger, in fünfter Generation nachweisbarer Bewohner der Dullnau (hdt.: Tullnau) sich etwa in Himbflshuuf (hdt.: Himpfelshof) kaum mehr verständlich machen hat können. Speziell nach der Entgegen- und anschließend erfolgter Einnahme von sieben Maß Freibier.
Die Mouß (hdt.: Maß) ist eine heute nur noch an hohen Feiertagen (Weihnachtsfrühschoppen) zum Ausschank gelangende Volumeneinheit in Höhe von 1 Liter Bier. Aber zurück zum Nürnberger Dialekt: „Min Midzla Radzibemsdi schnurchln un bfibfern, di Hengerz niiberi riiberi schnorbfln alder Häiderschlumbfla minder Bumbl barferzi imbf orrer graizergwer bubblnunbrumbfln, braadoorscherda Schnabfnschnalln. Ding orrerwos!" Sätze wie in Sandstein gehauen, die heute kein Ein- oder Zweiheimischer mehr entschlüsseln kann und will. Dieses immer wieder gern genommene Zitat stammt aus dem Jahr 1952 und soll damals im heute leider nicht mehr existierendem Gasthaus „Zum Zibflziecher" oder aber „Zum Heiligen Bressaggschnerbfl" unterm Stammtisch anlässlich einer zügigen Sperrstundenüberschreitung einer Polizeikraft gegenüber gefallen sein, von wo es seitens eines Gastes aus Barmen-Elberfeld aufgehoben und lautschriftlich festgehalten worden ist. Der Barmen-Elberfelder

ist seinerzeit fest davon überzeugt gewesen, dass er die völlig verschüttete Sprache der Inka wiederentdeckt hat. Leider hat man diese denkwürdigen Sätze nie ins sogenannte Hoch- oder Lutherdeutsche transponieren können.

Obwohl es, außer den obigen Äußerungen, den reinen Nürnberger Dialekt nicht mehr gibt, da jeder der insgesamt 500 000 Nürnberger seinen eigene Mundart spricht, hat er im Lauf der der 961 Jahre seines Bestehens die Welt erobert. Herbert Hisel hat ihn hinunter nach Wien getragen und hinüber nach USA, Kanada und wieder zurück nach Langwasser, Egon Helmhagen hat ganz Wendelstein nürnbergerisiert, Volker Heißmann und Martin Rassau, angeblich zwei Undercover-Fürther, setzen allmonatlich Sprachforscher zwischen Zürich und Zerbst in Alarmbereitschaft, indem sie im Musikantenstadl hiesig blaudern (Hdt.: Plaudern). Und auch Angehörige der örtlichen Hoch- und Höchstkultur könnten ohne die Nürnberger Mundart nicht, oder jedenfalls nicht so schön leben: Matthias Egersdörfer, Fitzgerald Kusz, Heinz Ehemann, Bernd Regenauer, Lizzy Aumeier, Frankenbänd, Günter Stössel, Maximilian Kerner.

Dass diese mundartlich orientierten Parade-Nürnberger größtenteils Laufer, Fürther, Oberpfälzer, gar Münchner sind, gibt natürlich vielen Mundartforschern zu denken – wenn sie nicht gerade darüber nachdenken, was ein Nürnberger Dialekt ist, wo er herkommen dud und warum. Das Ergebnis dieser Forschungen stellt sich uns häufig außerordentlich komplex dar: Der Nürnberger Dialekt ist fränkisch, aber auch wieder nicht, er scheint durchdrungen von Oberpfälzisch, aber auch wieder nicht, er ist eines Tages entstanden oder aber im Lauf der Zeit, manchmal wird er vom bayerischen Kultusmysterium gefördert, manchmal verboten, manchmal ungefähr zwischendrin.

Und auf jeden Fall ist der Nürnberger Dialekt während einer der zahlreichen Völkerwanderungen von Düsseldorf und drumrum aus nach Nürnberg, das es damals noch nicht gegeben hat, gewandert, wo er sich mit dem von den Hunnen westwärts transportiertem Oberfälzisch feierlich vermählt hat. Ob er, der altsugambrische Dialekt, mit keinen Dativ und null Genitiv ausgestattet, damals mit den Völkern und deren Volksmund gewandert ist oder selbständig die germanischen Lande durchpflügt hat, ist auch noch nicht geklärt. Jedenfalls hat er dann an den Gestaden der Bengerz geruht, wo ihn nach erfolgter Urbanisation der hier lagernden Sandsteine der

Nürnberger Mundartdichter Johann Konrad Grübel glücklicherweise aufgefunden und weiterverbreitet hat. Sogar Johann Wolfgang von Goethe hat ihn massiv gelobt. Allerdings nur den Grübel, den Dialekt solle er, der Dialektdichter, laut Anordnung vom Geheimrat, lieber ins Hochdeutsche übersetzen, dass man ihn auch in Erlenstegen versteht.

Da möchte man dem Dichterfürst für seine mutwillige Herabwürdigung des weltgewandten Nürnberger Dialektes zur mittel- bis hinterprächtigen Maul- und Klauenseuche heute noch zurufen: „Hudscheramml zullnbrunsgafflerder! Dellerigglgeicher, Bfoonzernschlorchbfumbfl! Rolldidoldi!"

Ein im Jahr 2012 im unausgemalten alten Rathaussaal tatsächlich vorgetragener Vortrag zum Problem: 100 Jahre Nürnberger Tiergarten. Und jetzt?*

Sehr geehrte Damen und Herren, liebe Tiere,

also warum ausgrechnet ich zum 100-jährigen Jubiläum von unserm Tiergarten eine Rede halten soll – des mecherd i auch amol gern wissen. Wahrscheins weecher mein hohen Alter. (Bloß noch gschwind der Ordnung halber: Muss ich wissenschaftlich Hochdeidsch oder Lateinisch sprechen oder so wie mer ba uns red? Bei Hochdeutsch müsst ich mei Red edzerdla bragdisch schon beenden).
Ner ja, worschd. Also „Wissenschaftlich" is für den Tiergarten ein schönes Stichwort. Wall wissen'S, über was ich mich scho seit längerer Zeit ziemlich wundern muss – dass bei Diskussionen übern Närmbercher Tiergarten jeder Teilnehmer alles ganz genau wass. Bis ins kleinste Detail, bis in die letzte Zellteilung. Mit Bakterie, Amöbe, Geißeltierchen praktisch auf Du und Du. Worschd ob Pro oder Contra, These odder Anti-These, Derfiir odder Dergeeng. Und zwar wissenschaftlich jeweils total fundiert.
Grad edzer bam Jubiläum kämpfen zum Beispiel wieder Tierschützer geecher Tierschützer, erbittert und wenn's draff ookummd meinertweeng aa bis aufs Messer, wer dass die bessern Tierschützer sin. Ner ja, wall es gibt ja straff wissenschaftlich orientierte Tierschützer, die soong: Tiere g'herrn in die Natur.
Und nocherdla die andern Tierschützer, wou aus wissenschaftlichen Gründen die Meinung vertreten: Tiere g'herrn in ein Heim, wenigstens teilweise.
Am wildesten tobt der Streit der Tierschützer geecher Tierschützer nerdirli ba die Delphine. Ich nimm oo, des hängt mit die Sechzger Jahr zamm und in Fernseeng, wo die Samsdooch nammidooch immer „Flipper" drookummer is. Dou hodds ja damals Laid geem, däi sin zum Zoo-Rehm in die Färberstrass grennd und hom gfroucht, obs nedd ganz glanne Flibber im Sortiment hom, ungefähr suu groß wie Guppy, fiir ihr Aquarium dahamm. Wall die Flipper sin die aanzichn Fiisch, die wo in ganzn Dooch lachn und mit denni wou mer reden kann. Nerdirli hodds kanne geem.

Und drum hom mir schbeeder in Närmberch ein Delfinarium gräichd und edzer die Lagune 2000 – dass mer wenigstens einmal in der Wochn unsere hubferdn Säugetiere, unsere Flipper, unsere Mitmenschen in Walfischgestalt seeng kenner. Wenns scho nimmer in Fernseh drookummer.
Und ausgrechnd däi mecherdn die ann Tierschützer am liebsten ba Nacht und Nebel und möglichst aweng Hochwasser in die sogenannte Freiheit schleifen. Woohrscheins noo an die Satzinger Mühl in Wöhrder See nei odder glei direkt in die Bengerz. Ner dou däädns glodzn, unsere Flipper! Ka Salzwasser (es sei denn, sie schwimmer über Färdd, Bamberg, Würzburg, Mainz, Rotterdam in die Nordsee) – also: Ka Salzwasser, keine Walzermusik ba der Vorführung, sie derferdn nimmer durch Reifn hubfn, Bäll aff der Goschn balangsiern, und sie gräicherdn ka Gehalt mehr, nix mehr mit 2000 Salzhering monatlich, bar auf die Flosse.
Und mir – mir däädn aa ganz schäi bläid schauer. Ohne Delphine konnsd du doch in Tiergarten vergessen, odder? Soll mer nou vielleichd an der Lagune 2000 rumlungern und schauer, ob mer vielleicht a boor Kaulquappen seeng odder Hiidschn bam Brustschwimmer beobachten.
Odder – hodd amol anner vo däi Extrem-Tierschützer vuurgschloong – dass mer amol a Jahr lang probehalber unsere häichern städtischen Politiker, die Entscheidungsträger vo der Lagune, aweng in den Salzwasser-Weiher rumblandschn lasserdn. Vielleichd goor ka suu a schlechte Idee, odder? Wall, wer mecherd des nedd amol seeng: Wäi unser SPD-Chef , der Vogel, mit seine zwaarahalb Zentner zammds in CSU-Fraktionsvorsitzenden Brehm (der Verfasser von Brehms Tierleben), wäis alle zwaa es Synchron-Hubfn trainiern denner und in der Luft zum Abschied mit die Schwanzflossn wedeln. Wenns nedd Delphine wäärn, kennd mer soong: Der beste Wal-Kampf aller Zeiten.
Obber ich nimm oo – wenn däi zwaa värzza Dooch lang im Kreis rumgschwummer sin, schdadds Hefeweizn Salzwasser schluckn, schdadds Bratwerschd bam Behringer jede Rundn an stinkertn Hering – dass däi nou aff aamol zum Dag Encke odder zum Helmut Mägdefrau odder zum Lorenzo von Fersen soong: „Horch amol ! Konn des sei, dass Ihr drei aweng an nassn Hout aafhobd! Ich glaab, Ihr schbinnsd a bissala odder wos, mir sin doch nedd Euere Dressur-Debbn, Euere Zirkus-Zibfl! Jeden Dooch fuchzg mal vuur Tausende

vo Voyeure nackert ausn Wasser rausschnalzn! Des is doch menschnunwürdig! Da, dou hobder Euere gschissner Schwimmflüüchala! Mir gänger!"
Und scho hocksn a Stund später bam Behringer im Bratwursthaisla und balangsiern aff ihrer Goschn Sex mit Meerrettich und kanne Gummibäll mehr.
Ja, und nou gäihd nerdirli die wissenschaftliche Diskussion wieder vo vorna oo: Suu wie ein Nürnberger Rathaus-Politiker in sei natürliche Umgebung g'herrd, ins Bratwurst-Häusle – g'herrd dann gwiss ein Bär nach Kanada, a Tiger nach Indien odder a Delphin in Ozean!? Also, dou konn i nerblouß (wissenschaftlich nicht fundiert, obber vermutlich ganz im Sinn vom Encke, Mägdefrau und von Fersen) soong: Tiere in der freien Natur – obber wergli nedd!
Wall schau her, seit's uns Menschen in der Luxus-Ausführung Homo Sapiens gibt, Krone der Schröpfung, hom Tiere in der freien Natur nix mehr verluurn. Däi sin im Tiergarten viel besser aufg'hob'n: Dou homs kann Stress mit Pelz- oder Krokoledertäschchen-Händler, ka Theater mit Trophäensammler, keine seltsame Begegnung der dritten Art zum Beispiel mit'n spanischen König. Der spanische König, des is der, wou maand, Elfenbeinpulver vo frisch gschossne Elefanten odder eine eigenhändig erlegte Löwenschwanzsuppe intravenös, däi hilft, wenn auch nicht mehr auf die Königin, nou wenigstens auf irchnd a zweckerte Faschingsprinzessin; im Tiergarten bist du als Tier jederzeit vor Menschen geschützt. Eisbärn manchmal ausgnummer.
Und a Delphin ins Meer – dassi fei nedd lach! Des wissen'S doch selber, wos in unsere Meere drinner is. Salzwasser, gut, teilweise scho aa nu. Obber hauptsächlich unser ganzer Dreeg, den wou mir fleißich und extrem nachhaltig jeden Dooch produziern, dann nu alle boor Meter a Drimmer Bohrturm, wo gelegentlich amol ausn Wasser rausschnalzt und dadurch vuur allem reichlich Öl. Dou häsd du als Delphin häigsdns a glanne Überlebens-Chance, wennsd an Ölwechsel bei laufendem Flossenschlag beherrscht.
Ach suu, ja, edzer wär i ball aweng vom Thema abkummer – also numol zur Wissnschaft. Worschd edzer, ob zoologische Wissnschaft, psychologische, chemische, mathematische, militärische odder physikalische. Wos hom mir dou in die letzten hundert Jahr, wo's unsern Närmbercher Tiergarten scho gibt, zu wos für Errungenschaften hommers dou scho bracht? Unter anderem zwei Weltkriege,

Konzentrationslager, Waldsterben, Erderwärmung, scheinbar unendliches Wachstum aff anner ziemlich endlichen Erdkugel, Hiroshima, Nagasaki, Tschernobyl, Fukushima, -zig Millionen verhungerte Kinder, ganze Gebirge vo wechgschmissne Lebensmittel, alle värzza Dooch a neue Schuldenkrise mit rote Zahln, däi kein Diplom-Mathematiker der Welt in einem Leben zähln kann, geschweige denn addiern, eigenhändig ausgerottete Pflanzn- und -Tierarten in ungefähr gleicher Höhe. Unser Gott, hodd der Norbert Blüm däi Dooch in der Süddeutschen Zeitung gschriem, unser Gott heißt Mammon. Gräiß di Gott!
Und drum denk ich mir ba den wissenschaftlichen Streit um Delphine, Eisbärn, Lagune 2000 odder Tiergarten, denk ich mir verhältnismäßig unwissenschaftlich: Behalt mer unsern Närmbercher Tiergarten halt nu aweng, wenigstens so lang, (falls mer amol wieder zur Vernunft kummer) also so lang, bis mer außerhalb vo ihm wieder suwos Ähnlichs wie eine Natur hom. Und des , des kennd zimmli lang sei, bis suu weit is, dou wern numol 100 Jahr Närmbercher Tiergarten unter Umständen goornedd langer.

Noch einen schönen Feier-Abend und Dankschön für's Zuhörn.

*gehalten am 24. Mai 2012 vor vielen zoologischen und politischen Ehrengästen

Aus der Welt der Erziehungswissenschaft II
Liebe Lehrer,

Nur noch ein freies Wochenende, und dann treten wieder rote Tinte, Notenbüchlein, Verweise und Ministerialerlässe in Kraft. Und betreffs dieses ja eigentlich noch wesentlich umfangreicheren Instrumentariums bewegt uns eine Frage, zu der wir ein paar Zeilen lang ausholen müssen. Sehr nah kennen wir zwei Knirpse, nennen wir sie Felix und Jonas, die jetzt drei Jahre alt geworden sind. Mit dem Beistand ihrer Eltern, zwei Großmüttern und zwei Großvätern können sie inzwischen leidlich und verständlich Deutsch, bis zehn zählen, extrem tiefe Löcher im Salatbeet graben und noch unendlich viel mehr. Jeden Tag findet ein neuer Lernprozess statt, bei dem sie – jetzt kommt's – trotz aller Fürchterlichkeit des Wortes Lernprozess unglaublich viel Spaß haben. Ohne Notenbuch. Der Spaß wird dabei auch den Eltern und Großeltern reichlich zuteil. Und jetzt unsere Frage an Sie: Warum eigentlich hört, zumindest bei den meisten Kindern, dieser nur sechs Jahre während Spaß beim Lernen nach der Einschulung (auch so ein Angstwort) plötzlich (seinerzeit bei uns noch buchstäblich schlag-artig) auf? Liegt es am leistungsdruckintegrierten Notenbuch, an der roten, höchst- und letztinstanzlichenTinte, an der Angst, an den Ministerialerlässen oder an was? War nur eine Frage. Einen schönen, möglichst druck- und demütigungsfreien Schulbeginn.

Das Walk-Qualitätssystem:
- Ein moderner Familienbetrieb
- WALK-Fleisch hat Herkunft
- Höchster Schlachtstandard
- Täglich frische Produktion
- Eigene Schinken- und Salamiherstellung
- Hochwertige Fleischverarbeitung
- Wurstkonserven nach Hausmacherart
- Das WALK-Preis-Leistungsverhältnis
- Freude am Service
- Wechselnde Mittagsmenüs in allen Filialen
- Der WALK-Präsent- und Plattenservice

Zerzabelshof for ever
Der kleine Herr mit der abgewetzten Sporttasche

Es klingt wie Grimms Märchen. Und zwar wie Sigi Grimms Märchen. Es war also einmal im alten Zabo ein Club-Haus und in ihm ein Gastwirt namens Sigi Grimm. Seine Spezialität war ein Noris-Weinbrand, eine Zitronenscheibe drüber, ein Löffel Kaffeepulver drüber. Das hochexplosive, gern gegen jeglichen Weltschmerz eingenommene Getränk hat einen schönen Künstlernamen gehabt: „Grimms Märchen". Man nehme also drei, vier oder fünf Stamperla Grimms Märchen, am besten am Stück, und schon kommen die alten Zeiten zurück. Wie in Zabo, wo jetzt viereckige Betonburgen oben den Himmel, unten einen ehemaligen Flachpassrasen bedecken, die Linden gerauscht haben, wo am Sonntag Nachmittag um drei ein Oberliga-Spiel stattgefunden hat und ein kleiner Herr mit einer abgewetzten Sporttasche durch die Vorstadt gegangen ist. Eventuell ist er geschwind noch beim Endress auf ein Seidlein eingekehrt. Vom Endress direkt in die erste Halbzeit. Keine Pressekonferenz, kein Stretching, kein Warmlaufing, kein Physiotherapeuting. Von der Böhms Mutter, der Sauberfrau im alten Zabo, die frisch geputzen Schuhe abgeholt, die schwarzrotweißen Stutzen, die graue, früher schwarze Hose, das weinrote Trikot, eingelaufen ins Stadion, drei bis fünf Tore geschossen, mit Kernseife gschwind die Heimaterde abgewaschen, noch ein Seidlein im Clubhaus und wieder heimgelaufen. Begleitet vom Schulterklopfen der letzten Noocherlastrinker und vom Rauschen der Linden. Dieser Herr mit der abgewetzten Sporttasche, dem immensen Tor- und winzigem Giro-Konto ist der Max Morlock gewesen. 1954 ist er Weltmeister geworden, später Fußballer des Jahres, Deutscher Meister, lebende Legende. Er ist ein Familienvater gewesen, ein Freund aller Zerzabelshofer Fußballknirpse. Angebote aus Italien hat er abgelehnt, mit der Bemerkung, dass er nicht weiß, was er in Mailand oder Turin soll, wenn er doch in Zabo daheim ist. Im September 1994 hat er sich von seiner kleinen Welt verabschiedet. Manchmal meint man, es wäre sehr schön, wenn wenigstens sein Geist noch ein bisschen über der Vorstadt schweben möchte. Allerdings: Wenn man diesem Geist erzählen würde, dass man heute für zwei einigermaßen genau getretene Pässe pro Spiel drei Millionen Euro im Jahr verdient, dass ein durchschnittlicher Ballstolperer an die drei Spielerberater braucht, einen Motivationstrainer, einen Psychotherapeuten, einen Masseur für jeden einzelnen Muskelstrang, ein Warmbad, zwei Krisensitzungen pro Tag, einen Maserati mit Goldlenker, und dassman alle drei Wochen den Verein wechselt von Barcelona bis China – dann würde der Geist vom Max Morlock wahrscheinlich auf und davon wehen.

Ein Gespräch mit dem Vater
„Ich wollte überleben – sonst nichts."

Am 7. Mai 1945, um 2.41 Uhr, unterschreibt Generaloberst Alfred Jodl in Eisenhowers Hauptquartier im französischen Reims die Gesamtkapitulation Deutschlands. Am 9. Mai 1945 , 0.16 Uhr, bestätigen Generalfeldmarschall Wilhelm Keitel, Chef des Oberkommandos der Wehrmacht, Admiral von Friedeburg, Oberbefehlshaber der Kriegsmarine, und Generaloberst Hans-Jürgen Stumpff, stellvertretender Oberbefehlshaber der Luftwaffe, im sowjetischen Hauptquartier in Berlin-Scharnhorst mit ihrer Unterschrift das Ende des sogenannten Dritten Reichs, das Ende des zweiten Weltkriegs. Seit Mitternacht 8. Mai sind, so heißt es im Soldaten Deutsch, alle Kampfhandlungen eingestellt.
Im „Großen Ploetz", dem deutschen Standardwerk für Geschichtsbuchhaltung, findet man auf Seite 802 unter der Rubrik „Menschenverluste" in einem fünf Millimeter hohen Kästchen die Bilanz der „Kampfhandlungen": „Rund 55 Millionen Tote". Auf Seite 773 die Bilanz der moralischen Katastrophe: „Der ‚Endlösung' fallen insgesamt 4,2 bis 5,7 Millionen Juden zum Opfer" , bis zur Befreiung der Konzentrationslager durch die alliierten Streitkräfte zwischen Mitte April bis Anfang Mai.
In der Nacht vom 7. auf den 8. Mai 1945 bereitet sich auf der dänischen Ostsee-Insel Bornholm der Nürnberger Leutnant Kurt S. auf den Frieden vor. Er befiehlt den Soldaten seiner Kompanie die Waffen wegzuschmeißen, organisiert Fahrräder, lässt die drei Kompaniezüge im Morgengrauen zum Hafen radeln. Dort stehen angeblich drei Schiffe der deutschen Kriegsmarine, Kurs Heimat. Von deutschen Schiffen aber war keine Spur zu sehen, nicht einmal eine Kiellinie. Am Abend vorher, am 7. Mai 1945, war auf der Insel ein Fieseler Storch gelandet, der brachte unter anderem den Regimentskommandeur L. gerade noch rechtzeitig nach Deutschland. Für den Leutnant Kurt S. hätte man in dem kleinen Flieger auch noch Platz gehabt. „Ich habe abgelehnt", sagt er heute, „Ich wollte bei meinen Leuten bleiben. Außerdem war ich überzeugt – es kann uns nichts mehr passieren. Von der Kapitulation wussten wir ja. Und wir wussten auch, dass wir gemäß der Genfer Konvention

nicht mehr in Gefangenschaft kommen konnten. Dass ich geblieben bin – das gehört zu den großen Dummheiten in meinem Leben."
Kurt S., der Leutnant von damals, lebt mit seiner Frau Käte in seiner Heimatstadt Nürnberg, in Mögeldorf, hat zwei Töchter, zwei Söhne, sechs Enkel, sechs Urenkel. Bei der großen Zeitzeugen-Schwemme der letzten Wochen und Monate, zum 60. Jahrestag des Weltkriegsendes, wollte er eigentlich nicht auch noch als Jubiläums-Erinnerer Rede und Antwort stehen. „Da wird", sagt er, „viel zurechtgebogen, viel verherrlicht. Um es vornehm auszudrücken."
Und: „Wer bin ich denn schon?"
Er ist mein Vater. Und deswegen sind wir dann doch zwei Tage und eine halbe Nacht bei uns daheim in Mögeldorf gesessen. Ich mit Kugelschreiber und Notizblock, der Vater mit seinen Kriegserinnerungen, von denen er heute noch manchmal nachts Alpträume hat. Zumal in Jubiläumszeiten. Dennoch: Er liest von Fest bis Reich-Ranicki alles, was ihm über die Zeiten damals in die Finger kommt, er lässt kaum eine Zeitzeugen-Sendung im Radio oder im Fernsehen aus. Was ihn, den fast 90-Jährigen, immer noch bewegt, ist die Frage: „Kann man aus der Geschichte lernen?"
1945 war es meinen Eltern völlig klar: Aus der zwölfjährigen Schreckensgeschichte in Deutschland, in Europa, in der Welt kann man nur eines lernen. „Für Deine Mutter und mich", sagt er, „war es überhaupt keine Frage – diese sechsjährige Hölle, die ganze Faschisterei, die Millionen-Morde an den Juden, der Wahnsinn einer Verbrecher-Clique, das kann nur das Ende alles Bösen in der Welt sein. Wir waren beide fest überzeugt: Dieser Krieg war der letzte auf der Welt. Danach kommt eine Art Paradies, der immerwährende Frieden. Es gibt keinen Hass mehr unter den Menschen." Und dann blättert er in Aufzeichnungen vom Krieg, in alten Fotos, in Briefen, und sagt: „So naiv waren wir damals wirklich."
Die Geschichte des Schützen Kurt Schamberger in der Schweinauer Infanterie-Kaserne, des Unteroffiziers im Regimentsstab, des späteren Oberfeldwebels, des Leutnants, des plötzlich auf Bornholm mit der Führung des Regiments beauftragten Endzeit-Soldaten, des Kriegsgefangenen Kurt Schamberger, des Flüchtlings, des Heimkehrers an einem heißen Frühsommertag 1946 in Mögeldorf – die Geschichte kenne ich fast auswendig. Das war mein Karl-May-Ersatz: „Vati, bitte erzähl wieder was vom Krieg!" Und wenn wir Kinder damals

einen Tag halbwegs unfugfrei hinter uns gebracht hatten, dann hatte der Vater sich abends ans Bett gesetzt und als Belohnung vom Krieg erzählt. Es war schaurig-schön. Heute heißen die Nachkriegs-Betthupferl: Zeitzeugen-Dokumentation, Oral History, mündlich überlieferter Geschichtsunterricht. Solche Fragen „Warum bist Du mitmarschiert?", „Sind Soldaten Mörder?", „Was hast Du, als Sohn eines Vaters, der für seine Überzeugung im KZ war, über das bisschen Widerstand in Deutschland gedacht?" – solche Fragen stellt kein fünfjähriger Sohn über die Vergangenheit seines Vaters. Nicht einmal ein fünfzigjähriger Sohn. Solche Fragen habe ich jetzt, mit 63 Jahren zum ersten mal gestellt.

Die politische Vergangenheit. Gregor Schamberger, mein Großvater, war ein uneheliches Kind, aufgewachsen in dem Steigerwald-Dorf Unterschleichach bei Eltmann. Bettelarm war er nach Nürnberg gekommen, hatte als Metalldrücker gearbeitet, sich fortgebildet, war aufgestiegen zum Amtsrat bei der Ortskrankenkasse, hatte seine Kunigunde aus Lichtenhof geheiratet, meine Großmutter, wurde Stadtrat der SPD in Nürnberg, war mit dem Arbeiterdichter Karl Bröger, seinem Hausnachbar in der Ziegelsteinstraße, eng befreundet. An einem Märztag 1933, früh um sieben Uhr, wurde er von zwei Polizisten verhaftet. Es gibt ein Foto von ihm und anderen Nürnberger Sozialdemokraten in Dachau bei der „Umerziehung", aufgenommen von einem KZ-Kapo. Die Häftlinge müssen ein Schild halten, auf dem steht „Ich bin ein klassenbewußter SPD-Bonze." Nach einem Jahr Haft kam Gregor Schamberger wieder heim nach Ziegelstein. Mein Vater erinnert sich: „Er hat nie auch nur ein Wort erzählt, was sie mit ihm in Dachau gemacht haben. Auch nach dem Krieg nicht. Bis zu seinem Tod nicht."

„Wie stark warst Du von Deinem Elternhaus, vom Vater, politisch beeinflusst?"

Mein Vater: „Wir waren alle tiefrot. Klar. Ich war bei den Roten Falken, einer sozialistischen Jugendorganisation. Im Zeltlager haben wir gesungen: Auf, auf Ihr roten Falken, der neue Tag bricht an, entrollt die roten Fahnen, sie leuchten uns voran, lasst ziehen uns zum Spiele, durch Wiesen, Felder, Wald und Hain, denn wir, wir wollen freie Proletarierkinder sein. Oder: Nie, nie wollen wir Waffen tragen, nie, nie wollen wir wieder Krieg, nein, lasst die großen Herren sich selbst miteinander schlagen, wir machen nicht mehr mit."

„Warum ist der Großvater verhaftet worden? Weil er SPD-Politiker war?"

„Nicht nur. Ich bin ziemlich sicher – das war ein Racheakt vom Streicher. Der war doch vor 1933 angeklagt, als Lehrer wegen Unzucht mit Schülerinnen. Und der Vater hat als Zeuge gegen ihn ausgesagt. Deswegen ist er nach Dachau gekommen. Da fällt mir ein – ich habe mich neulich mit einem Nachbar unterhalten über die Zeit damals. Der Nachbar ist so um die Fünfzig. Und der hat nicht gewusst, wer der Streicher war, hat noch nie den Namen gehört. Das musst Du Dir vorstellen, so hoch ist heute unser politischer Bildungsstand. Und wer nach 1945 gesagt hat, das mit den Juden hätte er nicht gewusst, und von Konzentrationslagern keine Ahnung gehabt – der hat gelogen. Jeder hat es gewusst. Wir haben doch alle gesehen, wie in Nürnberg die Synagoge gebrannt hat, wie in der Kristallnacht die Schaufenster eingeschlagen worden sind, wie man die Juden gejagt hat. Jeder hat es gewusst."

Der Ziegelsteiner Schambergers Bub, der Rote Falke, durfte nach vier Jahren Volksschule in die Oberrealschule, auf Wunsch des Vaters sollte er Arzt werden.

„Und warum bist Du dann Kaufmannslehrling beim Foto-Porst geworden?"

„Wir waren drei Freunde. Der Arnold Bröger, der Sohn vom Schriftsteller, ein jüdischer Klassenkamerad und ich. Der Arnold und ich freireligiös, der andere jüdisch. Wir drei haben am christlichen Religionsunterricht nicht teilgenommen. Und von den Professoren sind wir entsprechend behandelt worden. Die meisten Lehrer waren ja überzeugte Nazis. Der Porst übrigens auch. Und dann hat uns damals der Konrektor – ein ganz passabler Mann – den dringenden Rat gegeben, ich soll nach der sechsten Klasse von der Schule gehen. Danach habe ich beim Porst gelernt. Bei der HJ war ich nicht. Das wollten die Eltern nicht, und ich auch nicht."

„Und warum hast Du Dich 1937 freiwillig zum Militär gemeldet?"

„Ich wollte in Nürnberg bleiben. Zur Wehrmacht hätte ich so oder so gemusst. Und als Freiwilliger hatte ich die Chance, meinen Wehrdienst in Schweinau zu machen. Das Gesuch ist ja dann auch bewilligt worden. Und außerdem wollte ich beruflich weiterkommen. 1937 bin ich zum Miliär, und nach den zwei Jahren hatte ich schon einen Vertrag. Als Geschäftsführer bei einem Foto-Versandhändler in Reutlingen, Foto-Dohm hat die Firma geheißen. Da hätte ich 1939 anfangen sollen."

Im Herbst 1939 hatte der Gefreite Kurt Schamberger schon die Tage bis zu seiner Entlassung gezählt, sich auf die neue Stelle vorbereitet – da ließ Adolf Hitler mobil machen. Das Nürnberger Infanterieregiment 21 war für den Überfall auf Polen eingeteilt. Kurt Schamberger, Schreiber beim Regimentstab, sah zum ersten mal in seinem Leben Tote und Verwundete. Ganz ohne Begeisterung war er aus dem nur wenige Wochen dauernden Krieg gegen Polen dennoch nicht heimgekehrt.

„Wie kann man von einem Krieg begeistert sein, von einem Gewaltakt gegen ein freies Land?"

„Begeistert war ich sicher nicht. Das ist das falsche Wort. Vielleicht war ich beeindruckt, wie schnell das vorbei war. Und wie reibungslos es gegangen ist. Ich weiß noch ganz genau, wie mein Vater reagiert hat damals. Wir sind beide daheim in der Küche gestanden früh und haben uns rasiert. Der Vater hatte ja immer gewarnt vor einem Krieg und seinen fürchterlichen Folgen. Und er war überzeugt, dass Deutschland diesen Krieg verliert. Und da habe ich zu ihm gesagt: ›Jetzt ist doch alles schon wieder vorbei, und wir haben gesiegt.‹ Er er mich lang angeschaut und gesagt: ›Du darfst aber nicht vergessen – der richtige Krieg, der kommt erst. Und den verlieren wir.‹ Ich war maßlos enttäuscht von meinem Vater. Für mich war der Krieg erledigt. Wir sind damals, Deine Mutter und ich, mit dem Herrn Dohm von dem Foto-Versandgeschäft im Wintergarten in der Luitpoldstraße gesessen. Champagner hat es gegeben. Und wir haben über meine neue Stelle geredet. Sobald das mit Polen ganz vorbei ist, hätte ich anfangen sollen."

„Ihr habt Pläne gemacht für die Zukunft, mitten im Krieg?"

„Für mich war es nicht mitten im Krieg. Für mich war der Krieg fast vorbei. Das habe ich so lange geglaubt, bis wir in Richtung Westen in Marsch gesetzt worden sind, nach Frankreich."

„Was ist da in Dir vorgegangen? Enttäuschung, Wut, Angst? Hast Du ans Sterben gedacht?"

„Nein. Da denkst Du Dir nicht viel."

Warst Du pflichtbewusst?"

„Ja, ich glaube schon. Ich war das, was man einen guten Soldaten nennt."

„Warum?"

„Ich wollte nicht dauernd als Schütze rumlaufen. Die Karriere hat

mir schon etwas bedeutet. Ich wollte Offizier werden."
„Das verstehe ich nicht."
„Ich sage Dir ja auch nur, wie es damals war. Wie ich damals gedacht habe. Das ist die Wahrheit. Und die Wahrheit ist auch: Ich bin kein Held. Ich wollte nie ein Held sein. Dein Großvater war auch kein Held. Der hätte ja damals, wie die SPD 1933 verboten wurde, in den Untergrund gehen können, an die tschechische Grenze als Kurier zum Flugblattschmuggeln. So wie es zum Beispiel sein Ziegelsteiner Freund, der Fritz Munkert, getan hat – und dann von den Nazis erschossen worden ist. Da frage ich Dich: Wem hat das genützt? Vielleicht gäbe es heute außer dem Fritz-Munkert-Platz noch die Gregor-Schamberger-Straße. Aber sonst?"
Im Winter 1939 ist der Krieg, entgegen der festen Überzeugung des inzwischen zum Unteroffizier beförderten Kradmelderstaffelführers Kurt Schamberger nicht beendet. Das Nürnberger Infanterieregiment 21 wird über Trier und Luxemburg nach Longwy in Frankreich in Marsch gesetzt. Zum ersten mal schlagen neben dem 23-jährigen Motorradmelder Schamberger Granaten ein, zum ersten mal rasseln feindliche Panzer auf ihn zu. Von Longwy wird das Regiment nach Dijon verlagert. Wieder ist der Feldzug schnell vorüber. Blitzkrieg nennt man diese Überfälle seitdem. Mein Vater erinnert sich, dass die Flasche Champagner 30 Pfennig gekostet hat, dass die Wirte in den Gasthäusern sehr freundlich waren, dass die Unterkünfte nicht nobel genug sein konnten. Sein Regimentskommandeur Oberst Hoffmeister pflegte mit seinem Stab nur in Schlössern abzusteigen. Der Unteroffizier Schamberger erinnert sich aber auch an den Befehl im Herbst 1940: Das Nürnberger Regiment hätte als Spitze einer Invasionsarmee über den Ärmelkanal nach England übersetzen sollen.
„Alte Treidelschiffe vom Ludwigskanal, also Schiffe ohne Motor, sind an die Küste geschafft worden. Die sollten mit Motorbooten gezogen werden, und dann bei Dover landen. Und unsere Gasmaskenbehälter hätten wir, mit Wachs abgedichtet, als Schwimmwesten verwenden sollen. Da hatte ich zum ersten mal richtig Schiss. Das hätte keiner von uns überlebt. Aber die Invasion ist dann abgeblasen worden."
Kurz danach der schwere Unfall: Kurt Schamberger fährt, als Sozius, mit einem Kameraden auf dem Motorrad nachts über eine Brücke – genau auf der Seite, wo keine Brücke mehr ist. Beide überleben

den Sturz in den Fluss. Der Unteroffizier Schamberger kommt mit einem schweren Schädelbruch ins Lazarett. Nach der Genesung ist Hochzeit in Nürnberg. Kurt Schamberger heiratet am 4. Januar 1941 in der Lorenzkirche seine Verlobte und Foto-Porst-Kollegin Käte. Vierzehn Monate später, am 14. März 1942, bin ich, das erste von vier Kindern, auf die Welt gekommen.

Unsere Mutter hatte vor der Hochzeit eine Bedingung gestellt: Sozialistische Herkunft langt schon, da muss man nicht auch noch Atheist aus ideologischen Gründen sein, der 25-jährige Bräutigam geht in den Konfirmandenunterricht und wird evangelisch.

Mein Vater ist bis heute gläubig. Was ihn aber nicht daran hindert, aus seiner Wut über die Rolle der Kirche während der Nazi-Diktatur kein Hehl zu machen.

„Ich habe nachgelesen: Der damalige evangelische Landesbischof Meiser hat nach dem Überfall auf Polen von ‚einer reichen Ernte' gesprochen, die Deutschland und der Führer auf Fügung Gottes einfahren hat dürfen. Und nicht misszuverstehende antisemitische Äußerungen gibt es auch von ihm. Bist Du auch der Meinung, dass man da halt die Zeiten berücksichtigen muss, in denen er sich so verhalten hat?"

Mein Vater: „Der Meinung bin ich überhaupt nicht. Vor Jahren habe ich einmal mit dem Baron von Löffelholz über die Rolle der Kirche im dritten Reich diskutiert. Und was ich zu ihm gesagt habe, das vertrete ich heute noch: Beide Kirchen, ob evangelisch oder katholisch, haben sich nicht nur kaum widersetzt, sondern sie hatten durch ihre Haltung meines Erachtens einen großen, wenn nicht den größten Anteil am Erfolg der Nazis. Der Baron hatte übrigens eine ähnliche Meinung. Aufrechte Christen wie der im KZ ermordete Pfarrer Bonhoeffer – das war eher die Ausnahme."

Den 20. Juli 1944, Stauffenbergs Attentat auf Hitler, den Versuch einiger Generäle, den längst verlorenen Krieg, die Nazi-Barbarei zu beenden – das hat der inzwischen zum Oberfeldwebel beförderte Soldat Kurt Schamberger in Nürnberg erlebt. Nach der Verlegung seines Regiments von Frankreich an die Ostfront war er dem Heldentod buchstäblich nur um Haaresbreite entkommen. Die Einheit des Feldwebels Kurt Schamberger lag inzwischen im Süden Russlands, 2000 Kilometer von daheim entfernt, am Ufer des Mius in der Nähe des Städtchens Taganrog, das Asowsche Meer fast in Sichtweite. Auf der einen Seite des Mius das Nürnberger Regiment,

auf der anderen Seite, keinen Granatwurf weit entfernt, die russischen Rotarmisten in ihren Stellungen.
„Wie war das eigentlich mit der Bevölkerung? Was war mit dem Befehl, die sogenannten Polit-Kommissare sofort zu erschießen?"
Mein Vater: „Ich weiß, dass Furchtbares passiert ist. Nicht nur in der SS, sondern auch bei uns in der Wehrmacht. Aber ich kann nur sagen: Ich habe es nicht erlebt. Nicht erleben müssen. Gottseidank. Aber wir haben doch alle gewusst, was passiert. Da gibt es keine Entschuldigung. Wir an der Front haben auch gewusst, was daheim mit den Juden passiert. Wir haben uns doch mit der Seife gewaschen, die in Deutschland aus dem Fett vergaster Juden hergestellt wurde. „Rif' hat die Seife geheißen. Es hat keinen gegeben, der es nicht gewusst hat."
„Und habt Ihr drüber geredet?"
Es waren ungefähr 50 Prozent Nazi-Gegner und 50 Prozent Nazi-Fanatiker. Wenn Du über solche Dinge mit einem Fanatiker gesprochen hast, dann hast Du davon ausgehen können, dass Du denunziert wirst. Unter uns haben wir natürlich über alles geredet."
Im August 1943 wird der inzwischen zum Oberfeldwebel beförderte Kurt Schamberger schwer verwundet. Er sieht den russischen Soldaten auf einem Panzer, er sieht, wie er zielt, wie er abdrückt, er sieht das Mündungsfeuer. Der Schuss geht in die rechte Schulter, durch die Lunge, durch den Rücken. Um ein paar Millimeter am Tod vorbei. Ein Erlanger Arzt rettet ihm den von der Amputation bedrohten rechten Arm, rettet ihm das Leben. Im Viehwaggon wird er mit anderen Verwundeten in Richtung Westen transportiert. Nach Lazarettaufenthalten in Kiew, in der Lausitz, in Ansbach ist er über ein Jahr lang wieder daheim in Nürnberg. Auch am 20. Juli 1944.
„Hätte ein geglücktes Attentat auf Hitler nicht noch Millionen Menschen in Europa das Leben gerettet?"
„Ich weiß es nicht. Damals habe ich das Scheitern des Attentats, im Gespräch mit einem Oberst, sehr bedauert. Unter uns, daheim in Ziegelstein – das war ein einziges großes Jammern über das missglückte Attentat. Aber ich war damals und bin heute noch der festen Überzeugung – so durfte der Krieg nicht zu Ende gehen. Das Resultat wäre eine neue Dolchstoßlegende gewesen, wie nach dem ersten Weltkrieg. Der ganze Dreck wäre wahrscheinlich wieder hochgekommen. Wo waren denn die Offiziere, die Generäle 1933?
Da wäre es sinnvoll und vor allem aussichtsreich gewesen, mit der

ganzen Hitlerei ein Ende zu machen, bevor es überhaupt richtig begonnen hat. Aber da kenne ich keinen, der Widerstand geleistet hat. 1944 – da war es zu spät."
„Aber Du hast gesagt, Du warst ein pflichtbewusster, ein guter Soldat. Also ein verlässliches Glied in der riesigen Kette."
Mein Vater: „Du warst bei der Bundeswehr. Vielleicht war es damals bei Dir nicht ganz einfach, den Wehrdienst zu verweigern, aber es hat die Möglichkeit gegeben. Das war die Zeit des Kalten Krieges. Was hättest Du als Gefreiter damals in der Schweinauer Kaserne gemacht, wenn aus dem kalten Krieg ein heißer Krieg geworden wäre?"
„Ich fürchte, ich wäre mitmarschiert."
„Das fürchte ich auch. Und wer hat denn den Hitler groß gemacht? Das war der unsinnige Versailler Vertrag nach dem ersten Weltkrieg, das waren die anderen Großmächte, die ihn gewähren haben lassen, das war die Weltwirtschaftskrise mit ihren Millionen von Arbeitslosen, das war die deutsche Großindustrie, die ihm Geld gegeben hat. Die NSDAP war ja fast pleite vor der Machtergreifung. Und das waren unsere alten Generäle. Auch wenn ich ein pflichtbewusster Soldat war – ich habe dem Hitler nicht geholfen, den Krieg zu gewinnen. Ich sage Dir auch, was mich heute noch stolz macht: Nach dem 8. Mai 1945 sind ein paar österreichische Soldaten aus unserer Einheit heim nach Mögeldorf zur Mutter gekommen. Da war ich noch in Gefangenschaft. Und die sind deswegen gekommen, um sich bei ihr stellvertretend zu bedanken, weil sie mir ihr Überleben zu verdanken hatten. Das meine ich mit Pflichtbewusstsein. Wir wollten überleben und sonst nichts."
Jahreswende 1944/1945. Am Endsieg zweifelt längst auch ein großer Teil der „fünfzig Prozent Fanatiker" in der deutschen Wehrmacht. „Aber daheim in Nürnberg", erinnert sich mein Vater heute, „da sind schon noch ein paar Deppen rumgelaufen und haben von ihrem unerschütterlichen Glauben an die Genialität des Führers erzählt. Gröfaz hat man ihn genannt." Größter Feldherr aller Zeiten. Einer der Deppen ist der ehemalige Chef des Oberfeldwebels Schamberger im Zivil-Leben, Hanns Porst, Inhaber des „größten Fotohauses der Welt". „Der ist mir eines Tages in der Stadt begegnet, eingekleidet in eine lächerliche Fantasieuniform, wie der Gieger am Mist, und hat mir voller Stolz berichtet, dass er demnächst in seiner Eigenschaft als Wehrwirtschaftsführer vom Führer als Chef eines

riesigen Erdölkonzerns nach Baku abkommandiert wird. Das muss man sich einmal vorstellen, in was für einem Wahn manche gelebt haben."

Kurt Schamberger wird auch wieder in Richtung Osten abkommandiert, auf die Kriegsschule Milowitz, tschechisch Milovice, in der Nähe von Prag. Nach der Ausbildung in der Offiziers-Schleifanstalt ist der einstige Ziegelsteiner Proletarier-Bub das, was er sich einmal dringend gewünscht hatte: Offizier. Als Leutnant ohne Einheit – sein Regiment 21 ist aufgerieben, vernichtet – geht er auf Irrfahrt durch halb Europa. Von Prag nach Potsdam, von Potsdam nach Stettin, wo die Würdenträger der Stadt ihn allen Ernstes für den Begleitoffizier der Wunderwaffe V2 halten, von Stettin weiter die Ostseeküste entlang. Schließlich wird er zum Adjutant des Nürnberger Majors Schwanhäußer, im bürgerlichen Leben Chef der Bleistift-Firma Schwan-Stabilo, ernannt. Schwanhäußer ist Kommandeur eines neu aufgestellten Regiments. Anfang April wird er verwundet. Der Leutnant Schamberger kommt zur Armee Wenck. „Eine Geister-Armee. Die hat größtenteils nur auf dem Papier existiert. Wir hätten Hitler in Berlin zu Hilfe kommen sollen." Aus dem Gröfaz-Befreiungsschlag wird nichts, die Geister-Armee – jedenfalls das, was von ihr existiert hat – setzt auf die dänische Insel Bornholm über. Am 8. Mai 1945 hat das größte Menschenschlachten der Geschichte ein Ende. Nur die Odysee des Leutnant Schamberger geht weiter, seine Genfer Konvention kann sich der jetzt 28-jährige Europa-Reisende an den Stahlhelm stecken: Russische Gefangenschaft, Mitglied der „Antifa", der antifaschistischen Organisation im Lager, zwei Fluchtversuche, polnische Gefangenschaft, wieder auf der Flucht. Diesesmal erfolgreich.

Zu Fuß, auf Fuhrwerken, mit dem Zug – in der sowjetisch besetzten Zone als US-Spion verdächtigt, wieder entwischt – erreicht er am 16. Juni 1946 seine Heimatstadt. An diesem strahlend schönen Frühsommertag irrt ein zerlumpter, vollbärtiger Mann in der Ostvorstadt Mögeldorf durch die Blütenstraße. Der alte Mann fragt einen Knirps: „Wo wohnt denn jetzt die Familie Schamberger?" Wo die Familie Schamberger gewohnt hat, sind jetzt amerikanische Soldaten einquartiert.

Der Bub am Straßenrand erklärt dem Alten die neue Wohnung ein paar Häuser weiter, in der Tiefäckerstraße. Der Bub war ich mit meinen vier Jahren, der alte Mann war mein Vater.

Zwei Fragen hat er mir jetzt in den Erinnerungstagen noch beantwortet. Die Frage nach dem selbst heute noch umstrittenen Denkmal für Deserteure und die Frage um seine Angst um die wieder aufkommenden Faschisten. „Ich hatte und habe vor Deserteuren die größte Hochachtung. Wer sich – wie zum Beispiel jetzt in Ulm die Stadtverwaltung – standhaft weigert, Deserteure durch ein Denkmal zu ehren, für den habe ich kein Verständnis. Aber für mich hat sich damals im Krieg die Frage nicht gestellt. Hätte ich mich vier Jahre lang daheim bei meinen Eltern verstecken sollen? Und dann hätten sie mich doch erwischt und mich und meine Eltern an die Wand gestellt. Deserteure sind Helden. Und ich habe Dir schon gesagt: Ich bin kein Held."
Und die Angst, dass der braune Dreck wieder an die Oberfläche kommt? „Ich schaue mir zur Zeit fast alle Fernsehsendungen zum Kriegsende an. Und ich werde das Gefühl nicht los: Das führt nur zu einem, zur neuen Verherrlichung des Massenmörders Hitler. Sie zeigen den Faschismus von allen Seiten – nur kaum von seiner hässlichen Seite. Vor vielen Jahren – da hatten wir fast keine Arbeitslosen – habe ich mich über die Gefahr der Neo-Nazis mit einem Banker unterhalten. Der hat mich beruhigt. Bei unserer guten wirtschaftlichen Situation – hat er gesagt – haben die Nazis nicht den Hauch einer Chance. Was würde der Banker heute sagen? Wir haben ja nicht die amtlich veröffentlichten 5 Millionen Arbeitslosen, sondern mindestens 6, wenn nicht 7 Millionen. Das ist ein Pulverfass, der Nährboden für einen neuen Faschismus."

Obacht, Mittelfränkisch!

Ich mecherd aa aweng ins Paradies

Sie, ich hob ein Problem. Obber vielleicht kommer jemand vo Euch helfn. Und zwar weechern Papst. Der wo in Rentn ganger is. Also dou dermiid hobbi ka Problem. Der Moo is 85. Und jeder Mensch geht ja in Rentn, teilweise odder auch zwangsweise oft scho viel eher wäi mit 85. Obber mei Problem geht edzer mit den Wort „Mensch" oo. Is der Papst, wo edzer ja ka Papst mehr is seit gestern, is des a Mensch? Am Anfang issers nerdirli scho gween. Dou hodds ja damals vuur acht Jahr g'hassn, wäi der weiße Rauch (weiß mit scharfen s) aufgschdieng is, hodds g'hassn, schwarz auf weiß: „Wir sind Papst". Wir. Vor allem wir Bayern nerdirli. Und dou g'herrn ja mir Franken aa derzou. Mehr oder weniger. Und mir sin ja dou ba uns Menschn, weitgehend, nä. Obber infolge vo sein Amt wird ja ein Papst im Lauf der Zeit dann der Pontifex Maximus, der aller-allerallerhöchste Brückenbauer. Des is sei Beruf: Eine Brücke bauer zwischen die Menschen auf Erden und in Himmlreich. Und er is, steht in der Bibel, der Stellvertreter Gottes auf Erden. Ja und edzer dääd ich gern wissen (wall ich kumm langsam aa in des Alter, wo es Himmlreich immer näher rückt) dääd ich gern wissen, ob er mir auch eine Brücke baut, der Stellvertreter Gottes auf Erden. Wall ich hob ja aa scho aweng wos affn Kerbholz, und allaans, ohne Fürsprecher, kummerdi woohrscheins nicht in Himml. Obber: Ich hob einen schweren genetischen Schaden – ich bin nicht katholisch. Und des betrifft ja nedd nerblouß miich. Wos maanern Sie, wos aff der Welt (vom Gesamt-Universum will i edz goornedd reden), wos dou für Nicht-Katholiken gibt!? Juden, Moslem, Buddhisten, Hindu, Russisch Orthodoxe, griechisch Orthodoxe, Schamanen, Zeugen Jehovas, Mormonen, Agnostiker, Asthmatiker, Atheisten, Salafisten, Berufs-Bfobferer – alles middernander an die sieben Milliarden Laid! Und alle hom scheint's an andern Gott! Manche goor kann. Odder nehmer'S bloß amol, vuur a boor tausend Jahr, die alten Griechen. Wos däi aff ihrn griechischn Ochsenkopf, also am Olymp, wos däi dou für Götter und Göttinnen (!) g'habt hom: Anne für die Liebe, annc für die Jagd, an Gott für's Gschäfdla machen, an für's Bscheißn, an für's Meer, fürn Wind, für die Unterwelt, für's Koma-Saufen und suu weiter. Für alles hom däi einen Gott g'habt. Ja, dou mouß doch vo Pontifexe und Stellvertreter Gottes auf Erden nerbloß suu gwimmelt hoom! Odder, aa scho aweng her, obber nunni suu arch lang: Dou hom mir ba uns dou in Franken einen evangelischen Landesbischof g'habt. 1939 is des gween, im September. Dou hodd der zum protestantischen Gott gebetet, dass er sich bei Gott von ganzem Herzen bedankt, wall er uns nicht bloß einen Adolf Hitler gesandt hodd, sondern auch einen Sieg der göttlichen Waffen gegen Polen. Der Landesbischof Meiser is des gween. War damals bloß die Frooch, zu welchem Gott die Polen vuur den Krieg gebetet g'habt hom. Des mouß militärstrategisch eindeutig der laschere Gott gween sei. Der fränkische evangelische Gott sitzt jedenfalls am längern Hebel, wall zu Ehren vo sein damaligen Stellvertreter gibt's haid nu, in Ansbach, die Bischof-Meiser-Straß'. Und die bleibt aa, hodd der Stadtrat beschlossn. Ner ja, worschd. Habddsach, jemand vo Euch kommer bitte in Bälde soong, welcher Gott, welcher Papst odder Pontifex für mich zuständig is. Ich bin evangelisch, parteilos, bläid wie die Nacht finster und extrem zweifelhaft. Und mecherd hald eines Tages – auch aweng ins Paradies.

Aus den wöchentlichen Glossen „Freitagsgschmarri" für den Bayerischen Rundfunk, gesendet am 1. März 2013 in „Mittags in Franken" auf Bayern I.

6. Kapitel

Zum Nachtrag einige Vorworte

In den Tiefen der fränkischen Seele	Seite 369
Isser Bier dou?	Seite 371
Über die Ohren durch den Kopf ins Herz	Seite 373
Ein Seelentröster in kalten Winternächten	Seite 375
Die Inspirations-Hörnla vom Grießinger	Seite 379
Gibt's noch	Seite 381
Gibt's nimmer	Seite 383
Der Philosoph von Gostenhof	Seite 385

Ein Grußwort zum Bardentreffen

In den Tiefen der fränkischen Seele

Vorworte, Grußadressen, geschmeidige Geleitaufsätze, Großveranstaltungsglückwunschanheimstellungen und andere Hochjubelarien sind im allgemeinen Eventwesen eine sehr schöne, erhabene, erleuchtende, ungemein wichtige Sache. Keine alte Sau liest sie, geschweige denn ein Mensch. Und zwar mit Recht. Nehmen wir nur dieses Vorwort hier zum 31. Nürnberger Bardentreffen. Was will es uns sagen? Unter uns geschrieben: Nix. Dass dieses Bardentreffen vor 31 Jahren auf die Welt gekommen ist, ergibt sich beim Durchzählen der Jahre von selbst. Dass es von den Herren Herbert Walchshöfer, Leo Loy und Hannes Härtel seinerzeit in einem Wirtshaus namens Gunzenhauser Bräustübl unter schwerer Beihilfe des Wirtes Adolf Mertl erfunden worden ist, ruht im Dunkel der Geschichte. Von übergeordnetem Interesse wäre höchstens, dass während der Erfindung des Nürnberger Bardentreffens damals durchschnittlich zwischen zweikommfünf und drei Promille geherrscht haben und dass nachts ab zwei Uhr bei den Besprechungen im Gunzenhausener Bräustübl das Klavier immer von ganz allein gespielt hat. Nicht weil es ein elektrisches Klavier war, sondern weil unterm Klavierdeckel ein Haustier auf den Tasten auf- und abgewandert ist. Eine musikalische Maus oder ein Wanderratz, der drei Semester lang im Keller vom Konservatorium beheimatet war und einige Akkorde beherrscht hat. Einige Griffe auf seiner Gitarre hat damals auch ein Wirtshausmusiker mit Künstlernamen Django beherrscht, und zwar zwei. Nach etwa sechs Märzen hat er alles gespielt, was nicht niet- und nagelfest war. Am besten hat er „Wir lagen vor Madagaskar" gekonnt. Das Gunzenhausener Bräustübl, den Django, den Mertl, ein Märzenbier, klavierspielende Ratzen und andere Annehmlichkeiten, die wir uns im Lauf der Zeit mühsam schön getrunken hatten, gibt es nicht mehr. Jedenfalls nicht mehr in ihrer ursprünglichen Form. Nur das Bardentreffen ist übrig geblieben, und man kann sagen, dass infolgedessen unsere längst verblichenen Vollräusche von damals charlyfischerseidank nicht für die Katz waren. Heuer, heißt es, lässt das Nürnberger Bardentreffen tief in die fränkische Seele blicken. Da hätten wir Ihnen natürlich gern erläutert, zumal in einem Vorwort, was eine fränkische Seele ist: Hat sie die Form einer Stadtworschd, eines Pressacks, eines Schnarchzapfens, eines Sodderhoofns, ist sie so tief wie der Tiefe Brunnen oder so undurchsichtig wie der unterirdische Gedankengang eines Nürnberger Stadtrats? Man weiß es nicht. Wer weiß schon, was eine Seele ist. Und dann erste eine fränkische. Im Gunzenhausner nach zwei Krautwickerla mit Stopfer, fünf Märzen und drei Schlehen hätten wir Ihnen die Tiefe einer fränkischen Seele eventuell ein bisschen ausloten können. Aber so? So können wir Ihnen auch nur andienen: Probieren Sie die Vermessung der Tiefe der fränkischen Seele halt beim Nürnberger Bardentreffen. Vielleicht seengmersi (sehen mir sich).

Ein Vorwort zu einer CD der Frankenbänd
Isser Bier dou?*

Die Frankenbänd tritt gottseidank oft auf. Und immer sanft, schön, harmonisch, dialektisch, fränkisch. Alle mögen ihre Lieder. Was alle nicht wissen: Wie ein Liederabend der Frankenbänd vor Publikum entsteht, hinter der Bühne. Es ist, wie wenn ein in Quarz gebettetes Präzisionswerk, auf millionstel Sekunden geeicht, abläuft. Angenommen, so ein Abend ist für 20 Uhr anberaumt. Dann erscheint gegen 19 Uhr Herr Karl-Heinz Fischer, grüßt mit einem herzlichen „Isser Bier dou?" und verabschiedet sich sogleich wieder mit den Worten „Ich hull nu mei Gidarrn". Kurze Zeit später linst Herr Döring mit einem winzigen Handköfferchen, das eine Mandoline enthält oder auch nicht, in die Garderobe, fragt, ob schon wer da war und geht wieder. Um 19.30 Uhr taucht Herr Dr. Lehmann auf, erzählt einen Schwank vom Schwanken, erkundigt sich nach Bieren, nimmt einen tiefen Schluck aus der Trompete und begrüßt Herrn Hechtel mit den Worten „Es is Bier da". Herr Hechtel antwortet: „Lern erschd amol gscheid fränkisch, bevuursd mid mir reddsd". Herr Georg Maul schlurcht ein, an der Leine hinter sich einen Bass und eine Gitarre und meldet, dass er die Gitarre vom Charly schon dabei hat, der Fischer komme gleich persönlich, die Klarinette trinke vorn an der Theke aber noch ein Bier oder umgekehrt. Herrn Sauers Ankunft ähnelt dem Einmarsch der Symphoniker: Gesang, Klarinette, Bassklarinette, Mundharmonika, Tuba, Basstrompete, verschiedene Saxophone, Kamm – alles an nur einem Mund und zwei Händen. Er spricht kein Wort und trägt schwer. Etwa fünf vor acht spricht Herr Fischer in einer Art Geheimsprache: „Dawagg, Bubblmoo, Färdd noo, Vadder sein Bou und nou seeng mers scho." Herr Hechtel erwidert: „Gerchla, Dialegdd, Wärdd vo Färdd, Naggerd im Dudznddeich und nou seeng mers scho". Punkt acht steht die Frankenbänd auf der Bühne, spielt, dass einem Gibitznhuffer, Ziegelsteiner, Mögeldorfer usw. das Herz im Takt mitschlägt, fünf nach acht, pünktlich zum ersten Trommelschlag, setzt sich Herr Jürgen Schmidt wortlos hinter die aus zwei Suppenlöffel und einem zentralgälischen Bodhran bestehende Percussion. Eines der schönsten Vorstadtkonzerte nimmt seinen Lauf. In sehr dankbarer

Erinnerung an viele gemeinsame Abende hinter und vor den Kulissen einer Bühne wünscht sich mindestens noch zwanzig weitere, möglichst auch gemeinsame Jahre mit der fränkischen Präzisionskapelle Euer K.S.

*Aus dem sogenannten Booklet der Frankenbänd-CD „Ich bin in dera Stadt dahamm" , Nürnberg 1999.

Ein 2. Vorwort zu einer 2. CD der Frankenbänd
Über die Ohren durch den Kopf ins Herz*

Was einem befangenem, hierorts aufgewachsenem Menschen durch den Kopf und dort wiederum durch die Ohren geht, ist ungefähr Folgendes: Dass es wahrscheins Euere schönste Scheibe geworden ist, praktisch eine Überschallplatte, und nicht nur wegen dem wunderbaren Deckelgemälde von dem von mir ebenfalls hochgeschätzten Maler und Aktivraucher Gerd Bauer. Sondern in voller Ebenbürtigkeit auch inhaltlich. Wenn man bedenkt, dass die Rillen von einer sogenannten CD ja fast unendlich schmal sind, habt Ihr ohne weiteres alles neipresst, was wir hiesigen Menschen zu einem schönen Leben brauchen. Einen Sommermond wie einen Lambinjoon, den Morlock, Karpfen, Sex mit Kraut, Maximilian sei Dank den Herrn Georg Hartmann, Zieglstaa, Schäuferla, eine Kärwa pro Woche, um nur einmal die wichtigsten unserer Lebenssinne zu nennen. Wie Ihr noch unsere Existenz zwischen Dutzendteich und Ledereresteg zitiert – da geht einem örtlichen Vorstadtindianer nach den Ohren sofort auch das Herz auf: Sternschnuppen, Griskindla, Backschdaakees, Worschdschnabbn, Kellerfenstern und die unnachahmlich aufgezeigte Dialektik von einem Hoosergärddla. Oder um es in der hier eher ungebräuchlichen Knappheit so zu bejubeln: Mittelfränkischer Fünfkampf – Bfobfern, Soddern, Brozzeln, Gaafern, Frohloggen. Und zu allem Überfluss auch noch eingebettet in eine extrem schöne Musik. Alles zusammen bewirkt, dass es zwar zügig durch die Ohren geht, aber gottseidank in dem schon erwähnten dazwischenliegendem Kopf hängen bleibt. Derart haftbar, dass mich beim Hören ein unbestimmtes Heimweh beschlichen hat, als ob wir eines Sommernachmittags uns noch einmal hinter der Sebalduskirche vor eine begrenzte Öffentlichkeit hinstellen und einiges aus unserem Schatzkästlein (bei mir: Schwatzkästlein) zum Besten geben möchten. Jeder halt aus seinem eigenen Hoosergärddla, wie es in Franken bei Nürnberg der Brauch ist.

*Aus dem Booklet der Frankenbänd-CD „Frank & Frei", Nürnberg 2010

Eine Hymne auf Gerd Bauer
Ein Seelentröster in kalten Winternächten*

Das Resultat solcher seltsamen Medidationen möchte man nicht glauben. Sitzt ein Herr in der Südstadt, Ackerfurchen in der Stirn, Seele am Sozius im Outback, spitzt und spitzt den Bleistift bis hinter zum Radiergummi, schraubt am Computer, haut die Mouse am Kopf nauf, sendet zwei blasse Blicke in den Hinterhof, die sich schließlich im Unendlichen schneiden, schaut auf die Geißel der schöpferischen Menschheit, die Uhr, seufzt „Hexdns nu a Värddlschdund", denkt vielleicht an ein kleines Dorf im Steigerwald und dessen Zeitlosigkeit und taucht dann noch ein Bamberger Hörnchen in den kalten Kaffee. Und aus sowas entsteht ein Cartoon, dass man grad naus lachen oder weinen könnte. Je nachdem. Das muss man sich einmal vorstellen, aber man kann es nicht. In einer schönen Tiefe, die die Objekte seiner großen Kleinkunst oft überhaupt nicht verdienen, entstehen vor unseren Augen: Der Club und sein Chaos, der Breznmoo, der ewige Handyman, Fuzzy, der fingerlose Spargelschäler, das Nürnberger Grinskistlein, der verhinderte Toilettenwagenbrunser, der Greuther Teebeutelweitwerfer, der herbstzeitlose Dutzendteichschlurcher und viele andere örtliche Sagengestalten. Von den politischen Hinterfotzigkeiten, von der Entdeckung der Hohlheit der Würdenträger, von der Entlarvung der Gniedlasköpf ganz zu schweigen. Noch nie, außer vielleicht beim Toni Burghart und beim Hasek, ist mir ein Buch so ins Gemüt gegangen. Ich nehm es in den kalten Winternächten als Wärmflasche und Seelentröster. Full Bauer.

*Über Gerd Bauers Bilderbuch „Bauer(n)seufzer, 160 Ausflüge in das fränkische Seelenland", 1999 im Koberger & Kompany Verlag Nürnberg.

Eine 2. Hymne auf Gerd Bauer
Die Inspirations-Hörnla vom Grießinger*

Das letzte Vorwort ist jetzt 13 Jahre her. Das nächste werde ich, bei Beibehaltung des 13-er-Schrittes, höchstwahrscheinlich nimmer erleben. Dann müsste sich der Bauer einen neuen Vorwortschreiber verpflichten. Oder er verkürzt die Intervalle zwischen zwei Büchern. Das wäre sehr angenehm. Nicht weil ich so scharf auf's Verfassen anheimelnder, vor Wohlwollen nur so triefender Vorwörter beziehungsweise Vorworte wäre. Sondern weil ich auf dem Gebiet der gehobenen Cartoon-Malerei nichts schöner finde als die Männlein und Männleininnen von dem auch sonst sehr angenehmen, nicht nur die Südstadt befruchtenden (Metapher, gell! Sonstnix) Alleskünstler (Denken, Philosophieren, Zeichnen, Malen, Schreiben und manchmal rechtzeitig Fertigwerden). Kannst den Dürer vergessen. Nur der Toni Burghart, welcher den Bauer auch sehr gemocht hat, schwebt noch über ihm. Wahrscheinlich nimmt er sogar manchmal während einer stillen Mondnacht Kontakt mit ihm auf. Müssen'S einmal aufpassen: Immer wenn der Mond zwinkert oder ein Auge zudrückt. Aber da müsste man medial veranlagt sein, ungefähr so wie der Bauer.
Dann noch zwei Inspirationsquellen vom großen G.B., der sich immer am liebsten ganz klein macht: Der Maximilian Kerner, der sich mit seiner Zerzabelshofer Lokalhymne (. . . und an jeeds Münchner Auto bruns mer aweng hii) hoffentlich unsterblich gemacht hat und auch schon beim Burghart weilt, und – die Bamberger Hörnla vom Grießinger. Letztere taucht der Bauer in eine Tasse Fertigkaffee, schaut sodann zum Fenster nunter auf den Humboldt- und Kinderspielplatz und beginnt sein Tagwerk, nicht selten bis in die tiefe Nacht hinein. Das Eintauchen der Bamberger Hörnla in den Kaffee stellt einen symbolischen Akt dar, denn parallel dazu taucht der Bauer tief, manchmal fast bis auf den Grund, in die fränkische Seele ein. Er verarscht uns dabei nach Strich und Faden, ohne dass wir es merken, also sehr sensibel, beinah liebevoll, so dass das Wort verarschen hier überhaupt nicht angebracht ist.

Vielmehr zeichnet, malt und denkt er ungefähr so, dass einem bei Besichtigung seiner Werke das vor Lachen schwer vibrierende Zwerchfell bis zum Herz naufschnalzt und dabei auch die erwähnte Seele streift.
So sehr den Bauer bei seinen Seufzern aber die Bamberger Hörnla animieren, so sehr bilden sie auch ein merkwürdiges Hindernis. Genauer gesagt, bildet dieses Hindernis der Bäcker Grießinger in der Wirthstraße. Früh um Sieben sind dem Grießinger seine inspirativen Hörnla noch nicht fertig, um Acht wären sie fertig, sind aber ausverkauft, um Neun sind die gschwind nachgebackenen Hörnla wiederum noch nicht ganz fertig, um Zehn wieder ausverkauft und so weiter. Nur so, infolge der Bamberger Hörnladeflation, ist es einigermaßen erklärlich, dass die wunderbaren Bücher vom Bauer immer eine Fertigungsdauer von 13 Jahren aufweisen. Im ureigenen Interesse bitte ich den Günter Grießinger dringend, schon in naher Zukunft die Stückzahl seiner Bamberger Hörnla den Bedürfnissen seiner werten Kundschaft anzupassen. Vor allem der werten Kundschaft vom Humboldtplatz.

*Über Gerd Bauers Bilderbuch „Bauer(n)seufzer, 2012 im Koberger & Kompany Verlag Nürnberg.

Gibt's noch
200 Jahre Nürnberger Zeitung

Graizkiesldunnerwedder, was schreibt man jetzt einer Konkurrenz-Zeitung auf die Geburtstagsgrußkarte? Lobst du die NZ zum Jubiläum in höchsten Tönen, weil sie die bewahrende Kraft im Wandel der Zeit ist, wie sie von sich selber behaupten, lobst du sie, weil einer ihrer früheren Chefs im Herzen trotz aller Bewahrung ein Linker gewesen ist, wenigstens ein gemäßigter, lobst du sie, weil du mit vielen alten Kollegen dort, ja, fast befreundet bist, sogar heute noch – weil du mit ihnen vor ungefähr 100 Jahren in einer sogenannten Sportpressemannschaft einen sogenannten Fußball gespielt hast, weil sich hinterm Notizblock und am Kugelschreiber der Konkurrenzkampf stets in Grenzen gehalten hat, weil sie seinerzeit über viele Jahre eine sehr schöne Wochenendbeilage meist noch eigenhändig geschrieben haben, weil du damals, wie sie noch in der Regensburger Straße gewesen sind, einen Arbeitsvertrag bei ihnen unterschrieben (ihn dann aber wieder rückläufig gemacht) hast - jubelst du also zum Jubiläum ein bisschen zu überschäumend, dann kriegst beim 8-Uhr-Blatt eine am Deckel.
Lobst du sie nicht, weil sie das mit der bewahrenden Kraft im Wandel der Zeit manchmal stark übertrieben haben, dann kriegst von deinen Freunden bei der NZ eine am Deckel.
Lavierst und schwadronierst du dich beim Jubiläumsgruß gratwanderungsmäßig so einigermaßen durch, dann kriegst von denen eine am Deckel, die sagen: Da hat er sich wieder einmal gratwanderungsmäßig durchlaviert und ummernander schwadroniert. Also schaust in jedem Fall uralt aus, wie 200-jährig, grün im Gesicht.
Könnte ich hier mitteilen, was ich mir denke, würde ich wahrscheins schreiben: Manchmal gehen sie mir mit ihrer bewahrenden Kraft im Wandel der Zeiten schwer auf den Senkel, manchmal tut es mir sehr gut, wenn beim Lesen die Zeit stehen bleibt. Manchmal möchte ich mit der NZ am liebsten Papierschwalben falten oder Bratwürscht in sie einwickeln, manchmal schneide ich mir NZ-Geschichten aus und hebe sie auf. Zum Abschreiben, nach einer längeren Schamfrist. Und jeden Früh lese ich sie – nicht weil sie farblich so gut zum schwarzen Kaffee passt, sondern weil ich sie abonniert hab. Das möchte noch lang so bleiben, und das mit der Kollegialität auch.

Herzlichen Glückwunsch aus der Winklerstraße.

Für die Sonderausgabe der Nürnberger Zeitung zum 200. NZ-Jubiläum im Jahr 2004

Gibt's nimmer
93 Jahre Abendzeitung 8-Uhr-Blatt

Nachrufe schreiben ist ein hartes Los, nicht selten ein überhartes, in nachfolgendem Fall vor allem ein zu Herzen gehendes. Ich habe die alte Dame – besser vielleicht: das hochbetagte Urgroßmütterla - ziemlich gut gekannt und, fast immer, sehr gemocht. Wenn es gelegentlich mit ihr auch zum aus-der-Haut-fahren gewesen ist- wir haben es dennoch ein ganzes Berufsleben miteinander ausgehalten, seit dem 1. April 1969. Und sie hat damals bei unserer ersten Begegnung schon ihren Fünfzigsten gefeiert, am 18. Oktober 1919 hat sie das Licht dieser wunderlichen Welt erblickt.

Wenn Sie wissen möchten, warum sie verblichen ist? Ganz genau weiß ich das auch nicht. Und wenn ich doch eine leise Ahnung hätte, helfen würde es ihr jetzt auch nicht mehr. Manch einer hat sich in ihren letzten Tagen sehr bemüht um sie, manch einer vielleicht auch nicht. Und jetzt: Tot ist tot. Von Beileidskundgebungen bitten wir Abstand zu nehmen, weil – es würde noch mehr schmerzen als es uns sowieso schon weh tut. Aus ziemlich verschiedenen Gründen. Aber Sie, lieber AZ-Leser, gehören natürlich genau so zum engeren Kreis der Hinterbliebenen und Leidtragenden. Hoffentlich vor allem Letzteres. Und deswegen ist es uns an diesem trüben Herbsttag ein Bedürfnis, ein großes Bedürfnis (auch direkt aus dem Herzen), Ihnen für Ihre in den letzten schweren Jahren ja manchmal nicht mehr so ganz selbstverständliche Treue zu danken. Eine Treue in vielen Fällen über Jahrzehnte hinaus. Das will in diesen Zeiten, wo wir Alten manchmal nicht mehr genau wissen, wo oben und unten ist, schon was heißen. Und falls es Ihnen ein Trost ist: Die alte Dame, das betagte Urgroßmütterla, hat bis zuletzt ziemlich tapfer gekämpft. Ganz zuletzt dann halt vergeblich. Ob sie in den Zeitungshimmel kommt? Wir halten ihr die Daumen.

Nur noch eine kleine Bitte zum Schluss: Wenn Sie jetzt dann mit dem Umblättern und Lesen fertig sind – heben Sie die 24 Seiten Abendzeitung/8-Uhr-Blatt sorgfältig auf und machen über die Schlagzeile drei Kreuzla; denn es ist die letzte Ausgabe. Zumindest in diesem Leben. Was danach kommt, weiß keiner.

Aus der letzten Ausgabe der Nürnberger Abendzeitung /8-Uhr-Blatt vom 29. September 2012.

Vorwort für Max Göbels Satirisches Tagebuch
Der Philosoph von Gostenhof

Der Philosoph aus Gostenhof. So habe ich ihn für mich genannt. Erstens, weil es sich schön reimt. Zweitens, weil es stimmt. Und drittens, weil – nach Durchsicht aller meiner Nachschlagewerke – aus Gostenhof natürlich keine Philosophen kommen. Die stammen aus Milet, aus Athen, aus einem gewissen Stageira, Canterbury, Königsberg, Genf, Wien oder aus Meßkirch. Um nur einmal die wichtigsten und teilweise in höchstem Maße unverständlichen Nach- und Vordenker (man lese nur einmal einen einzigen Satz von dem Lodenmännchen aus Meßkirch) zu nennen.
Mein Lieblingsphilosoph ist also in einem Nürnberger Wegschau-Viertel im Jahr 1930 auf die Welt gekommen, dort in der Zickstraße, in einer Oase, aufgewachsen und hat eines Tages beschlossen, in seiner kleinen Welt, die man durchaus auf die große Welt projizieren kann, alles zu machen, nur keine Großkarriere. Zu diesem Zweck hat er die verständliche Sprache erfunden und deren ständige Anwendung. Mit Hilfe dieses sehr seltenen Instrumentes hat er aber auch, neben der erfolgreichen Verhinderung schwerer Rückgratverkrümmungen, zeit seines sehr ruhig verlaufenden Lebens über die seltsamsten menschlichen Erfindungen erst nachgedacht und dann geschrieben. Über die Hochleistungsgesellschaft, über unser Ego-Land, über den Ellbogen als Fortbewegungsmittel, über die auch sehr gern gepriesene Forderung nach Flexibilität, nach Mobilität, über die Lohnnebelkosten, über Hörigkeit und Schwerhörigkeit und Leichtgläubigkeit, über das Machbarkeits-Dogma, über Fachidioten, Gehirnjogger und andere Bla-Bla-Blasenhersteller. Sein Herz schlägt also – können Sie sich denken – da, wo es hingehört, wo es auch Leonhard Frank vermutet hat, nämlich links. Und hoffentlich noch recht lang.
Ungefähr alle vier Wochen treffe ich mich mit dem Professor (soviel Karriere hat es dann doch sein dürfen) Max Göbel im Kaffeehaus Kröll am Nürnberger Hauptmarkt, wo er mir die Welt erklärt. Diese Stunden genieße ich sehr. Denn es sind hoffnungsvolle Stunden. Wenn Sie diese jetzt in Ihren Händen befindliche Anleitung von Max Göbel zum Selberdenken lesen, dann ist es, als säßen Sie auch mit dabei im Café Kröll, direkt neben dem Philosoph aus Gostenhof.

Und sollten Sie nicht wissen, um was es sich mit der oben kurz erwähnten Oase handelt, dann lesen Sie einfach die beiden anderen Bücher von ihm: „Die Oase" und „Die Oase lebt". Auch die lege ich Ihnen wärmstens ans Herz, beziehungsweise ans Hirn.

Das erwähnte Café Kröll gibt es leider nicht mehr, aber den Prof. Max Göbel und seine drei Bücher „Die Oase", „Die Oase lebt" und „Mein satirisches Tagebuch" schon.